全国高等学校计算机教育研究会"十四五"规划教材

全国高等学校
计算机教育研究会
"十四五"
系列教材

丛书主编 郑 莉

数字素养与技能导论

洪文兴 / 主 编
崔濒月 / 副主编

清华大学出版社
北京

内 容 简 介

本教材将数字时代个人应具备的数字素养通识理论与数字技能相结合,共分为 8 章,主要包括数字素养,数字内容获取、评价与管理,数字内容开发与利用,数字沟通与协作,数字技术通识,数字安全与防护,数字伦理,法律法规与政策解读等内容。本教材是全国高等学校计算机教育研究会数字化能力水平认证一级数字素养考试指定用书,可供大专院校数字素养通识教育、新质生产力人才培养、领导干部与组织管理者数字领导力基础理论学习、全民数字素养与技能提升培训及个人自学、科普使用。

为配合各场景下提升全民数字素养与技能活动的开展,本教材附有配套习题和课件,供使用者参考。

图书在版编目(CIP)数据

数字素养与技能导论 / 洪文兴主编. -- 北京 :清华大学出版社,2024.7. --(全国高等学校计算机教育研究会"十四五"系列教材). -- ISBN 978-7-302-66645-5

Ⅰ. G202

中国国家版本馆 CIP 数据核字第 2024765QY6 号

责任编辑:谢 琛
封面设计:傅瑞学
责任校对:李建庄
责任印制:刘海龙

出版发行:清华大学出版社
  网   址:https://www.tup.com.cn,https://www.wqxuetang.com
  地   址:北京清华大学学研大厦 A 座   邮   编:100084
  社 总 机:010-83470000   邮   购:010-62786544
  投稿与读者服务:010-62776969,c-service@tup.tsinghua.edu.cn
  质量反馈:010-62772015,zhiliang@tup.tsinghua.edu.cn
  课件下载:https://www.tup.com.cn,010-83470236
印 装 者:三河市铭诚印务有限公司
经   销:全国新华书店
开   本:185mm×260mm   印   张:18.5   字   数:450 千字
版   次:2024 年 8 月第 1 版   印   次:2024 年 8 月第 1 次印刷
定   价:59.00 元

产品编号:107813-01

序

　　数字经济时代,数字素养与技能成为个人生存的基本能力。我国高度重视全民数字素养与技能的提升工作。2021年,中央网络安全和信息化委员会印发《提升全民数字素养与技能行动纲要》(简称《行动纲要》),顺应数字时代的要求,对提升全民数字素养与技能进行了顶层设计。习近平总书记提出构建"人类命运共同体",将每个民族、每个国家的前途命运都紧紧联系在一起,实现人类的美好未来。消除数字鸿沟,提升全民数字素养与技能,是构建"人类命运共同体"的重要任务之一。

　　全国高等学校计算机教育研究会(简称"研究会")从自身业务领域出发,以全民数字素养与技能提升为己任,将相关学术研究与人才培养实践相结合,依托大数据与智能计算产教融合创新社区,以产教深度融合创新的方式组织推动这一工作。2020年,研究会启动数字素养与技能课程体系建设,邀请高校教师与产业专家共同打磨数字化能力课程,成立数字化能力水平认证专家委员会和执行委员会,开展人才培养、评价体系研究、认证推广等工作,现已初见成效。2022年,研究会牵头组织厦门大学、清华大学、北京交通大学、中国人民大学等14家国内高校、企业共同编制了《数字素养与技能认证》团体标准(简称"团体标准"),并于2023年1月1日正式实施。2022年6月,研究会以团体标准为基础,设计了数字化能力水平认证(简称"数字力认证")一级数字素养、二级数字技能考试大纲,同步启动试点认证工作。截至目前,已组织福建、湖北、北京等地在校大学生、企事业单位从业人员在内的万余人参加了数字素养与技能培训、认证考试,收到良好社会反响。

　　数字力认证具有国际化、产教融合两大特点。在国际化上,数字力认证吸收了欧盟 DigComp 2.2、联合国《数字素养全球框架》等国际主流框架要点,遵循我国《行动纲要》,结合企事业人才培养需求研发而成,既体现了全球视野,又兼具国情实际。在产教融合方面,数字力认证选取银行证券、智能制造、智慧海洋等数据要素充沛、数字化转型迫切的领域,深入分析行业特点,凝练岗位对数字能力的要求,精心研发课程、开展培养实践、组织认证考试,着力提升数字力认证与人才需求的匹配程度,为企业数字化转型储备人才。

　　研究会全面总结上述实践,深入梳理相关知识体系,依照体例编撰完成本教材。本书的出版是研究会数字力工作的阶段性成果,将有效辅助全民数字素养与技能提升。教材可用于数字力认证考试,也可用于高校数字素养通识教育、企事业数字化转型人才培养和个人能力提升自学等。

全民数字素养与技能提升是一个系统工程,将伴随数字技术的演进不断迭代发展。我们衷心地欢迎更多优秀的研究人员、教育工作者、企事业专家加入我们,为实现数字时代的人类命运共同体贡献力量!

全国高等学校计算机教育研究会　理事长

FOREWORD

前言

数字技术经历了计算机技术、互联网技术到新一代信息技术的发展与应用，引起了社会生产、生活的革命性变革。在这场变革中，数据成为关键性生产要素，可被获取、开发和利用，并产生巨大的经济价值。在此背景下，个人利用数字技术的素养与能力与社会生产、生活息息相关。近年来，各国高度重视提升全民数字素养与技能，并将其视为未来发展的重要战略。

欧盟于 2010 年发布的《欧盟数字议程(i2010)》中指出，数字素养是能够使用数字技术有效地工作、学习和参与社会生活，并能够保护自己和他人的数字安全和隐私的知识、技能与态度。同时，在《终身学习的关键能力：欧洲参考框架》中明确指出数字素养是公民应该具备的八项能力之一，并推出了定义和评估公民在数字环境中的技能和能力的 DigComp(数字能力)框架，用于定义和评估个人在数字环境中的技能和能力。此后，2018 年，联合国教科文组织在欧盟 DigComp 2.0 框架基础上推出数字素养全球框架(GFRDLSI)。我国，2021 年 11 月 5 日，中央网络安全和信息化委员会发布《提升全民数字素养与技能行动纲要》(简称《行动纲要》)，指出"数字社会公民学习工作生活应具备的数字获取、制作、使用、评价、交互、分享、创新、安全保障、伦理道德等一系列素质与能力的集合"，对提升我国公民数字素养与技能进行顶层设计，并提出主要任务与重点工程。同时确定"到 2025 年，全民数字化适应力、胜任力、创造力显著提升，全民数字素养与技能达到发达国家水平"的发展目标。

我国现有数字化人才培养活动，大多以计算机技术为基础展开。高等院校通常以计算机基础通识课的形式对学生开展数字素养与技能教育，部分院校目前虽已开设数字素养教育通识课，但尚无标准化教学大纲和配套教材与教学资源，教学过程与教学活动仍处于探索阶段；企业数字化人才培养实践中的数字化能力培养多以计算机技术基础理论与操作技能为主，部分辅以新一代信息技术理论与数据处理工具的应用等，培训内容的组织与规划尚无统一规范的标准可以遵循。为此，2022 年全国高等学校计算机教育研究会(简称"研究会")从自身业务专长与实践出发，组织来自包括国内高校、科创企业在内的 14 家单位的教师、专家、学者结合我国大专院校数字素养教育与企业数字人才培养的实际情况，借鉴国际上有影响力的数字素养能力框架体系，结合我国《行动纲要》，共同起草完成了《数字素养与技能认证》团体标准(T/CERACU/205—2022)，并于 2023 年 1 月 1 日正式实施。

2022年6月,研究会在团体标准起草工作的基础上研发推出数字化能力水平认证(简称"数字力认证")考试,作为团体标准落地的典型实践,同时研发数字素养认证考试大纲。数字化能力水平认证是面向社会,用于考查个人的数字素养与技能、数据科学知识以及组织的数字化转型能力的全国性的认证体系。数字力认证可分为人才数字力认证(DCI)和组织数字力认证(DCO)。本教材是以人才数字力认证的一级数字素养考试大纲为基础编写而成,教材的编写目的在于为我国高等院校数字素养通识课教育、企事业单位数字人才培养、领导干部企业管理者数字领导力基础理论学习、提升全民数字素养与技能培训活动及个人自学提升提供参考,并在使用中不断打磨、完善。为方便数字素养与技能教学、培训活动的开展,本教材配有配套课件,可供选用。

本教材由洪文兴担任主编,崔濒月担任副主编,负责编写教材大纲、前期素材准备、组织教材内容研讨、编写、全书统稿及专家送审等工作。其中,第1章的1.1.1节～1.1.4节、1.2节和1.3节由崔濒月编写,1.1.5节由陈婷婷编写;第2章的2.1节,2.2.2节,2.3节和2.4节由章红艳编写,2.2.1节、2.2.3节由崔濒月编写;第3章由严灵毓编写;第4章由周围编写;第5章的5.1节～5.3节、5.5节～5.7节由林鑫泓编写,5.4节由王华珍编写,5.8节由苏圣奎编写,5.9节由朱嘉诚编写;第6章的6.1节～6.3节由钟瑛编写,6.4节由陈婷婷编写;第7章由颜一峰编写;第8章的8.1节由蒋雅珺编写,8.2节由方来煌编写。

教材自2022年6月开始构思到形成大纲,着手编写,历时一年多,后经专家指导,多次讨论与修改,最终完成。

教材中如有不妥之处,敬请广大读者批评指正,我们将在教学实践和读者反馈的基础上持续优化本教材。

本教材特色

本教材贯彻落实中央《行动纲要》等文件精神,由全国高等学校计算机教育研究会指导,并组织数字化能力水平认证(DCLC)专家委员会、执行委员会编写,遵循《数字素养与技能认证》团体标准、数字化能力水平认证考试大纲,借鉴欧盟DigComp公民数字素养概念参考模型、联合国教科文组织《数字素养全球框架》,坚持"产教融合、学以致用"理念,总结多年、多层次、多行业数字人才培养经验,形成完备的数字素养与技能知识体系,适用于高等院校数字素养通识教育、数字化能力水平认证一级数字素养考试、新质生产力人才培养、数字领导力基础理论学习、个人数字素养与技能提升等用途。

适用对象

(1) 开设大学生数字素养课程的大专院校教师与学生。

目前,国内不少大专院校开始推出大学生数字素养通识课教育,但在这门课程的开展过程中,教学内容主要由计算机基础课程任课教师根据经验开发完成,目前尚无规范化、标准化的教材可供参考,因此教学效果受到影响。本教材以计算机教育领域专业学会的《数字素养与技能认证》团体标准为基础编写完成,内容涵盖数字素养理论与技能两部分,能够让教师在教学过程中理论与实践相结合,通过充分师生互动与上机实训环节,达到较理想的教学效果。

(2) 非计算机、数据科学专业背景的从业人员。

数字化转型过程中,企事业单位、政府部门的从业人员急需提升个人的数字素养与技能,迭代数字化专业知识与技能。本教材适用于企业与事业单位、政府部门从业人员的数字化人才培训、管理者数字领导力基础理论学习、数字素养认证活动及自主学习。

（3）全民数字素养与技能培训活动的参加者。

在《行动纲要》的指导下,地方网信部门及各相关单位、培训机构开展提升全民数字素养与技能的培训活动,本教材可作为培训活动的参考书。

（4）希望提升数字素养与技能的读者。

数字经济时代,个人不断提升自我的数字化知识与技能成为刚需。本教材内容完备、条理清晰、文字表述通俗易懂且配合生动案例,是个人自学的首选参考书。

如何学习本教材

本教材的内容以研究会《数字素养与技能认证》团体标准、研究会人才数字力认证一级数字素养考试大纲为基础组织,共分为8章。对于无信息技术专业背景的读者,我们强烈建议逐章学习,不要跳跃中间内容。

第1章　数字素养,介绍数字素养提出的背景与相关概念、政策及我国数字素养与技能培养的实践工作。

第2章　数字内容获取、评价与管理,介绍数字内容的相关概念及信息检索、信息评价与管理的有关知识。

第3章　数字内容开发与利用,介绍数字内容开发的基本技能：①利用主流办公软件WPS Office进行文档的创建与编辑的基本操作；②利用Windows系统、安卓系统软件实现图片文档、视频文档的创建与编辑等操作。

第4章　数字沟通与协作,介绍数字沟通的主要方式及利用主流办公软件WPS Office进行云文档操作及协同办公的基本操作,并讲解数字沟通过程中应具备的文化、道德与数字伦理意识。

第5章　数字技术通识,系统地介绍大数据、云计算、物联网、人工智能、区块链、数字孪生、机器人流程自动化、概率统计及AR、VR、元宇宙等新一代信息技术的基础知识及其主要应用场景。

第6章　数字安全与防护,介绍常见的网络安全威胁、安全控制技术、计算机病毒与防护技术,讲解数据安全的含义、特点及防护技术；与生动的案例相结合讲解个人信息安全的基本概念、个人信息泄露的危害及主要途径。同时,通过介绍网瘾形成机制、信息茧房、社交虚拟化及大自然缺乏症等说明信息技术使用过程中维护个人健康的重要性。

第7章　数字伦理,介绍数字伦理相关的背景知识与概念、数字伦理的应用,如数字隐私、数字版权、网络言论、算法道德及人工智能伦理等。

第8章　法律法规与政策解读,介绍近年我国出台的数字技术相关且需要公民知晓的政策文件、法律法规的主要内容。

我们将教材内容从总体上划分为"背景知识"与"应知应会"两部分。

背景知识：学习者需要了解的背景知识,可帮助其深入理解"应知应会"部分的内容,也可作为"应知应会"部分内容的拓展与延伸。

应知应会：根据研究会人才数字力认证一级数字素养考试大纲要求,参加认证的人员须理解并掌握的知识点与技能。

此外,教材中还附有研究会人才数字力认证一级数字素养认证考试大纲、样题说明及数字素养相关政策文件、法律法规条文原文,读者可通过扫描二维码查阅与参考。

致谢

在本教材的编写过程中,我们得到了全国高等学校计算机教育研究会领导、各单位及数字化能力水平认证(DCLC)专家委员会、执行委员会诸位老师和专家的大力支持,在此谨向他们致以衷心的感谢!

特别感谢清华大学计算机科学与技术系郑莉教授,感谢她在教材的编写与修改过程中提出的宝贵意见与建议。

感谢武汉大学国家网络安全学院滕冲副教授对教材部分章节内容和结构的修改与建议。

感谢数字化能力水平认证(DCLC)各合作院校、单位对教材内容选取及编写的大力支持。

衷心感谢厦门数字孪生信息科技有限公司罗海总经理及各位专家,他们为教材编写工作提供了第一手实践资料,并对教材的编校、修订工作给予了大力支持。

最后,特别感谢清华大学出版社谢琛老师等以及所有在教材出版过程中给予我们帮助与支持的人员,他们的贡献使得本教材得以顺利出版。

作　者

2024 年 4 月

CONTENTS

目录

数 字 素 养

◇ 1.1 数 字 时 代

20世纪90年代,计算机科学家尼古拉·尼葛洛庞帝(Nicholas Negroponte)预言,"数字化生存"将会在未来社会出现。如今,伴随着数字化技术的发展,以及大数据、云计算、人工智能技术的普及与应用,预言已成为现实,一个以信息技术为支撑的数字时代已经到来。数字时代的到来带来了数字化的生活、学习与工作环境。在生活中,我们的消费习惯发生了变化,我们成为网络购物、直播经济、视觉经济的受益者,享受数字技术与人工智能带来的便利,智能问答系统、专业敬业的数字人,为我们提供24小时高质量服务。在学习中,我们习惯了在线学习、考试与交流,与ChatGPT、虚拟人互动学习。在工作中,云端共享和远程协同,让我们不受地域的限制,协同完成工作任务。同时,我们也必须面对数字时代中的各种问题,如大数据杀熟、个人隐私泄露、网络欺凌等,并能够采用合法、符合伦理道德的方式正确地应对这一切。因此,我们每个人都要顺应时代的变化,不断迭代知识,努力提升个人的数字素养与技能。

1.1.1 通信概述

通信在人类社会的发展过程中非常重要,是人类社会运转的基础。通信技术与通信方式的演进,伴随着人类科技的发展,有助于提升社会的组织、协调与管理,有助于改进人类活动,提升人类交流与共享知识的能力。

1. 基本概念　　　　　　　　　　　　　　　　　　　　　　　**背景知识**

首先介绍一个使用频率高且与通信较容易混用的词"通讯"。从单字来看,"通"代表传达,"讯"和"信"都有信息、消息的意思。因此,"通讯"和"通信"的含义基本一致。在《现代汉语词典》(第4版)中,"通讯"有两种定义:一是指利用电讯设备传送消息或音讯;二是指一种新闻体裁,是翔实而生动地报道客观事物或典型人物的文章。"通信"指用书信互通消息、反映情况等;也指利用电波、光波等信号传送文字、图像等。因此,"通信"可指通过人的某种行为或某种媒介进行的信息交流与传递的过程。伴随着计算机技术的发展,"通信"被赋予了数据传输的概念,即通过计算机网络系统、数据通信系统,将图片、音频、视频等以数据的形式传输。

2. 通信方式的发展　　　　　　　　　　　　　　　　　　　　**背景知识**

在人类历史的发展过程中,通信方式伴随着科技的发展不断演进。口头传播是最早的通信方式。古代人们通过口头传播传承故事、知识和经验。随着符号和文字的出现,人类开始记录信息、存储信息,让信息的传播更为持久。结绳记事是文字发明以前人们记录事件的一种方法,主要出现在古代的一些文明中,如印加文明和中国古代文明。古人为了记住一件事情,就在绳子上打一个结记录这件事情,如果记录两件事情,就打两个结,以此类推。为了能够记录更多的信息,古人在结绳记事中,使用不同颜色、不同长度和有不同样式绳结的绳子来传递信息。这些绳子和结点的排列组合表示不同的含义和指令。结绳记事在特定文化中被广泛使用,可以传递简单的信息和指令。

符号和文字产生后,人类开始使用符号和象形文字记录信息。例如,我国河南出土的龟甲或兽骨上所刻的甲骨文(图1-1),又称契文、甲骨卜辞,为商朝晚期王室用于占卜记事的文字,是中国及东亚已知最早的成体系的成熟文字。此外,还有刻在石头、陶片上的符号文字等。文字的出现让记录事件变得更方便,相较于口口相传,能记录更多信息,且更有利于信息的持久传播。

图 1-1　甲骨文——来自《人民日报》

纸张和书写工具的出现,让信息的记录、传播变得更加便捷。人们将所掌握的知识、技能、研究成果记录下来,形成文学、艺术作品,以书籍等方式保存、传播,加速了信息的交流,促进了人类文明的进一步发展,让人类社会书信往来成为可能。

驿站传书是中国古代的一种传递文书与信函的方式,驿站则是我国古代的邮政系统。为了方便书信传递,特别是政府机构之间的联络,在特定的交通路线上设置了一系列驿站。驿站之间安排传信人员负责指定路段的书信运送,这样可以迅速地将信件通过各驿站快速传递出去,消息能够在较短的时间内送至目的地,这种方式可以跨越长距离传递信息,但速度相对较慢,取决于传递路径的长度和交通工具的速度。在古代,驿站传书曾是一种高效快捷的通信方式,对于国家的政治、军事、商贸等方面的联络具有重要意义。1987年,被列为世界文化遗产的长城(The Great Wall,图1-2),自西周时期开始延续不断修筑了2000多年,分布于中国北部和中部的广大土地上,总计长度达2万多千米。长城既是我国古代的军事防御工事,又是古老的情报传递系统。在长城体系中间隔数千米会设置有烽燧,即烽火台,众多烽火台形成了一个高效的情报传递系统。

古代边防报警有两种信号。遇有敌情发生,白天放烟叫"烽",夜间举火叫"燧",台台相连,传递信息。白天燃烟,夜间举火,是更加科学的做法,因为白天阳光很强,火光不易看见,烟雾相对瞩目;而夜间烟雾不显,火光在很远处就能看见。为了报告敌兵来犯的多少,还以燃烟、举火数目的多少来加以区别。到了明朝还在燃烟、举火数目的同时加放炮声,以增强报警的效果,使军情可迅速传达千里之外。因此,烽火传军情是最古老且行之有效的一种通信方式。

图 1-2　长城

随着现代邮政和通信技术的发展,驿站传书、烽火传军情等通信方式逐渐退出了历史舞台。19 世纪中叶,电报的发明引领了通信方式的新时代。美国人莫尔斯(Morse,图 1-3)发明了莫尔斯电码和有线电报。1837 年,莫尔斯在纽约大学的会议室里,架设了 518 米长的导线,获得通报试验成功,电报机由此诞生。1844 年 5 月 24 日,莫尔斯在华盛顿国会大厦联邦最高法院会议厅发出了世界上第一封电报。1858 年,横跨大西洋连接欧美两洲的海底电缆铺设成功。1866 年第二条海底电缆铺成,从此海底电缆成为通信上的一种正规的通信工具。有线电报的出现,具有划时代的意义,它让人类获得了一种信息的传递不同于以往信件、旗语、号角、烽火的全新的通信方式。

此后,1896 年,意大利电气工程师伽利尔摩·马可尼(Guglielmo Marchese Marconi,图 1-4)实现了人类历史上首次无线电通信,通信距离为 30 米,次年达到两英里(1 英里 ≈ 1.61 千米)。

图 1-3　莫尔斯

图 1-4　无线电之父——伽利尔摩·马可尼

19世纪末,电话的问世,让语音通信成为可能。最早的电话发明者是亚历山大·格拉汉姆·贝尔(Alexander Graham Bell,图1-5)和埃利沙·格雷(Elisha Gray)。1876年3月10日,贝尔成功申请了第一部电话专利,他的发明被称为"电报话机";而格雷也在同一天提交了他的电话专利申请,但因为时间先后的原因,贝尔获得了第一部电话的专利。

图1-5　亚历山大·格拉汉姆·贝尔

20世纪初,无线电技术的发展使得广播成为可能。人们可以通过广播接收站收听音乐、新闻和其他节目,实现信息的大规模传播。此后,电视的出现让图像和视频通信成为可能,人们可以通过电视看到世界各地发生的新闻事件,加深了对世界的了解。

20世纪末和21世纪初计算机和互联网技术的普及与应用改变了传统的通信方式。

1946年2月14日,可编程的通用计算机ENIAC(Electronic Numerical Integrator And Computer)(如图1-6所示),即电子数字积分计算机在宾夕法尼亚大学诞生,标志着数字时代的来临。数字时代,数字技术从根本上改变了人与人之间的连接方式,给社会生产与生活带来了革命性的变革。

图1-6　宾夕法尼亚大学工程与应用科学学院保存的ENIAC面板

1.1.2 数字技术的奠基人

在数字技术的发展过程中,有三位奠基人做出了非常重要的贡献。

1. 艾伦·图灵及其主要贡献

第一位是艾伦·图灵(Alan Turing,1912—1954,图 1-7),英国数学家、逻辑学家,被称为"计算机科学之父""人工智能之父"。他提出了著名的"图灵机""图灵测试",论文《计算机器与智能》(*Computing machinery and intelligence*,1950 年)是人工智能的开山之作。

图 1-7 艾伦·图灵

1950 年,艾伦·图灵在划时代的论文《计算机器与智能》中提到:"我建议大家考虑这个问题:'机器能思考吗?'"但是由于我们很难精确地定义思考,所以图灵提出了他所谓的"模仿游戏",这就是图灵测试(英语:Turing test,又称"图灵判断")。图灵测试是一个关于判断机器是否能够思考的著名试验,测试某机器是否能表现出与人等价或无法区分的智能,这是人工智能哲学方面第一个严肃的提案。

图灵测试起源于图灵设计的一个三人模拟游戏。游戏中,一个男人(A),一个女人(B),还有一个提问者(C),性别不限。提问者待在一间与另两人分开的房子里。提问者在游戏中的目标是:确定另外两人哪一个是男性,哪一个是女性。他以标号 X 和 Y 称呼他们,在游戏结束时,他可能说"X 是 A,Y 是 B",也可能说"X 是 B,Y 是 A"。提问者 C 可以向 A 和 B 提出这样的问题:X,请你告诉我你的头发长度?假定 X 实际上是 A,那么 A 必须做出回答。A 在游戏中的目标是尽量使 C 做出错误判断。测试过程可采用手写的方式交互,最好采用打印的方式进行。

图灵测试(图 1-8)的核心是询问:"如果这个游戏中用一台机器代替 A,会出现什么情况?"在这种情况下做游戏时,提问者 C 做出错误判断的次数和他同一个男人和一个女人做这一游戏时一样多吗?图灵认为,如果询问者无法判断另一个屋子里面是人还是机器,那么屋子里的机器就可以称得上是有智能的,这台机器可以思考。图灵还认为,这种模拟游戏的问答方法原则上适用于人类心智的任何领域。

图灵测试的重要特征:

其一,它给出了一个可操作的智能定义,也就是根据对一系列特定问题的反应来决定一个客体是否是智能体,这就为判断智能提供了一个客观标准,从而避免了有关智能本质的无谓争论。

其二,这项实验使我们免于受到目前无法回答的问题的牵制,比如计算机的内部处理方法是否已知,以及机器是否意识到其本身的动作等。

其三,询问者只关注回答问题的内容,这样就消除了测试中是人还是有思想的机器的辩驳。

图灵测试不仅是一个简单的模拟游戏,其背后所蕴含的思想极为深刻。在《计算机器与智能》一文中,图灵首先从 7 方面探讨了机器能否思考这个问题,包括智能计算机的特点、机器智能的评判标准和智能计算机器的学习能力。同时,图灵还设想了"图灵测试"可能遇到的 9 方面的质疑,包括神学方面、数学方面和心理学方面的反对意见,并且逐一进行了辩驳。

图 1-8   图灵测试示意图

1952 年,在一场 BBC 广播中,图灵谈到了一个新的具体想法,即让计算机来冒充人类展开图灵测试。如果超过 30％ 的裁判误以为在和自己对话的是人类而非计算机,即不足70％ 的人判正确,则可判定机器能够思考,具有智能。

1956 年的达特茅斯会议(Dartmouth Conference)标志着人工智能技术的诞生。这次会议由约翰·麦卡锡(John McCarthy)、马文·明斯基(Marvin Minsky)、克劳德·香农(Claude Shannon)和纳撒尼尔·罗切斯特(Nathaniel Rochester)等人组织并召开,旨在探讨机器是否能够模拟人类的智能行为,并制定了研究人工智能的初步框架和方法。约翰·麦卡锡作为会议的主要发起人之一,提出了"人工智能"(Artificial Intelligence,AI)这个术语。达特茅斯会议被广泛认为是人工智能作为一个独立学科的起点,促成了 AI 研究的早期发展,推动了专家系统、机器学习和自然语言处理等子领域的研究,为未来数十年的 AI 发展奠定了基础。

2. 冯·诺依曼及其主要贡献

第二位是冯·诺依曼(John von Neumann,1903—1957,图 1-9),数学家,理论计算机科学和博弈论的奠基者,常被誉为"电子计算机之父",其主要贡献是提出了计算机制造的三个基本原则,即采用二进制逻辑、程序存储执行以及计算机的冯·诺依曼体系结构。

1945 年 6 月,冯·诺依曼与戈德斯坦、勃克斯等人,联名发表了一篇长达 101 页纸的报告 *First Draft of a Report on the EDVAC*,即计算机史上著名的"101 页报告"。在报告中冯·诺依曼明确提出了包括运算器、控制器、存储器、输入设备、输出设备的计算机的体系架构。此后,尽管计算机更新换代,但始终使用这一体系结构,因此,冯·诺依曼被世界公认

图 1-9   冯·诺依曼

为"计算机之父",他设计的计算机系统结构,称为"冯·诺依曼体系结构"。

3. 克劳德·香农及其主要贡献

第三位克劳德·香农(Claude Shannon,1916—2001,图 1-10),"信息论之父",美国数学家和密码学家,1948 年发表划时代的论文《通信的数学理论》,宣告"信息论"作为一门学科的诞生。他的"香农模型"、信息熵的计算等也被人们熟知。

图 1-10　克劳德·香农

香农模型(图 1-11),也称香农-韦弗(Shannon-Weaver,1916—2001)模型,是美国的两位信息论学者香农和韦弗在《通信的数学理论》一文中提出,被称为传播过程的数学模型或香农—韦弗传播模型。该模型把传播过程分成信源、发射器、信道、接收器和信宿五个环节,并用图解的形式表示出来,用以解释一般的人类传播过程。

图 1-11　香农模型

香农模型中的五个环节:

① 信源:产生信息的源头或信息的发送方。信源发出的信息被视为一系列的符号或消息,这些符号可以是字母、数字、声音等,因此,可以是文本、语音、图像等。

② 发射器:将消息转换为信号,然后使用通道发送。将信息转换为信号即编码的过程。将信源产生的信息转换为数字信号的过程,通常使用二进制编码。

③ 信道:信息通过的传输媒介,如电缆、无线信道等。

④ 接收器:将传输过程中的数字信号还原为原始信息并使其可用于信宿,这个过程即解码。

⑤ 信宿:信息的接收方或目的地。

在真实的通信过程中通常存在"噪声"。噪声是在信道中出现的干扰,可能会导致信息失真。由于无法完全避免噪声的出现,通信过程中接收方所获得的信息可能会与发送方传递的信息出现不一致的情况。

香农模型的核心思想是将信息编码为二进制的位(比特),通过使用适当的编码方案将信息转换成数字信号。这些数字信号可以通过信道传输,信道可能会受到噪声和干扰的影响。该模型是数字通信系统的理论基础,对现代通信技术的发展和应用产生了重要影响。

1.1.3　数字技术的发展

在三位奠基人的影响下,数字技术的发展大体分为三个阶段。

1. 计算机技术发展阶段(1946 年—20 世纪 70 年代)

计算机自 20 世纪 40 年代诞生以来,经历了电子管、晶体管、集成电路和超大规模集成电路四个阶段的发展,在此过程中,计算机的体积越来越小,功能越来越强,价格越来越低,应用也越来越广泛。

1) 计算机技术的发展

(1) 第一代计算机(电子管计算机)。　　　　　　　　　　　　　　　　**背景知识**

第二次世界大战中,英国为了解密德国的密文,催生了电子管计算机。电子管也称为真空管(图 1-12),是一种在真空环境中利用电流进行控制的电子器件。

图 1-12　电子真空管

1946 年第一台电子管计算机 ENIAC 在宾夕法尼亚大学诞生。ENIAC 使用了 17 468 个电子真空管(图 1-13),长 30.48m,宽 6m,高 2.4m,占地面积约 170m^2,30 个操作台,重达 30 英吨(1 英吨＝1.016 吨),耗电量 150kW,造价 48 万美元。ENIAC 使用十进制运算,每秒能运算 5000 次加法,它没有现代计算机的输入控制设备,只能通过人工来扳动庞大面板上的各种开关进行数据信息输入,它曾用于弹道计算,代表着当时人类计算技术的最高成就,奠定了电子计算机的发展基础,开辟了信息时代。

图 1-13　更换 ENIAC 真空管(1950,来自网络,美国军方照片)

ENIAC 最大的问题是真空管体积大、耗电量大，且不能进行长时间的工作。此外，ENIAC 大约每一两天就会失去一个真空管。由于有近 18 000 个真空管，定位和更换失效真空管是一项艰巨的任务。

第一代计算机只能通过机器指令、汇编语言进行编程，整个过程异常复杂。很快，随着 1947 年晶体管（图 1-14）的诞生，采用晶体管制造的第二代电子计算机也应运而生。

图 1-14　晶体管

（2）第二代计算机（晶体管计算机）。

背景知识

1954 年，美国贝尔实验室（晶体管和光电池也由其发明）研制出了第一台使用晶体管线路的计算机，取名为 TRADIC（TRansistorized Airborne DIgital Computer），如图 1-15 所示，装有 800 个晶体管。

图 1-15　Bell 研究室里的 TRADIC 原型，左 Felker，右 James R. Harris（转自 Bell 实验室网站）

1958 年，IBM 公司制成了第一台全部使用晶体管的计算机 RCA501 型。第二代计算机正式登上了历史舞台，相较于电子管，晶体管体积更小，寿命更长、效率更高。第二代晶体管计算机将计算速度从每秒几千次提高到了几十万次，主存储器的存储量也从几千字提高到了十万字以上。第二代计算机所使用的语言仍然是"面向机器"的语言，为后来高级语言的出现打下了良好的基础。

（3）第三代计算机（集成电路计算机）。

背景知识

1958 年，美国德州仪器的工程师杰克·基尔比（Jack Kilby）和罗伯特·诺伊斯（Robert Noyce）发明了集成电路（IC），如图 1-16 所示，将三种电子元件结合到一片小小的硅片上。集成电路的出现让计算机变得更小，功耗更低，速度更快。这一时期计算机的发展还包括使用了操作系统，使得计算机在中心程序的控制协调下可以同时运行许多不同的程序。计算机软件技术的进一步发展,尤其是操作系统的逐步成熟是第三代计算机的显著特点。

图 1-16 (左)集成电路发明人之一,2000 年,诺贝尔物理学奖得主杰克·圣克莱尔·基尔比教授(右)集成电路发明人之一,英特尔的创始人之一罗伯特·诺伊斯

1964 年 4 月 7 日,IBM 公司研制成功世界上第一个采用集成电路的通用计算机 IBM 360 系统(图 1-17),它兼顾了科学计算和事务处理两方面的应用。

图 1-17 集成电路计算机—IBM S/360 模型美国加州计算机历史博物馆

第三代电子计算机的基本电子元件是每个芯片上集成几个到十几个电子元件的小规模集成电路和每片上几十个元件的中规模集成电路。这一阶段,计算机软件技术进一步发展,尤其是操作系统逐步成熟。这一时期,也出现了"面向人类"的编程语言——高级语言。从 20 世纪 50 年代中到 70 年代,很多流行的高级语言已经被大多数计算机厂家采用,并固化在了计算机内存中,如 BASIC 语言、FORTRAN 语言、C 等。

(4) 第四代计算机(超大规模集成电路计算机)。   **背景知识**

集成电路(Integrated Circuit,IC)是一种将多个电子元件(如晶体管、电阻、电容等)集成到一个芯片上的技术。这些元件通过导线或金属线相互连接,形成一个完整的电路。当在一块芯片上集成的元件数超过 10 万个,或门电路数超过万门的集成电路,就称为超大规模集成电路(Very Large-Scale Integration,VLSI)。

1971 年,Intel 公司使用超大规模集成技术推出了第一款微处理器,也是世界上第一款商用微处理器——4004(图 1-18)。

　　微处理器的出现使得第四代计算机变得比其他"前辈"更小并且更快。基于超大规模集成技术越做越小的电路推动了微型计算机的发展。最早的微型计算机是 Altair 8800,它由 MITS 公司于 1975 年发布,随后是 Apple I 和 Apple II,以及科莫多尔公司的 PET 和 Vic 20。大规模集成电路的出现,让计算机系统足够小且价格便宜,推动计算机成为普通民众可使用的设备。1981 年 IBM 公司推出了个人计算机(PC),如图 1-19 所示。

图 1-18　Intel 4004 处理器　　　　　图 1-19　个人计算机

　　20 世纪 70 年代末 80 年代初,16 位微型计算机开始蓬勃发展。1983 年以后,32 位微型计算机开始出现,微处理器 80386、80486 等产品相继问世,并且发展至今。计算机的性能和集成度不断得到提升,在过去几十年中呈指数级增长,因而就有了计算机行业内耳熟能详的"摩尔定律",即集成电路上可容纳的晶体管数目每两年就会翻一倍。这条定律是近几十年来计算机性能爆发式增长的真实写照。

　　2) 计算机的组成

　　计算机由硬件和软件两部分组成。

　　(1) 计算机硬件。

应知应会

　　现代计算机硬件采用冯·诺依曼于 1945 年提出的冯·诺依曼体系结构。冯·诺依曼体系结构的计算机,必须具有如下功能。

　　① 将需要的程序和数据送至计算机中。

　　② 必须具有长期记忆(存储)程序、数据、中间结果及最终运算结果的能力。

　　③ 具有能够完成各种算术运算、逻辑运算和数据传送等数据加工处理的能力。

　　④ 能够根据需要控制程序走向,并能根据指令控制机器的各部件协调操作。

　　⑤ 能够按照要求将处理结果输出给用户。

　　为了实现计算机的上述功能,计算机必须具备五大基本组成部件,包括:

　　① 运算器。

　　用于完成各种算术运算、逻辑运算和数据传送等数据加工处理。

　　② 控制器。

计算机的
组成

　　用于控制程序的执行,是计算机的大脑。运算器和控制器组成计算机的中央处理器(CPU)。控制器根据存放在存储器中的指令序列(程序)进行工作,并由一个程序计数器控制指令的执行。控制器具有判断能力,能根据计算结果选择不同的工作流程。

　　③ 存储器。

　　存储器用于记忆程序和数据。

　　计算机存储器可分为内部存储器(简称内存或主存)和外部存储器(辅助存储器)。其中,内存由半导体制成,是计算机用于临时存储和快速访问数据的地方。内存具有访问速率快,容量小,但价格高等特点。外部存储器的最大特点就是断电后仍能保存数据,此外还具有访问速率慢,容量大,价格相对较低的特点。常见的外存设备有硬盘、软盘、光盘、U盘等。

当用户在计算机上运行程序时,这些程序及其相关数据被加载到内存中,这样CPU可以更快地访问它们而不必从硬盘或其他较慢的存储设备中读取。我们平时输入一段文字或玩一个游戏,其实都是在内存中进行的,数据产生后不断地由内存向外存进行存储。通常我们把要永久保存的、大量的数据存储在硬盘等外存上,而把一些临时的或少量的数据或程序放在内存中,内存的好坏会直接影响计算机的运行速度。

④ 输入设备。

用于将数据或程序输入计算机中,如鼠标、键盘、网卡、硬盘(存储设备)等。

⑤ 输出设备。

将数据或程序的处理结果展示给用户,如显示器、打印机、硬盘(存储设备)等。

根据冯·诺依曼体系结构,五大基本组成部件之间通过指令进行控制,并在不同部件之间进行数据的传递,如图1-20所示。

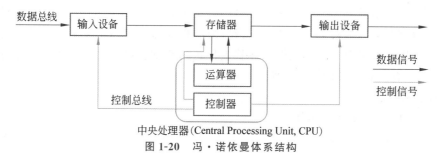

中央处理器(Central Processing Unit, CPU)

图1-20 冯·诺依曼体系结构

(2)计算机软件。

计算机软件即程序和有关文档资料的合称,可分为系统软件与应用软件。其中,系统软件即使用和管理计算机的软件,如操作系统、数据库管理系统和程序设计语言等。

操作系统(Operating System, OS)是一种内置的程序,用来协作计算机的各种硬件,以与用户进行交互。如早期的DOS,近期的Windows、macOS和开源的Linux等。

应用软件则是指专为某一应用编制的软件,如办公软件、辅助设计软件、教学软件、文字处理软件、信息管理软件和自动控制软件等。

2. 互联网技术发展阶段(1969—2015年)

1969年,美国国防部高级研究计划署的ARPANET(阿帕网)投入使用,主要用于军事研究。起初,ARPANET只有四个节点,分布在洛杉矶的加州大学洛杉矶分校、加州大学圣巴巴拉分校、斯坦福大学、犹他大学四所大学的4台大型计算机上,到1981年发展到94个。同时,最大的信息检索系统DIALOG也接入了ARPANET。1974年,高级研究计划署信息处理技术办公室(IPTO)的罗伯特·卡恩(Robert Kahn)和斯坦福大学的温特·瑟夫(Vint Cerf)共同研发了用于异构环境的TCP/IP协议,1983年TCP/IP协议投入使用。1984年,美国国家科学基金会(NSF)决定组建NSFNET(美国科研与教育骨干网),将美国6个超级计算机中心连接起来,实现资源共享,并与ARPANET连接。后来,NSFNET所覆盖的范围逐渐扩大到全美的大学和科研机构。NSFNET和ARPANET是美国乃至世界互联网的基础。1989 年 3 月,欧洲核子研究中心(CERN)的英国工程师蒂姆·伯纳斯-李(Tim Berners-Lee)开发出世界上第一个 Web 服务器和第一个 Web 客户机,这标志着万维网(WWW)诞生。蒂姆因此被称为"互联网之父"。

1993 年 4 月,CERN 宣布万维网对所有人免费开放,标志着互联网时代的到来。这一阶段互联网逐渐普及,出现了众多商业网站,人们开始使用互联网收发电子邮件、进行网上购物、检索信息。1994 年 4 月,我国全功能接入国际互联网。

3. 新一代信息技术发展阶段(2016 年至今)

2016 年以来,以人工智能技术为代表的新一代信息技术快速发展。2016 年 3 月,谷歌旗下 DeepMind 出品的 AlphaGo 战胜韩国围棋九段李世石。这一事件标志着人工智能在复杂战略游戏中的重大突破,极大地推动了全球对人工智能的关注和研究,也标志着人工智能技术从理论研究走向实际应用。因此,有人将 2016 年称为"人工智能元年"。2022 年 11 月 OpenAI 发布了人工智能聊天机器人程序 ChatGPT(Chat Generative Pre-trained Transformer),掀起了智能化服务与应用的新浪潮。在此期间,其他有代表性的新一代信息技术如大数据、云计算、区块链、物联网、5G、AR/VR 等也得到了快速发展与应用。

1.1.4 数字技术与数字化

1. 数字技术　　　　　　　　　　　　　　　　　　　　　应知应会

数字技术(digital technology),是一项与电子计算机相伴相生的科学技术,它是指借助一定的设备将各种信息,包括图、文、声、像等,转换为电子计算机能识别的二进制数字"0"和"1"后进行运算、加工、存储、传送、传播、还原的技术。由于在运算、存储等环节中要借助计算机对信息进行编码、压缩、解码等,因此也称为数码技术、计算机数字技术、数字控制技术等。

1)模拟信号

模拟信号是指用连续变化的物理量所表达的信息,它会随时间变化且通常被限制在一个范围内(例如+12V 至-12V),如图 1-21 所示。在这个连续的范围内,它会有无限多个值。模拟信号使用介质的给定属性来传递信号信息,例如,通过电线来传递电信号,用信号的不同电压、电流或频率来表达信息。模拟信号通常用于反映光线、声音、温度、湿度、位置、压力或其他物理现象的变化。因此,我们通常又将模拟信号称为连续信号。

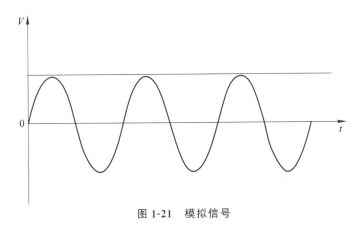

图 1-21　模拟信号

实际生产生活中,如摄像机拍下的图像、车间控制室所记录的压力、流速、转速、湿度等都是模拟信号。模拟信号传输过程中,先把信息信号转换成几乎"一模一样"的波动电信号(因此叫"模拟"),再通过有线或无线的方式传输出去,电信号被接收下来后,通过接收设备还原成信息信号。

近百年来,从有线相连的电话到无线发送的广播电视,很长的时间内都是用模拟信号来传递信息的。但是,模拟信号在传输过程中要经过许多的处理和转送,这些设备难免要产生一些干扰。此外,如果是有线传输,线路附近的电气设备的电磁干扰会影响信号的质量,如果是无线传送,则空中的各种干扰不可避免。这些干扰很容易引起信号失真,也会带来一些噪声,而且,这些干扰和噪声还会随着传送的距离的增加而积累起来,严重影响通信质量。

2)数字信号

数字信号是在模拟信号的基础上经过采样、量化和编码而形成的。数字信号在取值上是离散、不连续的信号。具体来说,采样就是把输入的模拟信号按适当的时间间隔得到各个时刻的样本值,如图1-22所示。量化是把经采样测得的各个时刻的值用二进制码来表示。编码则是把量化生成的二进制数排列在一起形成顺序脉冲序列。因此,数字信号则将数据表示为一连串离散的值。在给定时间内,数字信号只能从有限的一组可能值中选取一个值。数字信号用于所有的数字电子设备中,包括计算设备和数据传输设备。采用数字信号,物理量表达的信息可能有很多种:

(1)可变电流或电压。

(2)电磁场的相位或极化。

(3)声压。

(4)磁存储介质的磁化。

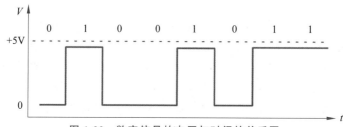

图1-22   数字信号的电压与时间的关系图

数字通信(digital telecommunications)是用数字信号作为载体来传输消息,或用数字信号对载波进行数字调制后再传输的通信方式,即利用数字技术进行信息传输与交换。数字通信可传输电报、数字数据等数字信号,也可传输经过数字化处理的语声和图像等模拟信号。数字通信有如下优点:

(1)加强了通信的保密性。语音信号经模/数变换后,可以先进行加密处理,再进行传输,在接收端解密后再经数/模变换还原成模拟信号。

(2)提高了抗干扰能力,尤其在中继时,数字信号可以再生,因而能消除噪声的积累。

(3)传输差错可以控制,从而改善了传输质量。

(4)便于使用现代数字信号处理技术来对数字信息进行处理。

(5)可构建综合数字通信网,综合传递各种消息,使通信系统功能增强。

但是,数字通信也存在缺点,如占用频带较宽、技术要求复杂、进行模/数转换时会带来量化误差。

2. 数字化与信息化

1) 数字化含义

狭义的"数字化"是指利用信息系统、各类传感器、机器视觉等信息通信技术,将物理世界中复杂多变的数据、信息、知识,转换为一系列二进制代码,引入计算机内部,形成可识别、可存储、可计算的数字、数据,再以这些数字、数据建立起相关的数据模型,进行统一处理、分析、应用,这就是数字化的基本过程。

广义的"数字化",则是通过利用大数据、云计算、区块链、人工智能、物联网等新一代信息技术,对企业、政府等各类主体的战略、架构、运营、管理、生产、营销等各个层面进行系统性的、全面的变革,强调的是利用数字技术对整个组织的重塑,数字技术能力不再只是单纯地解决降本增效问题,而成为赋能模式创新和业务突破的核心力量,也就是数字化转型。

2) 信息化与数字化

20 世纪 90 年代初,美国政府提出了"国家信息基础设施倡议"(National Information Infrastructure Initiative),通常简称"NII 倡议",旨在推动信息技术的发展,加强互联网基础设施建设,促进数字经济的增长,以及提高公众和企业的互联网使用率。"NII 倡议"是一系列的政策和举措,旨在支持信息技术的普及和推广。随后,世界各国高度重视信息化建设,我国也迅速做出反应,1993 年正式启动了"三金工程",标志着国民经济信息化正式起步。

三金工程即"金桥工程""金卡工程""金关工程"。其中,"金桥工程"即国家公用经济信息通信网工程,旨在建立一个覆盖全国并与国务院各部委专用网连接的国家公用经济信息网。国家公用经济信息通信网与原邮电部通信干线及各部门已有的专用通信网互联互通,互为备用,可以传输数据、文件、语音、图像,能为金融、海关、外贸、旅游等信息业务系统提供卫星通信。"金关工程"是对国家外贸企业的信息系统互联网,推广电子数据交换技术(EDI),实行无纸贸易的外贸信息管理工程。"金卡工程"则是以推广使用"信息卡"和"现金卡"为目标的货币电子化工程。此后,国务院批准成立了国家经济信息化联席会议,旨在统筹规划与协调推动"三金"工程及增值税防伪系统、计税收款机的推行等跨部门、跨地区的关系到国计民生的全国性系统工程项目,加速信息化建设。

"信息化"(informationize)通常是指采用计算机及网络技术实现条块化服务业务,如企业管理信息系统、财务系统、ERP 系统等的建设与应用。数字化更多的是指从企业业务模式和商业模式的系统性变革、重构,即业务模式创新。目前国家倡导的企业数字化转型即数字化的实际应用,"新基建"则是为推动企业数字化转型创造的良好外部新生态,助力、加速数字化转型的实现。

"信息化"和"数字化"是信息技术发展过程中不同阶段人们对信息技术在生产生活中应用的描述,在一定程度上体现了信息技术的发展及其应用的情况。

1.1.5 数字化生活

随着互联网、大数据和人工智能等技术的普遍应用,构筑了一个数字化的信息空间,改变了人们的生活方式。从社交、娱乐、购物到出行,人们越来越多地借助各种网络平台。从学习的网课模式,日常购物、社交使用的各种应用软件,在家、宿舍使用的外卖工具,出行旅游使用的打车、订房软件,娱乐社交使用线上预订电影票服务,只需用手机点击应用,就可以轻松购买并且把位置锁定选好。数字化为人们的社会生活提供强大的功能支持,给人们的生活带来了便利和福利。

数字化是多媒体技术、软件技术的基础,是信息社会的基石,数字、文字、图像、语音、视频等,最终都可以化为计算机体系中的 0 和 1。

以这种二进制来进行算术运算和逻辑运算的电路称为数字电路,广泛应用于社会各领域,打电话、浏览网页、看电视、收音机、飞机航行……无一不用到数字电路。

随着科技的发展,数字化技术不断升级,大数据、云计算、人工智能、物联网等新兴技术崛起,进一步拓宽数字化应用场景,生活数字化程度进一步加深。

1) 在"衣"方面

服装制造行业的数字化转型,如某企业就运用了 AGV 小车辅助运输,在工人的工位上配备了显示屏,显示着每件衣服所完成的工艺,提高每个人的工作量和工资收益等。

服装设计采用二维的款式设计在相当程度上改变了手绘设计模式,在未来,服装设计将向 3D 数字化迈进,而那时设计、成样、试衣、走秀的方式都会迎来巨大变革。

依靠虚拟现实(VR)技术,可以在网上通过 3D 视觉来挑选服饰,通过机器人模特穿戴来观看效果。

增强现实(AR)技术可以让人们通过网络直接体验身穿服装的感受。

随着信息技术与生产技术的深度融合,"衣"方面的个性化定制将日益走进大众生活。

2) 在"食"方面

AI+餐饮已成为餐饮行业的新趋势。在这个数字化时代,人们对于餐饮的需求也越来越高,追求更加健康、美味和个性化的餐饮体验。AI 大厨的出现正是满足人们对餐饮的健康、美味、个性化体验需求,它利用人工智能技术精准地控制食材的温度、时间和火候,确保菜品的口感和营养均衡。AI 大厨在菜品制作的过程中具有更高的智能性和精准性,且技术稳定,菜品的质量与口感可得到保证。AI+餐饮的出现满足了人们日益增长的就餐体验需求,同时也提升了餐饮行业服务的整理效率与品质。

可以想象,生活中基于 AI 技术,建设智慧食堂,简化经营流程,掌握营销数据,节省人力成本,增加食堂创收,提高用户的就餐体验。

在餐厅,已经可以实现后厨机器人配菜、前台机器人点餐、送餐。在线上,可以点餐外卖,大大提高客户的就餐体验和生活的便利。

3) 在"住"方面

智能建筑将物联网、大数据和人工智能技术综合应用到建筑物的设计、运行、维护和管理中。

智能家居不断提升人们的生活质量,各类家用电器联网后可增加音控或手机遥控功能,照明和空调可识别环境条件自动启动或关闭,电冰箱可以提醒人们所储存食品的保质期,其他一些家居设备将实现安防、节能、娱乐、养老监护等多种功能。

通过 VR 等技术手段,把消费者、服务者和房子之间的交互都搬到了线上。VR 看房改变了许多消费者的购房场景和体验。

线上预订、选房,在酒店大堂通过终端扫身份证,实现"30 秒入住、0 秒退房"。智能送物机器人能够在全程无人力干预的情况下,把住客需要的物品安全送达。

4）在"行"方面

智能交通,治理大城市病的重要手段,能有效改善道路通行状况。例如,根据经验设置的红绿灯转换节奏难以适应路况的动态变化,而利用信息技术将摄像头与红绿灯控制系统连接起来,可以实现红绿灯转换的智能化。

5G 赋能无人驾驶,助力物流实现数字化转型。1992 年,我国第一辆无人驾驶汽车诞生。

20 世纪 80 年代,我国立项了"遥控驾驶的防核化侦察车"项目,国防科技大学、哈尔滨工业大学和沈阳自动化研究所三家单位参与了该项目的研究制造,其间我国第一辆能够自主行驶的测试样车 ATB-1 正式诞生,行驶速度可以达到 21km/h。自此,我国无人驾驶的研究进入发展阶段。2020 年 10 月 11 日,百度自动驾驶出租车服务在北京全面开放,市民可在北京经济技术开发区、海淀区、顺义区的数十个自动驾驶出租车站点,直接下单免费试乘自动驾驶出租车服务。2021 年 5 月 2 日,百度 Apollo 无人驾驶 Robotaxi(图 1-23)中国首批"共享无人车"在北京首钢园正式开启常态化商业运营。

图 1-23　百度 Apollo 无人驾驶汽车 Robotaxi

1.1.6　数字鸿沟

应知应会

数字鸿沟

数字时代,由于数字资源的拥有与利用程度不同,在人与人之间、国与国之间、地区与地区之间产生了"数字鸿沟"(digital divide)。"数字鸿沟"或称"信息鸿沟",即能够利用数字技术手段掌握并利用信息者与无法利用数字技术手段掌握信息者或掌握信息较少者之间的鸿沟。这一概念最早由美国商务部国家通信及信息管理局(NTIA)于 1999 年在《在网络中落伍:定义数字鸿沟》报告中提出。数字鸿沟指的是一个在拥有信息时代的工具的人以及那些未曾拥有者之间存在的鸿沟。随后,数字鸿沟正式出现在美国的官方文件中。1999 年 7月,美国政府发布《填平数字鸿沟》报告,通过《通信法案》,要求电信企业为老年群体提供普遍平等的电信服务。关于数字鸿沟的概念,可以理解为在全球数字化进程中,不同国家、地区、行业、企业、社区之间,由于对信息、网络技术的拥有程度、应用程度以及创新能力的差别而造成的信息落差及贫富进一步两极分化的趋势。

数字鸿沟体现了当代信息技术领域中存在的差距现象。这种差距,既存在于信息技术的开发领域,也存在于信息技术的应用领域。数字鸿沟也存在于国与国、地区与地区、产业与产业、社会阶层与社会阶层之间,并且已经渗透到整个经济、政治和社会生活当中,成为在信息时代突显出的新社会问题。2000 年 7 月,世界经济论坛组织(WEF)向 8 国集团首脑会议提交专题报告《从全球数字鸿沟到全球数字机遇》。截至 2021 年 7 月，联合国的数据显示，全球超过 1/3 的人尚未接入互联网，虽然发达国家已有 80％ 的人口接入互联网，但是最不发达国家接入互联网的人口比例不到 20％。

◇ 1.2　数 字 素 养

1.2.1　演进与发展　　　　　　　　　　　　　　　　　　背景知识

数字素养
概念演进

数字素养概念的提出可追溯到 20 世纪 30 年代英国文化研究者 Leavis F. R. 及其学生 Denys Thompson 提出的媒体素养的概念。媒体素养概念的提出，正值世界经济危机期间，以美国为首的多国极力推动文化产业发展，当时涌现出"百老汇""好莱坞"等知名文化品牌，电影、小说、报纸等流行文化传播形式在欧洲盛行，社会生活中媒介环境变得日渐复杂。所以 Leavis 等发表了《文化和环境：批判意识的培养》一书，用以阐述媒体素养教育，目的是避免青年人被媒体误导。

1966 年，由美国技术教育学者 Towers、Lux 和 Ray 在《工业艺术学科的理念和结构》一书中首次提出技术素养概念，强调具有技术和技能的公民应该理解技术的重要性。1974 年，美国信息产业协会主席 Paul Chekowski 提出了信息素养概念。1997 年，保罗·基尔斯特(Paul Gilster)认为"数字素养"即"数字时代的素养"，它是一种理解及使用通过计算机显示的各种数字资源及信息的能力。随后，以色列学者约拉姆·埃谢特-阿尔卡莱(Y. Eshet-Alkalai)对数字素养的概念进行了比较系统地阐述。我们可以将媒体素养、技术素养、信息素养和数字素养等概念的演进看作是信息技术发展史上不同阶段对人的素养与技能的不同要求，一系列概念的提出体现了研究者对人适应社会与技术发展的观察和深入思考。2006 年，H. Jenkins 提出了参与式文化的概念及数字素养的重要性，对后来的数字素养研究和实践产生了较深远的影响。他提出了"新媒体素养"(new media literacy)的概念，认为新媒体素养是在数字媒体环境下的一种文化技能和能力，它涉及参与式文化、多模态交流、信息交换和创造等方面，是人们在新媒体环境下进行有效沟通和协作的基础。其中所提到的"新媒体环境"可理解为现在的数字公共基础设施，如互联网等数字环境。

总体来说，我们可以将媒体素养、技术素养、信息素养和数字素养等概念的演进看作是不同历史时期研究者对信息与技术理解与应用的产物，一系列概念的提出体现了研究者对人适应社会与技术发展所应具备的素养与技能的观察与深入思考。关于数字素养概念的演进如图 1-24 所示。

概念与内涵　　　　　　　　　　　　　　　　　　　　　　　　应知应会

《辞海》中对素养的定义为：第一，修习涵养；第二，平素所供养。所谓"素"，原意是"本色""本来的""原有的"；所谓"养"，原意是"培植""教育""熏陶""培养"。英文中，对 literacy 的解释是：

(1) the ability to read and write(读写的能力)。

(2) competence or knowledge in a specified area(特定领域的竞争力或知识)。

从概念上理解，素质通常指个体的综合素养和素质水平，包括学识、技能、品德、性格等诸多方面。它强调一个人在各个方面的综合素养及由此表现出的整体状态，是一个比较全

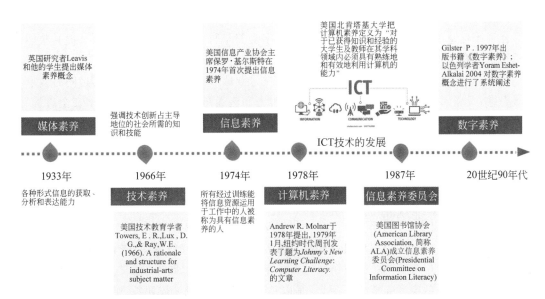

图 1-24　数字素养概念的演进(来自大数据百家讲坛《数字素养与政策解读》)

面的概念。素养则侧重后天培养,是由训练和实践而获得的某一方面的技巧或能力,通常指一个人在从事某项工作时应具备的素质与修养,即一个人在品德、知识、才能和体格等先天的条件和后天在某一领域学习与训练的综合体现。如人文素养、健康素养、数字素养、职业素养等等。两者的区别如图 1-25 所示。总体来说,素质是个人内在的品质,是素养形成的基础。素养是个人素质的外在表现,通过后天教育、实践及环境的影响而形成。

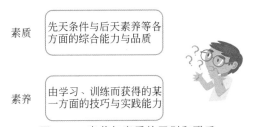

图 1-25　素养与素质的区别和联系

　　进入 21 世纪以来,各国由工业社会进入信息社会,数字化技术与传统行业深度融合,数字化转型全面展开。社会的发展要求公民具备新的数字化能力适应技术与环境的不断变化,数字素养概念应运而生,并不断发展完善。对于数字素养的概念,不同的组织、机构与研究者有不同的理解。美国图书馆协会(American Library Association,ALA)的数字素养任务组将数字素养定义为利用信息和通信技术(ICT)的知识与技能,评估、使用和创建信息的能力,以及利用数字技术解决问题的能力。联合国教科文组织在教育可持续发展目标——SDG4 的监测指标体系中,将数字素养定义为“个人掌握使用数字设备、应用和网络的技能和能力,以及识别、评估和利用数字信息的态度、价值观和知识”。欧盟最早于 2010 年发布的欧盟数字议程(i2010)中提出了数字素养的概念,2010 年对其进行了拓展和补充,将其定义为能够使用数字技术来有效地工作、学习和参与社会生活,并能够保护自己和他人的数字安全和隐私的知识、技能和态度。我国《行动纲要》中给出了公民数字素养与技能的定义,即“数字社会公民学习工作生活应具备的数字获取、制作、使用、评价、交互、分享、创新、安全保障、伦理道德等一系列素质与能力的集合。"国内研究者普遍认为数字素养是利用数字技术或综合利用信息的能力体现,也有学者认为数字素养是与个人融入数字化社会、提升整体生活质量息息相关的关键素养。

因此,数字素养涵盖了最基本的利用数字技术获取和识别有效信息的能力,同时要求有创新思维,具备对社会文化背景的理解力、思辨力和沟通与合作能力,并对数字安全有认知,行为合乎数字伦理。数字素养包括对数字内容的理解、使用和评价能力,以及通过数字技术解决实际问题的能力。数字素养要求人们具备数字技术基础知识和批判性思维,能够利用数字技术获取、使用和创造数字内容,并具备利用数字工具进行社交实现沟通与协作的能力。

1.2.2 数字素养能力框架

数字素养能力框架对公民应具备的数字素养进行能力分解与说明,研究国际上主流的公民数字素养框架对形成我国公民数字素养与技能框架具有非常重要的意义。我们选取了三个具有代表性的公民数字素养能力框架,一是以色列学者约拉姆·埃谢特-阿尔卡莱(Y. Eshet-Alkalai)提出的包含六项技能的数字素养能力框架;二是影响范围广且具有一定权威性的《欧盟数字素养框架(DigGomp)》;三是联合国教科文组织的《全球数字素养框架》。

1. 约拉姆·埃谢特-阿尔卡莱数字素养框架　　　　　　　　　　　　　背景知识

约拉姆·埃谢特-阿尔卡莱基于经验、文献综述和试点实验,在 2004 年与 2012 年研究工作的基础上,提出了一个包括六项技能的数字素养框架,如图 1-26 所示。框架中,将个人的数字素养分为对视觉图形信息的理解能力、数字内容检索、整合的能力、信息的识别与批判及信息实时处理的综合能力。约拉姆将数字素养视作数字时代的生存技能,认为数字素养是关乎个人基本生活能力,是具有整合性以及跨学科特点的重要技能。该理论框架被认为是数字素养比较完整的框架之一。

图 1-26　约拉姆·埃谢特-阿尔卡莱数字素养框架

2. 欧盟 DigComp 2.2 框架　　　　　　　　　　　　　　　　　　　应知应会

2006 年以来,欧洲联盟(EU)在对欧洲多个国家进行研究的基础上,致力于探索公民应具备的数字素养与能力,并提出了《终身学习的关键能力:欧洲参考框架》(图 1-27),其中数字素养是公民应该具备的八项能力之一。

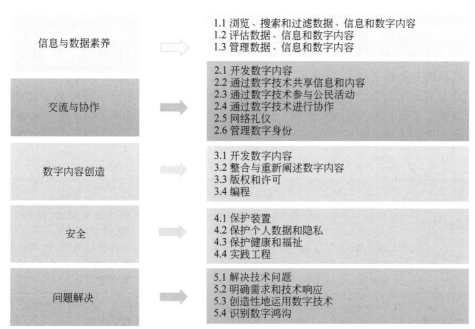

图 1-27　欧盟 DigComp 概念参考模型（整理自欧盟官网）

欧盟于 2013 年发布了 DigComp 1.0 框架，指出数字素养包括五个能力部分：信息、通信、内容创造、安全以及问题解决，并于 2017 年和 2022 年相继发布了 DigComp 2.1 和 DigComp 2.2 框架（图 1-28），对公民应具备的数字素养与能力进行说明，并辅以实例。以 DigComp 2.2 为例，公民的数字素养主要由信息与数据素养、沟通与协作、数字内容创造、安全、问题解决五个主要部分构成，如表 1-1 所示。

表 1-1　欧盟 DigComp 2.2 框架

能 力 域	主 要 内 容
信息与数据素养	描述了获得、评估和管理信息的能力
沟通与协作	强调了在合适、合法和安全的方式下利用数字技术与他人在线沟通的能力
数字内容创造	即遵守版权和许可证开发、整合数字内容
安全	意味着在利用数字技术的同时保护设备、个人数据和隐私、健康和环境
问题解决	是这个框架中最高的要求，表示公民可以熟练地利用数字技术在数字环境中识别需求和问题，解决概念性问题和对问题情境的理解能力。公民们还能够使用数字工具创新业务过程和产品，并跟上数字技术的演进

框架中，除素养域和能力域外，还有第三个维度即能力水平域，分为基础级、中级、高级、高度专业化四个级别，平均划分为 1～8 档。DigComp 2.2 框架的维度清晰，且具备灵活开放的特征，不仅有利于学习者结合自身背景展开学习，也有利于各教育机构、企业等推进人才数字素养培养与评估的落地实践，让数字素养培养与评估更加精准和人性化。

3. 联合国《数字素养全球框架》（GFRDLSI）　　应知应会

2018 年 6 月，联合国教科文组织以欧盟的公民数字素养框架（DigComp 2.0）为基础，结合四个实证研究的成果和发现，推出了包括 7 个素养域和 26 个具体指标的《数字素养全球框架》(*A Global Framework of Reference on Digital Literacy Skills for Indicator* 4.4.2，GFRDLSI)，见表 1-2。与 DigComp 2.0 相比，该框架更简洁且涵盖范围更广。框架中增加 CA0"设备和软件操作素养"与 CA6"职业相关的素养"两个素养域，其中，CA6 强调掌握某一特定领域的专业数字技术，并能解释和应用特定领域的数据、信息和数字内容。CA0 和 CA6 两个素养域的增加，突出了数字技术基础性能力与数字技术在行业中的应用能力，让数字素养框架更加完善，适用范围更广。因此，这一框架对于构建我国全民数字素养与技能框架具有重要的借鉴意义。

表 1-2　联合国教科文组织《数字素养全球框架》(来自：https://uis.unesco.org/)

能　力　域	能　力　描　述	
软件与硬件基础 Fundamentals of hardware and software	0.1 Basic knowledge of hardware such as turning on/off and charging, locking devices 0.2 Basic knowledge of software such as user account and password management, login, and how to do privacy settings, etc	0.1 硬件基础知识，如开关机、充电、锁定设备等 0.2 软件基础知识，如用户账号和密码管理、登录、如何进行隐私设置等
信息与数据素养 Information and data literacy	1.1 Browsing, searching and filtering data, information and digital content 1.2 Evaluating data, information and digital content 1.3 Managing data, information and digital content	1.1 浏览、搜索和过滤数据、信息和数字内容 1.2 评估数据、信息和数字内容管理数据、信息和数字内容 1.3 管理数据、信息和数字内容
沟通与协作 Communication and collaboration	2.1 Interacting through digital technologies 2.2 Sharing through digital technologies 2.3 Engaging in citizenship through digital technologies 2.4 Collaborating through digital technologies 2.5 Netiquette 2.6 Managing digital identity	2.1 通过数字技术进行交互 2.2 通过数字技术共享 2.3 通过数字技术参与公民活动 2.4 通过数字技术进行协作 2.5 礼节 2.6 管理数字身份
数字内容创造 Digital content creation	3.1 Developing digital content 3.2 Integrating and re-elaborating digital content 3.3 Copyright and licenses 3.4 Programming	3.1 开发数字内容 3.2 整合和重新阐述数字内容 3.3 版权和许可 3.4 编程
安全 Safety	4.1 Protecting devices 4.2 Protecting personal data and privacy 4.3 Protecting health and well-being 4.4 Protecting the environment	4.1 保护装置 4.2 保护个人数据和隐私 4.3 保护健康和福祉 4.4 保护环境
问题解决 Problem solving	5.1 Solving technical problems 5.2 Identifying needs and technological responses 5.3 Creatively using digital technologies 5.4 Identifying digital competence gaps	5.1 解决技术问题 5.2 确定需求和技术响应 5.3 创造性地使用数字技术 5.4 识别数字能力差距
职业相关的竞争力 Career-related competences	6. Career-related competences refers to the knowledge and skills required to operate specialized hardware/software for a particular field, such as engineering design software and hardware tools, or the use of learning management systems to deliver fully online or blended courses	6.与职业相关的能力是指操作特定领域的专业硬件/软件所需的知识和技能，例如工程设计软件和硬件工具，或使用学习管理系统提供完全在线或混合课程

1.2.3　数字素养教育　　　　　　　　　　　　　　　　　　　　应知应会

数字时代,数字技术已经深入到我们生活的方方面面,包括工作、学习、社交、娱乐等各个领域,数字素养成为个人的基本素养。因此,提升公民的数字素养能力,推广数字素养教育变得尤为重要。数字素养教育是指培养个人对数字技术的理解、使用和评价能力的教育过程。在数字素养教育过程中,需要注重如下几方面。

(1) 数字素养内涵的理解。

帮助学习者理解什么是数字素养?为什么要学习掌握数字素养?如何提升个人的数字素养?

(2) 数字技能的培养。

数字素养教育可以帮助个人学习并掌握各种数字技术与工具的基础知识与应用能力,如计算机操作、网络技术的使用、信息搜索和处理、数据分析与可视化等等。因此,数字技能的培养需要理论与实训相结合,通过实训夯实所掌握数字技能。个人的数字技能在现代社会中至关重要,有助于提高就业竞争力和社会适应能力。

(3) 数字内容处理能力。

数字素养教育培养个人在数字环境中获取、评估和利用数字内容的综合能力。它包括识别和辨别可靠的信息源、评估信息的真实性和可信度、处理和组织信息以满足特定需求等技能。数字素养综合能力能帮助个人在面对海量信息时有效地获取有价值的信息,并做出明智的决策,这一点至关重要。

(4) 创新与问题解决能力。

数字素养教育鼓励个人探索和利用数字技术解决实际问题并创造新的价值。通过培养计算思维、创新思维,借助数字技术提升个人解决问题、利用数字工具和资源提出创新方案的能力,并将其应用于现实生活中的各种情境。

(5) 数字安全与隐私保护能力。

数字素养教育需教导个人在使用数字技术时如何保护自己的隐私和数据安全,如创建强密码、识别网络威胁、避免网络欺诈等技能,提高个体在数字世界中的安全意识和防护能力。

(6) 理解并注重社交礼仪与伦理道德。

注重培养个人在利用数字技术的过程中的素养,即理解、尊重不同地域的文化、尊重知识产权、遵守有关的法律法规与政策的能力,注重培养具备良好道德修养的数字化专业人才。数字素养教育应有助于培养个人跨文化、跨国界的合作能力,提升个人适应并参与全球化数字化环境的综合素养与技能。

1.2.4　全球趋势　　　　　　　　　　　　　　　　　　　　　　背景知识

近年,全球范围内掀起提升公民数字素养与技能浪潮。2019 年,在日本大阪举行的G20 峰会上,各国就公共教育中数字素养的缺乏将会对可持续发展产生影响达成共识。2022 年 7 月,在印度尼西亚举办的 G20 峰会主席国数字经济工作组(DEWG)举行了首次会议,提出了 DEWG 的三个优先问题,其中第二个优先问题即数字技能和数字素养。

我国也高度重视公民的数字素养与技能的提升。2018 年 9 月,国家发展改革委员会发布的《关于发展数字经济稳定扩大就业的指导意见》(发改就业〔2018〕1363号)中指出,培养数字人才的目标是到2025年中国公民的数字素养将不低于发达国家的平均水平。2021年3月发布的《中华人民共和国国民经济和社会发展第十四个五年规划和2035年远景目标纲要》中提出,"加强全民数字技能教育与培训,普及提升公民数字素养"。2021年11月,中央网络安全和信息化委员会印发《提升全民数字素养与技能行动纲要》,对提升全民数字素养与技能做出安排部署,提出顺应数字时代的要求,并对提升全民数字素养与技能进行了顶层设计。

◇　1.3　我国数字素养与技能培养

近年来,党中央、各级政府部门高度重视提升公民数字素养与技能,从中央到地方出台各项方针政策,将提升公民数字素养与技能作为国家数字化发展战略之一。党的二十大报告指出,加快建设现代化产业体系,加快网络强国、数字中国建设,推动战略性新兴产业融合集群发展,构建新一代信息技术、人工智能等一批新的增长引擎。习近平总书记深刻指出,加快数字中国建设,以信息化培育新动能,促进新发展。2023年9月,习近平总书记在黑龙江考察期间提出"新质生产力"一词。数字经济时代的新质生产力是以数据为关键生产要素,以数字化、网络化、智能化的新技术为支撑,以科技创新为核心驱动力,以深化高技术应用为主要特征,具有广泛的渗透性和融合性的生产力新形态。促进新质生产力发展,必须提升劳动者的数字素养与技能。因此,通过提升全民数字素养与技能,大力培养创新型复合型数字化人才是我国当下的首要任务之一,也是推进全面数字化转型升级,实现中国式现代化的重要举措。

1.3.1　主要政策与活动　　　　　　　　　　　　　　　　　　　　　背景知识

2021年8月举行的第五届中国—阿拉伯国家博览会网上丝绸之路大会上,多领域专家学者云端交流,提出数字素养已日渐成为数字化时代的必备生存技能,需搭建终身学习教育平台和培训体系来提升全民数字素养,以更好地应对数字化时代带来的挑战,共享数字化发展成果。

2021年中央网信办发布的《行动纲要》中对提升全民数字素养与技能进行了说明,指出"数字技能"侧重职业者的专业能力,"数字素养"侧重终身学习与修养。从人的全生命周期角度考虑,"数字素养与技能"更符合我国提升国民素质与促进人的全面发展的规律和要求。同时,《行动纲要》结合当前主要的数字素养研究成果与我国公民数字素养的实际情况,提出了数字素养与技能的含义,作为我国数字素养与技能评价体系建设的重要参考依据。《行动纲要》中,对提升我国全民数字素养与技能的总体目标是:

(1)到2025年,全民数字化适应力、胜任力、创造力显著提升,全民数字素养与技能达到发达国家水平。初步建成全民终身数字学习体系,老年人、残疾人等特殊群体数字技能稳步提升,数字鸿沟加快弥合、显著提升劳动者数字技能,增加高端数字人才队伍。

(2)展望2035年,基本建成数字人才强国,全民数字素养与技能等能力达到更高水平,为建成网络强国、数字中国、智慧社会提供有力支撑。

《行动纲要》中,围绕提升全民数字素养进行了顶层设计与战略部署,明确了我国提升全民数字素养的目标,提出了建立适合我国国情且具有专业水准的数字化能力水平培养与评估体系的紧迫任务。

2022年3月,中央网信办、教育部、工业和信息化部、人力资源和社会保障部四部门联合印发《2022年提升全民数字素养与技能工作要点》,提出"基础教育精品课程"资源数量、重点网站和移动应用程序适老化及无障碍改造数量等主要指标。同年7月,以"数字赋能,全民共享"为主题的"2022年全民数字素养与技能提升月"活动在第五届数字中国建设峰会开幕式上启动。期间,组织举办提升全民数字素养与技能主题论坛、提升全民数字素养与技能主题展、数字教育培训资源开放共享行动、数字技能进社区、数字教育大讲堂、数字助老助残志愿活动、数字巾帼先锋培育助力活动、数字创新专题培训、全民数字素养与技能提升月成果交流,以及发布全民数字素养与技能发展研究报告等系列活动。2022年11月30日,为扎实推进国家教育数字化战略行动,完善教育信息化标准体系,提升教师利用数字技术优化、创新和变革教育教学活动的意识、能力和责任,教育部研究制定了《教师数字素养》标准,该标准制定了教师数字素养框架,包括5个一级维度、13个二级维度和33个三级维度,其中一级维度包括数字化意识、数字技术知识与技能、数字化应用、数字社会责任、专业发展5方面。标准将用于对教师数字素养的培训与评价,具体内容包括:能够掌握在教育教学中选择数字化设备、软件、平台的原则与方法;能够运用数字评价工具对学生的学习情况进行分析,应用智能阅卷系统、题库系统、测评系统对学生知识准备、学习能力、学习风格进行分析;能够利用数字技术资源发现学生学习差异,开展针对性指导等。

2023年4月,由中央网信办、中央党校(国家行政学院)、教育部、科技部等部门举办"2023年全民数字素养与技能提升月"活动在福州举行的第六届数字中国建设峰会开幕式上启动。活动旨在满足人民日益增长的美好生活需要,推广数字技术应用,丰富教育学习资源,加强能力提升培训,弘扬向善网络文化,促进全民数字素养与技能发展,支撑经济社会发展和民生福祉增进。活动主要包括专家巡讲、主题论坛、教育培训、校园行、科技成果路演、经济融合、社区服务、职业推介、农民培训、助老活动、退役军人专项、企业转型、技能大赛、女性公开课、科普活动、残疾人职业能力提升等。

2024年2月,中央网信办、教育部、工业和信息化部、人力资源和社会保障部联合印发《2024年提升全民数字素养与技能工作要点》,明确了到2024年年底,我国全民数字素养与技能发展水平迈上新台阶,数字素养与技能培育体系更加健全,数字无障碍环境建设全面推进,群体间数字鸿沟进一步缩小,智慧便捷的数字生活更有质量,网络空间更加规范有序,助力提高数字时代我国人口整体素质,支撑网络强国、人才强国建设。工作要点部署了培育高水平复合型数字人才、加快弥合数字鸿沟、支撑做强做优做大数字经济、拓展智慧便捷的数字生活场景、打造积极健康有序的网络空间、强化支撑保障和协调联动等6方面17项重点任务。

同时,各省市也推出提升全民数字素养与技能的政策、文件。从中央到地方,在全国范围形成提升全民数字素养与技能的良好氛围,为我国实现数字化转型、加速数字经济的发展提供了动力支持。

1.3.2 《数字素养与技能认证》团体标准   背景知识

我国数字素养与技能的培养与评估需要一套完整且专业化、标准化的评估体系。自2021年11月起,全国高等学校计算机教育研究会牵头,组织来自厦门大学、清华大学、北京交通大学、中国人民大学等高校及地方数字技术企业等十四个单位的领域专家、教师、研究者以欧盟 DigComp、联合国《数字素养全球框架》及中央网信办《提升全民数字素养与技能行动纲要》为基础,结合专家数字力培训实践,共同研究起草了研究会《数字素养与技能认证》团体标准(T/CERACU/205—2022)(后简称"团体标准"),该标准是国内首个关于公民数字素养与技能的专业化团体标准,于2022年12月发布,2023年1月1日起正式实施,面向起草单位、政府部门、学术团体、行业协会、培训机构等公开,可供全国大专院校制定数字素养与技能相关专业培养计划、课程大纲使用;可供企事业单位人才数字化能力水平培养与认证工作使用。

团体标准包括七个数字素养能力域,内容涵盖数字内容的获取、利用、沟通协作、数字技能和安全保障等基本的数字化知识与技能,同时也包括伦理道德与政策法律法规等对个人在数字内容、数字技术使用过程中的行为规范与限制。框架对从数字技术知识技能的认知、掌握再到反思并用于指导个人行为,进而对形成或培养数字素养的过程进行了规范与梳理。团体标准具体内容请参见表1-3。

表 1-3 《数字素养与技能认证》团体标准主要内容

能力域	名　称		能 力 要 求
数字内容获取、评价与管理	数字内容的浏览		使用主流浏览器、阅读软件、播放软件等完成数字资料的阅览、观看、收听等浏览操作
	数字内容的检索		使用主流搜索引擎、检索工具或信息获取工具中内嵌搜索或检索功能完成数字资料的搜索或检索
	数字内容的过滤		能够使用搜索引擎、检索工具或信息获取工具中内嵌搜索或检索功能进行搜索或信息检索的参数或选项设置,实现所需的信息过滤
	数字内容的管理	数字内容的基本管理	使用主流操作系统的资源管理功能、资料管理工具软件、云端工具完成数字资料的增加、删除、修改、分类、共享、复制、保存、发送、加密等基本操作
		数字内容的分类管理	使用主流操作系统的资源管理功能、资料管理工具软件、云端工具,按照默认方式、自定义方式、手动方式或某类资料的特定方式完成数字资料的各种分类管理、分类更新等基本操作
		数字内容的标注	使用主流操作系统的资源管理功能、资料管理工具软件、云端工具,按照自动方式、手动方式、自定义方式或某类资料的特定方式完成数字资料的各种标注的增删改等基本操作
	数字内容的识别与评价		了解常见不同来源数字资料的质量和用途定位、会进行基本的追溯、能结合使用场景对其可利用性进行基本甄别与评价

续表

能力域	名　称		能　力　要　求
数字内容开发与利用	数字内容的创建		能够使用主流软件完成数字内容如文字、图片、数值、视频、音频等的创建
	数字内容的创造		使用主流软件完成数字内容的规划、设计、制作及相关数字内容的获取、识别、整合等工作
	数字内容的编辑	文字资料的编辑	能够使用主流软件完成文字资料的增删改、重命名等基本操作
		图片资料的编辑	能够使用主流软件打开图片文档并进行图片翻转、图片一定角度的旋转、图片裁切、图片参数调整、重命名等基本操作
		数值资料的分析	能够使用主流数据处理软件对数值进行基本的计算、分类、比较等操作
		视频资料的编辑	知道常见的视频编码格式与基本视频编辑术语，认识 mp4、avi、wmv、rmvb、flv 等视频格式
		音频资料的编辑	知道常见的音频文件格式，如 mp3、wma、wav、ape 等，能够使用常见的录音软件对音频资料进行剪辑、复制、调整播放速度及重命名等基本操作
	数字内容的存储		数字内容制作完成后，能够使用主流软件工具对其进行"另存为""保存"等基本操作，存储至相应的存储介质并进行数字内容的管理
	数字内容的利用		在数字内容的识别与评价基础上，能够通过对数字内容的整合、复述、演示、转发、共享协同等基本操作实现数字内容的利用
数字沟通与协作	数字技术的互动		能够利用主流的软件和技术，在数字环境中与他人互动交流
	数字内容的共享		能够利用主流的软件和技术，在数字环境中与他人进行数字内容的共享
	数字内容的协作		能够利用主流的软件和技术，在数字环境中与他人交流和协作，进行资源和知识的共同建构和创造
	沟通协作礼仪	版权与许可的运用	理解版权与许可的含义，能够意识到个人或团体创作的数字内容受到版权的保护，能够依据许可要求进行数字内容的创建、编辑、保存、使用、交流、分享、参与、协作等操作
		沟通协作与理解	理解文化差异，意识并尊重数字世界的多样性与多元化，具有符合数字伦理道德的价值观念和行为
	数字身份的管理	数字身份的建立和使用	能够利用适当的数字技术，在数字化应用场景中安全、守法、符合道德规范地建立和使用个人数字身份
		数字身份的安全管理	能够安全管理个人数字身份，能够初步辨别他人数字身份，能够配合国家机构对数字身份进行统一管理

续表

能力域	名　称		能 力 要 求
数字技能	解决技术问题	信息获取和制作的技术问题	能够及时检测到信息获取和制作过程中的技术故障,能够独立或借助其他力量解决技术问题
		信息使用和创新的技术问题	能够发现信息使用和创新过程中的技术故障,能够独立或借助其他力量解决技术问题
		信息管理和交流的技术问题	能够发现信息管理和交流过程中的技术问题,能够独立或借助其他力量解决技术问题
	识别数字化需求与技术应用	评估数字化需求	能够准确评估数字环境下的特定需求,以满足多样化、综合化、个性化、动态化的数字需求
		确认和评价数字工具	了解常见数字技术的基本原理与知识,能够甄别不同数字工具的差异,以用于特定问题求解,并做出相应评价
		选择和使用数字技术方案	能够在符合成本效益和安全性原则下,选择和使用技术方案,能够根据实际情况调整和自定义数字环境以满足个性化需求
	识别数字技能的差异	识别信息技术拥有程度的差异	能够识别出自身因信息技术与工具在拥有程度与参照方存在的数字技能差异
		识别信息技术使用程度的差异	能够识别出自身因信息技术与工具在使用程度、熟练程度与参照方存在的数字技能差异
	数字技术素养	数字技术知识	了解主流数字技术的基本概念及其主要应用场景
		数字技术技能	了解并掌握主流数字技术在生活与工作场景下的基本应用,并掌握常用技能
安全保障	网络安全基础知识		了解网络安全的概念、特征、主要威胁及关键技术,并能对数字环境中的网络安全情况进行基本的判断
	计算机系统安全保障		理解并掌握计算机系统的账户设置与管理、系统与文件的备份与恢复,能够及时更新所用操作系统
	智能终端系统安全保障		了解智能终端操作系统面临的主要安全威胁与相应的防护措施,了解基本的权限管理与隐私保护设置,了解数据安全的基本防护措施
	网络应用的安全保障	浏览网页与在线应用的安全保障	了解安全浏览网页、收发电子邮件的基本注意事项,能够对相关安全事件采取正确的应对措施
		电子支付安全保障与反欺诈	了解并掌握网络购物安全、钓鱼网站防范及电信诈骗防范的基础知识,做到基本的电子支付安全;了解网络欺诈的主要形式、手法,能够辨识一般的网络欺诈行为并能够采取正确的应对措施
		社交媒体安全保障	了解并掌握密码隐私与个人信息保护
	网络病毒与恶意代码防范		了解网络病毒与恶意代码的主要种类及基本的防范措施
	安全保障工具	个人防火墙	了解防火墙的概念及基本使用,能够进行简单的防火墙设置
		防病毒软件	了解主流操作系统、智能移动终端系统的防病毒软件及基本使用,能够对系统进行基本的病毒查杀
		健康安全保障	在使用数字技术过程中,能够做到身体健康与心理健康

续表

能力域	名　称		能 力 要 求
伦理道德	数字伦理	基础知识	了解数字伦理的发展过程、概念、内涵
		基本要求	在数字生活与工作中,能够通过舆论评价与个人反省自检,主动对照数字伦理规范的要求,确认对错,并做出合理的反应
	网络道德	主要原则	了解数字伦理应遵循可用性、可靠性、可知性、可控性的原则
		基础知识	了解网络道德的概念及其基本原则,能够根据网络道德规范展开网络中的活动,并能够对网络行为、活动进行基本的辨别
		尊重他人的隐私权	了解网络隐私权的含义; 了解网络隐私权被侵犯的主要表现; 注重他人个人资料与隐私数据的保护,能够在合理合法范围内使用相关敏感资料
		数字知识产权保护	尊重数字版权,形成数字版权意识,不使用、下载、传播、转发各类侵犯数字版权的数字内容
		数字内容相关的道德规范	了解不同场景下,数字内容的使用应遵守的基本价值观、工作流程及制度规定; 能够在数字内容开发与使用过程中遵守相关法律法规及道德规范
		网络言论道德	能够做到注重网络言论,不制造、传播、散布虚假信息
	科技伦理	基本原则	了解科技伦理的基本原则:增进人类福祉、尊重生命权利、秉持公平公正、合理控制风险,并能够在数字生活与工作场景中践行
			能够依据科技伦理的基本原则对数字技术应用过程中涉及的伦理道德问题进行初步判断
		人工智能伦理	了解针对人工智能伦理的有关规定,能够对人工智能技术在管理、研发、供应、使用各环节不同场景的应用行为进行基本的伦理辨别; 能够形成人工智能伦理意识与行为自觉
	数字命运共同体		知道数字命运共同体提出的时代背景,基本概念及其内涵能够利用有关原则处理数字技术使用活动
政策与法律法规	数字素养与技能相关政策		了解近年国家出台的关于公民数字素养与技能的重要政策及有关规定
	数字素养与技能相关法律法规	网络安全法律法规	了解关于网络安全的法律法规,并能够依法开展与数字内容相关的各项活动
		个人信息及数据安全法律法规	了解关于个人信息及数据安全的法律法规,并能够依法开展与数字内容相关的各项活动
		网络著作权	了解著作权法中关于网络著作权、许可的有关规定,并能够依法开展与数字内容相关的各项活动

1.3.3　数字素养与技能评估体系　　　　　　　　　应知应会

提升全民数字素养与技能,建立科学完善的专业化评估体系非常重要。目前,我国面向公民开展的数字素养与技能评估认证体系主要有全国高等学校计算机教育研究会主办的数字化能力水平认证(Digitalization Capability Level Certification,DCLC)体系(图 1-28)。数字化能力水平认证(DCLC)是由全国高等学校计算机教育研究会主办,面向社会,用于考查个人的数字素养与技能、数据科学知识以及组织的数字化转型能力的全国性的认证体系。DCLC 中的数字力可以分为人才数字力和组织数字力。本教程侧重介绍人才数字力认证。

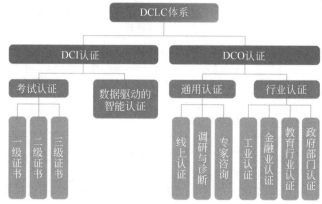

图 1-28　DCLC 认证体系

人才数字力(Digitalization Capability for Individual,DCI)是指个人为了适应社会与数字经济的发展,在数字环境中掌握数字化技术知识与技能,并将其应用于学习、生活与工作过程中的数字素养与技能的综合能力。

研究会数字化能力水平认证(DCI)可分为三级(图 1-29)。其中,一级数字素养、二级数字素养进阶认证以研究会《数字素养与技能认证》团体标准为基础,大纲结构如图 1-30 所示。一级数字素养认证,面向普通公民,侧重考查参加认证人员的数字技术通识知识和在生活、学习和工作场景下的基本数字素养;二级数字素养进阶则在一级的基础上进一步深入,导入"计算思维""健康数字生活"等内容,增加数字技能实训环节,可面向高校学生、行业从业者展开。二级 WPS Office、R 语言、Python 则面向大众,如在校学生、行业从业人员,考查其使用特定软件工具处理文档和数据的基本技能与综合运用能力;二级数据建模侧重考查参加认证人员的数据建模能力及其在业务场景下的应用能力。二级数据安全考查参加认证人员的数据安全知识与技能。三级分为数字化领导力、数据分析与预测高阶应用等,面向企

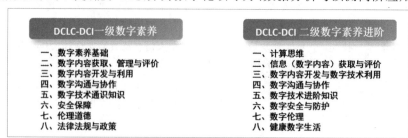

图 1-29　数字化能力水平认证(DCI)大纲结构

业管理者、**IT** 从业人员,综合考查其在特定领域的数字技术综合应用能力。

数字化能力水平认证(DCI)认证等级的划分(图 1-30)如下:

(1)一级证书:持有者具备基本的数字素养,能够在数字获取、制作、使用、评价、交互、分享、创新、安全保障、伦理道德等方面具备基本的理解与应用能力。

(2)二级证书:持有人具有数据科学的进阶知识与技能,掌握数据科学基础知识,具有基本的数据建模能力,能够较熟练运用主流数据处理工具从事基本的数据分析、预测及可视化工作。

(3)三级证书:证书持有人具有数据科学的融合应用知识与技能,掌握数据科学相关技术与算法,灵活运用数据建模技术,精通数据处理工具,能够对复杂的数据集进行处理、挖掘、预测与洞察;能够深刻理解数字技术及其应用对组织管理的重要性,具备利用数字技术制定组织数字化转型战略,推动组织展开数字化转型的综合能力。

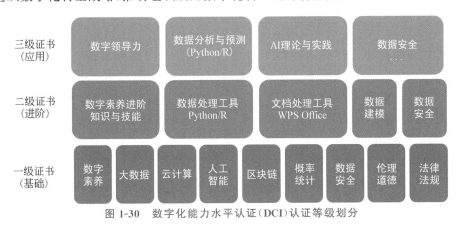

图 1-30　数字化能力水平认证(DCI)认证等级划分

人才数字力认证的主要形式为上机考试,详细内容请访问数字化能力水平认证的官方网站。

数字化能力水平认证(DCLC)请参见:http://dclc.org.cn/

◆ 本 章 小 结

自 20 世纪 40 年代 ENIAC 诞生以来,人类社会进入了数字时代。数字时代的发展大体经历了计算机技术、互联网技术和新一代信息技术发展的三个阶段。计算机技术的发展,自 1946 年第一个电子管计算机 ENIAC,即电子数字积分计算机在宾夕法尼亚大学诞生至今,先后经历的四个主要阶段:第一,电子管计算机时代;第二,晶体管计算机时代;第三,集成电路计算机时代;第四,超大规模集成电路阶段。从 1969 年美国军方 ARPANET 项目,到 1993 年万维网的普及应用,互联网技术的发展带动互联网经济快速发展。新一代信息技术发展阶段,以人工智能、大数据、云计算、物联网、5G 等为代表的新信息技术向生产生活各领域深度融合,引起社会工作、生活方式的巨大变革,令数字素养与技能成为个人生存与发展的重要条件。

20 世纪 90 年代提出的"信息化"通常是指采用计算机及网络技术实现条块化服务业务,如企业管理信息系统、财务系统、ERP 系统等的建设与应用。近年提出的数字化转型,其中"数字化"则是利用新一代信息技术,对企业、政府等各类主体的战略、架构、运营、管理、生产、营销等各个层面进行系统性的、全面的变革,强调的是利用数字技术对整个组织的重塑,数字技术能力不再只是单纯地解决降本增效问题,而成为赋能模式创新和业务突破的核心力量,也就是数字化转型。"信息化"和"数字化"是信息技术发展过程中不同阶段人们对信息技术在生产生活中应用的描述,在一定程度上体现了信息技术的发展及其应用的情况。

数字素养中"素养"含义与"素质"的含义相近但略有不同。素质是个人内在的品质,是素养形成的基础。素养是个人素质的外在表现,通过后天教育、实践及环境的影响而形成。因此,数字素养可以涵盖最基本的利用数字技术获取和识别有效信息的能力,同时要求有创新思维,具备对社会文化背景的理解力和思辨力和沟通与合作的能力,并对数字安全有所认知,且行为合乎数字伦理。2021 年 11 月中央网信办发布的《提升公民数字素养与技能行动纲要》中给出了数字素养与技能的定义,即"数字社会公民学习工作生活应具备的数字获取、制作、使用、评价、交互、分享、创新、安全保障、伦理道德等一系列素质与能力的集合"。

欧盟 DigComp 公民数字素养框架将数字素养划分为五个能力域:信息、通信、内容创造、安全以及问题解决。联合国教科文组织 2018 年 6 月,以欧盟的公民数字素养框架(DigComp 2.0)为基础,结合四个实证研究的成果和发现,推出了包括 7 个素养域的《数字素养全球框架》,在欧盟框架的基础上增加了 CA0"设备和软件操作素养"与 CA6"职业相关的素养"两个素养域,突出了个人的数字技术基础性能力与数字技术在行业中的应用能力,让数字素养框架更加完善。

数字化时代,我国高度重视提升公民的数字素养与技能,各相关单位积极参与其中。2021 年 11 月中央网信办发布《行动纲要》,对提升我国公民数字素养与技能进行了顶层设计。2023 年 1 月 1 日,教育部一级学会全国高等学校计算机教育研究会正式发布了国内首个数字素养与技能相关的团体标准《数字素养与技能认证》(T/CERACU/205—2022),并在此标准上推出了专业化的数字化能力水平认证(Digitalization Capability Level Certification,DCLC)——人才数字力认证(Digitalization Capability for Individual,DCI)和组织数字力认证(Digitalization Capability for Organization,DCO),面向社会,用于考查个人的数字素养与技能和组织的数字化转型能力的全国性的认证体系。

◇ 本 章 习 题

一、单选题

1. 冯·诺依曼体系结构的计算机中,控制器的作用是(　　)。
   A. 完成各种算术运算　　　　　　　　B. 控制程序的执行
   C. 存储程序和数据　　　　　　　　　D. 将处理结果输出给用户

2. 计算机内存主要用于(　　)。
   A. 存储程序和数据　　　　　　　　　B. 控制程序执行流程
   C. 将数据传输给输出设备　　　　　　D. 控制输入设备的操作

3. 外部存储器的最大特点是(　　)。
   A. 访问速率快　　　　　　　　　　　B. 容量小
   C. 断电后仍能保存数据　　　　　　　D. 价格高

4. 操作系统的作用是(　　)。

　A. 进行数据处理　　　　　　　　　　B. 协作计算机的各种硬件

　C. 编写程序　　　　　　　　　　　　D. 控制输出设备

5. 通常划分计算机发展时代是以(　　)为标准的。

　A. 所用电子器件　　　　　　　　　　B. 运算速度

　C. 计算机结构　　　　　　　　　　　D. 所有语言

6. 第 4 代电子计算机使用的电子元件是(　　)。

　A. 晶体管　　　　　　　　　　　　　B. 电子管

　C. 中、小规模集成电路　　　　　　　D. 大规模和超大规模集成电路

7. 为解决某一特定问题而设计的指令序列称为(　　)。

　A. 文件　　　　　　B. 语言　　　　　　C. 程序　　　　　　D. 软件

8. 世界上第一台计算机诞生于(　　)年。

　A. 1946　　　　　　B. 1956　　　　　　C. 1935　　　　　　D. 1945

9. 冯·诺依曼计算机结构的核心思想是(　　)。

　A. 二进制运算　　　　　　　　　　　B. 有存储信息的功能

　C. 运算速度快　　　　　　　　　　　D. 存储程序控制

10. 应用软件是指(　　)。

　A. 用于管理计算机的软件　　　　　　B. 内置于操作系统中的软件

　C. 专为某一应用编制的软件　　　　　D. 用于控制输入设备的软件

11. (　　)是计算机系统中常见的输入设备。

　A. 显示器　　　　　　B. 打印机　　　　　　C. 网卡　　　　　　D. 硬盘

12. 计算机系统中的五大基本组成部件之间通过(　　)进行控制。

　A. 指令　　　　　　B. 数据传输线　　　　　C. 控制器　　　　　D. 内存

13. 计算机系统中存储程序和数据的是(　　)。

　A. 输入设备　　　　B. 控制器　　　　　　C. 内存　　　　　　D. 输出设备

14. 我国《提升全民数字素养与技能行动纲要》中也对公民的数字素养与技能进行了定义,提出数字素养与技能是数字社会公民学习工作生活应具备的数字获取、制作、使用、评价、交互、分享、(　　)等一系列素质与能力的集合。

　A. 协作、安全保障、伦理道德　　　　B. 创新、安全保障、伦理道德

　C. 创新、安全保障、法律道德　　　　D. 创新、网络安全、伦理道德

15. 数字素养的概念起源于 20 世纪提出的(　　)概念。

　A. 媒体素养　　　　　　　　　　　　B. 信息素养

　C. 计算机素养　　　　　　　　　　　D. 以上都不是

16. 2018 年,联合国教科文组织《数字素养全球框架》中,在欧盟框架的基础上增加了(　　)。

　A. 硬件设备操作、职业素养

　B. 硬件设备与软件操作、职业相关的素养

　C. 软件操作、行业相关的素养

　D. 硬件与软件操作、行业相关的素养

17. 数字化能力水平认证（Digitalization Capability Level Certification，DCLC），是由（　　）主办。

  A. 教育部考试中心

  B. 全国高等学校计算机教育研究会

  C. 中国计算机学会

  D. 系统工程学会

18. 关于素质和素养的区别，以下（　　）是正确的。

  A. 素质强调个体在各方面的综合素养及整体状态，而素养侧重于后天培养，是某一方面的技巧或能力

  B. 素质和素养是相同的概念，只是表达方式不同

  C. 素质是个人素养的外在表现，而素养是个人内在的品质

  D. 素质和素养均是指个体在先天条件下的表现，受后天教育的影响较小

19. 通常计算机的系统资源是由（　　）来管理的。

  A. 操作系统　　　　B. 监控程序　　　　C. 系统软件　　　　D. 程序

二、多选题

1. 关于计算机的发展叙述正确的是（　　）。

  A. 第一代、第二代分别是电子管、晶体管时代

  B. 第一代、第二代分别是晶体管、电子管时代

  C. 第三代、第四代分别是集成电路、大规模集成电路时代

  D. 第三代是集成电路时代，没有第四代

2. 计算机的主要特点是（　　）。

  A. 处理速度快、计算机精度高　　　　　　B. 存储容量大

  C. 具有逻辑判断能力　　　　　　　　　　D. 通用性强

3. 在计算机的发展过程中，曾使用到的物理器件有（　　）。

  A. 电子管　　　　B. 晶体管　　　　C. 集成电路　　　　D. MP3

4. 如下属于欧盟公民数字素养框架中"信息和数据素养域"的能力要求有（　　）。

  A. 浏览、搜索和筛选数字内容的能力

  B. 创作数字内容的能力

  C. 评估数字内容的能力

  D. 管理数据、信息和数字内容的能力

5. 关于联合国教科文组织在 2018 年 6 月推出的《数字素养全球框架》（GFRDLSI），（　　）是正确的。

  A. GFRDLSI 以欧盟的公民数字素养框架（DigComp 2.0）为基础

  B. GFRDLSI 共包括 5 个素养域

  C. GFRDLSI 相比 DigComp 2.0 更加复杂且范围更窄

  D. GFRDLSI 新增了两个素养域，分别是 CA0 和 CA6

  E. CA6 素养域强调掌握某一特定领域的专业数字技术

三、判断题

1.数字素养概念是计算机科学家尼古拉·尼葛洛庞帝于 20 世纪 90 年代提出。

（　　）

2.数字素养的概念源于 20 世纪 30 年代的媒体素养。　　　　　　　　　（　　）

3.保罗·吉尔斯特 1997 年出版的著作《数字素养》中，将"数字素养"描述为数字时代人们"基本的生活技能"，此处的数字素养侧重获取数字资源并加以利用的综合能力。

（　　）

4.软件系统分为系统软件和游戏软件两大类。　　　　　　　　　　　　（　　）

5.程序存储，共享数据，顺序执行，需要 CPU 从存储器取出指令和数据进行相应的计算。

（　　）

数字内容获取、评价与管理

　　随着信息技术的发展,数字内容成为信息的重要表现形式。互联网时代,数字内容丰富,获取方式便捷,极大地超越了传统的传播媒介所提供的信息内容,成为人们工作、生活、学习的重要参考。因此,学习并掌握数字内容获取、评价与管理对于个人利用数字内容进行决策非常重要。

◇ 2.1　数字内容概述

2.1.1　基本概念 应知应会

　　数字内容(digital contents)概念涵盖的内容与形式广泛,与之相关的概念如"数字信息"。2019 年经全国科学技术名词审定委员会批准公布的《图书馆·情报与文献学名词》中,数字信息(digital information)是指以二进制数字方式编码存储于磁带、磁盘、光盘等媒体上,依赖计算机系统存取并可在通信网络上传输的信息。数字内容是"数字媒体内容"的简称,也称为数字资料,是将图像、文字、影音、VR/AR 等内容通过数字技术进行整合应用的产品或服务的总体,是数字媒体技术与文化创意结合的产物(《数字素养与技能认证》团体标准 3.1)。在新媒体方面,1998 年经济合作与发展组织(OECD)对数字内容的定义为"数字内容是综合集成数字化文本、资料、视听内容等多媒体服务,并主要依托数字终端或互联网进行传播、销售和发现。典型的数字内容形态有新闻、游戏、电子书等。"电影与电视工程师学会(Society of Motion Picture and Television Engineers,SMPTE)和欧洲广播联盟(European Broadcasting Union,EBU)特别任务组指出数字内容构成的两个要素是素材和元数据。素材是指图片、图像、音频、视频、动画或者文本等多种数字媒体信息,主要用于内容的表现,通常以不同格式的数字文件形式进行存储。

　　数字内容产业涵盖八大领域,包括数字游戏、计算机动画、数字学习、数字影音应用、移动应用服务、网络服务、内容软件、数字出版与典藏。其中,移动应用服务、网络服务、内容软件为技术服务产业,其余则为包含产品与服务的内容产业。

　　互联网中,海量的数字内容均以数据的方式存在,被用户获取并成为影响用户行为的信息。因此,我们还需要理解数据与信息的概念。数据是记录客观事物的原始事实,如气温、身高、股票价格等。数据可以是一段文本,一个图像文档,或是一段音频、视频等。数据定义为描述事物的可鉴别的符号。描述事物的符号形式有数字、文字、图形、音频、视频等,经过数字化后存入计算机。现实中的数据必须经过解释才具有意义,数据解释是指说明数据的含义,两者密不可分,解释后的数据即称为信息。

"信息"的概念不同学科有不同定义,狭义上的信息是指可通信并有关联性和目的性的结构化、组织化的客观事实。"信息论之父"香农给出了信息更广义的概念,即凡在一种情况下能减少不确定的任何事物都可称为"信息"。我国国家标准《情报与文献工作词汇　基本术语》中将信息定义为,信息是物质存在的一种方式、形式或者运动状态,也是事物的一种普遍属性,一般指数据、消息中所包含的意义,可以使消息所描述时间的不确定性减少。

信息是对客观世界事物的特征的反映,能够通信,经过加工处理后可以形成知识。因此,信息是经过加工以后对客观世界产生影响的数据。信息对接收者具有价值,是接收者决策的依据。

2.1.2　DIKW 数据价值体系

1. DIKW 数据价值体系——数据、信息、知识与智慧

背景知识

数字内容
获取、评价
与管理-
DIKW 体系

1989 年,运筹学、系统思维学专家阿科夫(Ackoff)基于认知论提出了 DIKW(Data to Information to Knowledge to Wisdom)层次决策模型。该模型是关于数据、信息、知识及智慧的体系,融合了行为主义理论的观点,从认知思维的角度揭示了从数据到信息、再到知识,最终生成智慧的升级发展过程。数据层是基础的原始事实,信息层加入"理解",知识层加入"如何去使用",智慧层加入"什么时候使用"。其中,每一层都比下一层赋予更多的人类思维特质。DIKW 数据价值体系常用于信息科学及知识管理,如图 2-1 所示。

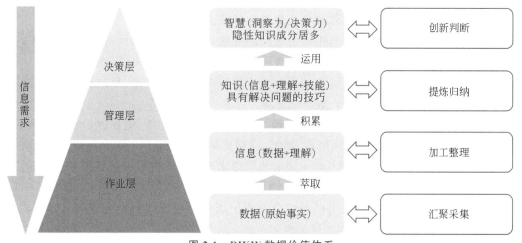

图 2-1　DIKW 数据价值体系

2. 数据与信息、知识、智慧的联系与区别

应知应会

数据:对客观事物的数量、属性、位置及其相互关系进行抽象表示,以适合在这个领域中用人工或自然的方式进行保存、传递和处理。数据是指对客观事件进行记录并可以鉴别的符号,是对客观事物的性质、状态以及相互关系等进行记载的物理符号或这些物理符号的组合。数据是事实或观察的结果,是对客观事物的逻辑归纳,是用于表示客观事物的未经加工的原始素材。例如,一个人的身高、体重即记录此人的数据;天气预报中的气温是记录当天温度的数据。

信息：客观事物存在、运动和变化的方式、特征、规律及其表现形式，是具有时效性的、有一定含义的，有逻辑的、经过加工处理的、对决策有价值的数据流。

知识：通过对信息进行归纳、演绎、比较等方法，使其有价值的部分沉淀下来，并与已存在的人类认知体系相结合，这部分有价值的信息就转变成知识。

智慧：人类基于已有的知识，针对物质世界运动过程中产生的问题根据获得的信息进行分析、对比、演绎，并找出解决方案的能力。这种能力运用的结果是将信息的有价值部分挖掘出来并使之成为知识架构的一部分。

◇ 2.2　数字内容获取

2.2.1　信息源的分类　　　　　　　　　　　　　　　　　　　　背景知识

对信息源可从不同的角度进行分类，以下是一些常见的信息源分类方式。

1. 根据媒介类型不同，信息源可分为纸质信息源与电子信息源

（1）纸质信息源：印刷在纸张上的书籍、报纸、杂志等。

（2）电子信息源：以电子形式存储和传播的文本、图像、音频或视频。

2. 根据访问的平台不同，信息源可分为计算机、网络、移动终端信息源

（1）计算机信息源：通过个人计算机（电脑）访问的信息源，可能是软件、文档等。

（2）网络信息源：通过互联网访问的信息源，包括网站、社交媒体等。

（3）移动终端信息源：在移动设备上访问的信息源，如手机应用、移动网站。

3. 根据获取方式不同，信息源可分为免费和付费信息源

（1）免费信息源：无须支付费用即可访问的信息，如免费的新闻网站、社交媒体等。

（2）付费信息源：需要支付费用才能获取的信息，如付费电子书、订阅服务等。

4. 根据性质和内容的不同，信息源可以分为新闻媒体、学术来源、用户生成内容、政府机构、专业机构、广告宣传、娱乐媒体等

（1）新闻媒体：包括传统媒体与数字媒体。传统媒体即报纸、电影、电视、广播等传统形式的媒体；数字媒体即在线新闻网站、博客、社交媒体等。

（2）学术来源包括学术期刊与学术出版物。学术期刊包含经过同行评审的研究论文的期刊；学术出版物包括学术书籍、专业出版物等。

（3）用户生成内容：由普通用户而不是专业出版机构或媒体公司创建和分享的内容，如用户在论坛、社交媒体、博客上生成的内容。

（4）政府机构：政府发布的官方报告、文件、政策。

（5）专业机构：行业协会、专业组织发布的信息。

（6）广告宣传：包括公司广告、市场宣传等。

（7）娱乐媒体：电影、电视剧、音乐等娱乐内容。

了解信息源的分类方式有助于理解信息的来源、传播方式以及对用户的可用性和经济成本。信息源的可靠性和客观性可能因来源的性质而异。在评价信息时，建议多方面考虑并验证信息的来源。

2.2.2　信息源的评价

随着数字时代的到来,信息源的无限无序、繁杂多变和优劣混合的特点,给用户使用带来诸多困难。因此,对信息源进行科学、准确地评价具有极其重要的意义。

1. 信息源的评价指标

(1) 真实性。信息源的真实性是指信息源是否可靠、精确、准确。信息采集人员根据用户需求采集的信息是否真实有效。可从信息源的来源、作者、出版社等方面进行评估。

(2) 及时性。针对用户的需求,信息采集人员迅速地采集信息,保证信息能反映事物最新情况、最新水平及发展趋势。尤其是价格和新闻事件类的信息,时效性非常重要。

(3) 完整性。完整性是指根据用户的需求,全面系统地采集信息,应包括与用户需求相关的所有信息。

(4) 易获性。易获性是指信息源能够方便用户的获取。信息源的获取不依赖于技术手段、设备要求等。

(5) 针对性。针对性是指根据用户的目的要求,对所需信息进行收集、传输和处理。不同系统和层次的任务不同,决策的范围不同,所需的信息也不同。

2. 信息源的评价方法

信息源的评价方法一般有两种:直接评价法和间接评价法。直接评价法即对多个信息源的多个指标进行直接评分,最后通过加权平均的方法进行综合评价;间接评价法即通过信息用户对信息源进行评价,主要利用调查问卷等方式对信息源的使用满意度进行调查。该方法反映了终端用户对信息源的意见,但难以体现信息源本身的质量。

信息源的评价还可以采用定性和定量评价方法,二者各有所长。定性评价方法是指根据评价指标对信息资源进行评价。基于服务对象的需求,依据一定的准则,研究确立评价标准,建立相关的评价指标体系对评价对象进行评价。定量分析方法则提供了一套科学、规范、客观的评价方法,利用可靠的数字来说明和分析问题。最初从分析链接数,访问次数等基本元素开始,后来发展成为系统的定量评价方法。

2.2.3　计算机与网络信息源

1. 计算机信息管理

1) 计算机文件管理方式(以 Win 11 为例)　　

Windows 系统的文件管理主要使用文件资源管理器(resource manager)进行文件和文件夹的检索、浏览、创建、复制、移动和删除等基本操作。打开计算机,在开始图标右侧的搜索框中输入"文件资源管理器"(图 2-2),单击相应的图表,进入资源管理器。资源管理器直观的用户界面让用户可以轻松管理其计算机上的文件和文件夹(图 2-3)。

2) 常用术语　　

以下是 Windows 文件管理的一些常用术语。

资源管理器:用户可以通过资源管理器访问文件和文件夹。资源管理器的界面显示了计算机中的文件系统结构,并允许用户执行各种文件操作。

文件(File)。存储在计算机上的数据单元,可以是文本文件、图像文件、程序文件等。Windows 系统中,每个文件都有自己的属性,用户可以通过选取文件并右击,选择"属性"命

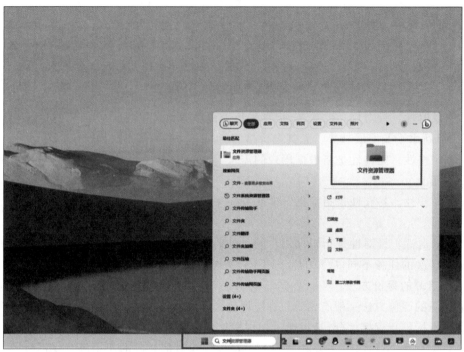

图 2-2 打开文件资源管理器

图 2-3 Win 11 系统资源管理器界面

令查看文件的属性(图 2-4)，主要包括文件类型、大小、创建时间等详细信息。

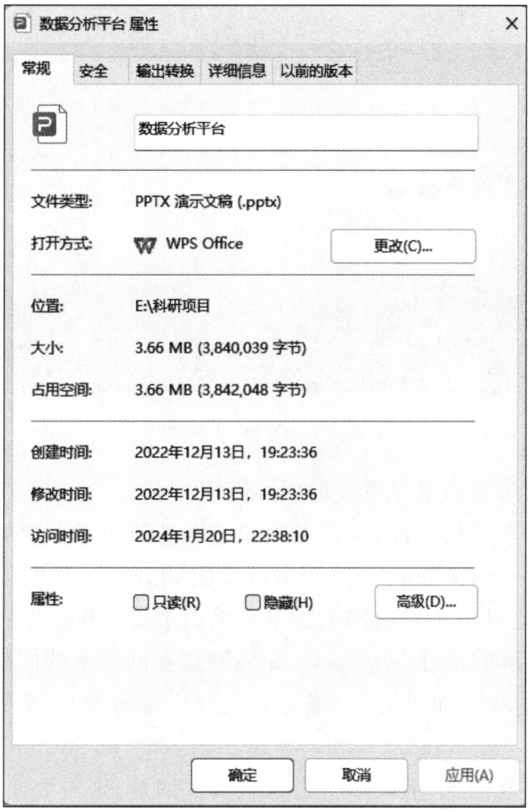

图 2-4　文件的属性

文件夹(Folder)。用于组织文件的容器，可以包含文件和其他文件夹。Windows 使用层次化的文件夹结构来组织文件。用户可以在不同的文件夹中创建子文件夹，以更好地组织和存储文件。

文件操作。通过资源管理器，用户可以执行多种文件操作，如复制、剪切、粘贴、删除和重命名。这些操作使用户能够轻松地管理其文件。

文件搜索。Windows 提供了文件搜索功能，用户可以通过关键字或特定属性搜索其计算机上的文件。这有助于快速找到所需的文件。

桌面(Desktop)。桌面是用户在计算机屏幕上看到的主界面，包含图标、文件和其他元素。它是 Windows 用户访问常用文件和快捷方式的地方。用户可以将常用文件放置在桌面上，以便更快捷地访问它们。Win 11 的桌面如图 2-5 所示。

需要注意的是，Windows 的文件管理方式可能会随着操作系统版本的不同略有变化。

2. 网络信息源　　　　　　　　　　　　　　　　　　　　　　　　　　　**背景知识**

计算机解决了信息处理与管理的问题，互联网则解决了信息的传输并带来了海量的信息源。网络信息源即互联网信息源。互联网上用户可以方便地访问、获取各种信息，如文字、图片、视频、音频等。

互联网(Internet)，始于 20 世纪 60 年代美国国防部高级研究计划局(DARPA)建立的阿帕网(ARPANET)，是网络与网络之间所串联成的庞大网络，这些网络以一组通用的协议

图 2-5　Win 11 桌面

（TCP/IP）相连,形成逻辑上的单一巨大的国际网络。

网络信源即互联网上的信息源,用户可以通过网址访问特定网页,获取信息。网址即统一资源定位标识(Uniform Resource Locator, URL),俗称为网页地址,简称为网址。URL地址可以是本地磁盘,也可以是局域网上的某一台计算机,更多的是 Internet 上的站点,它是 Internet 上标准的资源的地址(address),如同网页在网络上的门牌号码。URL 包含了访问资源所需的信息,如协议（如 http://或 https://）、服务器的域名或 IP 地址、资源的路径等。

如果使用互联网获取信息,但又不知道信息所在网址,则需要使用搜索引擎或检索工具等进行信息检索。主流搜索引擎如百度、Bing、sogou、谷歌等,主流的信息检索工具主要是各公共图书馆管理系统、知网、百度学术等。除此之外,互联网上社交媒体中的用户生成内容也是主要的信息源之一,如微信、QQ、微博等。

2.3　信息检索概述

1950 年,美国计算机学家穆尔丝(Calvin N. Mooers)最早提出了"信息检索"(Information Retrieval)一词,他将信息检索看作"延时性通信形式"。后来,从不同的角度,不同的信息学家提出了不同的定义,但普遍认同的定义是"信息用户为了解决各种问题查找、识别、获取相关事实、数据、知识的过程"。信息检索产生的原因是信息过载,我们需要从海量数据中获取决策所需信息,必然要进行筛选。信息检索涉及的领域较多,实质上是融合了文本及多媒体检索、数据挖掘、机器学习和自然语言处理的综合学科。信息检索作为一门学科,它的本质是研究信息的获取(acquisition)、表示(representation)、存储(storage)、组织(organization)和访问(access)的一门学问。

信息检索的概念分为狭义和广义两种。从狭义上讲,信息检索是指从某一信息集合中查找所需信息的过程,即信息查询,仅包含信息的检索过程。从广义上的信息检索包括信息存储和检索两个过程,是指将信息按一定的方式组织和存储起来,并根据用户的需求找出相关信息的过程。因此,信息检索又称为"信息存储与检索"。

2.3.1　信息检索的基本原理

信息检索首先是指对大量的、分散无序的信息进行收集、加工、组织、存储并建立检索系统;其次,根据特定的信息需求,利用检索工具从检索系统中通过一定的方法,将检索提取的特征与存储在检索工具或数据库中信息的存储特征进行匹配,提取符合要求的信息的过程。计算机信息检索则是指人们根据特定的信息需求,按照一定的方法,利用计算机从信息检索系统中识别并获取所需的信息。计算机信息检索的过程包括信息存储以及信息检索两个过程,其基础是信息存储,其本质是信息用户的提问标识和信息集合数据库特征标识匹配的过程。

1. 计算机信息检索发展简史

计算机信息检索是利用计算机系统有效存储和快速查找的能力发展起来的一种计算机应用技术。它与信息的构造、分析、组织、存储和传播有关。计算机信息检索系统是信息检索所用的硬件资源、系统软件和检索软件的总和。它能存储大量的信息,并对信息条目(有特定逻辑含义的基本信息单位)进行分类、编目或编制索引。它可以根据用户要求从已存储的信息集合中抽取出特定的信息,并提供插入、修改和删除某些信息的能力。

信息检索起源于图书馆的参考咨询和文摘索引工作。从 19 世纪下半叶首先开始发展,至 20 世纪 40 年代,索引和检索已成为图书馆独立的工具和用户服务项目。随着 1946 年世界上第一台电子计算机问世,计算机技术逐步走进信息检索领域,并与信息检索理论紧密结合;脱机批量情报检索系统、联机实时情报检索系统相继研制成功并商业化。20 世纪 60 年代到 80 年代,在信息处理技术、通信技术、计算机和数据库技术的推动下,信息检索在教育、军事和商业等各领域高速发展,得到了广泛应用。DIALOG 国际联机情报检索系统是这一时期信息检索领域的代表,至今仍是世界上最著名的检索系统之一。

计算机信息检索是计算机技术、通信技术、数据传输技术不断发展的产物,同时也是为了满足文献快速增长、信息需求日益增长的需要。计算机信息检索经历了脱机批处理检索、联机检索阶段、光盘检索和网络化联机检索等几个阶段。

1) 脱机批处理检索阶段

20 世纪五六十年代是脱机检索的试验和实用化阶段,其特征是检索时利用计算机作批处理。计算机信息检索工作开始于 20 世纪 50 年代初期。1954 年,美国海军军械试验站图书馆利用 IBM 701 电子计算机建立了世界上第一个计算机情报检索系统。1959 年,美国人卢恩利用 IBM-650 电子计算机(图 2-6)建成了世界上第一个定题检索系统,为科研机构一定主题的新文献提供服务。1961 年,美国化学文摘社用计算机编制《化学题录》(*Chemical Titles*),首次利用计算机来处理书目信息。此外,还有 1962 年美国国家航天局开设的 NASA 系统,1964 年美国国家医学图书馆的医学文献分析与检索系统 MEDLARS 等。在这一时期,计算机还没有连接通信网,也没有远程终端装置,主要是利用计算机进行现刊文献的定题检索和回溯性检索。当时的信息检索是脱机批处理检索,即由用户向计算机操作人员提问,操作人员对提问内容进行主题分析,编写提问式,输入计算机,建立用户提问档,按提问档定期对新到的文献进行批量检索,并将结果及时通知用户。

这种检索方法,用户不与检索系统发生直接联系,只需要把检索要求送往检索中心,由

图 2-6　IBM-650 电子计算机

检索人员在计算机主机旁进行文献检索。这一阶段开始利用计算机编辑出版检索性刊物。

2）联机检索阶段

20 世纪 60 至 80 年代是联机检索试验和实用化阶段。1965 年以后,第三代集成电路计算机进入实用化阶段,存储介质发展为磁盘和磁盘机,存储容量大幅增加,数据库管理和通信技术都有深入发展,信息检索从脱机阶段进入联机信息检索时期。1965 年,美国系统发展公司进行了首次全国性的联机检索表演。1967 年以后,许多联机检索系统相继出现。第一个大规模联机检索系统是 1969 年全面投入运行的 NASA 的 RECoN 系统。1970 年,美国洛克希德(Lockheed)公司的 DIALOG 系统和系统发展公司的 ORBIT 系统相继建成,MEDLARS 于 1970 年发展了联机检索系统 MEDLINE。此后不久,欧洲宇航局的 ESA-IRS 系统和美国《纽约时报》联机检索系统投入运行。随着国际联机检索系统的发展,信息检索在这一阶段实现了远程实时检索。

3）光盘检索阶段

20 世纪 80 年代以来,一种新型的信息载体(激光光盘)在信息检索系统中得到越来越广泛应用。特别是自 1985 年第一张商品化的 CD-ROM 数据库 Biliofile(即美国国会图书馆的 MARC)推出以来,大量以 CD-ROM 为主载体的数据库和电子出版物不断涌现,从而使得光盘检索以其操作方便、不受通信线路的影响等特点异军突起,大有与联机检索平分秋色之势。早期的光盘检索系统是单机驱动器和单用户,为满足多用户同时检索的要求,即同一数据库多张盘同时检索的要求,出现了复合式驱动器、自动换盘机及光盘网络技术。

4）网络化联机检索阶段

进入 20 世纪 90 年代,随着互联网的迅速发展、基于客户/服务器的软件的开发推广,因特网(Internet)的应用从单纯的科学计算与数据传输向社会应用的各个方面扩展。图书馆、信息服务机构和科研机构以及一些大的数据库生产商纷纷加入因特网,将自己的系统安装在互联网的服务器上,为信息需求者提供各种各样的信息服务。除此之外,以搜索引擎为核心的网上搜索技术日益发展,成为网络时代最具有普遍意义的信息检索形式。互联网集成了多种信息检索方式,已成为用户进行信息检索的一个广阔平台。这些构成了极其丰富的网络信息资源,从此,信息检索步入了一个崭新的历史时期。

2. 计算机信息检索的分类　　　　　　　　　　　　　　　　　　　　应知应会

计算机信息检索根据不同的划分方式得到不同的分类结果。

（1）根据所检索数据库的形式可以分为书目检索、数据检索、事实检索、全文检索以及多媒体检索。

① 书目检索：指从检索系统中查出满足某一主题的标题、作者、摘要、专利号等相关著录信息的文献条目的一种检索方式。

② 数据检索：把数据库中存储的数据根据用户的需求提取出来的一种检索方式。

③ 事实检索：不仅能够从检索系统中的数据（事实）集合中查出原来存入的数据或事实，还能够从已有的基本数据或事实中推导、演绎出新的数据或事实的一种检索方式。

④ 全文检索：从存储整本著作、整篇论文、专利说明书的检索系统中获取全文信息的一种检索方式。

⑤ 多媒体检索：从存储多媒体文件的检索系统中获取多媒体信息，并以如图像、音频、视频等多媒体形式呈现检索结果的一种检索方式。

（2）根据计算机检索服务方式可分为定题检索、回溯检索、日常检索、脱机检索、联机检索、光盘检索以及网络检索。

① 定题检索：指根据用户检索课题的内容，定期地从新到资料数据中为特定用户提问进行计算机情报检索的服务方法。针对用户需求，定期提供各种新情报，让用户能及时掌握与自己的生产、科研或教学有关的最新资料。

② 回溯检索：指追溯查找过去的信息。根据用户需求，对现有文献进行彻底、详尽的检索，把与课题有关的一切文献全部查找出来，提供给用户，又称为"一次性彻底检索"或"专题文献追溯检索"。按用户要求填写提问单，选择关键词，编制检索策略，然后上机检索，并将检索结果以联机或脱机形式打印给用户。

③ 日常检索：指用户根据自己的信息需求，直接利用终端检索，检索系统即时提供用户所需的文献信息。

④ 脱机检索：是成批处理检索提问的计算机检索方法，是计算机信息检索的初期类型。

⑤ 联机检索：是指检索者利用检索终端通过通信线路，直接查询检索系统数据库的机检方式。

⑥ 光盘检索：是指以光盘数据库为基础的一种独立的计算机检索方式。

⑦ 网络检索：是指利用 E-mail、FTP、Tenet、Archie、WWW 等检索工具，在互联网等网络上进行信息存取的行为，目前主要利用的信息检索系统是搜索引擎。

2.3.2　常用数字内容检索工具　　应知应会

常用数字内容检索工具主要包括搜索引擎、文献检索工具、视频检索系统、音频检索系统等。

1. 搜索引擎

搜索引擎作为一种网络信息检索工具，是根据一定的策略，运用特定的计算机程序从互联网上采集信息，并在对信息进行组织和处理后，为用户提供检索服务，最后将检索的相关信息展示给用户的系统。搜索引擎旨在提高人们获取信息的速度，为人们提供更好的网络使用环境。从功能和原理上，搜索引擎大致被分为全文搜索引擎、元搜索引擎、垂直搜索引擎和目录搜索引擎四大类。搜索引擎提供丰富的搜索功能，常见功能可划分如下。

（1）对网页、音乐、图片、视频等不同类型的信息的搜索。

（2）对新闻资讯、学术文献等不同主题信息的搜索。

（3）地图查阅、多语种翻译、百科知识、搜索指数（趋势）等扩展服务。

生活中，常见的搜索引擎有百度、新浪等，表 2-1 给出了部分搜索引擎的基本功能。

表 2-1　常见搜索引擎基本功能一览表

名　　称	常　见　功　能									
	网页	新闻	视频	音乐	图片	地图	翻译	学术	百科	指数
百度	√	√	√	√	√	√	√	√	√	√
新浪	√	√	√	√	√	√	—	—	√	—
搜狐	√	√	√	√	√	√	√	√	√	√
网易	√	√	√	√	√	√	√	√	√	√
360 搜索	√	√	√	√	√	√	√	√	√	√
必应	√	—	√	—	√	√	√	√	—	—

百度（https://baidu.com/）：百度是中国最大的搜索引擎，更专注于中国市场。它还提供了其他在线服务，如贴吧、知道、百度学术等。

新浪（https://search.sina.cn/）：互联网上最大的搜索引擎之一，提供网站、中文网页、英文网页、新闻、沪深行情等多种资源的查询。

搜狐（https://sohu.com/）：1998 年推出的中国首家大型分类查询搜索引擎，至今已成为中国最具影响力的分类搜索引擎之一。

网易（https://www.163.com/）：新一代开放式目录管理系统，拥有近万名义务管理者，为广大网民提供具有上万类目，海量活跃的站点信息。

360 搜索（https://www.so.com/）：奇虎 360 推出的综合搜索，360 拥有强大的用户群和流量入口资源，这对其他搜索引擎将极具竞争力，该服务初期采用二级域名，整合了百度搜索、谷歌搜索内容，可实现平台间的快速切换。

必应（https://cn.bing.com/）：必应是微软开发的搜索引擎，它在搜索结果的呈现方式上与谷歌和百度有所不同。它也提供图像搜索、视频搜索、翻译等功能。

2. 文献检索工具

文献检索工具是用于存储、查找和报道档案信息的系统化文字描述工具，是目录、索引、指南等的统称。图书馆目录、期刊索引、电子计算机检索用的文献数据库等都是检索工具。检索工具具有如下特点。

（1）详细描述文献的内容特征、外表特征。

（2）每条文献记录必须有检索标识。

（3）文献条目按一定顺序形成一个有机整体，能够提供多种检索途径。

检索工具的类型主要有如下 4 种。

（1）目录型检索工具涵盖的范围比较广阔，可大体分为馆藏目录、联合目录、专题文献目录、出版社与书店目录等。

（2）题录型检索工具以单篇文献为基本著录单位来描述文献外表特征（如文献题名、著者姓名、文献出处等),无内容摘要,是快速报道文献信息的一类检索工具。

(3)文摘型检索工具,用精辟的语言把某一特定学科或某一特定专业的重要文献精练成为摘要,让研究者在较短的时间内花费较少的精力就能掌握相关研究的基本内容和研究现状,如知识型文摘、报道型文摘等。

(4)索引型检索工具,即将书籍、期刊中所刊登文献的题目、作者、主题、专业术语和参考文献等文献的外部特征,根据特定的需要一一摘录,注明其所在书刊中的页码,并按照一定的顺序排列的检索工具。

下面分别介绍几种中文文献常用检索工具和英文文献常用检索工具。

3. 中文文献常用检索工具

1)中国知网　　　　　　　　　　　　　　　　　　　　　　　　　　　　**应知应会**

中国知网(https://www.cnki.net/)知识发现网络平台——面向海内外读者提供中国学术文献、外文文献、学位论文、报纸、会议、年鉴、工具书等各类资源的统一检索、统一导航、在线阅读和下载服务。知网是收录了我国期刊、硕博论文、工具书、会议论文、报纸年鉴、专利、标准、古籍等各类文献资料的全文数据库和二次文献数据库,以及由文献内容挖掘产生的知识元数据库,涵盖了基础科学、农业、医学、工程技术、人文、社会科学、哲学等各领域。

下面就如何使用中国知网检索文献举例说明。

例 1 检索"机器学习"应用与图像识别领域的期刊文献。

利用知网检索文献时,可利用主题、关键词、篇名、作者等进行检索,如图 2-7 所示。图 2-7 中所示为在下拉列表框中选择"主题"。输入"机器学习",单击"检索"按钮,检索页面如图 2-8 所示。共检索出各类文献 27.84 万篇,且分门别类地显示了检索的文献数量,并且在列表中依据相关度降序显示检索结果如图 2-9 所示,也可设置其他排序依据,如发表时间等。

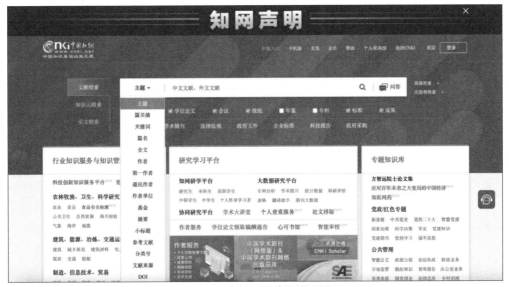

图 2-7　中国知网首页界面图

图 2-10 中显示以"图像识别"为主题检索文献时的结果,共检索出文献 7.10 万篇,同样也分类统计了各类别文献的数量。

图 2-8　"机器学习"主题检索页面

图 2-9　"机器学习"检索结果示意图

通常情况下,文献检索时知网提供了高级检索功能,可以采用多个关键词进行检索,图 2-11 中设置关键词为"机器学习"和"图像识别",两者之间用 AND 连接,即检索出的文献中同时存在"机器学习"和"图像识别"两个关键词。图 2-12 中显示检索出文献的数量仅有 1602 篇。当我们在搜索栏里填入搜索关键词时,通常关键词越多获得的返回结果条目越少。知网检索还可以在左侧选择"主题""学科""发表年度"等缩小检索范围,使得检索结果更为精确。其他数据库的检索方式大致相同,在此不一一列举。

2) 维普网

应知应会

维普网(https://www.cqvip.com/)是全球著名的中文信息服务网站,是中国最大的综

图 2-10　"图像识别"检索结果示意图

图 2-11　"高级检索"页面示意图

图 2-12　"机器学习"和"图像识别"检索结果示意图

合性文献服务网站,是我国数字图书馆建设的核心资源之一。其所依赖的《中文科技期刊数据库》,是中国最大的数字期刊数据库,涵盖全学科领域,搜尽 9000 余种中文期刊,饱览 1250 余万原始文献。图 2-13 为维普期刊首页界面图。

图 2-13　维普期刊首页界面图

3) 万方数据库　　　　　　　　　　　　　　　　　　　　　　　　　　　应知应会

万方数据库,即万方数据知识服务平台(https://wanfangdata.com.cn),是由万方数据公司开发,涵盖期刊、会议纪要、论文、学术成果、学术会议论文的大型网络数据库,是与中国知网齐名的专业学术数据库。万方期刊集纳了理、工、农、医、人文五大类 70 多个类目共 7600 种科技类期刊全文。万方会议论文的《中国学术会议论文全文数据库》是国内唯一的学术会议文献全文数据库,主要收录 1998 年以来国家级学会、协会、研究会组织召开的全国性学术会议论文,数据范围覆盖自然科学、工程技术、农林、医学等领域。图 2-14 为万方数据库首页界面图。

图 2-14　万方数据库首页界面图

4) 中国人民大学复印报刊资料　　　　　　　　　　　　　　　　　　　　应知应会

中国人民大学复印报刊资料数据库(https://www.rdfybk.com)囊括了人文社会科学

领域中的各学科,包括政治学与社会学类、哲学类、法律类、经济学与经济管理类、教育类、文学与艺术类、历史类、文化信息传播类以及其他类。它以专家学者的眼光依循严谨的学术标准,在全面的基础上对海量学术信息进行加工、分类、编辑,提供高质量的学术信息产品。图 2-15 为中国人民大学复印报刊资料数据库首页图。

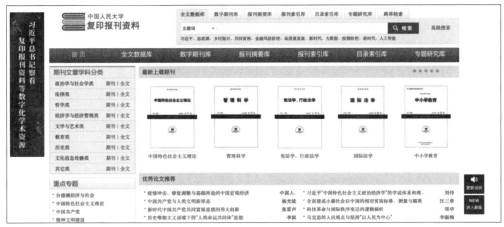

图 2-15　中国人民大学复印报刊资料数据库首页图

5) 中国科学引文数据库　　**背景知识**

中国科学引文数据库(Chinese Science Citation Database,CSCD)(www.science china.cn)涵盖数学、物理、化学、天文学、生物学、农林科学、医药卫生、工程技术以及环境科学等领域出版的中英文科技核心期刊和优秀期刊。中国科学引文数据库来源期刊每两年遴选一次。每次遴选均采用定量与定性相结合的方法,定量数据来自中国科学引文数据库,定性评价则通过聘请国内专家定性评估对期刊进行评审。定量与定性综合评估结果构成了中国科学引文数据库来源期刊。2023—2024 年度,经过定量遴选、专家定性评估,中国科学引文数据库收录期刊 1341 种,其中中国出版的英文期刊 317 种,中文期刊 1024 种。中国科学引文数据库来源期刊分为核心库和扩展库两部分,其中核心库 996 种(以备注栏中 C 为标记);扩展库 344 种(以备注栏中 E 为标记)。图 2-16 为中国科学引文数据库首页图。

图 2-16　中国科学引文数据库首页图

6）中文社会科学引文索引数据库　　　　　　　　　　　　　　　　**背景知识**

中文社会科学引文索引（Chinese Social Sciences Citation Index，CSSCI）（https://csssci. nju.edu.cn/），是由南京大学中国社会科学研究评价中心开发研制的数据库，用来检索中文社会科学领域的论文收录和文献被引用情况，是我国人文社会科学评价领域的标志性工程。中文社会科学引文索引是国家、教育部重点课题攻关项目，遵循文献计量学规律，采取定量与定性评价相结合的方法从全国 2700 余种中文人文社会科学学术性期刊中精选出学术性强、编辑规范的期刊作为来源期刊，收录包括法学、管理学、经济学、历史学、政治学等在内的 25 大类的 500 多种学术期刊。图 2-17 为中文社会科学引文索引数据库首页图。

图 2-17　中文社会科学引文索引数据库首页图

4. 英文文献常用检索工具　　　　　　　　　　　　　　　　　　　**背景知识**

1）Web of science 科学引文索引

Web of science 是全球最大规模的出版商中的英文索引和研究情报平台，由多个电子数据库构成，收录不同领域文献的专业检索工作，收录了全球 13 000 多种权威学术期刊，内容涵盖面广，包括多个引文数据库：SCI、SSCI、HCI、IC、SCIE、CPCI-S、CPCI-SSH，能够最大限度上满足英文文献检索需求。

2）Scopus

Scopus（http://www.scopus.com/）是世界最大的摘要和引文数据库，涵盖了 15 000 种科学、技术及医学方面的期刊。Scopus 不仅为用户提供了其收录文章的引文信息，还直接从简单明了的界面整合了网络和专利检索，直接链接到全文、图书馆资源及其他应用程序，如参考文献管理软件，亦使得 Scopus 比其他任何文献检索工具更为方便、快捷。不仅如此，Scopus 还借助其外部的文献使用情况，如抓取、提及、社交媒体和引用等进行更为全面的社会化计量分析。

3）DOAJ

DOAJ（Directory of Open Access Journals）（https://www.doaj.org/）是由瑞典隆德大学创建的国际知名学术期刊数据库，是目前世界上最大的仅收录开放获取期刊的数据库。DOAJ 数据库收录内容覆盖的科研领域十分广泛，涵盖了科学、技术、医学、社会科学、艺术与人文科学等全部学科领域，并且没有语言限制，采用任何语种发表的高质量、具备同行评议的完全开放获取期刊，均可申请 DOAJ 的收录。DOAJ 数据库收录了超过 17 000 种开放获取期刊,其中超过 12 000 种期刊不收取任何文章处理费(APC),收录的文章数量超过了750 万篇,收录文献来源于 130 个国家和地区,覆盖了 80 种不同的语言,是世界上最大的开放获取期刊数据库。

除了以上这些常用英文文献检索工具之外,还有面向特定学科领域的专门文献检索工具。

4) DBLP

DBLP(DataBase systems and Logic Programming)(https://www.dblp.org/)是计算机领域内对研究的成果以作者为核心的一个计算机类英文文献的集成数据库系统。它提供计算机领域科学文献的搜索服务,按年代列出了作者的科研成果,包括国际期刊和会议等公开发表的论文。DBLP 的文献更新速度很快,很好地反映了国外学术研究的前沿方向。

5) PubMed

PubMed(https://PubMed.ncbi.nlm.nih.gov)是一个提供生物医学方面的论文免费检索的数据库。它的数据库来源为 MEDLINE。其核心主题为医学,但亦包括其他与医学相关的领域,如护理、兽医、健康保健系统及临床科学。其主要数据来源有 MEDLINE、OLDMEDLINE、Record in process、Record supplied by publisher 等。数据类型包括期刊、综述,以及与其他数据库链接。PubMed 具有收录范围广、界面友好、文献报道速度快等优点。

6) SciFinder

SciFinder(https://sso.cas.org/)是美国化学学会(ACS)旗下的化学文摘服务社(Chemical Abstracts Service,CAS)所出版的 *Chemical Abstract*(《化学文摘》)的在线版数据库学术版。它是全世界最大、最全面的化学和科学信息数据库。《化学文摘》是化学和生命科学研究领域中不可或缺的参考和研究工具,也是资料量最大,最具权威的出版物。网络版《化学文摘》(SciFinder Scholar),更整合了 MEDLINE 医学数据库、欧洲和美国等近 50家专利机构的全文专利资料,以及《化学文摘》1907 年至今的所有内容。它涵盖的学科包括应用化学、化学工程、普通化学、物理、生物学、生命科学、医学、聚合体学、材料学、地质学、食品科学和农学等诸多领域。SciFinder 是典型的文摘型数据库,主要提供文献的题录及摘要信息,但可以链接到全文。

7) SSRN

SSRN(Social Science Research Network)(https://www.ssrn.com/)是一个致力于快速地在世界范围内传播社会科学研究成果的网站。它是由大量各社会科学分支专门研究网络组成,并组成了一些专门的研究网络。SSRN 收录了包括财经、会计、法律、经济、管理等50 多个领域的 91 万篇预印本文章,并提供热门文章和作者的排名信息,提供免费的论文提交、存储服务。

5. 学位论文常用检索工具

1) 万方中国学位论文全文数据库(CDBB)　　　　　　　　　**应知应会**

收录始于 1980 年,涵盖基础科学、理学、工业技术、人文科学、社会科学、医药卫生、农业科学、交通运输、航空航天和环境科学等各学科领域。

2) 中国知网博硕士论文数据库　　　　　　　　　　　　　**应知应会**

中国知网博硕士论文数据库是目前国内资源完备、质量上乘、连续动态更新的中国博硕士学位论文全文数据库。收录了从 1984 年至今的博硕士学位论文,累积博硕士学位论文全文文献 500 万篇。覆盖基础科学、工程技术、农业、医学、哲学、人文、社会科学等各个领域。积累了全国 522 家培养单位的博士学位论文和 795 家硕士培养单位的优秀硕士学位论文。

3) 国家科技图书文献中心学位论文库(NSTL) **背景知识**

NSTL 包括中文学位论文数据库以及外文学位论文数据库,收录了 1984 年至今高等院校以及研究生院发布的硕士、博士和博士后论文,涉及自然科学各领域,兼顾人文社科。

4) CALIS 学位论文中心服务系统 **背景知识**

CALIS 学位论文中心服务系统面向全国高校师生提供中外文学位论文检索和获取服务。内容涵盖 12 个学科类别:工学、理学、农学、医学、经济学、管理学、法学、哲学、历史学、文学、教育学、军事学。目前博硕士学位论文数据逾 384 万条,其中,中文数据约 172 万条,外文数据约 212 万条,数据持续增长中。

5) 中国台湾 Airitilibrary 学术文献数据库硕博士学位论文库 **背景知识**

《Airitilibrary 学术文献数据库》中的学位论文库以中文为主要语言类别,目前共收录中国台湾 55 所大专院校的硕博士论文,收录学校包括:台湾大学、台湾交通大学、台湾中兴大学、台北科技大学、台湾清华大学、台北大学、淡江大学、高雄医学大学、台北医学大学、中山医学大学、中国医药大学等优秀大专院校之硕博士论文。

6) ProQuest **背景知识**

ProQuest 公司可提供期刊、报纸、参考书、参考文献、书目、索引、地图集、绝版书籍、记录档案、博士论文和学者论文集等各种类型的信息服务,格式采用网络、光盘、微缩胶片及印刷版等。ProQuest 的内容和服务涉及艺术人文、社会科学、自然科学、科技工程,以及医学等领域。

7) NDLTD 学位论文库 **背景知识**

NDLTD 学位论文库由美国国家自然科学基金支持的一个网上学位论文共建共享项目,为用户提供免费的学位论文文摘,还有部分可获取的免费学位论文全文。目前全球有 170 多家图书馆、7 个图书馆联盟、20 多个专业研究所加入了 NDLTD。和 ProQuest 学位论文数据库相比,NDLTD 学位论文库的主要特点就是学校共建共享、可以免费获取。另外,由于 NDLTD 的成员来自全球各地,所以覆盖的范围比较广,有德国、丹麦等欧洲国家和中国香港、中国台湾等地区的学位论文。但是由于文摘和可获取全文都比较少,可作为国外学位论文的补充资源使用。

8) PQDT 博硕论文库 **背景知识**

ProQuest 公司是博硕士论文收藏和供应商,是美国国会图书馆指定的全美学位论文唯一官方转储和加拿大国家图书档案馆授权的全国学位论文官方出版、存储单位。PQDT 学位论文全文库覆盖了大部分北美地区高等院校以及世界其他地区数千所高等院校每年获得通过的博硕士论文。Harvard University、Massachusetts Institute of Technology、Cambridge University、Stanford University、Hong Kong University of Science and Technology 等知名院校每年都有大量论文被收录。

9) 美国博士论文档案数据库 **背景知识**

美国博士论文档案数据库 1933—1955(American Doctoral Dissertations 1933—1955)收录约有 100 000 篇从 1933—1955 年间的论文文献。该数据库是唯一收录 1933—1955 年

间被美国大学所承认的博士论文最完整的档案数据库。研究人员可以依照论文、篇名、作者以及学校机构等方式检索。

10）欧洲学位论文库

欧洲学位论文库是由致力于提高全球获取欧洲研究论文的研究性图书馆和图书馆联盟建立的合作组织，提供来自 29 个欧洲国家的 572 所大学的开放存取研究论文，目前聚合了资源 1 159 476 篇，开放获取，所有用户都可以免费下载、阅读和使用。

6. 常用专利检索工具

常用专利检索工具大多数提供同族专利信息，如中国国家知识产权局、中国专利信息网、国家知识产权局、欧洲专利局、日本专利网、美国专利网等。下面介绍国家知识产权局平台、欧洲专利检索系统以及大为 INNOJOY 专利数据库。

1）国家知识产权局平台

国家知识产权局平台（https://www.cnipa.gov.cn/）可检索来自中国、美国、日本等国家，以及世界知识产权局组织和欧洲专利组织等机构的专利数据，并可获取引文、同族、法律状态等数据。

2）欧洲专利检索系统

欧洲专利检索系统（https://worldwide.espacenet.com）收录了超过 100 个国家的专利，包括中国（CN）、英国（GB）、德国（DE）、法国（FR）、美国（US）等国家以及世界知识产权组织、欧洲专利组织等专利组织的专利。可检索引文、同族、法律状态等信息，90% 以上的专利说明书可免费下载。

3）大为 INNOJOY 专利数据库

大为 INNOJOY 全球专利搜索引擎系统（https://www.innojoy.com/）是一款集检索、分析、管理、转化、自主建库等功能于一体的一站式专利情报综合应用平台，整合了专利文摘、说明书、法律状态、同族专利、引证、复审无效、许可转让、质押融资等信息。收录全球 156 个国家或地区的专利数据，60 个国家或地区的法律状态，19 个国家或地区的代码化全文。INNOJOY 还提供大为专利指数（Dawei Patent Index，DPI）专利量化评估模型，通过专利被引证数、同族数、存活期、许可、转让、无效等指标量化评估专利，为寻找高价值度专利技术提供了数据支持。

7. 视频检索系统

视频检索可以简单地理解为从视频中搜索有用或者需要的资料。智能视频技术实现对移动目标的实时检测、识别、分类以及多目标跟踪等功能的主要算法分为以下 5 类：目标检测、目标跟踪、目标识别、行为分析、基于内容的视频检索和数据融合等。视频检索在社会公共安全领域得到了广泛应用，成为维护社会治安，加强社会管理的一个重要组成部分。

1）百搜视频

百搜视频（原"百度视频"），是百度战略投资、全力打造的视频内容平台，依托庞大的用户覆盖和算法、人工智能、大数据等核心技术，通过百搜视频官方网站、百搜视频 App 等产品向网民提供个性化视频内容服务。百搜视频于 2007 年发布上线，其功能包括：全网视频、高清播放、极速推荐、离线观看、热榜、播放升级、好片分享等，移动端总用户量已超过 8 亿。通过与数十家视频网站、数千家 PGC 内容制作机构深度合作，已建立总量超过 10 亿条数据的媒体资源库，在视频行业中处于领先地位。

2）华为视频

华为视频基于人工智能技术,借助智慧视觉、智能运营、智慧情景,识别用户所处场景来匹配相应的内容推荐,将海量的电影、电视剧、综艺、漫画等不同品类的内容,智能化地推荐给有视听偏好的用户,并在不同场景下为用户切换不同的视频服务。华为视频服务于全球华为终端用户,用户群体庞大,覆盖手机、智慧屏、PC、平板、VR 等设备,华为视频能够为用户提供跨终端、跨系统、智能全场景无缝覆盖的视听体验,结合 AI 交互技术、情景化内容服务和先进的音视频技术,方便用户在各种应用场景下享受优质视频内容。

3）腾讯视频

腾讯视频是中国领先的在线视频媒体平台,拥有丰富的优质流行内容和专业的媒体运营能力,是聚合热播影视、综艺娱乐、体育赛事、新闻资讯等为一体的综合视频内容平台,并通过 PC 端、移动端及客厅产品等多种形态为用户提供高清流畅的视频娱乐体验,以满足用户不同的体验需求。

4）阿里云视频

依靠阿里集团积累的业界最大规模的云上视频处理集群、视频算法处理方法以及持续不断地提供丰富的算法和处理能力,阿里云视频逐步转变成依靠云和端一起配合进行视频传输处理的架构。他们提出了云处理＋端渲染技术,云上提供强大的处理能力,端上负责渲染,只需要提供很少的处理能力就能完成比较好的处理效果,使用户在不同的手机上都能得到一样的体验。其基本架构为端上只需要进行比较简单的视频采集以及视频传输,然后通过覆盖全球的 GRTN 网络到达云端,云端使用 GRTP 的云端实时处理引擎对视频进行处理,再把处理好的视频传到端上,端上只需要做简单的呈现。

5）必应视频搜索

使用必应视频搜索 API,可以轻松地将视频搜索功能添加到服务和应用程序中。使用此 API 发送用户搜索查询时,可以获取并显示与必应视频类似的相关高质量视频。在这个视频检索系统中有实时建议词搜索、筛选和限制视频结果、缩略图裁剪和重设大小显示、获取热门视频、获取视频见解等功能。

6）美图短视频分析与检索系统

2010 年,美图成立了核心研发部门——美图影像研究院(MT Lab),致力于计算机视觉、深度学习、计算机图形学等人工智能(AI)相关领域的研发,以核心技术创新推动公司业务发展。首先,捕获信息;其次,对信息进行编辑和处理,如剪辑、滤镜美化、背景分割等;最后,进行信息提取,包括场景检测、人物分析、行为识别、物体识别等,并在此基础上进行视频检索。

8. 音频检索系统　　　　　　　　　　　　　　　　　　　　　　　　　　**背景知识**

音频检索是通过提取音频流中的时域(频域)特征来检索包括语义信息在内的音频内容的过程。基于内容的音频检索系统突破了传统的基于文本的表达局限,直接对音频进行分析,从中抽取内容特征,并利用这些特征建立索引并进行检索,避免了将字符表示转换为音频信息的过程。这涉及多种技术,如音频数字信号处理、语音识别、信息检索、数据库系统、模式识别、数据挖掘等。

1）听吧

听吧是百度视频与喜马拉雅 FM 战略合作的音频知识付费产品,以语音为中心进行检索,采用语音识别等技术,对电台节目、电话交谈、会议录音进行检索。听吧内置在百度视频移动端应用中,与影视剧、短视频、直播等内容并列,基于算法和用户主动订阅等功能实现音频内容的个性化推荐。

2) 网易云音乐

网易云音乐(NetEase CloudMusic),是一款由网易公司开发的音乐产品,是网易杭州研究院的成果。该平台依靠大数据处理、自然语言处理、机器学习、可视化以及云技术,依托专业音乐人、DJ、好友推荐及社交功能,在线音乐服务主打歌单、社交、大牌推荐和音乐指纹,以歌单、DJ节目、社交、地理位置为核心要素,主打发现和分享。

3) QQ 音乐

QQ音乐是隶属于腾讯音乐娱乐集团的音乐流媒体平台,以优质内容为核心,以大数据与互联网技术为推动力,致力于打造"智慧声态"的"立体"泛音乐生态圈,为用户提供多元化的音乐生活体验。其主要功能如下。

① 高品质音乐播放;

② 专辑图片和全屏歌词显示;

③ 登录 QQ 同步电脑上 QQ 音乐我的收藏歌曲;

④ 大量在线音乐资源试听和下载;

⑤ 在线音乐手动搜索和每日人工推荐等。

◆ 2.4　数字内容组织与管理

数字内容组织与管理是指运用先进的技术手段、科学理论方法,对数字媒体内容进行计划、组织、存储、控制和开发利用的管理活动,其目的是最大化数字内容利用率。

2.4.1　数字内容组织　　　　　　　　　　　　　　　　　　　　应知应会

数字内容(信息资源)的组织,通常可采用标签、分类或目录等基本手段。

打标签是指为信息资源添加描述性的关键词或短语,以便于后续检索和筛选。分类则是将信息资源按照内容的相似性或主题进行分组归类,使用户可以更快速地找到相关内容。信息资源分类的基本方法有两种:线分类法与面分类法。线分类法也称为等级分类法。线分类法按选定的若干属性(或特征)将分类对象逐次地分为若干层级,每个层级又分为若干类目。同一分支的不同层级类目之间构成并列关系,不同层级类目之间构成隶属关系。表 2-2 给出了线分类法示例。

表 2-2　线分类法示例

大　类	中　类	小　类
家具	木制家具	床、椅、凳、桌、箱、架、厨具
	钢木家具	
	钢质家具	
	钢塑家具	
	轻金属家具	
	竹质家具	
	竹藤家具	

面分类法将分类对象按选定的若干属性或特征,分成彼此之间互不相关的若干方面(简称面),每个面又可分为许多彼此独立的若干类目。不同"面"内的类目互不重复,互不交叉。使用时,可根据需要将这些面中的类目组合在一起,形成一个复合类目。面分类法则将整型码分为若干码段,一个码段定义事物的一重意义,需要定义多重意义就可以采用多个码段。现实生活中,面分类法的应用可谓广泛,以大家熟悉的18位的身份证号码为例:第一段(前6位)描述办证机关至县一级的空间定位,采用省、市、县的行政区划代码给码;第二段(7~14位)是生辰时序的描述,以办证个人的生辰给码;第三段(15、16、17位)是顺序码;最后一位是校验码,根据前17位计算得到,用于验证身份证号码的正确性。在实际运用中,一般把面分类法作为线分类法的补充。我国在编制《全国工农业产品(商品、物资)分类与代码》国家标准时,采用的是线分类法和面分类法相结合,以线分类法为主的综合分类法。

例如,服装的分类可以按照服装所用的材料、式样、款式等分成几个面,每个面又分成若干类目,如表2-3所示。

表 2-3　面分类法示例

服 装 面 料	式　　样	款　　式
纯棉	男式	中山装
纯毛		西装
中长纤维		夹克
毛涤	女式	连衣裙
丝绸		短裙

与打标签和分类方法不同,目录则是建立一个层次结构的导航体系,将数字信息资源按照不同的层级组织起来,有助于用户浏览和导航。采用目录方式浏览信息,就像在图书馆中查找书籍一样。文件目录实现"按名存取",必须建立文件名与辅存空间中物理地址的对应关系,体现这种对应关系的数据结构称为文件目录。

文件目录(file directory)为每个文件设立一个表目。文件目录表目至少要包含文件名、文件内部标识、文件的类型、文件存储地址、文件的长度、访问权限、建立时间和访问时间等内容。文件目录(或称为文件夹)是由文件目录项组成的。文件目录分为一级目录、二级目录和多级目录。多级目录结构也称为树形结构,在多级目录结构中,每个磁盘有一个根目录,在根目录中可以包含若干子目录和文件,在子目录中不但可以包含文件,而且还可以包含下一级子目录,这样类推下去就构成了多级目录结构。采用多级目录结构的优点是用户可以将不同类型和不同功能的文件分类储存,既方便文件管理和查找,还允许不同文件目录中的文件具有相同的文件名,解决了一级目录结构中的重名问题。

以上3种方法中,目录非常容易理解,但标签和分类有时界限并不清晰。分类可以理解为一种严谨的数据组织方式,一般按照一个或多个维度自上而下、从整体到明细地穷举,遵循"相互独立,完全穷举"的原则。而标签则是一种灵活的数据组织方式,放弃大而全的树形框架,基于业务场景自下而上地倒推标签需求。

在数字时代,有效的数字内容(信息资源)管理对于个人和组织都至关重要。通过以上提到的手段,可以提高信息的可发现性、可访问性和可用性,从而更好地满足用户的信息需求。无论是个人整理资料还是企业管理知识库,这些基本手段都能够帮助提升工作效率和信息利用价值。

2.4.2　数字内容存储与管理

1. 存储介质　　　　　　　　　　　　　　　　　　　　　　　　　　　　**应知应会**

存储介质是指存储数据的载体。当前使用的存储介质主要分为磁性介质、光学介质以及 DNA,如软盘、光盘、DVD、硬盘、闪存、U 盘、CF 卡、SD 卡、MMC 卡、SM 卡、记忆棒(memory stick)、xD 卡等。流行的存储介质是基于闪存(nand flash)的,如 U 盘、CF 卡、SD卡、SDHC 卡、MMC 卡、SM 卡、记忆棒、xD 卡等。然而,由于这些存储介质存在存储时间不够长、存储密度不够大和耗电量高等缺点,无法满足未来对于超大数据规模存储量的需求。因此,许多科研工作者将目光转向了 DNA。作为遗传信息的载体,DNA 存储了从微生物到人类的亿万生命的遗传信息,本身就是一种优良的存储介质。

1)磁带

磁带(图 2-18)是一种用于记录声音、图像、数字或其他信号的载有磁层的带状材料,是产量最大和用途最广的一种磁记录材料。磁带主要由磁粉、带基、黏合剂 3 种材料组成,其中磁性层尤为重要,它是磁带记录和存贮信息的主体部分,而且磁带质量的好坏主要由磁性层决定。根据用途不同,磁带按用途可大致分成录音带、录像带、计算机带和仪表磁带 4 种。

图 2-18　盘式磁带

磁带的工作原理是其录音磁头是个蹄形电磁铁,两极相距很近,中间只留个狭缝。整个磁头封在金属壳内。录音磁带的带基上涂着一层磁粉,实际上就是许多铁磁性小颗粒。磁带紧贴着录音磁头走过,音频电流使得录音头缝隙处磁场的强弱、方向不断变化,磁带上的磁粉也就被磁化成一个个磁极方向和磁性强弱各不相同的“小磁铁”,声音信号就这样记录在磁带上了。放音头的结构和录音头相似。当磁带从放音头的狭缝前走过时,磁带上“小磁铁”产生的磁场穿过放音头的线圈。由于“小磁铁”的极性和磁性强弱各不相同,它在线圈内产生的磁通量也在不断变化,于是在线圈中产生感应电流,放大后就可以在扬声器中发出声音。

2)磁盘与磁盘阵列

磁盘(disk)是指利用磁记录技术存储数据的存储器。磁盘是计算机主要的存储介质,可以存储大量的二进制数据,并且断电后也能保持数据不丢失。早期计算机使用的磁盘是软磁盘(floppy disk,简称为软盘),如今常用的磁盘是硬磁盘(hard disk,简称为硬盘)。

磁盘由磁盘盘片、磁道、扇区、磁盘柱面构成。一个磁盘由多个盘片叠加而成,盘片的表面涂有磁性物质,这些磁性物质用来记录二进制数据。因为正反两面都可涂上磁性物质,故一个盘片可能会有两个盘面。每个盘片被划分为一个个磁道,每个磁道又划分为一个个扇区。其中,最内侧磁道上的扇区面积最小,因此数据密度最大。每个盘面对应一个磁头,所有的磁头都是连在同一个磁臂上的,因此所有磁头只能"共进退",所有盘面中相对位置相同的磁道组成柱面。

磁盘阵列(图 2-19),RAID(Redundant Array of Independent Disks)即独立磁盘冗余阵列,是用多个独立的磁盘组成在一起形成一个大的磁盘系统,从而实现比单块磁盘更好的存储性能和更高的可靠性。利用这项技术,将数据切割成许多区段,分别存放在各个硬盘上。磁盘阵列可利用个别磁盘提供数据所产生的加成效果提升整个磁盘系统效能。

3)光盘与光盘库

光盘(图 2-20)是利用激光原理进行读、写的设备,是迅速发展的一种辅助存储器。光盘是以光信息作为存储的载体并用来存储数据的一种物品,可以存放各种文字、声音、图形、图像和动画等多媒体数字信息。光盘可分为两类:不可擦写光盘,如 CD-ROM、DVD-ROM 等;可擦写光盘,如 CD-RW、DVD-RAM 等。光盘由基板、记录层、反射层、保护层、印刷层构成,具有非接触式读写、存储寿命长、可靠性高、携带方便等优点。为了方便使用网络共享光盘,20 世纪 90 年代初诞生了光盘库。光盘库是一种带有自动读盘换盘的光盘存储设备,主要包括光盘架、自动化换盘机械手和光盘驱动器。光盘存储数据稳定,价格低廉,因此,光盘库是海量数据安全归档的首要选择。

图 2-19　磁盘阵列

图 2-20　光盘

4)DNA 数据存储

DNA 作为数据存储介质的想法最初来自 21 世纪 60 年代 Wiener 和 Neiman 讨论的"基因记忆",但是受限于当时的 DNA 测序和合成技术,基于 DNA 的数据存储未能实现。DNA 存储主要包括编码/解码、合成、存储和测序 4 个步骤。

① 通过编码将二进制 0,1 数据映射为碱基 A、T、C、G 序列;

② 通过各种技术合成特定的 DNA 序列;

③ 可以选择体内或者体外存储形式进行保存;

④ 想要读取数据时,一般需要先使用特定的引物序列扩增目标 DNA,然后对提取的目标 DNA 进行测序得到目标 DNA 序列,再根据解码规则将 DNA 序列还原为二进制数据。

DNA 存储具有以下优点：成本低,稳定可靠,可并行存取,且在信息相关检索、数据快速访问性和抗电磁干扰方面能力强。其缺点为相对于磁性介质存储来说读取速度慢,因此,DNA 数据存储还不适用于对读取速度要求较高的场景,但可用于档案存储这种对于读取速度要求不是那么高的情况下。

2. 数字内容存储方式　　　　　　　　　　　　　　　　　　　　　**背景知识**

1) 存储网络

存储网络是指独立于现有的局域网的另一个主要用于计算机和存储设备之间数据交换的网络,支持在多个服务器和多个存储设备之间的通信,是数据存储的一种方式。其结构大致分为 3 种：直接连接存储(Direct Attached Storage,DAS)、网络附加存储(Network Attached Storage,NAS)和存储区域网络(Storage Area Network,SAN)。由于 NAS 对于普通消费者而言较为熟悉,所以一般网络存储都指 NAS。存储网络包括存储器件(如磁盘阵列、CD/DVD 驱动器、磁带驱动器或可移动的存储介质)和内嵌系统软件,可提供跨平台文件共享功能。存储网络通常在一个局域网上占有自己的节点,无须应用服务器的干预,允许用户在网络上存取数据,在这种配置中,网络存储集中管理和处理网络上的所有数据,将负载从应用或企业服务器上卸载下来,有效降低总拥有成本,保护用户投资。

2) 直接连接存储

通过小型计算机系统光接口(Small Computer System Interface,SCSI)将存储设备直接连接到服务器意味着直接连接存储。因为 DAS 购买成本低,只要有外接 SCSI 接口就可以使用。但是 DAS 的缺陷也显而易见：

① 自身的服务器容易成为系统的瓶颈。

② 将出现"数据不可访问"的服务器故障。

③ 设备分散,存储空间动态配置差,资源浪费严重。

④ 数据备份的操作非常复杂。

3) 网络附加存储

NAS 是通过服务器存储数据的网络文件服务器。与 DAS 不同,NAS 直接通过 TCP/IP 网络访问和管理数据。所以 NAS 因为自身的特点,安装使用起来非常简单快捷。但除了硬件要求低、成本低的优势外,其相对劣势也很明显：

① 运行和存储在一个公共的数据网络上,因此当网络上同时有其他大数据流运行时,其性能严重下降。

② 容易出现数据泄露等问题,安全系数不高。

③ 只能作为文件访问,不支持直接访问物理数据块,对系统效率影响很大。

4) 存储区域网络

独立于 TCP/IP 网络,为存储而建的专用网络,就是 SAN。由于采用了高端 RAID 阵列技术,甚至可以达到 2～4GB/s 的传输速率,由于其独占独立性,扩展性也非常出色。SAN 作为目前最先进的存储方式,是未来存储技术的必然发展方向,但目前也很难被人们接受,主要原因在于：

① 成本昂贵。SAN 所需的 SAN 阵列机柜和光纤通道交换机非常昂贵,高成本通常对小企业有致命的影响。

② 实现 SAN 存储,需要建立单独的光纤网络,所以 SAN 的异地扩展非常困难。

5）云存储

（1）什么是云存储?

云存储（图 2-21）是在云计算（cloud computing）概念上延伸和衍生发展出来的一个新的概念。云计算是分布式处理（distributed computing）、并行处理（parallel computing）、网格计算（grid computing）的发展，是透过网络将庞大的计算处理程序自动分拆成无数个较小的子程序，再交由多台服务器所组成的庞大系统，经计算分析之后将处理结果回传给用户。各类大型搜索平台，每天需要处理超过百亿次的数据，并且大部分都是无结构或者半结构化的数据。因此，利用云计算技术搭建存储和计算平台，可用更简便的方式管理海量数据并解决检索量巨大的问题。

图 2-21　云存储

通过云计算技术，网络服务提供者可以在数秒之内，处理数以千万计甚至亿计的信息，达到和"超级计算机"同样强大的网络服务。云存储的概念与云计算类似，它是指通过集群应用、网格技术或分布式文件系统等功能，将网络中大量各种不同类型的存储设备通过应用软件集合起来协同工作，共同对外提供数据存储和业务访问功能的一个系统。

云存储概念从技术上来说是通过文件系统技术、网络技术和分布式技术将大批量性能、规格不同的异构设备按照一定的系统结构和网络结构集合起来，最终能够协同数据的存储和读取，能向外界提供简明、统一、方便的数据保存和读取接口。按照网络服务的标准看，云存储系统可以视为一种新的数据存储和读取的服务方案。使用者可以不受本地存储设备性能和空间的限制，可以在任何有网络的地方，随时在云上方便地存储和读取数据。云存储可扩缩，让组织能够根据需要扩大或减少数据占用空间。

简单讲，云存储实际上是云计算中有关数据存储、归档、备份的一个部分，是一种创新服务。可以从两方面理解它：第一，在面向用户的服务形态方面，它是一种提供按需服务的应用模式，用户可以通过网络连接云端存储资源，在云端随时随地存储数据；第二，在云存储服务构建方面，它是通过分布式、虚拟化、智能配置等技术，实现海量、可弹性扩展、低成本、低能耗的共享存储资源。

（2）云存储系统分类。

云存储系统按照服务对象和规模的不同可分为公有云、私有云和混合云。

公有云基于互联网建立，任何付费用户都可以访问。公有云由服务提供商所拥有，用户可以通过订阅的方式访问。公有云的主要服务对象是不确定的存储服务需求者，其服务对象广泛且复杂，用户对公有云存储系统的需求不仅是数据的保存和备份，更重要的是数据传输和传播。常见的公有云有百度云、华为云、阿里云、Google APP Engine(GAE)、Amazon Web Services(AWS)、Microsoft Azure、IBM Blue Cloud 等。

私有云一般架构于公司的内部网络中,由其拥有者及合作者拥有、管理与访问。它不以出售其容量、能力为目的,而是为了数据保存和备份。私有云为本地用户提供灵活的私有架构,在他们管理的范围内来运行服务工作负载。一般认为私有云能够提供比公有云更有效、更灵活、更安全、更便利的云服务,私有云可以连接到公有云以获得更多的资源。

混合云可被看作公有云和私有云的结合,是对两种存储系统优缺点的一种权衡。混合云解决了私有云系统容量和负载的性能限制,在需求增长和大幅度负载波动和高峰的时候临时性地租用公有云存储系统以达到性能和成本的更优选择。例如 IBM 的 Research Compute Cloud(RC2)是一种私有云,它将 IBM 分布在美国、欧洲以及亚洲的 8 个研究中心的计算和 IT 资源进行链接。

(3) 云存储系统工作原理。

与传统存储技术相比,云存储中数据不再保存在某种特定的设备上,其存取模式更加灵活,能够通过网络和特定的系统结构将众多不同类型的设备进行整合,按照硬件虚拟化、存取网络化、接口标准化等准则将分散在各个物理节点上的存储资源化整为零,组建成在逻辑层面上统一的存储系统。云存储利用远程服务器来保存文件、业务数据、视频或图片等数据。用户可通过互联网连接将数据上传到服务器,届时数据将保存在物理服务器上的某个虚拟机上。为了保持可用性和提供冗余,云服务提供商通常会将数据分布到遍布全球多个数据中心的多个虚拟机。如果存储需求增加,云服务提供商会启动更多虚拟机来处理负载。用户可以通过互联网连接和软件(如 Web 门户、浏览器或移动应用)通过应用编程接口(API)访问云存储中的数据。

(4) 云存储优势。

应用云存储具有以下优势。

① 存储效率高。云存储通过虚拟化技术解决了存储空间的浪费,可以自动重新分配数据,提高了存储空间的效率,同时具备负载均衡、故障冗余功能。

② 可以降低成本。通过云存储,用户无须购买硬件、预配置存储,可以根据需求添加或删除容量、快速更改性能和保留特性,并且只需为实际使用的存储付费。系统还能实现规模效应和弹性扩展,降低运营成本,避免资源浪费。

③ 超强的可扩展性,理论上可以无限量存储。云存储可以很好地平衡服务器之间的负载,在各种数据中心之间快速地移动数据,确保信息总是在最近的存储上。这种服务可以让数据非常迅速地传递到需要使用的位置。

④ 较高的可用性和可靠性。较之以往的存储网络,云存储采用了分布式存储,当某个存储节点失效时,控制节点能自动将工作负载交给运行正常的存储节点完成。云存储还拥有副本备份机制,从而当云中某个节点发生错误时并不影响资源的可靠性。

2.4.3　数字内容备份

1. 当前主流的备份技术　　　　　　　　　　　　　　　　　应知应会

1) 数据备份

数据备份即针对数据进行的备份,直接复制所要存储的数据,或者将数据转换为镜像保存在计算机中。诸如 Ghost 等备份软件,光盘刻录和移动盘存储均属此类。其采用的模式相对容易理解,分为逐档与镜像两种。逐档是直接对文件进行复制,镜像是把文件压成镜像存放。优点是方便易用,也是广大用户最为常用的。缺点是安全性较低,容易出错,其针对数据进行备份,如果文件本身出现错误就将无法恢复,那备份的作用就无从谈起。因此这种数据备份适用于常规数据备份或重要数据的初级备份。

2) 磁轨备份(物理备份)

这种备份技术的原理是直接对磁盘的磁轨进行扫描,并记录下磁轨的变化,所以这种数据备份技术也被称为物理级的数据备份。它的优点是非常精确,因为是直接记录磁轨的变化,所以出错率几乎为 0,数据恢复也变得异常容易、可靠。这种数据技术通常应用在中高端的专业存储设备,部分中高端 NAS(网络附加存储),如自由遁等专业存储设备就是采用此备份技术,这种数据备份技术在国外企业应用非常广泛。

2. 数据备份的主要方式   应知应会

1) 完全备份

完全备份(full backup),即每个档案都会被写进备份档。如果两个时间点的备份之间,数据没有任何更动,那么备份数据都是一样的。存在的问题主要是备份系统不会检查自上次备份后档案有没有被更动过;它只是机械性地将每个档案读出、写入,不管档案有没有被修改过。备份全部选中的文件及文件夹,并不依赖文件的存盘属性来确定备份哪些文件。在备份过程中,任何现有的标记都被清除,每个文件都被标记为已备份,换言之,存盘属性被清除。我们不会一味采取完全备份的原因,即每个档案都会被写到备份装置上。在完全备份中,即使所有档案都没有变动,还是会占据许多存储空间。

2) 增量备份

与完全备份不同,增量备份在做数据备份前会先判断,档案的最后修改时间是否比上次备份的时间晚。如果不是的话,则表示自上次备份后,档案并没有被更动过,所以这次不需要备份。换言之,如果修改日期的确比上次更动的日期晚,那么档案就被更动过,需要备份。

使用增量备份最大的好处在于备份速度快。它的速度比完整备份快许多,同时由于增量备份在做备份前会自动判断备份时间点及文件是否已做更动,所以相对于完全备份,其对节省存储空间也大有益处。增量备份的不足之处在于数据还原的时间较长,效率相对较低,例如,如果要还原一个备份档案,必须把所有增量备份的磁盘都找一遍,直到找到为止,如果要复原整个档案系统,那就得先复原最近一次的完整备份,然后复原一个又一个的增量备份。

3) 差异备份

差异备份与增量备份一样,都只备份更动过的数据。但前者的备份是"累积"的。一个档案只要自上次完整备份后,曾被更新过,那么接下来每次做差异备份时,这个档案都会被备份。这表示差异备份中的档案,都是自上次完全备份之后,曾被改变的档案。如果要复原整个系统,那么只要先复原完全备份,再复原最后一次的差异备份即可。

增量备份是针对上一次备份后,所有发生变化的文件。差异备份介于递增备份与完全备份之间;但不管是复原一个档案或是整个系统,速度通常比完全备份、增量备份快。日常中,增量备份与差异备份技术在部分中高端的网络附加存储设备,如 IBM、HP 等品牌的部分产品的附带软件中已内置。

2.4.4　数字内容间的相互转换

目前数字内容的转换主要在图片、音频和文本之间进行。

1. 图片转换为文本

图片转换为文本通常是将以图片形式存在的不可编辑文本转化为可编辑的文本,主要是利用光学字符识别技术(Optical Character Recognition,OCR)。OCR 是指电子设备(如扫描仪或数码相机)采集字符或字符集合的图片,然后通过检测暗、亮的模式确定其形状,然后用字符识别方法将形状翻译成计算机文字的过程。

OCR 过程主要有以下步骤。

① 预处理:主要包括二值化、噪声去除、倾斜矫正等。

二值化:对摄像头拍摄的图片,大多数是彩色图像,彩色图像所含信息量巨大,对于图片的内容,可以简单地分为前景与背景。为了让计算机更快地,更好地识别文字,需要先对彩色图进行处理,使图片只有前景信息与背景信息,可以简单地定义前景信息为黑色,背景信息为白色,这就是二值化图了。

噪声去除:对于不同的文档,对噪声的定义可以不同,根据噪声的特征进行去噪,就叫作噪声去除。

倾斜矫正:由于一般用户,在拍照文档时都比较随意,因此拍照出来的图片不可避免地产生倾斜,这就需要文字识别软件进行校正。

② 字符切割。由于拍照条件的限制,经常造成字符粘连、断笔,因此极大限制了识别系统的性能,这就需要文字识别软件有字符切割功能。

③ 字符识别。以特征提取为主。文字的位移、笔画的粗细、断笔、粘连、旋转等因素都会影响特征提取的难度。

④ 后处理、校对。根据特定的语言上下文的关系,对识别结果进行校正,就是后处理。

2. 音频转换为文本

音频转换为文本主要利用语音识别技术,也被称为自动语音识别(Automatic Speech Recognition,ASR),其目标是将人类的语音中的词汇内容转换为计算机可读的输入。语音识别的模型通常由声学模型和语言模型两部分组成,分别对应于语音到音节的转换和音节到字的转换。

音频转文本转换器是一种转录软件,可以自动识别语音并将语音内容转录成等效的书面格式。以前,人们需要收听音频文件并将其输入为文本文件,才能将语音内容重新用于不同的媒体。当前,利用人工智能技术,计算机可以在短时间内轻松地将音频转换为文本,并使内容可用于搜索、字幕和洞察分析等不同目的。常见的音频转文本转换器如腾讯云语音识别(网页版),可处理时长小于 5 小时的音频转文字工作;讯飞听见可支持 mp3、wav、pcm、m4a、amr、aac、mp4、3gp 等多种格式,能实现中英文录音在线转换成文字,或语音翻译成文字,它的识别准确度高,且转换速度快;微信小程序——"录音转文字助手"(图 2-22),可以转换 15MB 以下的录音文件,支持 mp3、m4a、wma、ac3、ogg、wav 等常用音频格式,还能在线实现中英互译。

(a) 主页   (b) 中文语音识别   (c) 中文翻译为英文

图 2-22　微信"录音转文字助手"

◈ 本 章 小 结

　　数字内容(digital contents)概念涵盖的内容与形式广泛。数字内容是"数字媒体内容"的简称,也称为数字资料,是将图像、文字、影音、VR/AR 等内容通过数字技术进行整合应用的产品或服务的总体,是数字媒体技术与文化创意结合的产物。与之相近的概念如数字信息(digital information),是指以二进制数字方式编码存储于磁带、磁盘、光盘等媒体上,依赖计算机系统存取并可在通信网络上传输的信息。

　　1989 年,运筹学、系统思维学专家阿科夫基于认知论提出的 DIKW 层次决策模型是关于数据、信息、知识及智慧的体系,它从认知思维的角度揭示了从数据到信息、再到知识最终生成智慧的升级发展过程。

　　数字内容获取,首先应了解信息源的分类,根据媒介类型不同,信息源可分为纸质信息与电子信息;根据访问的平台不同,信息源可分为计算机、网络、移动终端信息源;根据获取方式不同,信息源可分为免费和付费信息源;根据性质和内容的不同,信息源可以分为新闻媒体、学术来源、用户生成内容、政府机构、专业机构、广告宣传、娱乐媒体等。对不同的信息源,可根据真实性、及时性、完整性、易获性、针对性等指标对其进行直接评价或间接评价。生活中常用的信息源主要有计算机信息源与网络信息源。在获取信息的过程中,主要利用了信息存储与检索技术,简称为"信息检索"。计算机信息检索的过程包括信息存储以及信息检索两个过程,其基础是信息存储,其本质是信息用户的提问标识和信息集合数据库特征标识匹配的过程。信息检索的分类方式很多,常用的检索工具主要有搜索引擎、文献检索工具、学位论文检索工具、专利检索工具、视频检索系统、音频检索系统等。数字内容的存储介质是指存储数字内容(数据)的载体,如磁带、磁盘、光盘与光盘库、DNA 数据存储等。

◆ 本章习题

一、填空题

1. 数字信息是以(　　　)记录于磁带、磁盘、光盘等媒体,依赖计算机系统存取并可在通信网络上传输的信息。

2. 数据是指对客观事件进行记录并可以鉴别的(　　　),是对客观事物的性质、状态以及相互关系等进行记载的物理符号或这些物理符号的组合。

3. 信息是具有时效性的,有一定含义的、有逻辑的、经过加工处理的、对决策有(　　　)的数据。

4. 计算机信息检索经历了脱机批处理检索、联机检索、光盘检索和(　　　)等几个阶段。

5. 常用数字内容检索工具包括搜索引擎、(　　　)、视频检索系统、音频检索系统等。

二、单选题

1. 下列存储器中,存取速度最快的是(　　　)。
   A. 软盘　　　　　　　B. 硬盘　　　　　　　C. 光盘　　　　　　　D. 内存

2. 可以播放多媒体教学光盘的计算机中,必须配备的设备是(　　　)。
   A. 软盘驱动盘　　　　　　　　　　B. 扫描仪
   C. 光盘驱动器　　　　　　　　　　D. 彩色打印机

3. (　　　)搜索引擎主要专注于中国市场。
   A. Google　　　　　B. Bing　　　　　C. 百度　　　　　D. Yahoo

4. 在文献检索工具中,每条文献记录必须具备的特征是(　　　)。
   A. 标注作者信息　　　　　　　　　B. 包含详细内容摘要
   C. 包含关键词索引　　　　　　　　D. 必须有检索标识

5. 在数字内容的组织中,下列基于线分类法的是(　　　)。
   A. 将信息资源按内容的相似性进行分组归类
   B. 将分类对象逐次地分为若干层级,每个层级又分为若干类目
   C. 为信息资源添加描述性的关键词或短语
   D. 使用标签对信息资源进行描述

6. 计算机信息检索的过程包括信息存储以及信息检索两个过程,其中以(　　　)为基础。
   A. 信息存储　　　　　　　　　　　B. 信息检索
   C. 信息存储与信息检索　　　　　　D. 以上选项均不正确

7. 存储介质是指存储数据的载体。当前使用的存储介质主要分为磁性介质、光学介质以及(　　　)。
   A. 磁带　　　　　　B. 磁盘　　　　　C. DNA　　　　　D. 光盘

8. 云存储系统按照服务对象和规模的不同可分为公有云、私有云和混合云。架构于公司的内部网络中,由其拥有者及合作者拥有、管理与访问的是(　　　)。

A. 公有云 　　　　　　　　　　　　B. 私有云

C. 混合云 　　　　　　　　　　　　D. 以上选项全部正确

三、多选题

1. 数据是记录客观事物的原始事实,是描述事物可鉴别的符号。以下是数据的有(　　　)。

A. 数字 　　　　　B. 图像 　　　　　C. 音频

D. 视频 　　　　　E. 文字

2. 常用的中文学位论文检索工具有(　　　)。

A. 万方中国学位论文全文数据库 　　　B. 中国知网博硕士论文数据库

C. NDLTD 学位论文库 　　　　　　　D. 美国博士论文档案数据库

E. 欧洲学位论文库

3. 下列关于数据、信息、知识和智慧的说法中,正确的是(　　　)。

A. 信息是对客观事物的逻辑归纳,是用于表示客观事物的未经加工的原始素材

B. 数据是对客观事物的数量、属性、位置及其相互关系进行抽象表示

C. 知识是通过对信息进行归纳、演绎、比较等方法沉淀下来,并与已存在的人类认知
体系相结合

D. 智慧是基于已有的知识,运用信息进行分析、对比、演绎找出解决方案的能力

E. 数据是具有时效性,有一定含义的,有逻辑的、经过加工处理的、对决策有价值的
数据流

4. 下列关于面分类法的描述,正确的是(　　　)。

A. 面分类法将分类对象按选定的若干属性或特征,分成彼此之间互不相关的若干
方面

B. 面分类法在实际运用中一般作为线分类法的替代而非补充

C. 不同"面"内的类目互不重复,互不交叉

D. 使用面分类法时,一个码段只能定义事物的一重意义

E. 每个面可分为许多彼此独立的若干类目

5. 数据备份的主要方式有(　　　)。

A. 完全备份 　　　　B. 增量备份 　　　　C. 差异备份

D. 人工备份 　　　　E. 自动备份

6. 计算机信息检索根据不同的划分方式得到不同的分类结果,根据所检索数据库的形
式可以分为(　　　)。

A. 书目检索 　　　　B. 数据检索 　　　　C. 事实检索

D. 全文检索 　　　　E. 多媒体检索

7. 以下数字内容检索工具中常用于中文文献检索的有(　　　)。

A. 新浪 　　　　　　B. 中国知网 　　　　C. 万方数据库

D. 维普期刊网 　　　E. 腾讯视频

8. Windows 系统的文件管理主要使用资源管理器进行文件和文件夹的(　　　)基本
操作。

A. 检索 　　　　　　B. 浏览 　　　　　　C. 创建

D. 复制 　　　　　　E. 移动和删除

四、判断题

1. 通过人们的参与,对信息进行归纳、演绎、比较等手段进行挖掘,使其有价值的部分沉淀下来,并与已存在的人类知识体系相结合,这部分有价值的信息就转变成知识。(　　)

2. 智慧是人类基于已有的知识,针对物质世界运动过程中产生的问题根据获得的信息进行分析、对比、演绎,找出解决方案的能力。信息检索作为一门学科,它的本质是研究信息的获取、表示、存储、组织和访问的一门学问。　　　　　　　　　　　　　(　　)

3. 当我们在搜索栏里输入搜索关键词的时候,通常关键词越多获得的返回结果条目越多。　　　　　　　　　　　　　　　　　　　　　　　　　　　　　　(　　)

4. 云存储系统按照服务对象和规模的不同可分为公有云、私有云和混合云。　(　　)

5. 可以通过打标签、分类、目录等基本手段对数字信息资源进行管理。　　(　　)

6. 信息资源分类的基本方法有两种:时间分类法和特征分类法。　　　　(　　)

第 3 章

数字内容开发与利用

◈ 3.1　办公文档的创建与编辑

在数字内容开发与利用过程中,文档的创建与管理是基本技能之一。

3.1.1　主流的软件工具　　　　　　　　　　　　　　　背景知识

在办公文档(文字文档、表格文档、演示文档等)的创建与编辑方面,常用的软件工具有 WPS Office 和 Microsoft Office 等,本书以 WPS Office 为例进行简要介绍。

WPS Office(原名金山办公软件)是由中国金山软件公司(Kingsoft Corporation)开发的一款功能强大、用户友好的一站式办公服务平台。WPS Office 可在包括 Windows、macOS、Linux 和移动设备上的 Android 和 iOS 等多个操作系统上使用,适用于个人用户、学生和企业。它的跨平台支持和与 Microsoft Office 的兼容性使其成为我国一个流行办公套件。WPS Office 的主要组件有文字处理、电子表格、演示文档和 PDF 编辑器。

1. 文字处理(WPS Writer)

WPS Writer 类似于 Microsoft Word,是 WPS Office 中的文档处理应用程序。它具有丰富的文本编辑功能,可以创建、编辑和格式化文档,支持多种文档格式,包括.doc、.docx 和.odt 等。

2. 电子表格(WPS Spreadsheets)

WPS Spreadsheets 类似于 Microsoft Excel,用于创建、编辑和管理电子表格。它具有强大的计算和数据分析功能,并支持多种电子表格格式,如.xlsx 和.csv。

3. 演示文档(WPS Presentation)

WPS Presentation 类似于 Microsoft PowerPoint,用于创建演示文档和幻灯片。它提供了各种模板、过渡效果和图形工具,以制作专业的演示文档。

4. PDF 编辑器(WPS PDF)

WPS Office 还包括一个内置的 PDF 编辑器,可以查看、编辑和创建 PDF 文档。这个功能非常有用,因为它可以帮助用户处理 PDF 文件,而不需要额外的 PDF 编辑工具。

5. 云存储支持

WPS Office 允许用户将文档保存到云存储服务中,如 WPS 云等,从而可以在不同设备上轻松访问和共享文档。

此外,WPS Office 提供了各种模板和扩展插件,帮助用户更快速地创建文档、表格和演示文稿;云文档支持用户将文档上传至云端,共享给团队成员共同编辑,实现远程协同办公,大幅提升了文档处理的效率。

3.1.2　文字文档的创建与编辑

文字文档是利用电子设备进行交流互动的基础,接下来介绍如何在 WPS Office 中创建文字文档。

1. 文字文档的创建　　　　　　　　　　　　　　　　　　　　　　　应知应会

打开 WPS Office 办公软件,单击"＋新建"按钮进入新建主页面,如图 3-1 所示。用户可以新建文字、演示、表格和 PDF 等 Office 文档,还可以新建 WPS 智能文档,即基于 WPS AI 的新一代在线内容协作编辑产品,支持内容生成、表达优化、文档理解及处理等功能,可快速起草文章大纲、生成优质内容,可用于头脑风暴、新闻稿、周报、招聘启事、活动策划等。

图 3-1　WPS Office 新建主页面

在 WPS 新建主界面选择"文字",进入文字文档创建界面,如图 3-2 所示。

单击"空白文档"图标,新建一个空白文字文档。也可根据需要,选取模板,创建一个新文字文档。单击文档空白处,开始输入文字内容,如图 3-3 所示。

2. 文档的编辑与保存　　　　　　　　　　　　　　　　　　　　　　应知应会

WPS 文字文档为用户提供了文字编辑选项卡,具体介绍如下。

(1) 文件(File):该选项卡包含了创建新文档、打开现有文档、保存和打印文档的功能。用户可以在这里进行文档的基本管理操作。

(2) 开始(Home):该选项卡中,用户可以找到文本格式设置、段落格式设置、剪切、复

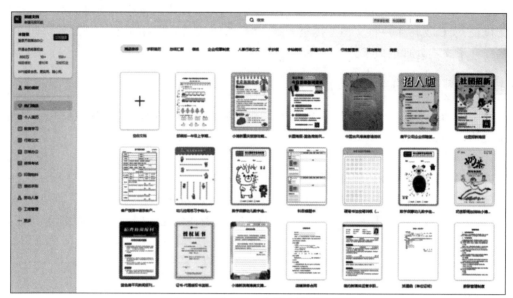

图 3-2　WPS Office 文字文档创建界面

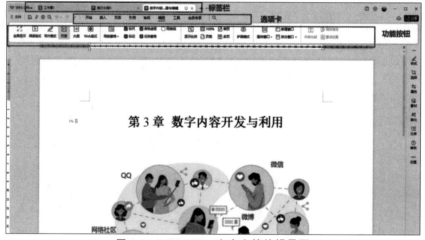

图 3-3　WPS Office 文字文档编辑界面

制、粘贴等常用的文档编辑功能。

（3）插入（Insert）：用户可插入图片、表格、超链接、形状和其他对象到文档中，以丰富文档内容。

（4）页面布局（Page Layout）：该选项卡允许用户设置页面的大小、方向、边距等页面布局参数，以及设置页眉和页脚。

（5）引用（Index）：通常用于管理文档中的引用、脚注、目录和参考文献等内容。

（6）审阅（Review）：用户可以进行拼写检查、修订文档、添加批注和进行其他审阅相关的操作。

（7）视图（View）：用户可切换文档的不同视图，如普通视图、页面布局视图和大纲视图。

这些选项卡为用户提供了文档的各项编辑与管理功能，帮助用户创建、编辑和格式化各种类型的文档。用户可根据需要在选项卡间切换,完成文档编辑工作。

· 设置字体及字体大小、颜色等。

选择需要编辑的文字,单击"开始"选项卡,通过功能按钮"字体"的下拉菜单选择所需字体,并设置字号、字体颜色,如图 3-4 所示。

图 3-4 WPS Office 文字设置菜单

· 添加图片。

单击"插入"选项卡,选择"图片"→"本地图片",选择所需图片后单击"打开"按钮,所选图片将插入文档指定的位置,如图 3-5 和图 3-6 所示。

图 3-5 WPS Office 插入菜单选项

图 3-6 WPS Office 插入图片的选取

文字文档插入图片后,单击图片,图片右侧出现编辑工具,可实现对图片的布局调整、裁切、预览、旋转、图片转文字及图片美化、抠图等处理,如图 3-7 所示。

· 命名与保存。

文档编辑完成后,单击左上角"文件",在下拉菜单中选择"保存"或"另存为"命令,为文字文档选取保存的路径并命名。

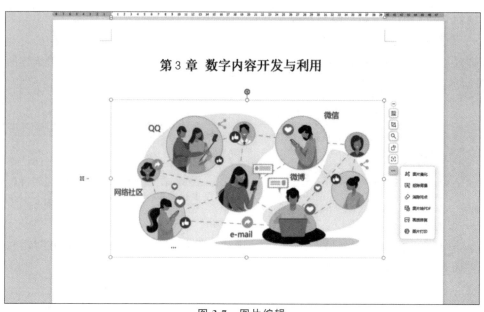

图 3-7　图片编辑

3.1.3　表格文档的创建与编辑

在日常办公中常常需要制作各式各样的表格,如进度表、日程表、课程表、报名表和信息汇总表等,因此,表格在文档处理中占有非常重要的地位。简单讲,表格是由水平的行和垂直的列组成的,行与列交叉形成的方框称为单元格。可以在单元格中添加文字和数据等对象元素。

1. 创建表格文档　　　　　　　　　　　　　　　　　　　　　　　　**应知应会**

单击"＋新建"按钮,在新建主界面选取"表格",如图 3-8 所示,创建空白表格,或者选择已有模板(图 3-9),创建工作簿。

图 3-8　WPS Office 创建表格(一)

图 3-9　WPS Office 创建表格(二)

2. WPS 表格文档的编辑界面简介　应知应会

创建或打开一个 WPS 表格工作簿,就进入表格文档编辑界面,如图 3-10 所示,在此可以完成表格的各项编辑工作。界面最顶端是标签栏,用于文档切换和窗口控制。下方是功能区,是各类功能入口,选项卡标签可以切换到不同的选项卡功能面板。选项卡下方为对应选项卡的功能面板,选择功能即可以使用。中间可以进行编辑的表格区域为表格的编辑区。在表格编辑区下方是状态栏,可以显示所选表格区域的状态,还可以进行视图的切换。

图 3-10　WPS Office 表格编辑界面

WPS 表格文档的主要选项卡如下。

（1）文件（File）：用户可以创建新的电子表格文件、打开已有的文件、保存文件、打印和导出文件等。

（2）开始（Home）：该选项卡包括了常用的文本编辑、格式设置，剪切、复制、粘贴等基本操作工具。

（3）插入（Insert）：用户可以通过该选项卡插入图像、图表、超链接、批注等元素到电子表格中。

（4）页面布局（Page Layout）：允许用户调整页面的外观，包括页面边距、页面大小、打印区域等。

（5）公式（Formulas）：用户可以进行数学和统计计算，使用各种函数来处理数据。

（6）数据（Data）：提供了数据排序、筛选、去重以及其他数据处理工具。

（7）审阅（Review）：用户可以进行拼写检查、修订文档、添加批注等操作。

（8）视图（View）：允许用户切换不同的视图模式，如普通视图、分页视图、冻结窗格等。

（9）开发工具（Add-Ins）：用于管理和使用 WPS 表格的插件和扩展功能。

上述选项卡提供了访问 WPS 表格各种功能和工具的途径，帮助用户进行电子表格的创建、编辑和管理。

在 WPS 表格文档操作中，会遇到"工作簿"和"工作表"，它们有什么区别？创建或打开的工作簿相当于一个"小册子"，一个工作簿可以包括多个工作表，如图 3-11 左下角所示，可以通过单击"＋"按钮添加工作表，并修改工作表的名称，便于表格的查找和管理。

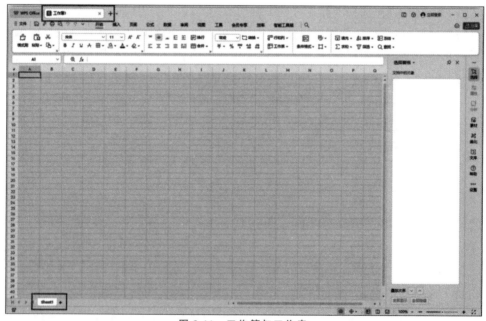

图 3-11　工作簿与工作表

3. WPS 表格文档的数据输入技巧　　　　　　　　　　　　应知应会

1）记忆式输入：自动记忆输入功能

单元格中输入的起始字符与该列已有录入项相符，Excel 将自动填写余下内容，按

Enter 确认输入,按 Delete 删去自动填写的内容;若输入的字符与该列多项数据相同,使用 Alt+↓,或者右击单元格,在弹出的快捷菜单中选择"从下拉列表中选择"命令,如图 3-12 所示。

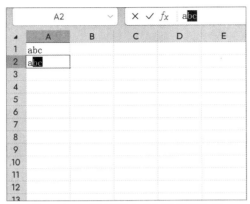

图 3-12　WPS 表格中的自动记忆功能

2) 填充柄的使用

若单元格中的数据是日期、时间、星期或已建立序列的文本,将鼠标放在表格右下角,则鼠标变成实心的十字形,称为"填充柄"。拖动填充柄,即可填充为等差序列。除等差序列外,还可以在填充后产生的下拉菜单中选择其他填充方式,如图 3-13 所示。

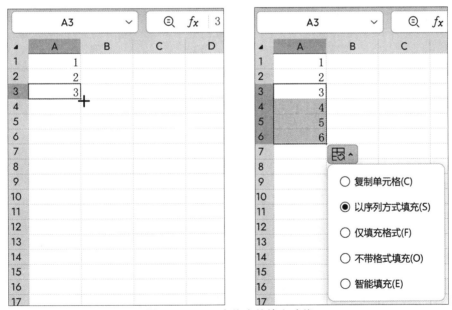

图 3-13　WPS 表格中的填充功能

4. WPS 表格文档的数据排序　　　　　　　　　　　　　　　　　　　　　　应知应会

WPS 表格的数据排序功能十分强大且灵活,允许用户以多种方式对数据进行组织和排列。在 WPS 表格操作中对选定数据进行排序的功能按钮在"开始"选项卡中,如图 3-14 所示。

数据排序是默认升序的。升序排序后,数字从最小的负数到最大的正数进行排序,日期

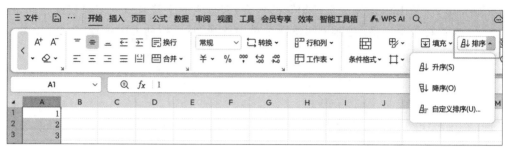

图 3-14 WPS 表格中的数据排序功能

是从最早的日期到最晚的日期进行排序,文本则按特殊字符、数字、小写字母、大写字母、汉字(拼音)的顺序进行排序。

5. WPS 表格文档中的图表制作

WPS 表格文档提供了丰富的图表制作功能,可以帮助用户将复杂的数据以直观、形象的方式呈现出来,从而更方便地分析和比较数据。图 3-15 为 WPS 表格文档中的图表制作功能界面。

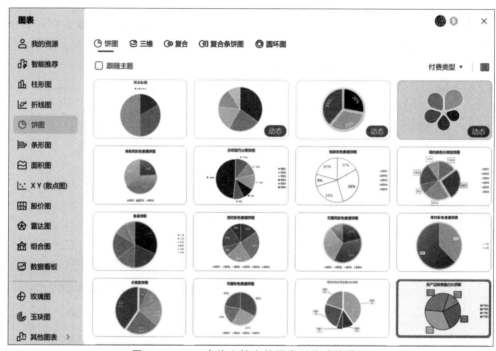

图 3-15 WPS 表格文档中的图表制作功能界面

3.1.4 演示文档的创建与编辑

1. 演示文档的创建   应知应会

如图 3-16 所示,单击"＋新建"按钮,选择"演示",创建空白演示文档,或者选择已有模板(图 3-17),创建新的演示文档。

2. 演示文档的编辑界面简介   应知应会

演示文档创建后,进入编辑界面,如图 3-18 所示。

图 3-16　WPS Office 新建演示文档

图 3-17　WPS Office 创建演示文档

　　用户可通过选项卡及对应的功能按钮完成对演示文档的各项编辑工作。WPS 演示文档的主要选项卡如下。

　　(1) 开始(Home)：该选项卡中,用户可以找到播放演示文档、创建新演示文档、演示文档版式、字体设置、格式刷及剪切、复制、粘贴等多种编辑所需的工具。

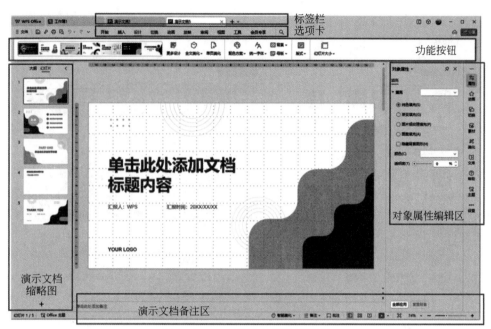

图 3-18　WPS 演示文档编辑界面

（2）插入（Insert）：用户可以插入图片、表格、图形、文本框等元素，以丰富演示文档内容。

（3）设计（Design）：提供了演示文档的主题、背景、字体风格和颜色方案的设置选项，帮助用户创建具有一致风格或主题的演示文档。

（4）动画（Animation）：用户可以添加过渡效果和动画效果，使演示文档更生动有趣。

（5）幻灯片放映（Slideshow）：该选项卡包含幻灯片放映设置和演示文档的播放控制。

（6）视图（View）：该选项卡提供了不同的视图模式，如普通视图、大纲视图和幻灯片排序视图，以帮助用户更好地编辑和组织演示文档。

这些选项卡可以帮助用户在 WPS 演示文档完成各项编程操作，辅助用户生成主题突出，令人印象深刻的演示文稿。

3. 演示文档中动画的插入　　　　　　　　　　　　　　　　　　　　　应知应会

在 WPS PowerPoint 中，动画功能可以使演示文稿更加生动有趣。通过添加动画效果，可以使文本、图片和其他元素以动态方式呈现，从而吸引观众的注意力。演示文档中的动画插入功能如图 3-19 所示。

4. 演示文档中视频的插入　　　　　　　　　　　　　　　　　　　　　应知应会

在 WPS PowerPoint 演示文档中，视频可以作为一种多媒体元素来增强演示的效果。一旦视频被插入演示文档中，就可以对其进行各种自定义设置，以满足特定的展示需求。演示文档中的视频插入功能如图 3-20 所示。

5. 演示文档输出其他格式　　　　　　　　　　　　　　　　　　　　　应知应会

WPS PowerPoint 演示文档可以输出为 PDF 或图片格式，以满足不同的需求。演示文档输出格式的界面如图 3-21 所示。

图 3-19 WPS 演示文档中的动画插入功能

图 3-20 WPS 演示文档中的视频插入功能

图 3-21 WPS 演示文档输出格式的界面

3.1.5 智能文档

WPS 提供了"在线智能文档"功能，可以通过互联网实时协作和编辑。这种文档不仅可以在 WPS Office 软件中打开和编辑，还可以通过在线协作平台（如 WPS 云文档）进行实时共享和多人编辑。此外，WPS 提供了思维导图等应用服务。在线智能文档和应用服务的创建界面如图 3-22 所示。

图 3-22 WPS 中在线智能文档和应用服务的创建界面

在内容生成方面，WPS AI 可以为用户提供各种智能功能，如"缩写、扩写、续写、风格转变""自动生成 PPT 大纲""长文 PDF 文档梳理""数据处理""表单创建与数据总结"等。WPS AI 的界面如图 3-23 所示。

图 3-23 WPS AI 的界面

◇ 3.2　图片文档的创建与编辑

3.2.1　图像文档的格式　　　　　　　　　　　　　　　　　　　　　背景知识

计算机存储图片文档的格式主要包括位图（BitMaP，BMP）、联合照片专家组（Joint Photographic Expert Group，JPEG/JPG）、标签图像文件格式（Tag Image File Format，TIFF/TIF）、图形交换格式（Graphics Interchange Format，GIF）、便携式网络图形（Portable Network Graphics，PNG）等。

BMP 是一种与硬件设备无关的图像文件格式，使用非常广。它采用位映射存储格式，除了图像深度可选以外，不采用其他任何压缩，因此，BMP 文件所占用的空间很大。

JPG 也是常见的一种图像格式，文件扩展名为 jpg 或 jpeg。它是一种有损压缩格式，能够去除冗余的图像数据，在获得极高的压缩率的同时能展现十分丰富生动的图像。换句话说，就是可以用最少的磁盘空间得到较好的图像品质。但是，如果使用过高的压缩率，将使最终解压缩后恢复的图像质量明显降低。

TIF 图像文件是图形图像处理中常用的格式之一，文件扩展名为 tif 或 tiff，其图像格式很复杂，但由于它对图像信息的存放灵活多变，可以支持很多色彩系统，而且独立于操作系统，因此得到了广泛应用。

GIF 用超文本标志语言（Hypertext Markup Language）方式显示索引彩色图像，在因特网和其他在线服务系统上得到广泛应用。

PNG 是一种无损压缩格式，它利用特殊的编码方法标记重复出现的数据，因而对图像的颜色没有影响，也不可能产生颜色的损失，这样就可以在不降低图像质量的条件下具有高压缩比，因此适用于快速网络传输。

3.2.2　基于 Windows 的图片创建与编辑　　　　　　　　　　　　　　应知应会

"画图"是一个简单的图像绘画程序，是微软 Windows 操作系统的预装软件之一。"画图"程序是一个位图编辑器，可以对各种位图格式的图画进行编辑，用户可以自己绘制图画，也可以对扫描的图片进行编辑修改，在编辑完成后，可以以 BMP、JPG、GIF 等格式存档。Windows 10 系统中的"画图"程序界面如图 3-24 所示。

启动"画图"程序后，白色区域为图片绘制区域，可以用鼠标拖曳角落的小方块。可以通过"颜色 1"和"颜色 2"设置图片的前景色和背景色。

首先在工具箱中选中铅笔✎，然后在画布上拖曳鼠标，就可以画出线条，还可以在颜色板上选择其他颜色画图，在画图时，按左键拖曳画出的就是前景色，按右键画的是背景色。

选择刷子工具✍，可以选择笔尖的大小和形状，还可以选择喷枪和笔刷。

图片绘制过程中，可以使用橡皮工具✐擦去错误的区域。选定橡皮工具后，按左键擦除的是画面上的图像，并用背景色填充经过的区域。

△是"用颜色填充"，就是将一个封闭区域内填上前景色。

A 是文字工具，在画面上拖曳出写字的范围，可以输入文字，而且可以选择字体、字号和文字效果。

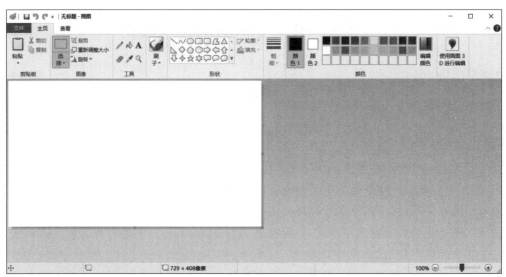

图 3-24　Windows 10 系统中的"画图"程序界面

在"画图"程序中可以对一幅画快速复制、移动、旋转和放大,利用这些功能可以省去很多重复的工作。

1. 复制

当需要对一个图形进行复制时,首先用"选择"工具选择图像,然后在按住 Ctrl 键的同时用鼠标进行拖曳和释放鼠标(不按 Ctrl 键则只是移动),图 3-25 中的效果是按 Ctrl 键拖动鼠标复制出的蝴蝶。以上的操作也可以通过"编辑"菜单来进行。

图 3-25　"画图"中的复制示例图

2. 翻转

图像大小调整及旋转的操作可以通过"图像"菜单来完成。在"选择"了一个图形后,选择"旋转"菜单下的"水平翻转",会出现图 3-26 所示的效果。

3.2.3　基于智能终端的图片创建与编辑　　　应知应会

随着智能终端的不断发展,图片创建与编辑也可以在智能终端上进行。下面以基于安卓系统的手机为例,简要介绍基于智能终端的图片创建与编辑相关的操作。

进入手机相册后,先查看图片(图 3-27)。然后点击"编辑"图标,即可进入编辑模式,如

图 3-28 所示。

图 3-26　"画图"中的翻转示例图

图 3-27　原图示例图

1. 裁剪功能

裁剪功能是图片编辑的常用功能,可以通过拖曳图片 8 个方位的白色标志选择图片需保存的区域。此外,还可以通过设置纵横比来改变图片的显示效果,如 1∶1 表示按实际纵横比显示图片。

此外,也可以通过旋转图片来进行图片裁剪,图 3-29 展示的是旋转 10°时的裁剪效果。编辑后需要单击右上角的保存图标,如不单击则无法保存裁剪效果。

图 3-28　图片编辑模式示例图

图 3-29　向左旋转 10°时的裁剪效果

2. 滤镜功能

滤镜功能主要是用来实现图像的各种特殊效果。图 3-30(a)和图 3-30(b)分别为原图和加了水彩滤镜后的图像,此外,可以调整图像的对比度。编辑后需要点击右上角的保存图标。

(a) 原图　　　　　　　　(b) 水彩滤镜后的图像

图 3-30　添加滤镜示例图

3. 调节功能

调节功能包括亮度调节、对比度调节、饱和度调节、锐度调节等,如图 3-31 所示。编辑后需要点击右上角的保存图标。

除常用的裁剪、滤镜和调节功能外,安卓手机端的"更多功能"选项中还提供了一些其他功能。

4. 标注功能

标注功能用于在图像上的部分区域添加图标或文本。图 3-32 展示了一种标注示例图。加完标注后需要点击界面下方右侧的对钩,保存标注效果。

5. 涂鸦功能

涂鸦功能用于在图像上添加一些自定义的元素,如箭头等形状(图 3-33)。

6. 消除功能

消除功能用于消除图像中的元素,其中智能消除能较好地补充消除区域的像素。图 3-34 展示了消除中心区域的树后的效果。

7. 马赛克功能

马赛克功能用于遮盖图中的部分元素。图 3-35 展示了马赛克后的效果。

8. 水印功能

水印功能用于在图像中添加水印信息,如日期信息。图 3-36 展示了添加日期水印后的效果。

图 3-31　调节功能示意图

图 3-32　标注示例图

图 3-33　标注示例图

图 3-34　消除中心区域的树后的效果图

图 3-35　马赛克后的效果图

图 3-36　添加日期水印后的效果图

◆ 3.3　视频文档的创建与编辑

3.3.1　视频文档的格式　　　　　　　　　　　　　　　应知应会

　　数字视频是对模拟视频信号数字化的结果。数字视频可以来自扫描光栅采样,也可以直接来自数码摄像机。直接数字化而未经压缩的视频数据量是十分惊人的,因此,需要对视频进行编码,以达到在保证一定视频清晰度的前提下缩小视频文件的存储空间的目的。

　　由于视频编码的主要任务是缩小视频文件的存储空间,因此,视频编码又称为视频压缩编码或视频压缩,简单地说,就是去除视频数据中的冗余信息。用以实现编码功能的软件称为编码器(coder),而用以实现解码功能的软件称为解码器(decoder)。视频编码格式与编码标准是密不可分的,特定的视频编码格式文件是按照特定编码标准加工生成的结果。目前常见的视频编码格式主要有音频视频交错格式(Audio Video Interleaved,AVI)、动态图像专家组-4 (Moving Picture Experts Group-4,MP4)、Windows 媒体视频(Windows Media Video,WMV)、可变比特率真实媒体(Real Media Variable Bitrate,RMVB)、流视频(FlashVideo,FLV)等。

　　AVI 文件将音频(语音)和视频(影像)数据包含在一个文件容器中,允许音视频同步回放。类似 DVD 视频格式,AVI 文件支持多个音视频流。AVI 信息主要应用在多媒体光盘上,用来保存电视、电影等各种影像信息。

　　MP4 是一套用于音频、视频信息的压缩编码标准,由国际标准化组织(ISO)和国际电工委员会(IEC)下属的动态图像专家组(Moving Picture Experts Group,MPEG)制定。MP4 格式的主要用途在于网上流、光盘、语音发送(视频电话),以及电视广播。

　　WMV 是微软开发的一系列视频编解码和其相关的视频编码格式的统称,是微软 Windows 媒体框架的一部分。

　　RMVB 是 RealNetworks 公司开发的 RealMedia 多媒体数字容器格式的可变比特率(VBR)扩展版本。相对于更常见的按固定比特率(CBR)编码的流媒体 RealMedia 容器,RMVB 典型应用于保存在本地的多媒体内容。使用该格式文件的扩展名是 rmvb。

　　FLV 流媒体格式是随着 FlashMX 的推出发展而来的视频格式。它形成的文件极小、加载速度极快,使得网络观看视频文件成为可能。

3.3.2　视频文档的浏览　　　　　　　　　　　　　　　　　　　　　应知应会

1. 基于 Windows 自带软件的视频浏览

Windows 10 中的 Windows Media Player 可用于播放视频,其界面如图 3-37 所示。

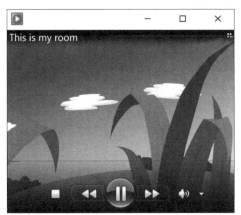

图 3-37　Windows 10 中的 Windows Media Player 程序界面

2. 基于浏览器和服务器模式的视频浏览

　　随着视频技术和网络传输技术的发展,现在有很多服务商提供基于浏览器和服务器模式的视频浏览,如爱奇艺、腾讯视频等。

3.3.3　基于 Windows 的视频创建与编辑　　　　　　　　　　　　　应知应会

1. 视频创建

Windows 10 中的视频编辑器可用于对视频进行创建,界面如图 3-38 所示。

　　单击"新建视频项目"按钮并为视频命名后,选择"添加",然后选择要从中添加照片或视频的位置,甚至可以使用从 Web 查找必应上的内容,然后将照片和视频拖动到情节提要。

　　组织情节提要后,可以更改每个照片或视频剪辑的外观。主要步骤如下。

　　(1) 在情节提要中选择照片或视频。

　　(2) 选择"持续时间"以更改照片的显示时间长度,或选择多张照片,然后选择"持续时间"以一次性更改所有选定照片的持续时间。

图 3-38　Windows 10 中的"视频编辑器"程序界面

（3）选择"剪裁"或"拆分"进行编辑（仅限视频剪辑）或"文本"或"动作"（照片或视频剪辑）等按钮。

2. 视频的编辑

1）添加文本

可以将文本添加到照片和视频剪辑。如果要将文本添加到纯色背景，还可以从情节提要创建标题卡。

选择照片或视频后，选择"文本"，输入标题或短语，然后选择样式和布局。还可以根据需要在影片中将文本设置为恰好显示的时间。选择所有选项后，单击"完成"按钮。添加文本界面示例如图 3-39 所示。

图 3-39　添加文本界面示例

2）添加音乐

选择"背景音乐"，可以从多首曲目中进行选择，如果需要，可选择"将视频同步到节点"，然后单击"完成"按钮。或者选择页面顶部的"自定义音频"功能，添加和设置自己的音乐曲目、旁白或声音效果的时间。添加音乐界面示例如图 3-40 所示。

图 3-40　添加音乐界面示例

3.3.4　基于智能终端的视频编辑　　　　　　　应知应会

视频编辑也可以在智能终端上进行。下面以基于安卓系统的手机为例,简要介绍基于智能终端的视频编辑操作。

进入手机相册后,先查看视频,如图 3-41 所示。然后点击"编辑"图标,即可进入编辑模式,如图 3-42 所示。

1. 剪辑功能

1)快剪功能

快剪功能是视频编辑的常用功能,通过拖曳左右的白色图标剪辑出需要的部分视频。图 3-43 展示了快剪功能的界面。编辑后需要点击右上角的"保存"按钮,如不点击则无法保存快剪效果。

2)分割功能

分割功能可以将一个视频分割为多个视频。图 3-44 展示了分割功能的界面。

3)变速功能

变速功能用于调整视频的播放速度。图 3-45 展示了变速功能的界面。

4)动画功能

动画功能用于更改视频的入场效果和出场效果。图 3-46 展示了动画功能的界面。

5)滤镜功能

滤镜功能主要用于实现图像的各种特殊效果。图 3-47 展示了滤镜功能的界面。

2. 音频调整功能

音频调整功能是视频编辑的常用功能,包括添加音乐、添加音效、添加录音、音频提取等功能。图 3-48 展示了音频调整功能的界面。编辑完成后需要点击右上角的"保存"按钮,如不点击则无法保存音频调整效果。

图 3-41　原视频示例图

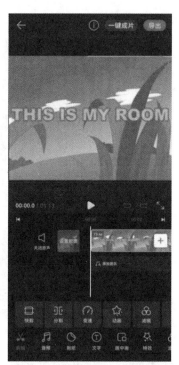

图 3-42　视频编辑模式示例图

图 3-43　快剪功能的界面示例图

图 3-44　分割功能的界面示例图

图 3-45　变速功能的界面示例图

图 3-46　动画功能的界面示例图

图 3-47　滤镜功能的界面示例图

图 3-48　音频调整功能的界面示例图

◇ 本 章 小 结

WPS Office 软件是我国应用较广的办公软件之一。学习并掌握 WPS 有关电子文档的基本操作、云文档共享、协同办公是数字化时代公民的基本数字素养。

WPS Writer 类似于 Microsoft Word,是 WPS Office 中的文档处理应用程序。

WPS Spreadsheets 类似于 Microsoft Excel,用于创建、编辑和管理电子表格。它具有强大的计算和数据分析功能,并支持多种电子表格格式,如 xlsx 和 csv。

WPS Presentation 类似于 Microsoft PowerPoint,用于创建演示文稿和幻灯片。它提供了各种模板、过渡效果和图形工具,以制作专业的演示文稿。

WPS Office 还包括一个内置的 PDF 编辑器,可以帮用户查看、编辑和创建 PDF 文档,而不需要额外的 PDF 编辑工具。

WPS Office 允许用户将文档保存到云存储服务中,如 WPS 云文档,从而让用户在不同设备上轻松访问和共享文档。WPS 提供了"在线智能文档"功能,可以通过互联网实时协作和编辑。

计算机存储的图片文档格式主要包括位图 BMP、JPEG/JPG、TIFF/TIF、GIF、PNG等。可使用 Windows 的自带"画图"工具对图像文档进行编辑,也可使用智能终端对图片文档进行编辑。数字视频是对模拟视频信号数字化的结果。目前常见的视频编码格式主要有AVI、MP4、WMV、RMVB、FLV 等,可使用 Windows 自带的视频编辑器或智能终端对视频文档进行编辑。

◇ 本 章 习 题

一、单选题

1. WPS Office 在编辑文档后,第一次保存文件时,会出现(   )对话框。

    A. 保存   B. 全部保存   C. 另存为   D. 保存为

2. WPS Office 是金山软件公司自主研发的一款应用软件,属于(   )套件。

    A. 图形设计套件   B. 电子邮件客户端

    C. 办公软件   D. 数据库管理工具

3. WPS Office 包括以下(   )基本应用程序。

    A. 文字处理、演示和电子表格   B. 音频编辑、视频编辑和照片编辑

    C. 数据库管理、网页设计和图形设计   D. 电子邮件、日历和任务管理

4. 在 WPS Office 中,(   )应用程序用于创建演示文稿。

    A. Writer   B. Presentation   C. Spreadsheet   D. Calendar

5. 如果在 WPS Office 的文字中插入图片,那么图片只能放在文字的(   )。

    A. 左边   B. 中间

    C. 下面   D. 上述三种答案均可以

6. 在 Word 文档中,插入表格的操作时,以下说法正确的是(   )。

    A. 可以调整每列的宽度,但不能调整高度

B. 可以调整每行和列的宽度和高度,但不能随意修改表格线

C. 不能画斜线

D. 以上都不对

7. Excel 中,单元格中输入"1+2"后,单元格数据的类型是(　　)。

    A. 数字　　　　　　　B. 文本　　　　　　　C. 日期　　　　　　　D. 时间

8. 下面属于计算机中图片文档格式的是(　　)。

    A. PNG　　　　　　　B. RM　　　　　　　C. WAV　　　　　　　D. DOC

9. 下面不是计算机中图片文档格式的是(　　)。

    A. JPEG　　　　　　　B. MP4　　　　　　　C. PNG　　　　　　　D. TIF

10. Windows "画图"程序中,不可以在画图板上写文字的是(　　)。

    A. 用颜色填充　　　B. 铅笔　　　　　　　C. 喷枪　　　　　　　D. 文字

11. Windows "画图"程序中,下列工具中不能画直线线条的是(　　)。

    A. 刷子　　　　　　　B. 铅笔　　　　　　　C. 线条　　　　　　　D. 滴管

12. 智能终端可以用于进行图片创建与编辑,下列不是相关功能的是(　　)。

    A. 裁剪功能　　　B. 滤镜功能　　　C. 消除原音功能　　　D. 标注功能

13. 输入设备是人或外部与计算机交互数据和信息的一种装置,向计算机输入信息的方式有(　　)。

    A. 键盘　　　　　　　B. 语音　　　　　　　C. 手写　　　　　　　D. 以上都对

14. 以下关于 Video Maker 错误的说法是(　　)。

    A. 可以设置滤镜,以更换图片风格

    B. 可以在图片上加上文字

    C. 可以给照片加上 3D 动态效果

    D. 不可以自定义音效音量

15. Windows "画图"程序中,保存图像在(　　)菜单下操作。

    A. 文件　　　　　　　B. 编辑　　　　　　　C. 查看　　　　　　　D. 以上都对

二、多选题

1. 下列与视频编辑相关功能的是(　　)。

    A. 剪辑功能　　　B. 音频调整功能　　　C. 裁剪功能　　　　D. 添加文本功能

2. 下列(　　)格式是计算机中常见的文档格式。

    A. WORD　　　　　　B. PDF　　　　　　　C. HTML　　　　　　D. 纯文本

3. Windows Media Player 可以播放下列(　　)格式的文件。

    A. AVI　　　　　　　B. WMV　　　　　　　C. MPEG　　　　　　D. DVD

4. 信息时代,在人们的工作与生活中,常见的数字内容主要有(　　)。

    A. 文本　　　　　　　B. 图像　　　　　　　C. 视频　　　　　　　D. 音频

5. 下列文档类型中,在线编辑能支持的文档类型有(　　)。

    A. 在线文档　　　B. 在线表格　　　C. 在线幻灯片　　　D. 在线思维导图

三、判断题

1. Windows 中的视频编辑器可用于对视频进行编辑和整理,主要包括剪辑视频、分割视频、调整播放速度。　　　　　　　　　　　　　　　　　　　　　　　　(　　)

2. WPS Office 中,Calendar 可以用于电子表格计算。 （　　）

3. WPS Spreadsheets 类似于 Microsoft Excel,用于创建、编辑和管理电子表格。 （　　）

4. WPS Office 允许用户将文档保存到云存储服务中,从而可以在不同设备上轻松访问和共享文档。 （　　）

5. Windows“画图”程序的窗口中一定有滚动条。 （　　）

6. Windows“画图”程序中,用铅笔工具可以画出水平线、垂直线和 45°斜线。 （　　）

7. Video Maker 中可以设置文字风格。 （　　）

8. Excel 工作簿文件的扩展名可以是 XLS。 （　　）

9. Video Maker 可以自由设置视频帧大小。 （　　）

10. 智能设备不具备远程交互功能。 （　　）

四、操作题

1. 在 WPS Word 中完成以下文字处理和保存。

【文字内容】

本专业培养目标是计算机专业的技术应用型人才,他们应该掌握计算机软件、硬件及系统的基本理论、基本方法和基本技能,能够从事计算机及相关领域应用技术工作,软硬件维护和一般应用系统的开发及设计,他们应该具有专业化计算机人才的素质,是全面发展的社会主义建设人才。

【格式要求】

（1）请将文字设置为楷体、小三号字并加粗、斜体。

（2）设置 A4(210mm×297mm)纸张大小,左右边距设置为 2.54 厘米,页眉为 2.4 厘米,其余页面设置的参数不必修改。

（3）保存文件为 WD1.DOC。

2. 在 WPS Excel 中输入以下数据,并求每位同学的平均成绩。

学生成绩表

学　　生	姓　　名	数　　学	语　　文
2310321001	Tom	91	95
2310321002	Kitty	82	79
2310321003	Danny	78	63
2310321004	Lee	79	90
2310321005	Ben	62	85
2310321006	Jane	95	77
2310321007	Lily	71	84
2310321008	Alice	80	82
2310321009	Daisy	69	81
2310321010	Bill	82	62

数字沟通与协作

◆ 4.1 数字沟通

数字经济时代,数字沟通的重要性日益凸显。随着信息技术的飞速发展和数字化转型的深入推进,数字沟通成为企业、组织和个人间交流的主要方式。数字沟通中,人们通过电子邮件、社交媒体等工具,让信息的传递变得更加便捷、快速和全球化。企业需要通过数字沟通与客户进行交流和互动,实现个性化服务和精准营销;组织需要通过数字沟通来协调各部门之间的合作和协同;个人则可以通过数字沟通来拓展社交网络、获取知识信息、分享经验和见解。因此,数字沟通不仅提升了信息传递的效率,还促进了经济活动的全球化、网络化,成为数字经济时代不可或缺的重要组成部分。

4.1.1 沟通方式的变迁 背景知识

"沟通"一词在《辞海》中的含义是指通过语言、文字、行为等方式,使信息、思想、情感在人与人之间传递和交流。沟通是人类至关重要的能力,通过交流和沟通,能够促进人与人之间的理解、合作和共识的形成。数字沟通是指通过数字化工具和技术进行信息传递和交流。在现代社会中,数字沟通依托新一代数字通信技术,将传统的文字、图像、声音等转换为数字信息,通过数字化分享实现人、物、事等各要素的多重交互。数字沟通具有人际交互性、技术交互性、文本交互性、社会交互性、系统交互性,是现代交流方式的结构性变革与创新。

在人类历史的发展过程中,沟通方式伴随着科技的发展不断演进。随着通信技术的发展,古代驿站传书、烽火狼烟式的通信方式逐渐退出历史舞台。1844年,世界上第一封有线电报发出,它的出现具有划时代的意义,人类获得了一种全新的通信方式;1876年,第一部电话诞生,使语音通讯成为可能;1896年,无线电通信诞生,它将信息转换成电信号并以电磁波的形式传输,极大地缩短了信息传递的时间。无线电技术的发展使得无线电广播成为可能,它通过广播接收站实现了信息的大规模传播。1925年,电视技术的出现让图像和视频的通信成为可能。

计算机和互联网技术的普及与应用进一步改变了信息的传递方式。1969年,互联网诞生,随后电子邮件、万维网成为互联网的重要应用,并且成为人们日常生活的一部分。20世纪80年代,基于模拟信号的第一代移动通信技术诞生,目前已经进入第五代移动通信技术的时代,即5G时代。人们可以随时随地通过手机等移动设备进行语音通话、收发信息、社交互动。近年来,社交媒体平台和即时通信的广泛应用创造了更多的信息交互方式,人们可以即时分享文档、图片、语音、视频,进行云办公、云共享,数字沟通让人们信息交流的范围进一步扩大。

4.1.2 电子邮件   应知应会

电子邮件是基于互联网的传统数字沟通方式。早期的电子邮件受带宽限制,只能发送简短信息。随着浏览器等互联网应用软件的诞生,计算机小型化、微型化快速发展,全球网民迅速增长,电子邮件普及,应用广泛。人们通过电子邮件发送文字、图片及附件等信息,通过邮件快速地与他人进行交流。

电子邮件系统是一个复杂的网络通信系统,它依赖于各种协议、服务器和客户端软件(浏览器)来实现邮件的传输和管理。电子邮件系统通常采用存储-转发方式工作。在发送邮件前,发件方通过软件将邮件发送到邮件服务器,然后服务器存储邮件并转发。当邮件通过互联网到达接收方的邮件服务器后,邮件服务器将邮件存储并转发到相应的用户邮箱中,接收方通过软件来查看邮件。每个电子邮件用户都有一个全球唯一的电子邮件地址,用于发送和接收邮件。一个标准的电子邮件地址包括三部分:用户名@域名,如 dclc@126.com。其中,第一部分"用户名"代表用户邮箱的账号,对于同一个邮件服务器来说,这个账号必须是唯一的;第二部分"@"是"at"的符号,表示"在"的意思,是分隔符;第三部分"域名"是邮件服务器。

第一次使用电子邮件时需要向邮件服务商申请账号。目前提供免费的浏览器版的电子邮件服务商有很多,有些服务商会在用户注册后自动生成邮件地址。本节以网易免费邮箱126.com 为例进行介绍。进入网易页面(https://126.com/)后,从页面上的"注册新账号"开始进行申请。申请成功后,输入用户名和密码,即可登录邮箱系统(图 4-1)。

图 4-1 登录邮箱

进入邮箱系统后即可看到邮箱系统界面。通常,邮箱系统设有"收信""写信""未读邮件""通讯录"等基本功能(图 4-2)。

图 4-2　邮箱系统界面(以 126 邮箱为例)

单击"写信"按钮,进入邮件编写界面,用户可以填写收件人地址、邮件主题,编写邮件内容(图 4-3),并可添加电子文档作为邮件附件。当邮件的基本信息编写完成后,单击左下角的"发送"按钮即可发送已编辑好的邮件。

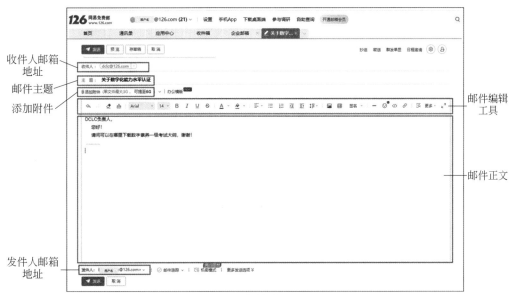

图 4-3　邮件编写界面

用户可以通过邮箱系统等邮箱客户端接收并阅读电子邮件,也可回复、转发电子邮件。单击打开一封邮件(图 4-4),阅读之后可单击上方的"回复"按钮,输入回复的内容后,单击"发送"按钮即可完成回信。"回复"指回信给寄信人邮箱,系统自动将寄信人邮箱填充进"收件人"栏,"全部回复"指的是当接收到的邮件的寄信人是给多人发送的情况时,系统将这些邮箱全部填写进"收件人"栏。"转发"是指将邮件转发给其他人。在"转发"菜单选项下,有"转发""原信转发""作为附件转发"三个子菜单,用户可根据需要选择,并在转发邮件的编写界面输入收件人的邮箱地址。

4.1.3　社交媒体　　　　　　　　　　　　　　　　应知应会

互联网的发展经历了多个阶段,第一阶段主要是基于文本的互联网应用模式,如电子邮件、新闻浏览等。第二阶段是基于图像的互联网应用模式,如万维网(WWW)的出现使人们

图 4-4　打开邮件并根据需要进行操作

可以通过浏览器查看网页、图片等信息。第三阶段是基于多媒体的互联网应用模式,如音频、视频等多媒体信息的在线播放和下载。第四阶段,也就是现阶段,是基于网络的互联网应用模式,如社交网络、在线购物、在线支付等,社交媒体成为网络用户进行交流的重要渠道。

数字沟通方式从互联网的普及开始,不断发展,催生出多种高效便捷的沟通方式。即时消息(Instant Messaging,IM)是一种基于互联网的实时交流消息的服务,它是一个实时通信系统,允许两人或多人使用网络实时地传递文字消息、文档,进行语音与视频交流,是互联网上最流行的通信方式。社交媒体(social media)是互联网上基于用户关系的内容生产与交换平台,已经成为人们日常生活中不可或缺的一部分,它帮助人们建立联系、分享经验、表达观点,并对各种社会现象进行讨论和反馈。即时消息和社交媒体都是互联网上的重要通信工具。即时消息更注重实时沟通和交流,它强调的是快速、方便、高效的交流方式,而社交媒体更注重用户之间的社交网络和信息共享,它强调的是用户之间的关系和互动。随着人们的社交需求越来越高,很多即时消息和社交媒体软件的功能不断丰富,它们的边界越来越模糊。一些即时消息软件进行了版本升级,提供了社交功能,使用户可以在即时消息软件中进行更丰富的社交活动。同时,很多社交媒体软件也提供了即时消息功能,用户可以在社交媒体平台上直接与其他用户进行即时交流。

互联网上比较受欢迎的国内软件有 QQ、微信、微博、知乎、抖音、快手、小红书、B 站等,国外有 Facebook、Instagram、WhatsApp、YouTube、LinkedIn 等。这些软件都提供了便捷、高效的沟通方式,它们各有特色,满足了不同用户群体的需求和兴趣。这些软件应用广泛,从个人交流、商业合作到社交网络,已成为数字生活中不可或缺的一部分。

社交媒体软件在当今社会具有多种社会功能,它不仅影响了人们的交流方式,还对社会、经济、文化等多方面产生了深远影响。以下是一些主要的社交媒体软件的社会功能。

(1) 连接与交流:社交媒体是信息传播的重要渠道之一,它提供了一个便捷的平台,使人们可以打破地域和时间的限制,通过信息传递与亲朋好友、同事、合作伙伴保持联系。通过发布状态、分享生活点滴、评论互动等方式增进彼此的了解和感情,建立和维护社交关系。

（2）文化与娱乐：社交媒体软件已成为文化和娱乐内容的重要传播平台。人们可以通过分享音乐、电影、书籍、艺术作品等，推广自己的文化品位和兴趣爱好。同时，社交媒体软件为人们提供了丰富多样的娱乐内容，如短视频、直播、游戏等，满足了人们多样化的娱乐需求。

（3）公共事务与社会参与：社交媒体软件为用户提供了参与社会事务、关注公共议题的机会。人们可以通过关注政府、媒体、公益组织等账号了解社会动态和政策走向，参与公共讨论，表达自己的观点和意见。

（4）商业与经济：社交媒体软件在商业和经济领域也产生了重要影响。社交媒体软件为企业提供了宣传、推广和营销的渠道，有助于扩大市场份额和提高品牌知名度。同时，它也促进了电子商务的发展，为人们提供了便捷的购物方式和支付手段。

总之，社交媒体软件在当今社会具有多种社会功能，不仅为人们提供了便捷的交流和获取信息的方式，还对社会、经济、文化等多方面产生了深远影响。然而，人们也需要注意社交媒体软件在使用过程中可能存在的隐私泄露、信息安全等问题，需要用户保持警惕并合理使用。

我们最常使用的社交媒体软件是腾讯的"QQ"和"微信"（图 4-5），它们拥有海内外十几亿用户，将社交媒体和即时消息融合起来，打造了独特的产品生态。

图 4-5　腾讯的"QQ"（左）和"微信"（右）的标志

QQ 是由腾讯公司开发的一款即时消息软件，它于 1999 年推出，逐渐发展成为国内最受欢迎的即时消息工具。除了具有文字聊天、语音聊天、视频通话等功能外，还包括社交网络和在线娱乐等特性。用户可以通过 QQ 号码来互相添加好友，可以创建个人资料、发布动态。除支持个人用户即时通信与交流外，QQ 还提供了许多功能，如 QQ 邮箱、QQ 音乐、QQ 游戏等。此外，QQ 也在商业领域得到应用，用于企业内部沟通、客户服务。这些服务在教学、工作、生活中都发挥了很大的作用。

微信（WeChat）是腾讯公司于 2011 年推出的一款为智能终端提供即时消息服务的应用程序。微信不仅具有基本的即时消息功能，还提供了一系列与社交、信息和生活服务相关的功能。用户可以通过微信与朋友、家人进行语音或视频通话，分享生活点滴到朋友圈，关注公众号获取新闻、资讯和服务，使用微信支付完成购物、缴费，参与朋友圈的互动，使人们可以更加多样化和有趣的方式与他人进行交流和互动。微信的不断发展让它成为一个综合性的社交平台。作为全球用户数量极多的社交软件之一，其海内外用户下载量已经达到了数十亿次，全球日活跃用户数近十亿。

QQ 和微信都是社交媒体软件，它们在产品定位、用户群体、功能特色、登录、社交方式以及盈利模式等方面有区别。例如，QQ 更侧重于娱乐和社交，拥有更多的娱乐性和个性化功能，用户群体相对年轻，而微信则更侧重于商务和生活服务，注重实用性和便捷性，用户群体相对成熟。它们的商业模式也不同，QQ 主要通过会员特权等方式盈利，而微信则主要通过广告、企业认证、微信支付等方式盈利。我们可以根据自己的需求和喜好选择适合自己的软件。

◇ 4.2 数字内容共享与协作

利用主流的软件和技术在数字环境中与他人进行数字内容的共享和协作，进行资源和知识的共同建构和创造是数字时代应具备的个人基本素养。

4.2.1 数字内容共享 应知应会

在《辞海》中，"共享"一词的解释通常与"共同享用"或"共同使用"有关，它描述的是多个人或组织共同使用或享有某种资源或服务的情境。这些资源或服务可以是物质的，也可以是非物质的，如信息、知识等。共享的概念涉及合作、互利和效率。通过共享，资源可以得到更有效的利用，减少浪费，同时促进个体或组织之间的合作与交流。总的来说，共享是一种社会行为和经济行为，旨在提高资源利用效率，促进合作与交流，实现共同发展。

在数字时代，共享的概念得到了进一步的拓展和应用，如数字内容共享、共享经济等，这些都是基于互联网和数字技术实现的共享新模式。数字内容共享在推动创作创新、推动经济发展、提升公共服务质量以及提高工作效率等方面都具有重要的意义。

随着人们对多样化和个性化内容需求的不断增长，数字内容的共享使用户可以更轻松地获取他们感兴趣的内容，使创作者可以共同创作，激发创作者的创新精神，推动创作水平的提高。在科学研究领域，数字内容的共享有助于验证和重现先前的研究结果，减少重复研究，节约资源和时间，还可促进不同学科的交叉研究，从而产生新的发现和创新。政府和公共机构可以通过共享数据来改善城市规划、交通管理和公共安全等领域的决策和服务，提高数据的使用效率，提升政府信息化效率。数字内容产业已经成为一种新兴产业，数字内容的共享有助于推动数字经济的发展，促进创作者和相关产业的繁荣。

数字内容共享的方式多种多样。例如，可以通过系统中的传输或使用电子或数字文件，利用便携式存储设备（如可移动磁盘）进行物理交付，或者通过电子邮件以附件形式分享数据，还可以使用文件共享云服务等方式，这些方式都非常便捷快速。随着技术的不断发展，我们还将看到更多新型的数字内容共享方式的出现，为数字内容的交流与分享带来更多的可能性。

4.2.2 云文档 应知应会

"云"可以理解为一种抽象的、无处不在的、高度可扩展的、灵活的数据存储和计算服务。它像天空中的云朵一样，无处不在且变幻莫测，可以根据用户的需求随时扩展或缩减，并提供强大的计算和存储能力。

基于云的文件共享和协作软件是现在常用的数字内容共享方式，它提供了很多功能，如文件上传和下载、文件同步、文件共享、实时协作、版本控制、自定义权限等。实时协作指的是多个用户可以在同一份文件上进行实时编辑和协作，共同编辑文档、表格、幻灯片等内容。版本控制是记录文件的修改历史，方便用户查看和恢复到之前的版本。自定义权限功能可以让管理员为不同的用户或团队分配不同的使用权限，例如只读、编辑、删除等，以确保文件的安全和隐私。基于云的文件共享和协作软件通常支持移动设备访问，用户可以随时随地通过手机或平板电脑进行文件编辑和协作，提高了工作效率和便捷性。

基于云的文件共享和协作软件已经成为团队协作和日常办公的必备工具。国内常用的软件有 WPS Office、腾讯文档、金山文档、坚果云等,国外的软件有 Google Drive、Google Docs、Microsoft 365 等。以下以 WPS Office 的云文档功能为例,介绍云文档的服务。

WPS Office 最早的版本是在 1988 年开发的基于 DOS 操作系统的文字处理软件。在发展过程中逐渐增加了表格、演示等功能,并不断优化和升级,并对个人用户永久免费。现在,WPS Office 已成为中国极受欢迎的办公软件之一,并且在不断发展和壮大,近年来,它围绕"多屏、内容、云、AI 和协作"正在推进更多、更强大的功能。WPS"云"可以实现文件云端保存,让工作更高效便捷。

1. 开启云文档

打开 WPS Office 并进行登录(2023 秋季更新版,图 4-6),单击云朵图标(开启文档云同步),文档被同步到云端。用户可以通过手机下载安装 WPS 并登录相同的账号,就可以在 WPS 手机端的"首页""最近"文档列表中找到所需的文件(图 4-7),打开文件即可在手机端对文档进行查看、编辑等操作。

图 4-6　开启 WPS 云文档

图 4-7　WPS 云文档已开启

2. 共享云文档

当用户想将文件分享给他人时,普通的分享方式易遇到文件被清理、二次编辑等情况,而"云"可以无障碍地实现与他人之间的文件安全共享。用户只需开启文件云同步,使用"分享"功能,设置接收人的文件操作权限,创建分享,文件即将自动上云,文件接收人便可在云端查看被共享的文件。

　　云文档可以实时记录和分享文件内的所有操作记录,提高文件分享的便捷性和文件的安全性。选择已保存至云端的文档,单击文档右侧的"分享"按钮并进行共享设置(图 4-8)。

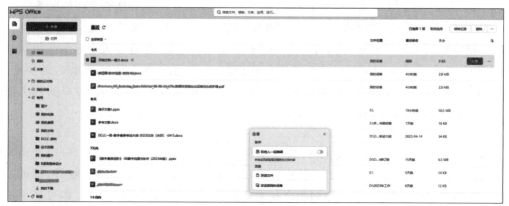

图 4-8　WPS 云文档共享

　　在文档权限设置中,用户可以选择"可编辑"和"创建并分享"选项(图 4-9),从而生成分享链接和二维码。通过复制分享链接,并发送给微信或 QQ 好友,便可与他人进行协同办公,共同编辑共享文档。接收到共享链接的用户可以通过单击微信或 QQ 收到的链接,与共享人一同编辑该文档。

图 4-9　WPS 云文档共享设置

3. 云文档的自动备份

　　云存储能够实现文件的自动备份,让用户能够快速找回原文件。当用户在计算机前辛苦工作很久的文档突然遇到断电、宕机等突发情况时,若没有及时备份,那么辛苦制作的文件内容很可能会丢失。为了避免这种情况的发生,可以开启文档云同步功能,这样文件就会自动备份到云端,有效地防止了文件的丢失。

　　首先,打开 WPS Office,在首页搜索框中输入文件名称或关键词,即可快速找回备份到云文档中的文件(图 4-10)。

图 4-10　找回备份的 WPS 云文档

4. 云文档的版本管理

工作中常常需要不断修改文件,保存过的文件被一遍遍地改动和覆盖,甚至还建立了多个不同编号的文件,不仅占用空间、整理麻烦,查找复盘也很不方便。"云"可以实现找回文档某个时间点修改的历史版本。开启"文档云同步"可以避免这样的情况发生。

在首页选中文件,右击,从快捷菜单选择"历史版本"菜单项(图 4-11),便可看见按照时间排列的文档修改版本,可自由选择预览或直接恢复所需的版本,非常方便。

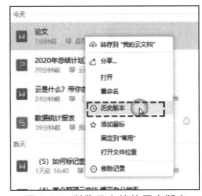

图 4-11　浏览云文档的历史版本

5. 云文档的远程协同

"云"可以实现团队的协同办公,提高办公效率。在工作中经常会有需要给多个团队成员发送重复的文件、遇到不便收集和整理的工作素材、工作进度不易统一等情况。使用"云文档"可以轻松解决这个问题。首先创建一个共享文件夹并设置为团队共享,将团队文件统一上传进该文件夹。这样团队成员可以随时随地查看和编辑共享文件夹中的文件,协同完成工作。同时,还可以设置管理权限(图 4-12),避免误改误删,提高共享文件的安全性。

基于云的文件共享和协作软件提供了基于云的文件共享和协作功能,方便用户在不同设备间同步和分享文件,同时支持多人实时编辑和协作,提高了团队协作和办公效率。用户可以根据自己的需求和场景选择合适的软件来使用。

4.2.3　数字协作　　　应知应会

"协作"是指多个人或多个团体共同合作,相互协助,共同努力实现共同的目标。在协作过程中,各方之间相互配合,互相支持,共同努力,以达到更好的效果。协作强调的是一种团队精神和集体行动,通过共同努力来实现单个个体或组织无法达成的目标。具体来说,协作涉及资源共享、信息交流、任务分配和成果共享等方面。在协作过程中,各方需要充分发挥自己的优势,相互支持、配合,共同克服困难和挑战,以实现最终的目标。

数字时代,互联网和新一代信息技术的飞速发展,催生各种新业态产生,也使人们的工作模式发生了变化,从传统的集中办公向多元化发展,其中远程协作成为趋势之一。据中国

图 4-12　云文档的团队功能

互联网络信息中心发布的第 50 次《中国互联网络发展状况统计报告》,截至 2022 年 6 月,中国在线办公用户规模达 4.61 亿,占网民整体的 43.8%。随着远程办公的常态化以及我国网民规模的不断扩大,远程协同办公软件的使用已成为从业人员必备的数字技能之一。

4.2.4　云办公　　　　　　　　　　　　　　　　　　　　　　应知应会

云办公(cloud office)即远程协同办公,是一种基于云计算技术实现现代企业机构远程办公的方式。通过云计算技术和互联网连接,云办公将办公任务和工作流程转移到云端进行处理和管理。这种办公方式允许用户在任何时间、任何地点使用互联网连接访问办公工具和文件,从而实现远程办公和移动办公。云办公提供了许多优势和便利,包括灵活性和可访问性、实时协作和共享、数据安全和备份、资源节约以及扩展性和定制性等,它不仅可以提高企业机构的工作效率,还可以降低运营成本,提供以最低成本取得良好办公环境的理想方案。在特定情况下,远程协同办公的需求大幅增加,它不仅可以确保员工的安全和健康,还可以提高工作效率和灵活性。因此,远程协同办公和传统办公相结合的办公方式已经成为越来越多的企业和团队的工作模式。

有许多软件支持远程协同办公,团队可以根据规模、目的和工作方式进行灵活选择。例如,可以使用 WPS 云文档来实现团队成员之间的实时编辑,还可以利用 QQ 和微信进行实时沟通和交流。此外,还有专门面向企业的远程协同办公软件,如钉钉和飞书等(图 4-13)。这些软件整合了即时通讯、文件共享、任务管理、日程安排等多种功能,力求提供一站式的协作平台。另外,企业微信除了支持普通的微信聊天和文件共享外,还支持会议管理、打卡、报销等功能。还有专门用于远程会议的视频会议工具,如腾讯会议,它专注于提供音视频会议功能,支持多人在线协作和实时沟通,也成为团队远程协同办公不可或缺的工具之一。

1. 钉钉

钉钉(DingTalk)是阿里巴巴集团为中国企业打造的沟通和协同的多端平台,通过系统

图 4-13　常用云办公软件的标志

化解决方案全方位提升企业沟通和协同效率,它将钉钉文档、钉闪会、钉盘、OA 审批、智能人事、钉工牌、工作台等功能深度整合,打造简单、高效、安全、智能的数字化工作方式,实现企业管理"人、财、物、事、产、供、销、存"的全链路数字化。

　　用户可以在钉钉官网上下载钉钉软件,注册并登录钉钉账号(图 4-14),然后创建团队或组织,并邀请成员加入。另外,用户也可以选择加入已有的团队或组织。钉钉的 DING 功能是其特色之一,它通过短信、电话、应用内消息等多种方式,确保消息能够及时送达对方,这对于一些重要或紧急的消息来说非常实用。此外,钉钉支持多人同时在线通话,方便团队成员进行远程协作和讨论。钉钉还提供了云盘功能,便于团队成员进行文件共享与协作。总体而言,钉钉是一款功能丰富、操作简便的企业级通讯和协作软件,合理利用其功能可以有效提升工作效率和团队协作效果。

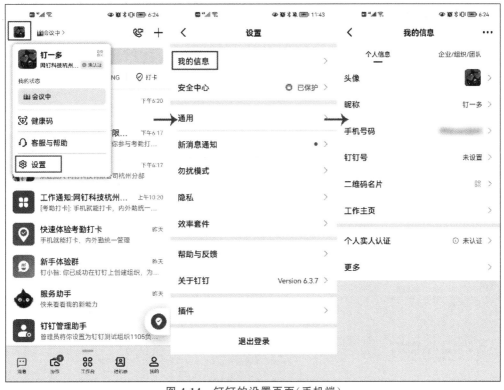

图 4-14　钉钉的设置页面(手机端)

　　随着 AI 技术的广泛应用,钉钉的 AI 助理发挥着越来越重要的作用。可以将钉钉的 AI 助理理解为一个智能虚拟员工,它能够协助完成那些枯燥、重复和程序化的工作。不仅如此，AI 助理还能以企业员工的身份参与到企业的业务流程、业务协同和组织治理中。AI 助理具备智能沟通、智能协同和智能管理的功能（图 4-15），能够在钉钉的多个场景中实现深度融合，从而更高效地服务企业，让员工能够将更多的精力投入创造性工作。举例来说，钉钉的 AI 助理具备"智能沟通"的消息总结功能，能够一键生成多主题总结，让员工通过 AI 助理快速了解聊天的背景（图 4-16）。

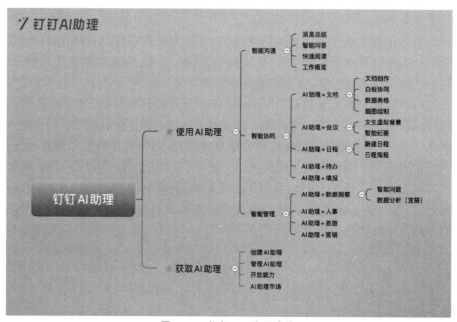

图 4-15　钉钉 AI 助理功能

图 4-16　"智能沟通"的消息总结功能

钉钉开放兼容,目前已开放超过 2000 个应用程序编程接口(Application Programming Interface,API),可以方便企业进行应用集成,如 OA 系统(Office Automation System)、CRM 系统(Customer Relationship Management System)等,可更好地满足企业的个性化需求,为企业数字化转型提供开放兼容的环境。钉钉还提供了多种智能硬件,进一步提升了企业的协同办公效率。钉钉不仅广泛应用于企业内部,还在政府、教育、医疗等行业中发挥了重要作用。目前,钉钉的用户数已经超过 7 亿,超过 1.9 亿家优秀企业和组织都在使用钉钉进行沟通和协同办公。

2. 飞书

飞书(Lark)是字节跳动公司于 2016 年自主研发的一站式协同办公工具。最初,研发飞书的目的是保障字节跳动全球数万名员工实现远程高效协作。飞书将即时沟通、日历、云文档、云盘和工作台深度整合,让团队成员在同一个平台上实现高效的沟通和流畅的协作,全方位提升企业效率。2020 年,飞书宣布向全国所有企业和组织免费开放,这进一步推动了其发展。飞书发展迅速,在华为应用市场中,飞书的下载量已经超过 1 亿次。此外,飞书也积极拓展国际市场,已在海外市场取得一定规模的发展。

飞书不仅提供了基本的办公功能,如云文档和即时消息,还具备一些特色功能。其中,降噪沟通功能包括自动串联消息、快捷回复以及置顶重要会话,有助于用户更高效地处理沟通信息。日历管理方面,用户可以方便地查看和安排个人或团队的日程,日历还支持共享和协作功能,方便团队成员之间的日程安排和协调。而飞书秒记功能则可以开启云端录制,智能转写音视频内容,快速生成可搜索、可翻译、可定位的文本,还能智能提炼关键信息,快速生成结构化笔记。

飞书智能伙伴是飞书推出的智能工具。为了帮助用户快速上手、深入探索智能伙伴,飞书基于常见的 AI 使用需求,在智能伙伴中搭建了一些预设场景(图 4-17)。这些场景可以开箱即用,无须用户手动搭建场景或训练模型。此外,除了默认的预设场景,用户还可以搭建自己的定制场景,满足个性化的业务需求。

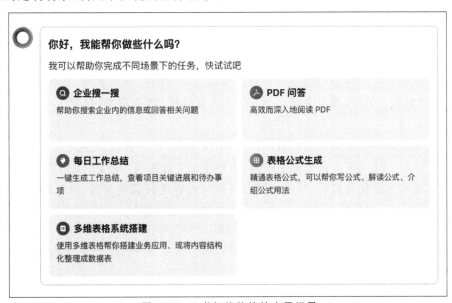

图 4-17 飞书智能伙伴的应用场景

飞书构建了丰富的应用生态,开放了应用程序编程接口,企业可以低成本地快速开发适合自身的数字化应用。飞书是一款功能丰富、操作简便、高效安全的企业级协作工具,适用于各种规模的企业和团队,能够有效提高工作效率和团队协作效果。

3. 企业微信

企业微信(WeWork)是腾讯公司推出的面向企业的协同办公工具,它具有与微信类似的沟通体验,其丰富的办公自动化应用以及连接微信生态的能力,可帮助企业连接内部员工、生态伙伴、消费者进行专业协作。企业微信和微信在功能和定位上有一些不同。企业微信更注重企业内部的沟通和协作,提供丰富的办公和管理功能;微信则主要服务于个人用户,满足其社交、生活、娱乐等多方面的需求。企业微信是国内首家通过审计的企业办公产品,为企业数据安全提供可靠保障(图 4-18)。

账号类型	功能介绍
订阅号	主要偏于为用户传达资讯(类似报纸杂志),认证前后都是每天只可以群发一条消息。(适用于个人和组织)
服务号	主要偏于服务交互(类似银行,114,提供服务查询),认证前后都是每个月可群发4条消息。(不适用于个人)
企业微信	企业微信是一个面向企业级市场的产品,是一个独立App,是一个好用的基础办公沟通工具,拥有最基础和最实用的功能服务,专门提供给企业使用的IM产品。(适用于企业、政府、事业单位或其他组织)
小程序	是一种新的开放能力,开发者可以快速地开发一个小程序。小程序可以在微信内被便捷地获取和传播,同时具有出色的使用体验

温馨提示:
1、如果想简单地发送消息,达到宣传效果,建议可选择订阅号;
2、如果想用公众号获得更多的功能,例如开通微信支付,建议可以选择服务号;
3、如果想用来管理内部企业员工、团队,对内使用,可申请企业微信;
4、原企业号已升级为企业微信

图 4-18 企业微信和公众号、小程序的区别

4. 腾讯会议

腾讯会议(Tencent meeting)是腾讯公司推出的一款即时在线会议软件(图 4-19)。腾讯会议支持最多 2000 人同时参会,具有高清传输、同声传译、共享屏幕、在线文档协作等功能,支持跨国交流。另外,腾讯会议可使用 AI 美颜滤镜、虚拟背景、自定义布局、签到等辅助功能管理会议。

启用腾讯会议的录制功能后,会议内容将被保存,语音也会被转换为文字,展示每位参会者的发言内容。该功能支持关键字搜索,能够快速定位所需内容,并支持在云端进行编辑和导出。切换至智能优化版后,系统将对原有转写内容进行智能分段、语气词优化,并识别更多的热门词汇,从而使转写内容更加书面化和准确(图 4-20)。

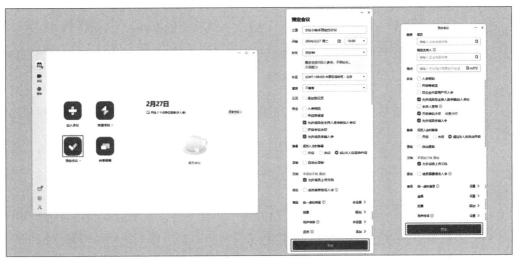

图 4-19　预约一场腾讯常规会议

图 4-20　腾讯会议的录制、保存及智能文字输出

4.3　沟通协作的规范

在数字沟通中,对于版权与许可的理解至关重要。人们需要意识到个人或团体创作的数字内容受到版权的保护,并且应根据许可要求进行数字内容的操作。同时,对于文化差异的理解也是必要的,要意识并尊重数字世界的多样性与多元化。拥有符合数字伦理道德的价值观念和行为,是展现数字素养的重要表现。

4.3.1　数字版权与许可　　　　　　　　　　　　　　　　　　　应知应会

知识产权是基于创造成果和工商标记依法产生的权利的统称,主要包括两大类:一类是著作权,也称为版权,另一类是产业产权,包括专利权和商标权。版权(copyright)的权利包括复制权、发行权、租赁权、展览权、表演权、放映权、广播权、信息网络传播权、摄制权、改编权、翻译权和汇编权等。版权是一种排他性的权利,它赋予了版权所有者复制和传播其创作性作品的专属权利。许可(license)是指版权所有者授权他人在一定时间内以一定方式在一定区域内以商业方式使用其作品的行为。通过版权许可,许可方和被许可方之间可以产生一定的权利义务关系。总的来说,版权是创作者对其作品的专有权利,而许可是版权所有人授权他人使用其作品的行为。版权许可是版权贸易中最基本、最重要的交易方式。

在数字时代,数字内容的创作、传播和使用方式发生了巨大变化。数字版权,也称为网络版权,是指通过数字技术手段创作、生产、传播和管理的版权,是指作者及其他权利人对其文学、艺术、科学作品在数字化复制、传播方面依法享有的一系列专有性的精神权利和经济权利的总称。

与传统的实物版权相比,数字版权具有数字化和网络化特点。数字版权可通过数字版权唯一标识符进行唯一标识,从而实现确权和管理。此外,数字版权还涉及版权保护技术,如数字水印、数字版权管理、区块链技术、智能合约等,这些技术可以保护数字内容的安全,防止未经授权的复制和传播,提高版权管理的效率和便捷性。数字版权与许可密切相关。在数字环境下,版权所有人可以通过许可协议来授权他人使用其数字作品。这些许可协议通常包括详细的使用规则,规定被许可人使用数字作品的方式、范围、期限等。被许可人必须遵守这些规则,否则将面临侵权纠纷和法律责任。

互联网媒体在转载他人作品时,必须经过著作权人的许可,指明作者姓名、作品名称及作品来源。不得对作品内容进行实质性修改,不得歪曲或篡改标题和作品的原意。举例来说,2018 年 9 月 29 日,国家版权局针对网络转载版权专项整治中发现的突出版权问题,约谈了今日头条、微信等网络服务商,要求其进一步增强版权保护意识,切实加强版权制度建设,全面履行企业主体责任,规范网络转载版权秩序。网络服务商直接转载传统媒体作品的,要进一步完善版权管理制度,坚持“先授权、后使用”的著作权法基本原则,未经授权不得直接转载他人作品;依法转载他人作品时,要主动标明作者姓名和作品来源,不歪曲篡改标题和作品原意;要积极与权利人及相关版权组织开展版权合作,完善授权许可机制,遏制网络侵权盗版。总之,网络转载版权主要是保护著作权人的合法权益,确保转载行为的合法合规。

数字版权产业的发展对知识产权保护、信息安全以及创作产业的可持续发展具有重要意义。数字时代,每一个网络用户都会以不同的数字沟通协作方式广泛联系、发送信息、共享内容,在此过程中要尊重数字版权,遵守相关的法律法规,践行数字生活中的数字素养。

4.3.2　数字沟通礼仪　　　　　　　　　　　　　　应知应会

数字沟通礼仪指的是在数字时代人们在利用数字技术进行沟通时应遵循的一些基本规则和准则。随着科技的进步,数字沟通已经成为人们日常生活中不可或缺的一部分,因此了解并遵守数字沟通礼仪显得尤为重要。

在数字沟通中,互相尊重是基本原则。我们都应该尊重对方的感受,避免使用冒犯性或攻击性的语言;尊重对方的观点,避免无理取闹或恶意攻击。注意信息表达的细节处理,如在书面沟通中注意格式与排版,保持简洁清晰,使信息更易读懂,还可适当使用表情符号和标点来帮助传递情感和语气,营造积极、友好的沟通氛围。

数字沟通中同样要遵守社交规则。要遵守各种社交规则和约定,例如不要在不适当的场合发布不当内容,不要过度刷屏或发布垃圾信息,不要随意打扰他人,及时回复信息等。

在数字沟通中要尊重他人的知识产权,不要随意盗用他人的作品或创意,如转载他人的文章或图片等,要注明出处并经过原作者同意。

在与不同地域或文化的他人进行数字沟通时,要尊重他们的文化差异和习惯,避免使用可能引起误解或冒犯的言语或行为。要了解并尊重他们的文化、价值观、宗教信仰,了解并遵守当地的网络社交规则和礼仪,以建立友好、和谐的交流氛围。

◈ 4.4　数字身份的管理

在数字社会中,每个人都会有自己的数字身份,应该能够利用适当的数字技术,在数字化应用场景中安全、合法、符合道德规范地建立、使用和管理个人的数字身份。同时,还需要具备初步识别他人数字身份、配合国家机构对数字身份的管理等基本能力。

4.4.1　数字身份　　　　　　　　　　　　　　　　　　　　　　　应知应会

数字身份(digital identity)是实体社会中的自然人身份在数字空间的映射。区别于现实身份,数字身份是基于数字信息技术而构建出来的身份制度,包含身份证明、验证、授权等内容。它将真实身份信息浓缩为数字代码,形成可通过网络、相关设备等查询和识别的公共密钥。数字身份是通往数字世界的基础设施,是打开数字世界信任大门的钥匙。与传统身份系统相比,数字身份有助于大幅提高整体社会效率,最大化释放经济潜力和用户价值。2021 年 8 月,第十三届全国人民代表大会常务委员会第三十次会议通过了旨在保护个人信息权益,规范个人信息处理活动,促进个人信息合理利用的《中华人民共和国个人信息保护法》。数字身份与个人信息紧密相关,该法的实施对数字身份的管理和使用具有一定的指导意义。

国家政务服务平台由国务院办公厅主办,国务院办公厅政务办公室负责运行维护。2019 年 5 月 31 日,作为全国一体化政务服务平台总枢纽的国家政务服务平台上线试运行。多年来,各地区各部门的政务服务在国家政务服务平台上纵横贯通,为实现全国政务服务"一网通办"提供了重要支撑,提升了企业和群众办事的获得感,在推进国家治理体系和治理能力现代化及数字政府建设进程中发挥了重要作用。目前,国家政务服务平台已全面覆盖PC 端、App 以及微信、支付宝等。例如,在微信首页搜索"国家政务服务平台"小程序,在微信里关注"国家政务服务平台"服务号,点击底部菜单栏"指尖办事",即可进入"国家政务服务平台"小程序。注册成为国家政务服务平台实名用户,将得到更便利、更细致的政务服务(图 4-21)。

互联网上的软件众多,导致人们的数字身份信息相对分散。数字身份用于验证个人进行各种在线数字活动时的身份,个人数字身份的属性越全面,身份信息越完整,就可以实现一个更为全面的用户刻画。个人数字身份是数字时代发展的产物,旨在方便个人在互联网和数字环境中进行各种活动,并确保这些活动的安全性和可信度。

4.4.2　安全管理　　　　　　　　　　　　　　　　　　　　　　　应知应会

对于用户来说,数字身份的生成看似简单,只需按照注册要求填写相关信息即可,如QQ 号码、微信账号等。然而,数字身份的注册行为只是数字身份生成中的一个环节,背后还有一个规模化运作的管理机制。个人数字身份的实施涉及隐私和安全等重要问题,因此,

图 4-21　国家政务服务平台用户注册

确保数字身份信息数据的安全存储、传输和使用,以及保护个人隐私是个人数字身份系统设计的重要考虑因素。

1. 个人数字身份管理

用户注册数字身份(账号)时,软件通常会显示账号开设、使用和保管等方面的协议说明,用户需要了解协议内容后再进行开设。用户通过数字身份使用社交软件时,数字身份管理、隐私保护和虚假信息识别非常重要。

1)数字身份安全管理

设置强密码,并启用双重认证,确保账号安全,减少他人未经许可访问账户的概率;慎重添加好友,能够初步辨别他人的数字身份;在关注或订阅他人账号时,也要选择值得信任的账号。

2)注意隐私保护

定期检查社交媒体隐私设置,确保只与想要分享信息的人交流;做到定期更新隐私设置,确保账户安全;限制公开可见的内容,例如将个人资料、帖子和照片设置为仅朋友可见;谨慎分享个人信息,避免在社交媒体上分享敏感个人信息,如家庭地址、电话号码、财务信息、亲属关系等,以免他人了解你的行踪,对个人安全造成隐患。

3)虚假信息识别

在当前信息爆炸的时代,虚假信息的识别是一个重要且复杂的任务。首先,查证信息来源,确认信息的来源是否可靠和权威,正规媒体、政府机构和知名机构发布的信息通常更有可信度,可使用多个来源和渠道来验证信息的真实性,即交叉验证;其次,检查信息内容,警惕使用绝对性词汇或情绪化语言的信息,注意发布时机,警惕在关键时刻或重大事件发生时突然出现的"爆炸性"新闻,这些新闻可能只是为了吸引注意力或制造恐慌;最后,社交媒体环境中用户构成复杂,社交媒体平台有时也会传播虚假信息、谣言和不准确的新闻,因此,用户需要保持批判思维,确认信息的真实性,做到理性思考,不信谣、不传谣。

2. 互联网企业的用户数字身份管理

互联网企业有责任管理好用户的数字身份。以 QQ 账号为例,《腾讯 QQ 软件许可及服务协议》规定,"QQ 账号使用权仅属于初始申请注册人,禁止赠予、借用、租用或和好友销售服务'转让或售卖'"。2005 年 3 月至 7 月期间,一名腾讯公司员工与另外一人合谋窃取他人 QQ 号码出售获利,最终两人以侵犯他人通信自由罪被判各拘役六个月。

另外,为防止数字身份的"打擦边球"、仿冒等行为,互联网企业也在协议中进行了说明。2022 年 8 月,微信公众平台运营中心发布消息,对公众号头像设置做出进一步规范,对于仿冒官方消息提醒、诱导用户点击查看等公众号的行为,一经发现,将根据违规程度对该公众账号采取删除头像、封禁等措施。

网络空间天朗气清、生态良好是广大网民的共同期待,也是管网治网的重要目标。中国互联网联合辟谣平台(https://www.piyao.org.cn)由中央网信办违法和不良信息举报中心主办,新华网承办,秉承"发布权威辟谣信息,提升网民媒介素养,营造清朗网络空间"的宗旨,于 2018 年 8 月 29 日上线运行。平台依托于由 104 家单位组成的全国网络辟谣联动机制,实现谣言信息联动发现、联动查证和联动辟谣。辟谣范围涵盖时事热点、公共政策、社会民生、科学常识等领域,拥有网站、客户端、微信(公众号、视频号、小程序)、法人微博、强国号、新华号、快手号、支付宝小程序 10 个终端,为广大群众识谣辨谣、举报谣言提供了权威平台。

◇ 本章小结

人类社会的沟通伴随着通信技术的演进而不断发展,从口口相传、结绳记事、烽火传信到无线电通信、互联网技术,科技的进步让人们的沟通变得高效便捷,也让人与人之间的距离不再遥远。主流的数字沟通途径主要有电子邮件、社交媒体平台等,学习并掌握电子邮件及主流社交媒体是个人数字沟通过程中的必备技能。数字沟通中常需要实现数字内容共享,国产办公软件,如 WPS Office 的"云文档"能够协助用户实现云文档的开启、共享、自动备份、版本管理与远程协同等功能。

数字时代,人们的工作模式发生了变化,从传统的集中办公向更加多元化发展,远程协作成为一种趋势。"云办公"即远程协同办公,是一种基于云计算技术实现现代企业机构远程办公的方式。目前,市面上支持远程协同办公的软件非常多,如钉钉、飞书、企业微信与腾讯会议。其中,钉钉、飞书和企业微信可被视为综合型的企业办公平台,可以为企业提供全方位的协同办公和沟通解决方案,涵盖团队协作、文件管理、通讯录、日程安排及 AI 助理等功能,常应用于企业内部沟通、协作和管理。腾讯会议是一款用于远程会议和沟通的工具,更专注于视频会议服务。

数字沟通中,人们需要理解版权与许可的含义,个人或团体创作的数字内容受到版权的保护,对数字内容的利用需要依据许可进行。同时,人们需要做到理解文化差异,尊重数字世界的多样性与多元化;理解数字身份是基于数字信息技术而构建出来的身份制度,包含身份证明、验证、授权等内容。在数字沟通过程中,人们需要做好数字身份的安全管理,注意隐私保护,识别虚假信息,时刻做好安全管理。

◇ 本 章 习 题

一、单选题

1. 下列事件中,计算机不能实现的是( )。

　　A. 科学计算　　　　B. 远程协同　　　　C. 资料共享　　　　D. 抽象思维

2. 云文档的功能有( )。

　　A. 文档备份　　　　B. 文档版本管理　　C. 文档分享　　　　D. 以上都是

3. 计算机安全包括( )。

　　A. 操作安全　　　　B. 物理安全　　　　C. 病毒防护　　　　D. 以上都是

4. 属于计算机犯罪的是( )。

　　A. 非法截取信息、窃取各种情报

　　B. 复制与传播计算机病毒、黄色影像制品和其他非法活动

　　C. 借助计算机技术伪造篡改信息,进行诈骗及其他非法活动

　　D. 以上都是

5. WPS Office 是工作中最常用的办公软件,关于远程协同的功能表现是( )。

　　A. 云文档　　　　　B. 表格　　　　　　C. PDF　　　　　　D. 电子邮件

6. 下面不是云文档中版本管理功能的主要意义的是( )。

　　A. 防止误删误改　　B. 留档纪念　　　　C. 节约本地空间　　D. 方便复盘

7. 下面不是协同办公软件需有的基本功能的是( )。

　　A. 实时通讯　　　　B. 跨平台功能　　　C. 转账功能　　　　D. 远程会议

8. 下面不是社交媒体平台的主要特点的是( )。

　　A. 信息分享　　　　B. 关注与粉丝　　　C. 商业营销　　　　D. 远程会议

9. 面对陌生人发来的陌生链接,我们应该( )。

　　A. 直接点开　　　　B. 发给朋友　　　　C. 直接忽略　　　　D. 直接骂他

10. 在使用云文档的远程协同功能时,可以编辑用户上传文档的人是( )。

　　A. 用户亲戚　　　　B. 用户授权的人　　C. 云文档工程师　　D. 云文档老板

11. 以下不是飞书提供的基本办公功能的是( )。

　　A. 云文档　　　　　B. 即时消息　　　　C. 音视频会议　　　D. 日历管理

12. 以下不是飞书智能伙伴的特点的是( )。

　　A. 提供预设场景　　　　　　　　　　　B. 可自行搭建定制场景

　　C. 仅能使用默认场景　　　　　　　　　D. 基于常见 AI 使用需求

13. 飞书的日历管理功能具备的特点是( )。

　　A. 支持共享和协作功能

B. 仅限个人日程安排

C. 不支持团队成员之间的日程安排和协调

D. 不提供日程提醒功能

14. 钉钉(DingTalk)是由(　　)打造的沟通和协同的多端平台。

  A. 腾讯   B. 字节跳动

  C. 阿里巴巴集团   D. 百度

15. 钉钉的特色功能"DING"指的是(　　)。

  A. 文件共享与协作   B. 多人同时在线通话

  C. 消息即时送达功能   D. 创建团队或组织

16. 以下关于钉钉 AI 助理可以实现的功能描述正确的是(　　)。

  A. 文件共享与协作

  B. 智能沟通、智能协同、智能管理

  C. 多人同时在线通话

  D. 创建团队或组织

17. 以下正确描述腾讯会议的录制功能特点的是(　　)。

  A. 仅支持录制语音内容

  B. 录制后无法转换为文字文档

  C. 支持关键字搜索,快速定位内容

  D. 不支持智能优化功能

二、多选题

1. 数字沟通礼仪是社交礼仪在数字环境下的延伸,也是数字素养的重要体现,应做到(　　)。

  A. 简洁清晰地表达   B. 尊重他人

  C. 注意隐私   D. 注意文化差异

2. 在网络中提供了多种信息交流方式,下列方式中可以提供实时语音交流服务的有(　　)。

  A. E-mail   B. BBS   C. QQ   D. 微信

3. 即时消息是基于互联网的终端服务,主要包括即时聊天和短信,它是一个实时通信系统,允许两人或多人使用网络实时地传递文字消息、文档,进行语音与视频交流,它是互联网上最为流行的通信方式。即时通信的主要代表是(　　)。

  A. 微信   B. QQ   C. Facebook   D. WPS

4. 数字沟通相关的法律法规主要有(　　)。

  A.《中华人民共和国个人信息保护法》

  B.《中华人民共和国著作权法》

  C.《中华人民共和国数据安全法》

  D.《中华人民共和国网络安全法》

5. 在体验数字生活时,为了保护我们的数字身份安全,我们应该(　　)。

  A. 不点击可疑链接   B. 通过认识的人的好友邀请

  C. 随意展示自己的个人信息   D. 仔细调整软件中的隐私设置

6. 腾讯会议的辅助功能"管理会议"包括的功能有(　　)。

    A. AI 美颜滤镜   B. 自动提醒功能

    C. 虚拟背景设置   D. 共享屏幕

    E. 自定义布局   F. 签到

7. 利用电子邮件可以发送(　　)等信息。

    A. 文字   B. 图形   C. 声音   D. 只能发送文字

第 5 章

数字技术通识

◈ 5.1 大 数 据

早在 20 世纪,科学家们已经开始意识到,随着计算机存储数据量的快速增长,传统的数据分析面临着数据获取、理解、处理和组织等方面的困难。因此,计算机领域开始广泛使用"大数据"(big data)这一术语来描述这些挑战(图 5-1)。如今,大数据已经引起了人们的广泛关注,并推动了一系列涵盖广泛主题的新型研究。简言之,大数据的数据规模已经超出了传统计算机软件和技术的处理能力,因此,人们迫切需要更大的存储容量来承载和管理数据,也需要更有效且高效的技术来处理这些数据。

图 5-1 大数据

5.1.1 大数据基本概念   应知应会

大数据通常由规模庞大的数据集构成,这些数据集往往超出了人类在可接受的时间范围内收集、管理和处理的能力。随着时间的推移,人们对于数据规模的认识也在不断发展。例如,2000 年,1TB 的数据通常被视为大数据,而到了 2020 年,大数据的门槛已经提高到 PB(TB 的数千倍)级别。除了数据规模,大数据的挑战还体现在数据类型的多样性、对数据处理时间的严格要求等方面,这些挑战通常被学术界概括为"nV"特性。下面将通过相对广为人知的"3V"特性来描述大数据的三大特征:Volume(规模)、Variety(多样性)和 Velocity(速度)。

1. 数据规模大

数据规模大(big volume)是大数据当中最基础的特性,意味着数据集合的存储需要消耗 TB、PB 甚至 EB 级别的存储介质。以某款高清摄像头为例,每天能产生超过 500G 的图像数据,相当于每年的数据量累计高达 180TB。因此,大数据无法使用一般的存储介质进行存储,必须首先对数据进行切分,然后使用数十台、数百台甚至数千台计算机,利用云存储技术来分摊存储压力(图 5-2)。

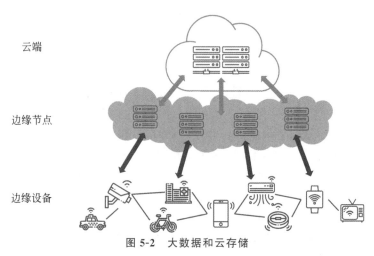

图 5-2　大数据和云存储

除了历史数据的积累所产生的存储压力,针对大数据的处理压力已经显现出来。例如,沃尔玛公司需要在 1 小时内处理掉高达几百万条的消费信息。因此,大数据几乎无法使用传统的数据库管理系统来管理、维护,而必须使用在数十、数百甚至数千台服务器上同时并行运行的软件。

大数据这一特征同样考验着数据持有机构的数字技术能力。对某些组织来说,当突然面对 1GB 的数据集时,它们的数字系统就会崩溃;而对另一些组织来说,数据集的大小可能需要高达 1TB 才会对它们造成困扰。

2. 数据种类多(big variety)

大数据的获取来源将影响其应用的效益与质量,依照获取的直接程度一般可分为以下三种。

第一方数据(first party data),为己方单位自己和消费者、用户、目标客群交互产生的数据,具有高质量、高价值的特性,但易局限于既有顾客数据,如企业搜集的顾客交易数据、追踪用户在 App 上的浏览行为等,拥有者可弹性地将这类数据用于分析研究、营销推广等用途。

第二方数据(second party data),取自第一方数据,通常与第一方具有合作、联盟或契约关系,因此可共享或采购第一方数据。第二方数据的例子有订房品牌与飞机品牌共享数据,当客人购买某一方的商品后,另一单位即可向客户推荐相关的旅游产品;或是已知某单位具有己方想要的数据,通过协议采购,直接从第一方获取数据。

第三方数据(third party data),提供数据的来源单位并非产出该数据的原始作者,该数据即为第三方。提供第三方数据的单位通常为数据供应商,其广泛搜集各式数据,并将数据贩售给数据需求者,其数据可来自第一方、第二方与其他第三方数据,如爬取网络公开数据、市调公司所发布的研究调查、经去识别化的交易信息等。

大数据的应用广泛,科学研究、企业应用和 Web 应用等都在源源不断地产生新类型的大数据。大数据的应用示例已经涵盖了各行各业,典型的大数据类型包括生物大数据、交通大数据、医疗大数据、工业大数据、城市大数据、金融大数据、银行大数据、消费大数据等。

综上所述,大数据的类型非常丰富,而它们通常可以被抽象成三类:结构化数据、半结构化数据和非结构化数据。

结构化数据,指的是具有固定的结构、类型和属性划分的数据,通常可以采用二维表结构来表述。例如学生信息表(表 5-1),它包含了学号、姓名、性别、出生日期等属性。

数据的分类

表 5-1　结构化数据示例

学　　号	姓　　名	性　　别	出 生 日 期
1001	Tom	male	19870604
1002	Jerry	female	19890707

半结构化数据,这种数据保留了结构化数据相同的表达能力,但兼顾了灵活性。例如,XML(可扩展标记语言)允许将数据属性的自描述、数据结构和数据内容集中在一起,现在已经成为国际上进行数据交换的一种公共语言。使用 XML 格式来表示表 5-1 中的数据记录,代码如下所示。

```
<students>
    <stu>
        <id>1001</id>
        <name>Tom</name>
        <sex>male</sex>
        <birth>19870604</birth>
    </stu>
    <stu>
        <id>1002</id>
        <name>Jerry</name>
        <fname>Li</fname>
        <sex>female</sex>
        <birth>19890707</birth>
    </stu>
</students>
```

注:表 5-1 中的第二条数据记录包含一项特殊的属性 fname,在代码中用浅紫色表示。

非结构化数据(图 5-3),指的是无法采用固定的结构来表示的数据,如图片、视频、音频等。非结构化数据的格式丰富多样,且无法采用结构化或半结构化表示。在技术层面,非结构化数据包含的信息量远超结构化数据,也需要占用更多的存储空间。根据国际数据组织的调查显示,非结构化数据约占全部数据总量的 80%。

3. 数据处理速度快

数据处理速度快(big velocity)这一特性指的是数据从生成到处理进而产生结果的速度。传统的数字技术往往将准确性摆在第一位,通常不会对处理数据所需的时间有严格的

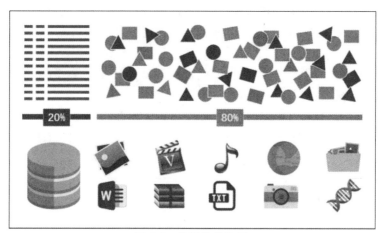

图 5-3 非结构化数据

限制。但对于需要借助大数据做出实时性决策的公司来说,该特性就显得非常重要。所谓"秒级响应"即要求公司所采用的数字技术能够在 1 秒的时间内针对海量规模数据做出实时分析并反馈结果,否则这些数据的价值就会丧失,甚至造成不可挽回的损失。数据分析过程的效率正在成为人们关注的核心问题。

5.1.2 大数据的典型应用　　　　　　　　　　　　　　　　　应知应会

大数据正在对社会发展、人们生活产生深远的影响,具体体现在以下三方面。

1. 大数据决策

所谓大数据决策,即指组织或机构的领导者采用手中掌握的数据做出决策,而不是根据传统的经验积累进行决策。目前,基于数据实时采集、分析得出的宏观决策、实时营销方案、个性化推荐服务等已经成为一种备受追捧的全新决策方式。例如,我国政府部门将大数据技术融入舆情分析,通过对微博、微信、论坛等多种来源数据进行综合分析,揭示信息中隐含的情报内容,协助实现政府决策,可以有效应对各类突发事件。

2. 大数据推动新技术发展

大数据的应用需求已经成为新技术开发的源泉,目前已经涌现出了多种形式的大数据技术,并且得到了广泛的应用。数据所蕴含的能力正在得到释放。在不远的将来,原本依靠人类自身判断力的应用正在被各种基于大数据的应用所取代。例如,DeepMind 公司的围棋软件 AlphaGo 战胜了李世石、柯洁在内的人类职业棋手;特斯拉汽车公司推出能在特定环境下工作的自动驾驶汽车。

3. 大数据促进数字技术与各行业的深度融合

当前有普遍的观点认为,一方面,大数据将在未来十年抹除几乎每一项行业的业务功能,包括互联网、银行、金融、交通、能源、服务等;另一方面,不断积累、发展的大数据将加速推进这些行业与数字技术的深度融合,开拓行业发展的新方向。例如,国内银行裁减了业务部门中很大比例的员工,而为大数据的维护、应用新增了大量的就业岗位。大数据的影响无处不在,表 5-2 展示了大数据在各个领域的应用情况。

表 5-2　大数据在各个领域的应用

领　　域	大数据应用
制造	利用工业大数据提升制造业水平,优化生产计划,优化供应链
汽车	无人驾驶汽车,自动导航
互联网	个性化推荐,针对性广告投送
能源	优化电网运行,优化电力需求响应,保障电网运行安全
物流	优化物流网络,提高物流效率,降低物流成本
交通	智能交通,优化交通线规划
体育	预测比赛结果,选拔选手
银行	信贷风险预测,出台客户个性化挽留策略

5.2　云　计　算

5.2.1　云计算基本概念　　　　　　　　　　背景知识

云计算实现了通过互联网提供可伸缩的、廉价的分布式计算能力,用户只需要处于具备互联网接入条件的地方就可以随时随地获得各类所需的数字技术资源。云计算代表了以虚拟化技术为核心,以低成本为目标,动态可伸缩的网络应用基础设施,是近十年来最有代表性的网络计算技术与模式。

云计算主要包括三种典型的服务模式:基础设施即服务(Infrastructure as a Service,IaaS)、平台即服务(Platform as a Service,PaaS)和软件即服务(Software as a Service,SaaS),如图 5-4 所示。IaaS 将计算、存储资源等基础设施作为服务出租,PaaS 将平台作为服务出租,而 SaaS 则把软件作为服务出租。

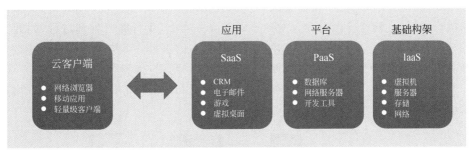

图 5-4　云计算的服务模式

所谓的云即提供的服务,根据服务的对象可以分为以下三类。

(1)公有云,面向所有的用户。只要是注册付费的用户都可以使用,典型的公有云服务商有 Amazon 和阿里巴巴。

(2)私有云,只为特定用户提供服务,例如企业自建的云环境,只能为内部网络用户提供服务。相比公有云,私有云可以更好地保证数据的安全性。

（3）混合云，可以理解为公有云和私有云的混合搭配应用。

云计算的关键技术包括虚拟化、分布式存储和分布式计算。

虚拟化是云计算基础架构的基石。通过虚拟化，一台计算机可以被虚拟为多台逻辑上的计算机，逻辑上的计算机彼此独立。这意味着每台逻辑计算机可以安装不同的操作系统，应用程序在独立的空间内运行，不会相互影响，安全性大大提高。典型的虚拟化软件有VMware、Virtualbox、QEMU、Docker 等。

面对海量数据的存储压力，将数据集中到一台机器上进行存储不太现实。分布式存储可以很好解决这一难题。谷歌文件系统（Google File System，GFS）是一款最典型的分布式文件系统（图5-5），可以自动将 TB 甚至 PB 级别的超大文件拆分成大小相等的块，分散存储在由数百台，甚至数千台服务器组成的巨大服务集群当中。此外，GFS 还提供了很好的硬件容错性，即使集群中的小部分服务器突然损坏也不会造成数据丢失。

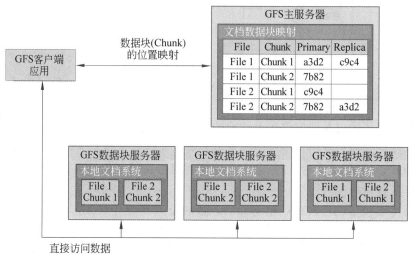

图 5-5　谷歌文件系统体系结构

分布式计算与分布式存储相辅相成。谷歌提出的并行编程框架 MapReduce 将针对海量数据执行的拆分、统计操作自动分发到不同的服务器上，执行并行处理过程，因此能够极大地提升海量规模数据的处理速度，缩短处理时间，有效满足许多应用对海量规模数据的批量处理需求。现阶段所说的分布式计算已经不仅是一种并行计算，而是融合了分布式计算、效用计算、负载均衡、并行计算、网络存储、热备份冗杂和虚拟化等计算机技术混合演进并跃升的结果（图 5-6）。

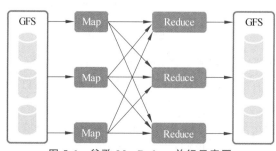

图 5-6　谷歌 MapReduce 并行示意图

云计算包含如下的五大特点。

（1）高可伸缩性。

高可伸缩性指云计算系统能够根据用户需求快速扩展或缩减计算资源的能力。这种灵活性使得云计算能够适应不同规模和变化的工作负载,确保资源的有效利用和性能的稳定。高可伸缩性是云计算的重要特性之一,它使得企业能够根据需求实时调整计算资源,降低成本并提高效率。在云计算环境中,通常通过自动化的方式来实现高可伸缩性,包括自动扩展和收缩实例、负载均衡以及弹性存储等技术手段。

（2）按需部署。

计算机包含了许多应用、程序软件等,不同的应用对应的数据资源库不同,所以用户运行不同的应用需要较强的计算能力对资源进行部署,而云计算平台能够根据用户的需求快速配备计算能力及资源。

（3）高灵活性。

云计算可以灵活地扩展和缩减计算资源,满足企业不断变化的需求。

（4）高可靠性。

高可靠性指云计算系统在面对各种挑战和故障时能够保持稳定运行的能力。即使云服务器发生故障也不影响计算与应用的正常运行,这是因为单点服务器出现故障可以通过虚拟化技术将分布在不同物理服务器上的应用进行恢复或利用动态扩展功能部署新的服务器进行计算。

（5）高性价比。

将资源放在虚拟资源池中统一管理在一定程度上优化了物理资源,用户不再需要昂贵的、存储空间大的主机,可以选择相对廉价的 PC 组成云,一方面减少费用,另一方面计算性能不逊于大型主机。

云计算的基本载体被称为云计算数据中心。数据中心是提供云计算服务的机房,包含一整套复杂组件构成的基础设施(图 5-7)。这些组件包括刀片服务器、宽带网络连接、环境控制、监控设备以及各种安全装置等。云计算提供的计算、存储、带宽等硬件资源都集中在数据中心。它为各个平台和应用提供运行支撑环境。

图 5-7　谷歌数据中心一角

5.2.2 云计算的典型应用 应知应会

较为简单的云计算技术现已普遍服务于如今的互联网服务中,其中网络搜索引擎和网络邮箱是最为常见的云计算应用。在任何时刻,人们只要通过移动终端就可以在搜索引擎上搜索任何自己想要的资源,通过云端共享数据资源。网络邮箱也是如此。在过去,寄写一封邮件是一件比较麻烦的事情,同时也是很慢的过程,而在云计算技术和网络技术的推动下,电子邮箱成为社会生活中的一部分,只要在网络环境下,就可以轻松实现邮件的收发。

存储云,又称云存储,是在云计算技术上发展起来的新型存储技术。云存储是一个以数据存储和管理为核心的云计算系统。用户可以将本地的资源上传至云上,可以在任何地方接入互联网来获取云上的资源。读者所熟知的谷歌、微软等大型网络公司均有云存储的服务,在国内,百度云和微云则是市场占有量最大的存储云。存储云向用户提供了存储容器服务、备份服务、归档服务和记录管理服务等,大大方便了使用者对资源的管理。

医疗云,是在云计算、移动技术、多媒体、通信、大数据以及物联网等新技术的基础上,结合医疗技术,使用"云计算"来创建医疗健康服务云平台,实现了医疗资源的共享和医疗范围的扩大。因为云计算技术的运用与结合,医疗云提高医疗机构的效率,方便居民就医。像现在医院的预约挂号、电子病历、医保等都是云计算与医疗领域结合的产物,医疗云还具有数据安全、信息共享、动态扩展、布局全国等优势。

金融云,是指利用云计算的模型,将信息、金融和服务等功能分散到庞大分支机构构成的互联网"云"中,旨在为银行、保险和基金等金融机构提供互联网处理和运行服务,同时共享互联网资源,从而解决现有问题并且达到高效、低成本的目标。2013 年 11 月 27 日,阿里云整合阿里巴巴旗下资源并推出阿里金融云服务。这就是现在基本普及了的快捷支付,因为金融与云计算的结合,现在只需要在手机上简单操作,就可以完成银行存款、购买保险和基金买卖。现在,不仅阿里巴巴推出了金融云服务,像苏宁金融、腾讯等企业均推出了自己的金融云服务。

教育云,实质上是教育信息化的一种发展。具体来说,教育云可以将所需要的任何教育硬件资源虚拟化,然后将其传入互联网中,以向教育机构和学生老师提供一个方便快捷的平台。现在流行的慕课(MOOC)就是教育云的一种应用。慕课指的是大规模开放的在线课程。现阶段慕课的三大优秀平台为 Coursera、edX 以及 Udacity,在国内,中国大学 MOOC 也是非常好的平台。在 2013 年 10 月 10 日,清华大学推出 MOOC 平台——学堂在线,许多大学现已使用学堂在线开设了一些 MOOC。

◆ 5.3 物 联 网

物联网是新一代数字技术的重要组成部分,具有非常广泛的用途,同时和云计算、大数据有着密切的联系。

5.3.1 物联网基本概念 背景知识

物联网(Internet of Things, IoT)是物物相连的"互联网",是互联网的延伸。它利用局部网络或互联网等通信技术把传感器、控制器、计算机、操作员通过新的方式连在一起,形成了人与物、物与物的相连,目的是实现信息化和远程控制。

　　从技术架构上看,物联网可以分为 4 层：感知层、网络层、运算层、应用层。各层的具体功能如表 5-3 所示。

表 5-3　物联网各个层次的具体功能

层次	功　　　能
感知层	感知层是物联网的最底层,感知层设备被广泛用来感知物理世界。感知层设备包括各类的传感器,如温度传感器、湿度传感器、加速度传感器,还有摄像头、GPS 设备等
网络层	网络层在感知层之上,起到信息传递的作用。网络层包含各种类型的网络,如互联网、移动通信网络、卫星通信网络等
运算层	运算层提供运算和存储的服务,包括数据存储、管理和分析平台等
应用层	应用层是物联网的最顶层,应用层直接面对用户,满足用户直接的应用需求,包括智能交通、智慧农业、智慧医疗、智慧工业等

　　物联网是物和物相连的网络(图 5-8),通过为物体加装二维码、传感器等,就可以实现物体身份唯一标识及其各种信息的采集,再结合网络连接,就可以实现人和物、物和物之间的信息交换。因此,物联网所包含的数字技术非常广泛,其中包括模式识别和感知技术、网络和通信技术、数据挖掘与融合技术等。

图 5-8　物联网

5.3.2　物联网的典型应用　　　　应知应会

　　物联网的应用领域涉及方方面面,其在工业、农业、环境、交通、物流、安保等基础设施领域的应用有效地推动了这些方面的智能化发展,使有限的资源被更加合理地分配、使用,从而提高了行业效率和效益。在家居、医疗健康、教育、金融、服务业、旅游业等与生活息息相关的领域的应用,使服务范围、服务方式到服务质量等方面都有了极大的改进,大大地提高了人们的生活质量;在国防军事领域,虽然还在研究探索阶段,但物联网应用带来的影响也不可小觑,大到卫星、导弹、飞机、潜艇等装备系统,小到单兵作战装备,物联网技术的嵌入有效促进了军事智能化、信息化、精准化,极大提升了军事战斗力,是未来军事变革的关键。

1. 智能交通

　　物联网技术在道路交通方面的应用比较成熟。随着社会车辆越来越普及,交通拥堵甚至瘫痪已成为城市的一大问题。对道路交通状况实时监控并将信息及时传递给驾驶人,让驾驶人及时做出出行调整,可以有效缓解公共交通的压力;高速路口设置道路自动收费系统(简称 ETC),免去进出口取卡、还卡的时间,提升了车辆的通行效率;公交车上安装定位系统,乘客可以及时了解公交车行驶路线与到站时间,根据搭乘路线确定出行计划,免去不必要的时间浪费。社会车辆增多,除了会带来交通压力外,停车难也日益成为一个突出问题,不少城市推出了智慧路边停车管理系统,该系统基于云计算平台,结合物联网技术与移动支付技术,共享车位资源,提高车位利用率和用户的方便程度。该系统可以兼容手机模式和射频识别模式,通过手机端 App 软件可以实现及时了解车位信息,提前做好预订并实现交费等操作,很大程度上解决了停车难的问题。

2. 智能家居

智能家居是物联网在家庭中的基础应用,随着宽带业务的普及,智能家居产品涉及方方面面。家中无人时,可利用手机等客户端远程操作智能空调,调节室温,甚至还可以学习用户的使用习惯,实现全自动的温控操作,使用户在炎炎夏季回家就能享受到冰爽的惬意。另外通过客户端还可以实现智能电灯的开关、调控电灯的亮度和颜色等;插座内置 WiFi,可实现遥控插座定时通断电流,监测设备用电情况,生成用电图表让用户对用电情况一目了然,安排资源使用及开支预算。智能体重秤可以监测运动效果;内置可以监测血压、脂肪量的先进传感器,内置程序可以根据用户身体状态提出健康建议;智能牙刷与客户端相连,提供刷牙时间、刷牙位置提醒,可根据刷牙的数据生成图表,监控口腔的健康状况。智能摄像头、窗户传感器、智能门禁、烟雾探测器、智能报警器等都是家庭不可少的安全监控设备,即使出门在外,用户也可以在任意时间地点查看家中任何一角的实时状况,防范安全隐患。看似烦琐的种种家居生活会因为物联网变得更加轻松、美好。

3. 公共安全

近年来全球气候异常情况频发,灾害的突发性和危害性进一步加大,互联网可以实时监测环境的不安全情况,提前预防、实时预警、及时采取应对措施,降低灾害对人类生命财产的威胁。美国布法罗大学早在 2013 年就提出研究深海互联网项目,通过将特殊处理的感应装置置于深海处,分析水下相关情况,包括海洋污染的防治、海底资源的探测,甚至对海啸也可以提供更加可靠的预警。该项目在当地湖水中进行试验并获得成功,为进一步扩大使用范围提供了基础。利用物联网技术可以智能感知大气、土壤、森林、水资源等方面的指标数据,对于改善人类生活环境发挥巨大作用。

◆ 5.4　人 工 智 能

人工智能

5.4.1　人工智能基本概念 　　　　　　　　　　　　　　　　　　应知应会

人工智能(Artificial Intelligence,AI)是研究、开发用于模拟、延伸和扩展人的智能的理论、方法、技术及应用系统的一门新的技术科学。人工智能是计算机科学的一个分支,其研究包括机器人、语音识别、图像识别、自然语言处理和专家系统等。人工智能是一门极富挑战性的交叉学科,涉及计算机知识、数学、心理学和哲学等。总而言之,人工智能研究的一个主要目标是使机器能够胜任一些通常需要人类智能才能完成的复杂工作。但不同的时代、不同的人对"复杂工作"的理解是不同的。人工智能从诞生以来,理论和技术日益成熟,应用领域也不断扩大,未来人工智能带来的科技产品将会成为人类智慧的"容器"。

　　人工智能实质上是运行在硅基芯片上的代码程序,用于模拟出人类碳基大脑中的智能(图 5-9)。硅基芯片上的代码程序是如何模拟出人脑智能呢？我们的大脑是由 860 亿个神经元组成的,神经元之间彼此连接。神经科学研究发现,刚出生的婴儿,神经元的连接很少,而人类 6 岁时神经元的连接达到顶峰,14 岁时神经元的连接密度反而会下降。这是因为神经元连接的维持需要外界刺激和大脑活动。如果大脑没有充分开发,脑功能是会退化的。这说明,人的智能与神经元的数量及连接程度有关。另外,神经科学研究发现,生物大脑的左脑与右脑形状相同,功能却大不一样。诺贝尔生理学或医学奖得主罗杰·史贝尼教授将左脑定位为意识脑,主要负责知性、知识、理解、思考、判断、推理、语言、抑制、五感(视、听、嗅、触、味觉)等；而右脑定位为本能脑,主要负责图像化机能(企划力、创造力、想象力)、与宇宙共振共鸣机能(第六念力、透视力、直觉力、灵感梦境等)、超高速自动演算机能(心算、数学),以及超高速大量记忆(速读、记忆力)等。

图 5-9　生物大脑与硅基芯片的对比

　　人工智能可以对人的意识、思维的信息过程进行模拟。人工智能不是人的智能,而是能像人那样思考,也可能超越人的智能。人们普遍接受的人工智能是人形机器人(图 5-10),其上方有一个处理器,下方是机械的躯干,例如日本的 ASIMO 机器人(图 5-11)。

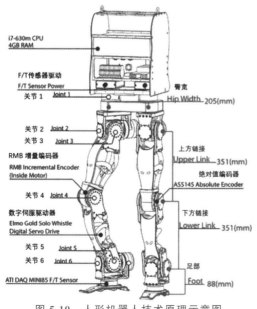

图 5-10　人形机器人技术原理示意图

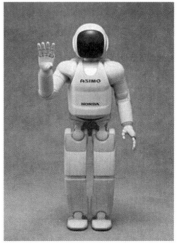

图 5-11　ASIMO 机器人

5.4.2　人工智能典型应用

目前人工智能的研究方向已经被分成几个子领域,如高级网络搜索引擎(如百度、谷歌),推荐系统(如今日头条、淘宝、YouTube、Amazon 和 Netflix 所使用的技术),人类语音识别(如小度、Siri 和 Alexa),自动驾驶汽车(如比亚迪、特斯拉),在战略游戏系统(如国际象棋和围棋)中自动决策并战胜顶尖的人类玩家。但是随着机器的智能化水平越来越高,曾经被认为需要智能参与的任务已经逐渐被逐出人工智能的行列。例如,近些年来光学字符识别经常被排除出人工智能的范畴,因为该项技术已经发展到了相当成熟的程度。研究人员希望一个独立的人工智能系统应该具有某项特定能力,下面就这些能力逐一列出并说明。

1. 演绎推理和解决问题　　　　　　　　　　　　　　　　　　　　　　　**背景知识**

早期的人工智能研究人员直接模仿人类进行逐步的推理,就像是玩棋盘游戏或进行逻辑推理时人类的思考模式。到了二十世纪八九十年代,利用概率和经济学上的概念,人工智能研究还开发出了非常成功的方法来处理不确定或不完整的信息。对于困难的问题,有可能需要大量的运算资源,也就是发生了可能的"组合爆炸":当问题超过一定的规模时,计算机会需要天文数量级别的存储容量或运算时间。寻找更有效的算法一直是优先级非常高的人工智能研究项目。

人类解决问题的模式通常是用最快捷、直观的判断,而不是通过有意识的、一步一步的推导,而早期人工智能研究通常使用逐步推导的方式。人工智能研究已经在这种"次表征性的"解决问题方法上取得进展:实体化智能体研究强调感知运动的重要性,神经网络研究试图以模拟人类和动物的大脑结构重现这种技能。

2. 知识表示　　　　　　　　　　　　　　　　　　　　　　　　　　　　**背景知识**

知识表示是人工智能领域的核心研究问题之一,它的目标是让机器存储相应的知识,并且能够按照某种规则推理演绎得到新的知识。有许多亟待解决的问题需要大量来自现实的知识,这些知识包括事先存储的先验知识和通过智能推理得到的知识。"事先存储的先验知识"指人类通过某种方式告诉机器的知识,"通过智能体推理得到的知识"指结合先验知识和某种特定的推理规则(逻辑推理)得到的知识。首先,先验知识可以指描述目标、特征、种类及对象之间的关系的知识,也可以描述事件、时间、状态、原因和结果,以及任何人们想要用机器存储的知识。知识表示的示例如图 5-12 所示。

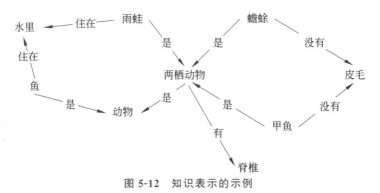

图 5-12　知识表示的示例

另外,如经验描述"今天没有太阳,没有太阳就是阴天",这些知识可以被表示为:今天

→没有太阳,没有太阳→阴天。这些知识是先验知识,那么基于先验知识通过推理可以得到新知识:今天→阴天。由此可以看出,先验知识的正确性非常重要,这个例子中没有太阳就是阴天,这个命题是不严谨的、笼统的,因为没有太阳可能是下雨天,也可能是下雪天。另外,如果人工智能可以看出太阳,除了如何判断这个问题可作为前提之外,应该也能判断出阴天与晴天的差异。逻辑命题表示在知识表示中非常重要,逻辑推理规则是目前主要的推理规则。可以在机器中用逻辑符号定义每一个逻辑命题,然后再让机器存储相应的逻辑推理规则,那么自然而然地,机器便可以进行推理。目前,知识表示有许多困境尚无法解决,例如创建一个完备的知识库几乎不可能,所以知识库的资源受到限制;先验知识的正确性需要进行检验,而且先验知识有时不一定只有对或错两种情形。

3. 目标规划　　背景知识

智能体必须能够制定目标和实现目标。它们需要一种方法来创建一个可预测的世界模型,换言之,将整个世界的状态用数学模型表现出来,并能预测它们的行为将如何改变这个世界,这样就可以选择对世界影响最大的行为。在传统的规划问题中,智能体被假定为世界上唯一具有影响力的事物,所以它要做出什么行为是已经确定的。但是,如果事实并非如此,它必定定期检查世界模型的状态是否和自己的预测相符合。如果不符合,它必须随时改变它的计划。因此,智能体必须具备在不确定结果的状态下做出推理的能力。此外还有多个智能体进行博弈的场景,多个智能体以合作与竞争的方式去完成一定的目标,使用演化算法和群体智能可以达成一个整体的特殊行为目标。

4. 机器学习　　应知应会

机器学习

机器学习的主要目的是让机器从用户处和输入数据中获得知识,从而让机器自动地去判断与输出相对应的结果。这一方法可以帮助用户解决更多问题、减少错误,提高解决问题的效率。对于人工智能来说,机器学习从诞生之初就很重要。1956 年,在最初的达特茅斯夏季会议上,雷蒙德·索洛莫诺夫发表了一篇关于无监督的概率性机器学习,即一个具有归纳推理能力的机器人论文。

近年来,机器学习的方法各种各样,主要分为监督学习和无监督学习两大类。监督学习指事先给定机器一些训练样本并且告诉机器样本的类别,然后根据这些样本的类别进行训练,提取出这些样本的共同属性或者训练一个分类器,等到新来一个样本后,则通过训练得到的共同属性或者分类器判断该样本的类别。监督学习根据输出结果的离散性和连续性,分为分类和回归两类。无监督学习是不给定训练样本,直接给定一些样本和一些规则,让机器自动根据一些规则进行归纳。无论哪种学习方法都需要进行误差分析,从而发现所提的方法在理论上是否有误差上限。

5. 自然语言处理　　背景知识

自然语言处理探讨如何处理及运用自然语言,自然语言认知则是让计算机"懂"人类的语言。自然语言生成系统将计算机数据转换为自然语言。自然语言理解系统将自然语言转换为计算机程序更易于处理的形式。

在过去,符号人工智能使用形式语法将句子的深层语义结构转化为逻辑。由于逻辑处理的复杂度和常识的广度,这类方法未能催生出实际的应用。现代统计技术另辟蹊径,采用基于转换器的深度学习(在文本中发现模式)等方法,研究共现频率(一个词出现在另一个词附近的频率),通过搜索特定关键词来提取有价值信息。这类应用在一定级别上达到了人们可接受的准确性。

6. 机器感知   背景知识

机器感知指能够使用传感器所输入的数据(如照相机、麦克风以及其他的特殊传感器)推断世界的状态。其中,计算视觉能够对输入的影像做出分析判断。类似的技术还有语音识别、人脸识别和物体识别等。

7. 情感和社交   背景知识

对于一个智能体,情感和社交技能显得尤为重要。首先,通过了解社交对象的动机和情感状态,智能体能够预测别人的行动(这涉及博弈论、决策理论以及能够塑造人的情感和情绪感知能力检测)。此外,为了提供良好的人机交互,智能体也需要表现出一定的情绪反馈(图 5-13)。至少它在和人类打交道的大多数时候必须表现出礼貌。

图 5-13   Kismet 模仿人类表达情感和实现社交

5.4.3   人工智能核心技术

1. 搜索算法和优化策略   背景知识

为了解决一项具体问题,人工智能可以通过搜索算法在许多可能的解决方案中寻找最优解。人工智能做出推理的过程可以简单理解为执行搜索算法的过程。和人类的做法类似,逻辑证明可以被视为寻找从前提到过的结论的路径,其中每一步都在应用推理规则。人工智能则是在特定的搜索空间当中寻找通往目标的最优路径。基于特定的搜索策略,用于控制机械肢体和抓取物体的机器人搜索算法也可以在用户配置空间中实现局部搜索。

2. 模糊推理   背景知识

人工智能研究中的许多问题(包括推理、目标规划、机器学习、机器感知和机器人技术)都需要智能体在不完整或不确定的信息条件下工作。AI 研究人员从概率论和经济学的方法当中得到启发,并设计了许多工具来解决这些问题。其中,贝叶斯网络是一种非常简单却通用的工具,可广泛用于各种问题求解过程。例如,人们应用贝叶斯推理算法实现演绎推理,结合期望最大化策略实现机器学习,使用贝叶斯决策网络实现目标规划,使用动态贝叶斯网络实现机器感知。隐马尔可夫模型和卡尔曼滤波可以对实时传入的数据进行过滤、预测,帮助机器感知系统实现运动规划及控制,包括实现行动轨迹的最优化(图 5-14)。

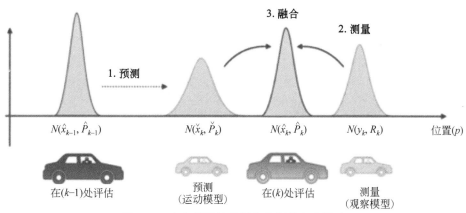

图 5-14　卡尔曼滤波保证汽车保持匀速运动

3. 分类器和统计学习方法

人工智能的应用可以大致分为两大类：分类器和控制器。然而控制器行动的依据是基于条件的推断和分类，因此分类构成了许多人工智能系统和应用的核心部分。分类器的实质是使用模式匹配来确定最接近事实匹配的函数。分类器可以根据输入的样本进行自动调整而不依赖人工干预。这一特性使得它们在人工智能领域中的应用变得非常有吸引力。有时，输入的样本也称为模式。在监督学习过程中，输入模式都与一个预先定义的类别相互对应，其中类别可以看作人工智能即将做出的决定。当分类器接收到新的模式时，人工智能就根据先验知识对它们进行分类。

分类器的训练过程有很多种，包含了许多统计和机器学习方法。其中，决策树是最简单且被广泛使用的机器学习算法。直到 20 世纪 90 年代，k-近邻算法成为使用最广泛的机器学习算法，直到支持向量机（SVM）等新算法取代了它。在实际工业场景当中，谷歌采用朴素贝叶斯分类器作为机器学习的基础，这主要归因于其优秀的扩展性。近些年来，人工神经网络越来越多地用于分类器训练。

分类器的性能在很大程度上取决于要分类的数据的特征，例如数据集大小、样本分布、数据维度和噪声水平。如果选择的模型非常适合实际数据，则基于模型的分类器表现良好。否则，如果没有可用的匹配模型，并且如果准确性（而不是速度或可扩展性）是唯一的问题，传统观点认为在最真实数据集上，判别分类器（尤其是 SVM）往往比基于模型的分类器（如朴素贝叶斯）更准确。

4. 人工神经网络

人工神经网络源自对人类大脑神经元结构和功能的模拟，从而发展出的计算模型。神经网络由大量的人工神经元相互联结来实现计算功能。大多数情况下，人工神经网络能根据外界输入信息来改变内部结构，体现出一种自适应的特性而不需要人工干预，通俗地讲就是具备自学习能力。

结构上，人工神经网络由多个节点层组成，包含一个输入层（input）、一个或多个隐藏层（hidden）和一个输出层（output）（图 5-15）。每个节点也称为一个人工神经元，它们与其他节点相连接，节点具有相关的权重和阈值。如果任何单个节点的输出高于指定的阈值，那么该节点将被激活，并将数据发送到网络的下一层；否则，不会将数据传递到网络的下一层。

这种 20 世纪中期就诞生的网络结构也被称为前馈神经网络或多层感知器（MLP）。它们是计算机视觉、自然语言处理和其他神经网络的基础。

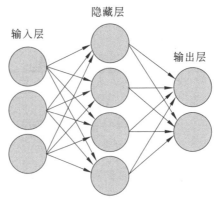

图 5-15   前馈神经网络原理示意图

深度学习

5. 深度学习   应知应会

深度学习是人工神经网络技术发展到相当程度后的产物，因为深度学习的基础是由多层神经元构成的复杂人工神经网络。通过多层神经元，原始输入的数据被逐步提取出更高级别的特征。深度神经网络可以对输入和输出之间的复杂关系进行建模，并且已经发展出许多新的类型。其中具有代表性的网络包括：卷积神经网络（CNN），类似于前馈网络，通常用于图像识别、模式识别或计算机视觉；循环神经网络（RNN），由其反馈环路来识别。这类学习算法主要用在使用时间序列数据来预测未来结果（如股票市场预测或销售预测）的情况中。因此，利用深度神经网络可以实现图像识别、视频分析、文字处理、药物发现、时间序列预测等功能。

CNN 网络的输入在最左边，输入一张图，或者一段声音，或者一段文本（图 5-16）。这些数据进入网络中进行非线性叠加运算，一层层向右传递，最后从最右边输出结果。结果就是输入信息的分类，或者解析，或者是新生成的内容。

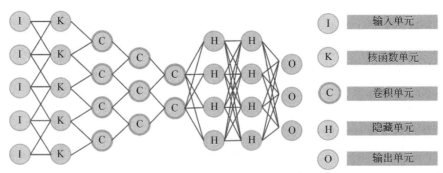

图 5-16   卷积神经网络原理示意图

CNN 网络有 K、C、H 三种不同的处理过程，分别表示核函数、卷积和隐藏。以图像处理为例，CNN 对图像进行多层次的处理，可以看到图像在每一层都发生内容上的变化，较低层的神经元可以识别图像边缘信息，而较高层的神经元可以识别数字、字母或人脸。到了最后一层，则能从不同神经元输出不同语义的子图来，从而实现了对图像语义内容的检测。深度学习的发展促成了许多人工智能应用的普及,包括计算机视觉、语音识别、图像分类等。

深度学习在诞生初期并没有引起重大反响,最主要的问题在于机器学习算法的计算代价巨大。受到复杂网络层次的影响,神经网络很容易出现梯度消失问题,造成网络训练消耗更多的时间甚至训练中止。硬件技术的进步是深度学习重新获得广泛关注的重要原因之一。高性能的图形处理器取代 CPU 作为网络训练的主要硬件,使得机器学习算法运行的时间显著缩短。软件技术方面的进步也为抑制梯度消失问题贡献了力量。

5.4.4　人工智能前沿发展　　　　　　　　　　　　　　应知应会

就像人类在不断进化一样,人工智能技术也经历了从计算智能、感知智能到认知智能的三个阶段(图 5-17)。计算智能指的是能存会算;感知智能指的是能听会说,能看会认;认知智能指的是能理解,会思考。从智能程度看,认知智能是更高级的智能。

图 5-17　人工智能发展的三个阶段

随着 2022 年 11 月底 ChatGPT 的迅速爆火,以及 2023 年 3 月 GPT-4 发布,飞速的能力跃迁、具备跨模态能力的 AIGC(AI Generated Content,即人工智能生成内容)成为万众瞩目的蓝海,带来新的生产力革命。ChatGPT 作为一种基于自然语言处理的语言模型,是认知智能的里程碑成果,也被广泛应用于各种场景中,如智能客服、智能聊天机器人、文本生成等。从技术角度看,ChatGPT 是一种基于 Transformer 的语言模型,通过对大量文本数据的学习,能够自动生成符合语法和语义规则的文本。ChatGPT 还在不断改进中,OpenAI公司在 2022 年 11 月推出的 ChatGPT 是由 GPT-3.5 模型支持的,而之前经历了 GPT-1、GPT-2、GPT-3 的研发过程。ChatGPT 让人惊叹的表现离不开 GPT 模型参数和语料的优越性。GPT-3 模型参数达到 1750 亿,训练它的文本语料达到 45TB。

同时,ChatGPT 的成功引发全球新一轮科技竞赛,各国纷纷投入大语言模型的研究中,从而构建出各自不同的大语言模型。因此,大语言模型不再一家独大,而是呈现百花齐放的态势。典型的大语言模型汇总如图 5-18 所示。

1. 国内研究成果

(1) 文心一言。英文名是 ERNIE Bot,可以完成范围广泛的任务并提供有关各种主题的信息,例如回答问题、提供定义和解释及建议。其特点包括出色的语言理解能力、多样化的回答风格和广泛的知识储备。相比其他语言模型,文心一言更擅长生成与上下文连贯、有创造力的文本内容,并且能够针对不同受众和场景提供个性化的建议和信息。截至 2024 年1 月,文心一言的支撑模型是文心大模型 4.0。

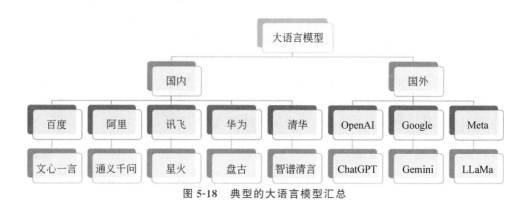

图 5-18　典型的大语言模型汇总

（2）通义千问。它是阿里云研发的超大规模语言模型，具备强大的自然语言处理能力，能够理解并生成各类文本，如文章创作、智能问答、代码编写等。截至 2024 年 1 月，通义千问已升级到 2.0 版本。它基于阿里云自主研发的大规模预训练模型构建，借鉴并发展了 Transformer 等先进的模型结构，以实现对复杂语言现象的高效建模。它的特色在于跨模态和多语种的理解与生成能力，以及对于复杂逻辑和深度知识问答的支持，能够更精准地捕捉语境、理解意图，并以人性化的方式与用户进行互动。

（3）星火。它是科大讯飞公司推出的 AI 语言模型，截至 2023 年 10 月已升级为 V3.0 版，并推动人工智能技术在教育、医疗等领域的广泛应用。它的特点包括多语言支持、上下文理解、可定制性和高效性。星火大模型可以理解和生成多种语言的文本，能够根据对话的上下文来理解用户的意图和需求，并作出回应。另外，它的底层模型可以根据不同的应用场景进行定制和优化，以满足用户的特定需求。

（4）盘古。它是华为云推出的一款大规模人工智能模型系列，它结合了华为自主研发的深度学习框架 MindSpore，并通过海量中文数据训练而成。该模型拥有超过 1.7 万亿个参数，是全球范围内最大的中文 AI 模型之一。盘古大模型涵盖了自然语言处理（NLP）、计算机视觉（CV）以及科学计算等多个领域，致力于将行业专业知识与先进 AI 技术深度融合，赋能金融、政务、制造等众多行业，旨在重塑业务场景并成为各行各业的智能助手，推动 AI 在实际应用中的广泛应用和创新。

（5）智谱清言。它是由清华大学 KEG 实验室和智谱 AI 公司于 2023 年共同训练的语言模型开发的人工智能助手。该大模型基于中英双语大模型 GLM（或 ChatGLM）构建而成，具备强大的通用问答能力，能够广泛而准确地回应用户在不同领域提出的各类问题。智谱清言 App 不仅限于日常交流，还能帮助用户在学习、工作和生活中解决复杂问题，提供精准信息和个性化建议，支持生成文案、分析需求等智能化服务。作为一款先进的 AI 助手，智谱清言体现了中国自主研发的自然语言处理技术实力，在中文场景应用中展现出卓越的知识服务能力和友好的交互体验。

2. 国外研究成果

除了 OpenAI 公司研发的 ChatGPT 外，其他国外研究的大语言模型主要包括以下两种。

（1）Gemini。它是谷歌研发的一款先进的大语言模型，由 Google Research 和 DeepMind 等团队共同打造，标志着谷歌在自然语言处理领域的重大突破。该模型的特色在于其多模态能力和强大的通用性,不仅能够理解和生成文本信息,还能处理图像、视频等多种类型的数据输入,并将这些不同模态的信息进行归纳、理解和组合,实现更复杂和综合性的智能任务。底层技术上,Gemini 采用了大规模预训练和微调策略,结合了最新的深度学习架构与算法,有效利用海量数据资源提升模型性能。在理论研究与实践应用中,Gemini 展现了卓越的表现,例如在 HumanEval 等基准测试上超越了 GPT-3.5,并在部分评估指标上可与当时最尖端的 GPT-4 相媲美。

（2）LLaMa。它是由 Meta 公司研发的大规模预训练语言模型,其特色在于高效与开源。相较于其他大型语言模型,LLaMa 在相对较小的参数量下实现了更好的性能表现,例如,在比 GPT-3 规模小很多的情况下,LLaMa 依然展现出卓越的语言理解和生成能力。该模型的一个显著特点是提供了多个版本,包括 7B、13B、33B 和 65B 参数量级别,并且所有版本均开源,这使得研究者和开发者能够基于 LLaMa 进行二次开发、微调以及针对不同场景的应用实践,从而促进了 AI 社区的合作与创新。

5.4.5　大模型技术应用与发展

大模型技术

1. 大语言模型的应用

各行各业与大语言模型深度融合时代已经到来,无论是金融、医疗、教育还是制造业等领域,都可以通过大语言模型实现智能化升级和创新。例如,在金融领域,大语言模型可以帮助银行和证券公司进行风险管理和投资决策;在医疗领域,大语言模型可以辅助医生进行疾病诊断和治疗方案制定;在教育领域,大语言模型可以为学生提供个性化的学习辅导和作业批改服务。总之,大语言模型的应用前景广阔,将为各行各业带来更多的机遇和挑战。

大语言模型在教育领域的一些应用模式如图 5-19 所示。

图 5-19　大语言模型在教育领域的应用模式举例

例如,大语言模型可以生成评估,如小测验和考试,帮助教师评估学生的理解程度。接下来以讯飞星火为例,展示一些使用效果,见表 5-4～表 5-8。

表 5-4 讯飞星火示例——学习材料的生成

用户	帮我生成一些国际中文标准等级 4 级的会话练习题。
讯飞 星火	当然可以！以下是一些国际中文标准等级 4 级的会话练习题，包括不同场景的对话和问题。你可以尝试回答这些问题，以提高你的口语交流能力。 　在机场：A：你好，请问这里可以办理托运行李吗？B：你好，可以的。请把行李放在秤上，我来帮您办理。 　问题：A 想在哪里办理托运行李？ 　在医院：A：你好，我发烧了，请问需要挂哪个科？B：你好，发烧的话，你需要挂内科。 　问题：A 应该挂哪个科？ 　在餐厅：A：你好，请问有什么素食菜单推荐吗？B：你好，我们这里有素炒时蔬和素香锅。 　问题：餐厅提供了哪两个素食菜单？ 　在银行：A：你好，我想咨询一下，怎么办理银行卡？B：你好，您需要携带身份证和填写一份申请表格。 　问题：办理银行卡需要哪些材料？ 　在旅行社：A：你好，我想去日本旅游，请问有什么好的行程推荐吗？B：你好，我们有一个六日游的行程，包括东京、京都和大阪等城市。 　问题：旅行社推荐的日本行程包括哪几个城市？ 　通过回答这些问题，你可以检验自己的中文交流能力，并在实际生活中更好地应对各种场景。祝你学习进步！
用户	为什么以上这些题目是 4 级？
讯飞 星火	以上这些题目被归类为国际中文标准等级 4 级，是因为这个级别的学习者通常具备一定的汉语交流能力，能够在日常生活中进行基本的对话和沟通。这些题目涉及的场景和问题都是与日常生活紧密相关的，例如在机场办理托运行李、在医院挂号、在餐厅点餐、在银行办理业务以及在旅行社咨询等。这些场景都是 4 级学习者在实际生活中可能遇到的，因此这些题目适合作为 4 级的会话练习。 　此外，这些问题的难度也符合 4 级的标准。4 级学习者通常能够理解和回答简单的问题，能够进行基本的自我介绍，以及进行购物、旅行等方面的对话。以上问题都是简短且直接的，没有复杂的语法结构和生僻词汇，因此适合 4 级学习者进行练习。 　总之，以上这些题目之所以被归类为 4 级，是因为它们与日常生活紧密相关，问题难度适中，符合 4 级学习者的实际水平和需求。通过回答这些问题，4 级学习者可以提高自己的口语交流能力，更好地应对日常生活中的各种场景。

表 5-5 讯飞星火示例——支持学生的研究性学习示例

用户	我想调研海外华文学校在传播中华文化方面的情况，该如何制定研究方案？
讯飞 星火	调研海外华文学校在传播中华文化方面的情况是一个涉及教育、文化和社会学等多个领域的复杂课题。以下是一个基本的研究方案，包括研究目的、方法、步骤和可能的挑战。 　1. 确定研究目的和问题 　• 了解海外华文学校的基本情况，包括数量、分布、规模等。 　• 分析海外华文学校在传播中华文化方面的作用和影响。 　• 探讨海外华文学校面临的挑战和机遇。 　2. 文献回顾 　• 收集和分析已有的研究资料，包括学术论文、报告、政策文件等。 　• 了解海外华文教育的历史背景、发展过程和现状。 　3. 研究方法 　• 定量研究：通过问卷调查、统计数据分析等方法收集海外华文学校的基本信息和相关数据。

续表

讯飞星火	• 定性研究：通过访谈、案例研究、观察等方法深入了解海外华文学校的教学实践和文化传播活动。 4. 研究样本和对象选择 • 根据研究目的选择不同地区、不同类型的海外华文学校作为研究对象。 • 确定调查问卷的发放范围和访谈对象的选择标准。 5. 数据收集 • 设计调查问卷，确保问题的科学性和合理性。 • 安排访谈，选择合适的时间地点，准备访谈提纲。 • 如果可能，进行现场观察，记录教学活动和文化活动的实际情况。 6. 数据分析 • 对收集到的定量数据进行统计分析，如描述性统计、相关性分析等。 • 对定性数据进行内容分析，提炼主题，归纳总结。 7. 结果呈现与讨论 • 结合定量和定性分析的结果，撰写研究报告。 • 讨论海外华文学校在传播中华文化方面的成效、问题和改进建议。 8. 结论与建议 • 提出研究的主要发现和结论。 • 根据研究结果提出对海外华文学校传播中华文化的策略和建议。 9. 可能的挑战 • 语言和文化差异可能会影响数据的准确性和解释。 • 获取全面的数据可能存在难度，特别是在一些对教育信息保密性要求较高的国家或地区。 • 一些不可预见因素可能会影响研究的进度和质量。 在进行研究时，应考虑到这些挑战，并采取相应的措施来应对。例如，可以通过与当地教育机构合作，或者使用多种语言进行问卷调查和访谈，以提高研究的有效性和可靠性。

表 5-6　讯飞星火示例——虚拟学习小组

用户	我要去参加闽南药膳智能推荐系统的项目路演，你和我一起组队，你负责写一份市场调查。
讯飞星火	非常好，我可以帮助你撰写一段关于闽南药膳智能推荐系统市场调查的内容。以下是一个例子。 市场调查报告摘要 项目名称：闽南药膳智能推荐系统 调查目的 本次市场调查旨在评估闽南地区药膳市场的现状、消费者对药膳的认知度与接受度，以及智能推荐系统在提升药膳服务方面的潜力和市场需求。 调查方法 • 在线问卷调查：针对闽南地区常住居民进行，共收集 1000 份有效问卷。 • 深度访谈：采访了 30 位中医师、药膳餐厅老板及营养师，获取专业意见。 • 竞争分析：研究现有药膳相关产品和服务，分析竞争对手的优势和不足。 • 市场趋势分析：通过网络搜索数据、行业报告等资料，了解药膳市场的发展趋势。 主要发现 • 闽南地区的消费者对药膳有一定的认知，其中 65% 的受访者表示对药膳感兴趣，并愿意尝试。 • 约 70% 的受访者表示，他们在选择药膳时面临信息不对称和个性化推荐缺乏的问题。 • 目前市场上的药膳产品和服务质量参差不齐，消费者对于品质和效果有较高期待。 • 智能技术（如 AI）结合中医药膳原理，提供个性化健康膳食推荐，是一个尚未充分开发的市场机会。 • 随着健康意识的提升，消费者越来越关注预防保健，药膳市场有望持续增长。

续表

讯飞星火	结论与建议 　　根据市场调查结果,闽南药膳智能推荐系统具有较大的市场潜力。建议系统开发注重用户体验,利用人工智能技术提高推荐的精准度和个性化程度。同时,应加强与当地中医药专家的合作,确保药膳配方的科学性和有效性。通过教育营销提升消费者对药膳的认知,建立品牌信任,可以更好地开拓市场并满足消费者需求。 　　请注意,以上内容仅为示例,实际的市场调查可能需要更详细的数据和深入的分析来支持。

表 5-7　讯飞星火示例——技术伦理教育

用户	人工智能会改善教育资源不平衡困境,还是反而造成更大的数字鸿沟?
讯飞星火	人工智能(AI)对教育资源不平衡困境的影响是双刃剑,既有潜力改善这种状况,也可能加剧数字鸿沟。以下是 AI 在教育领域应用的正面和负面影响。 　　正面影响 　　个性化学习: 　　AI 可以提供个性化的学习体验,根据学生的学习速度和能力调整教学内容和难度,帮助缩小学生之间的成就差距。 　　资源共享: 　　通过 AI 平台,高质量的教育资源可以跨越地理界限,使得偏远地区的学生也能接触到优质的教学材料和课程。 　　辅助教师: 　　AI 可以承担一些教学和管理任务,让教师有更多时间关注学生的个别需求,提高教学质量。 　　数据驱动的干预: 　　AI 系统能够收集和分析学生的学习数据,及时发现学生的学习障碍,并采取针对性的干预措施。 　　灵活的学习方式: 　　AI 技术可以使在线学习更加互动和吸引人,为不同背景的学生提供灵活的学习途径。 　　负面影响 　　资源分配不均: 　　如果 AI 教育资源主要集中在富裕地区或学校,可能会加剧教育资源的不平等分配。 　　技术鸿沟: 　　需要一定的设备和网络基础设施来支持 AI 教育工具,这可能会使那些无法负担这些技术的家庭和社区落后。 　　失业风险: 　　AI 可能会替代一些教育工作,导致就业市场的变化,这对于依赖教育工作的社区可能是一个挑战。 　　数据隐私和安全: 　　AI 系统收集和处理大量个人数据,如果不当管理,可能会侵犯学生和教师的隐私权。 　　教育质量监管: 　　过度依赖 AI 可能导致教育质量的监管不足,特别是在缺乏适当教育政策和技术监管的环境中。 　　为了确保 AI 技术在教育领域的积极影响,需要政府、教育机构和技术提供商共同努力,制定合理的政策和标准,提供必要的技术支持和培训,并确保所有人都能平等地获得这些资源。通过这些措施,我们可以最大限度地减少 AI 可能带来的数字鸿沟,并利用它来改善教育资源的不平衡困境。

表 5-8　讯飞星火示例——职业指导

用户	请给我一份 3 年工作经验的数据分析师简历,在工作经历中突出数据可视化能力。
讯飞星火	当前调用的插件: · 智能简历 **张三** 年龄: 28　　经验: 3年 手机: 188****8888　　邮箱: zcmima@zcmima.cn 性别: 男 **求职意向** 意向岗位: 数据分析师　　薪资要求: 15k　　期望行业: 互联网科技 **自我评价** 专业能力: 熟练掌握数据分析工具,如SQL、Python和Excel,能够高效地处理大量数据。 核心优势: 擅长数据可视化,通过图表和图形清晰地展示分析结果,帮助团队更好地理解和利用数据。 综合素质: 具备良好的沟通能力和团队合作精神,能够与不同部门的同事紧密合作,共同完成项目目标。 **教育经历** 2018.09-2022.06　　某某大学　　硕士　　统计学 学分绩点: 3.5/4.0(前10%) 核心课程: 数据挖掘、机器学习、高级统计、数据可视化、大数据处理 **工作经历** 2021.10-2023.11　　ABC科技有限公司　　数据分析师 工作职责及业绩: 1、数据挖掘: 通过分析用户行为数据,成功挖掘出30%的潜在客户群体。 2、数据可视化: 利用Tableau工具,将复杂的数据转化为直观的图表,提高了团队工作效率20%。 3、业务决策: 通过对销售数据的深度分析,为公司提供了5个有效的市场推广策略。 4、模型构建: 建立了预测模型,准确预测了产品销量,误差控制在5%以内。 5、报告撰写: 每月撰写数据分析报告,为公司决策提供依据,其中90%的报告被上级采纳。 **项目经历** 2023.10-2023.11　　电商用户行为分析与可视化　　数据分析师 项目描述: 该项目旨在通过分析电商平台的用户行为数据,为公司提供有关用户购买习惯、偏好和行为的深入洞察,以便制定更有效的营销策略。 个人职责: 1. 收集并清洗大量的用户行为数据,包括浏览记录、购买记录、搜索记录等。 2. 利用Python和SQL进行数据分析,挖掘用户行为模式和趋势。 3. 使用Tableau创建数据可视化报告,清晰地展示分析结果,帮助业务团队理解数据并做出决策。 4. 对分析结果进行解释和讨论,提出改进建议。 项目业绩: 通过对用户行为数据的分析,发现了用户在特定时间段内的购买高峰,以及他们最常购买的商品类别。这些发现被用于优化广告投放策略,最终使广告转化率提高了15%。 **技能证书** 证书: 数据分析师认证,Tableau认证专家,Microsoft Power BI认证,Python数据分析认证,R语言数据分 单击"编辑简历"以访问编辑页面,您可以在此查看更多简历内容、下载或修改您的简历。

其中,用户输入大语言模型的文本就是提示语(prompt)。提示语可以是一个问题、一段文字描述,甚至可以是带有一堆参数的文字描述。提示语是决定模型生成的质量和相关性的重要组成部分。让大语言模型成为工作的助理,必须学会和大语言模型有效地进行沟通,这凸显了提示语的重要性。不过,针对同一个提示语,不同大语言模型的输出结果可能有差异。原因主要有以下几方面。

（1）训练数据差异。不同的大模型可能使用不同的训练数据集，而这些数据集在内容、质量和分布上可能存在差异。这可能导致模型在处理相同提示时产生不同的结果。

（2）模型结构和参数。不同的大模型可能使用不同的算法和架构，以及不同的超参数设置。这些因素会影响模型的处理方式和输出结果。

（3）训练目标和优化器。不同的大模型可能有不同的训练目标和优化器，这可能导致模型在处理相同提示时产生不同的结果。

（4）随机性因素。在训练过程中，随机性因素可能导致不同的训练迭代和不同的结果。

（5）提示语的处理方式。有时，提示语的处理方式可能会影响大模型的输出结果。例如，有些模型可能会对提示语进行更深入地分析和处理，而另一些模型可能会更加简单直接地处理提示语。

综上所述，不同大模型对相同提示语产生的不同结果可能是由于多种因素的综合作用。

2. 大语言模型的前沿研究和发展方向

当前，大语言模型的前沿研究和发展方向主要集中在以下几个领域。

（1）可解释性和透明度的提升。虽然大型语言模型在性能上取得了显著进步，但它们的决策过程往往缺乏透明度。研究者正在努力提高这些模型的可解释性，以便更好地理解和信任它们的输出。

（2）更有效的训练方法。随着模型规模的增加，训练这些模型所需的计算资源也在急剧增加。因此，研究人员正在寻找更高效的训练方法，以减少能源消耗和环境影响。

（3）提高模型的通用性和适应性。研究人员正努力开发更通用、适应性更强的模型，这些模型能够在不同类型的任务和领域中表现出色，而不仅限于特定任务。

（4）减少偏见和提高公平性。由于训练数据的偏见，大语言模型可能会生成有偏见或不公平的输出。研究正在集中于如何减少这些偏见，并确保模型的输出更加公平和无歧视。

（5）多模态和跨语言学习。将大语言模型与其他类型的数据（如图像、视频）结合，以及提高跨语言的理解能力，是当前的研究热点。

（6）增强的自然语言理解和生成。研究者正在努力提高大模型在理解复杂语言结构、语境，以及生成更自然、更流畅语言方面的能力。

（7）模型压缩和优化。为了让这些强大的模型在资源受限的设备上运行，研究人员正在寻找方法来压缩和优化模型，同时保持其性能。

（8）安全性和隐私保护。随着大模型的应用变得更加广泛，如何确保它们的安全使用，以及保护用户数据不被滥用，成为重要的研究方向。

这些研究和发展方向不仅关注于提高大语言模型的性能，还包括确保其可持续、安全、公平和对社会负责。随着技术的发展，这些领域可能会继续扩展和演变。随着人工智能技术的不断发展和应用，大模型已被不断应用于新的场景，如基于文字资料的视频生成，OpenAI 近日推出的 Sora 已经可以较好地生成短视频资料，虽然技术上还有许多改进的空间，但我们相信大模型技术未来还将在更多场景中发挥作用，为人们带来更多便利和智能化体验。

5.5 区 块 链

5.5.1 区块链基本概念

区块链(block chain)是一种安全共享的去中心化数据账本技术,用来支持一组特定的参与者共享数据。区块链的基础是不断增长的数据区块(data block),每个区块包含了前一个区块的加密哈希值、时间戳和交易数据。根据每个区块所包含的前一区块的信息,所有的区块可以借助类似单链表的原理自然形成一条链式结构。区块链上的交易是不可逆的,因为一旦由交易形成的交易数据被记录下来并写入区块链,交易信息的一致性就得到了所有后续区块的保证。

区块链是由完全对等的多台计算机所组成的网络结构,即区块链的去中心化。区块链上的数据完全公开,数据以分布式存储在网络中的每台计算机上(图 5-20)。这要求所有参与区块链的计算机遵守一套共识算法协议来创建和验证新的数据区块。这意味着彼此无法相互信任的各方之间可以执行可信业务互动,而不需要借助交易中介或产生任何额外的交易开销,从而降低了交易成本。

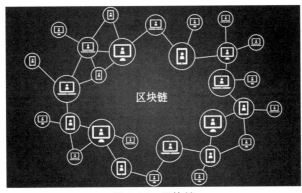

图 5-20 区块链

1. 区块链的应用场境

最初,区块链的应用是维持比特币这一加密货币管理和交易的平台。除了关注使用分布式账本去建立一个去中心化市场并削弱现有中间商的控制权外,人们极少关心其存在哪些潜在、深层次的应用。但区块链的潜力远远超过了这种单薄的想法。从理论到实践,人们探索一系列真实世界的应用场景,涵盖各个行业和产业,包括 IT、物联网、房地产和金融业。

区块链具有透明、安全和高效的特性,这使它尤其适合应用于低效率的企业,或者基于分布式市场或技术的新商业模型。从已经公开的资料来看,人们发现区块链特别适合应对以下问题。

(1)针对由大规模数量共同参与的分布式交易,区块链促进多方之间安全、去中心化的交易。而且基于多方间的加密确认和验证流程,区块链为每笔交易都提供高度的安全性。

(2)区块链增强了交易的安全性与互信,减少欺诈。由于每笔交易都进行了独立加密,且这样的加密动作会被区块链上的其他各方验证,因此任何试图篡改、删除交易信息的行为都会被其他各方察觉,然后自动被其他节点修正。

（3）区块链促进多方交易中的透明度与效率。任何涉及两个或以上参与方的交易中，交易需要单独被记入各自独立的系统中。任何细小的错误都会造成漫长的对账流程，消耗参与方宝贵的时间精力。如果借助区块链的分布式账本技术，参与机构可以获得更顺畅的清算和结算流程，避免大量的资金被消耗在交易以外的地方。

2. 区块链类型

尽管区块链本身的机制确保了账本内容万无一失，但公开的区块链网络允许任何人建立账户、加入网络，且每个参与者都是匿名的。当账户所有者的服务器遭受黑客入侵时，黑客就成为账户内资产的实际所有者。因此，在公开的区块链网络之外还诞生出多种不同类型的网络。网络参与者在访问这些网络时通常需要验证身份，常见的方法如绑定手机号等。当前，具有代表性的区块链网络可以分为以下四类。

（1）公有链。

公有链也被称为公共区块链，指所有人都可以自由参与的区块链网络。公有链是唯一采用了完全去中心化机制的区块链。为了维护稳定的运算力结构和共识验证的目标，这类网络通常为那些自愿提供运算力的服务器所有者提供某种经济激励机制。当前最有代表性的公共区块链网络是比特币（BTC）和以太坊（ETH）。二者除了在架构上存在显著差异外，比特币网络采用工作量证明作为经济激励，而以太坊则转向权益证明。

（2）私有链。

私有链是一种受限访问的区块链，这意味着新用户的加入需要经过区块链创建者的许可。区块链创建者承担网络维护所需的绝大部分运算开销。私有区块链实际是以会员制为基础的商业网络。更严格的身份和访问控制带来了更高的安全性，但失去了去中心化的属性。近年来日渐兴起的联盟链是一种改良的私有链形式。表5-9概括了它们之间的差别。

表 5-9　公有链、私有链和联盟链的区别

	公　有　链	私　有　链	联　盟　链
参与者	任何人	私有链所有者	联盟成员
共识机制	工作量证明，权益证明	私有链所有者保障	分布式的一致性算法
激励机制	必须	无	非必须
去中心化	高	无	低
吞吐量	低	需按照配置决定	高
特点	透明，安全，高效	高安全性，极高效率	优化效率和成本
应用领域	去中心化金融，区块链游戏	大型组织的内部业务	供应链管理，金融服务，医疗保障等

（3）混合链。

混合区块链是私有链集中式和公有链分散式在功能上的结合。混合链的确切工作方式可以根据具体使用的方式分为集中化和分散化两部分。

（4）侧链。

侧链是与主区块链并行运行的所有区块链账本的统称。来自主区块链的记录，如一笔数字资产，可以通过链接桥进入侧链。侧链的运行方式可以独立于主链的运行方式。因此，侧链可以采用不同的共识算法、记录保存方式等。

5.5.2　区块链的典型应用

1. 金融领域

区块链在国际汇兑、信用证、股权登记和证券交易所等金融领域有着潜在的巨大应用价值。将区块链技术应用在金融行业中,能够省去第三方中介环节,实现点对点的直接对接,从而在大大降低成本的同时快速完成交易支付。

例如 Visa 推出基于区块链技术的 Visa B2B Connect,它能为机构提供一种费用更低、更快速和安全的跨境支付方式来处理全球范围的企业对企业的交易。相比之下,传统的跨境支付需要等待 3~5 天,并支付 1‰~3‰ 的交易费用。Visa 还联合 Coinbase 推出了首张比特币借记卡,花旗银行则在区块链上测试运行加密货币"花旗币"。

2022 年 8 月,全国首例数字人民币穿透支付业务在雄安新区成功落地,实现了数字人民币在新区区块链支付领域应用场景的新突破。

2. 物流领域

区块链和物流领域可以天然结合。通过区块链可以降低物流成本,追溯物品的生产和运送过程,并且提高供应链管理的效率。物流领域被认为是区块链一个很有前景的应用方向。

区块链通过节点连接的散状网络分层结构,能够在整个网络中实现信息的全面传递,并能够检验信息的准确程度。这种特性一定程度上提高了物联网交易的便利性和智能化。区块链+大数据的解决方案就利用了大数据的自动筛选过滤模式,在区块链中建立信用资源,可双重提升交易的安全性,并提高物流交易便利程度,为智能物流模式应用节约时间成本。区块链节点具有十分自由的进出能力,可独立地参与或离开区块链体系,不对整个区块链体系造成任何干扰。区块链+大数据解决方案利用了大数据的整合能力,使物流基础用户拓展更具有方向性,便于在智能物流的分散用户之间实现用户拓展。

3. 公共服务领域

区块链在公共管理、能源、交通等领域都与民众的生产生活息息相关,但是这些领域的中心化特质也带来了一些问题,可以用区块链来改造。区块链提供的去中心化的完全分布式 DNS 服务通过网络中各个节点之间的点对点数据传输服务能实现域名的查询和解析,可用于确保某个重要的基础设施的操作系统和固件没有被篡改,可以监控软件的状态和完整性,发现不良的篡改,并确保使用了物联网技术的系统所传输的数据没有被篡改。

4. 数字版权领域

通过区块链技术,可以对作品进行鉴权,证明文字、视频、音频等作品的存在,保证权属的真实、唯一。作品在区块链上被确权后,后续的相关交易都会进行实时记录,实现数字版权全生命周期管理,也可作为司法取证中的技术性保障。例如,美国纽约一家创业公司 Mine Labs 开发了一个基于区块链的元数据协议,这个名为 Mediachain 的系统利用 IPFS 文件系统,实现数字作品版权保护,主要是面向数字图片的版权保护应用。

5. 保险领域

在保险理赔方面,保险机构负责资金归集、投资、理赔,管理和运营成本往往较高。通过智能合约的应用,既无须投保人申请,也无须保险公司批准,只要触发理赔条件,实现保单自动理赔。一个典型的应用案例就是 LenderBot,是 2016 年由德勤、区块链企业 Stratumn 与支付服务商 Lemonway 合作推出,它允许人们通过 Facebook Messenger 的聊天功能,注册定制化的微保险产品,为个人之间交换的高价值物品进行投保,而区块链在贷款合同中代替了第三方角色。

6. 公益领域

区块链上存储的数据高可靠且不可篡改,天然适合用于社会公益场景。公益流程中的相关信息,如捐赠项目、募集明细、资金流向、受助人反馈等,均可以存放于区块链上,并且有条件地进行透明公开公示,方便社会监督。

◆ 5.6 数 字 孪 生

5.6.1 数字孪生基本概念 背景知识

所谓数字孪生(digital twin),是现实世界中的产品、系统或变化过程在信息化平台中的数字化表示。数字孪生使人们可以在信息化平台当中实现实验模拟、技术集成、产品测试、性能监控等实际用途。简而言之,数字孪生是实体对象的虚拟模型。由实体对象上的传感器产生实时数据,再经过计算机的分析处理,人们可以在计算机上模拟实体对象活动。从工厂批量生产出的某个零部件到完整而复杂的社会系统,数字孪生技术已经可以复制出许多现实世界中的物品。数字孪生技术在企业生产活动中扮演着重要的角色。企业管理者能够随时监视手下资产的性能,提前获知设备潜在的故障,为产品的维护升级做出更明智的决策。

数字孪生的概念起源较早,而该技术的首次成功运用是源于 2010 年前后美国宇航局为改进航天器物理模型的仿真实验所做出的一次尝试。这项技术的诞生是人类产品设计和工程实践活动发展改进的必然结果,是继手工制图向计算机辅助设计转型之后的新跨越。

数字孪生技术与物联网的概念关系密切,它借助各种传感器,采集产品的角度、速度、受到的压力等实时信息,再经过以人工智能、机器学习为基础的软件分析,最后在信息化平台上创造出对现实实体对象的数字化模拟(图 5-21)。

数字孪生需要综合使用多项技术来提供资产的数字模型,以下是其最关键的技术。

1. 物联网

物联网指互联设备的集合网络,以及促进设备与云之间以及设备自身之间通信的技术。数字孪生依靠物联网传感器数据将信息从真实世界的物体传输到数字世界的物体。将数据输入软件平台或控制面板中,用户可以在其中实时查看数据更新。

2. 人工智能和机器学习

人工智能是致力于解决通常与智能相关联的认知性问题的计算机科学领域,这些问题包括学习、问题解决和模式识别等。机器学习是一种开发统计模型和算法的人工智能技术,使计算机系统在没有明确指令的情况下依靠既有模式和推理来执行任务。数字孪生技术使用机器学习算法来处理大量传感器数据并识别数据模式。人工智能和机器学习(AI/ML)提供有关性能优化、维护、排放输出和效率的数据分析。

3. 实时性处理

虽然数字孪生和软件模拟都是基于虚拟模型的模拟,但它们存在一些关键差异。软件模拟通常用于设计,在某些情况下还用于离线优化。设计人员将更改用于模拟的输入,以观

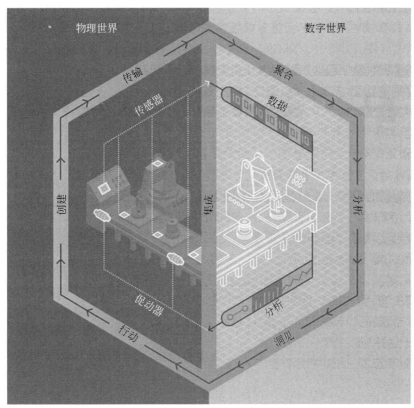

图 5-21　数字孪生

察假设情景。数字孪生面对的则是复杂的虚拟环境,设计人员需要与之频繁交互并实时更新。数字孪生的交互规模更大,因此应用更广泛。

5.6.2　数字孪生的典型应用　　应知应会

许多行业开始越来越多地使用数字孪生来构建其真实世界系统的虚拟表示,典型的应用领域如下。

1. 建筑行业

建筑施工团队创建数字孪生,以更好地规划住宅、商业和基础设施项目,同时实时了解现有项目的进展情况。建筑师还通过将建筑物的三维建模与数字孪生技术相结合,将数字孪生作为其项目规划的一部分。商业楼宇管理人员使用数字孪生监控房间和开放空间的实时和历史温度、入住率以及空气质量数据,来提高住户的舒适度。

2. 制造业

从设计和规划到维护现有设施,在整个制造生命周期中都可以使用数字孪生。借助数字孪生原型,用户可以随时监控设备并分析性能数据,以显示特定部分或整个工厂的运行情况。

3. 能源行业

数字孪生广泛应用于能源领域,以支持战略项目规划,优化现有资产(如海上设施、炼油设施、风电场和太阳能项目)的性能和生命周期。

4. 汽车行业

汽车行业使用数字孪生来创建车辆的数字模型。数字孪生可以让人们深入了解车辆的物理行为以及软件、机械和电气模型。这是预测性维护非常有价值的另一个领域,因为数字孪生可以在发现组件性能问题时向服务中心或用户发出警报。

5. 医疗保健行业

医疗保健行业曾在多个实例中使用数字孪生。这些实例包括构建整个医院、其他医疗机构、实验室和人体的虚拟孪生,对器官进行建模,并运行模拟以显示患者对特定治疗的反应。

◇ 5.7　机器人流程自动化

5.7.1　机器人流程自动化的基本概念　　　背景知识

机器人流程自动化(Robotic Process Automation,RPA)是以软件机器人及人工智能为基础的业务过程自动化技术,也被称为软件机器人。

在传统的工作流自动化技术工具中,会由程序员产生自动化任务的动作列表,并且会用内部的应用程序接口(Application Programming Interface,API)或是专用的脚本语言作为与后台系统之间的接口。相比之下,机器人流程自动化会监视使用者在应用软件中图形用户界面(Graphical User Interface,GUI)中所进行的工作,并且直接在 GUI 上自动重复这些工作。RPA 可以减少在产品中使用自动化的阻碍,因为大部分的软件设计极少以此为目的专门提供 API。

在技术上,机器人流程自动化工具(图 5-22)类似于图形用户界面测试工具。这些测试工具还可以自动与图形用户界面进行互动,并且通过重复用户执行的一组演示操作来实现。而机器人流程自动化工具的不同点在于,它可以同时操作多个不同的应用程序甚至在它们之间进行数据的交换。例如,在接收电子邮件的同时下载附件当中的付款单、提取其中的信息并录入台账系统中。

手动操作　→　创建事务处理流程　→　由机器人复制流程　→　人工消除异常　→　生成自动处理结果

图 5-22　机器人流程自动化工具

不难看出,使用 RPA 来取代由人工操作的流程可以降低人工成本,提高操作的速度、准确性和一致性,提高生产质量,体现高可扩展性。RPA 还可以提供额外的安全性保障,特别是当操作对象是敏感数据或金融服务时。

由机器取代人工处理某些单调却耗时的工作,这个概念以截取屏幕的形式存在了很长时间,甚至可以追溯到早期的某些恶意软件。然而,RPA 的可扩展性要高得多,涉及包括其他企业应用程序的 API、与 ITSP 系统的连接器、终端服务建立连接,甚至调用某些类型的人工智能、机器学习服务来实现诸如图像识别的功能。从某种意义上讲,RPA 被认为是一项重大的技术进步,因为新的软件平台正在出现,这些平台足够成熟、有弹性、可扩展和可靠,使这种方法可以应用于实际生产环境。

5.7.2　机器人流程自动化的典型应用　　　　　　　　　　　应知应会

1. 银行和金融行业的自动化处理

从国内多家银行的报告可以了解到,机器人流程自动化的生产环境部署和流程开发正在逐步推进,大幅提升了流程易用性及员工工作效率。

现已实现 RPA 的典型场景可以根据银行所下辖的四大部门进行分类。

(1) 客服部主要利用 RPA 实现数据的查询提取,报表下载,语音下载、提取、加工,形成报表后数据加工、转存与发送等自动化业务运作。

(2) 电话销售部承接了内部消金、中收、获客等业务的外呼营销业务,并且运营过程涉及大量的报表统计、输出等工作,所以除了利用 RPA 进行数据整理及加工外,还通过智能辅助机器人,用以辅助座席执行多系统一键登录、信息检索及提取等。

(3) 运营管理部通过 RPA 代替人工在争议外卡组织表单中进行处理及报表统计等。

(4) 销售部涉及大量的数据加工、统计分析及系统录入,操作频次从每日、每周到季度、年度,通过 RPA 可以实现数据报表整理的自动化,大幅提升数据的准确性和时效性。

2. 银行贷款审批流程的自动化处理

某银行由于针对客户的信用审核较为严格,涉及支行、分行在内的众多部门协同,且共享中心系统集成度较低,大量重复环节严重降低了审批效率。此外,审批流程中关于客户的任何资料错漏均会导致申请退回原始操作流程,严重耽误客户的时间,产生非常不好的体验。

该银行借助 RPA 使客户只需要使用银行客户端就能提交贷款业务的相关资料,客户端系统可以自动审核客户的申请资料,支行系统审核通过的客户并出具调查报告,审核通过的资料和调查报告将传输至分行进行真实性审核,分行再将审核通过的资料传至财务共享中心,并利用 RPA 进行初审。初审根据客户所有的申请资料进行审核及授信确认、合规性审核,初审通过的项目将签订合同,最后进行 RPA 终审,包括风险审核及放款审核,再进行分行放款。

初审和终审会将系统审核出现问题的申请重新在人工审核处进行审核,审核通过后方可进入下一步程序。增加自动化流程的使用可以提高企业自动化系统的集成度,为客户和后续的工作提供便利。

当客户资料出现错误时,客户可以直接在客户端重新提交或修改。在同一银行的系统中,客户可以使用客户端及时补录相关资料。

3. 国家电网的网络设备的自动化巡查

国网陕西信通公司在报告中指出,该公司利用 RPA 对全省 300 多台网络设备执行自动巡检,每隔 45 分钟自动循环启动生成巡检报告,并利用 RPA 技术联动短信平台发送告警信息。RPA 应用还涉及自动编写告警规则库,对告警进行合并和查重,避免短信频繁发送影响运维人员判断,导致费用浪费。经过测验,整个网络告警的处理时间可达到毫秒级,处置效率较以往提升了 3 倍多,真正达到了公司信息运维事件管理的"三个一"目标(发现 1 分钟、定位 1 刻钟、处置 1 小时)。

◆ 5.8　概率论与数理统计

法国数学家、天文学家皮埃尔·西蒙·拉普拉斯(Pierre-Simon-Laplace)曾说过："我们看到,概率论实际上只是将常识归结为计算,它使我们能够用理性的头脑精确地评价某种直觉所感受到的,往往又不能解释清楚的见解……引人注意的是,概率论这门起源于对机会游戏进行思考的科学,早就应该成为人类知识中最重要的组成部分……生活中那些最重要的问题绝大部分只是概率论的问题。人生中最重要的问题,在绝大多数情况下,真的就只是概率问题。"拉普拉斯在这段话中强调了概率论在理解常识、评估直觉和解释见解方面的重要性。他认为,概率论实际上是将常识转化为可计算的形式,使人们能够以理性的方式精确评估直觉所感受到的信息,尤其是那些常常难以清楚解释的见解。拉普拉斯认为生活中的许多重要问题实际上只是概率论的问题。因此,了解概率论与数理统计的基础知识能够让人们更好地理解和处理生活工作中遇到的不确定性,从而在决策和推断中做出更明智的决定。

数字时代下,数据成为重要资源,能够创造价值。因此,掌握必要的概率统计知识、理解数据背后的规律、形成计算思维,是数字素养的重要组成部分。

5.8.1　概率论的基本知识　　　　　　　　　　　　　　　　应知应会

1. 有限样本空间和随机事件的基本概念

(1)随机试验。

一般把随机现象的实现和对它的观察称为随机试验(random trial),简称试验,常用字母 E 表示。人们感兴趣的是具有以下特点的随机试验:

① 试验可以在相同条件下重复进行;

② 试验的所有可能结果是明确可知的,并且不止一个;

③ 每次试验总是恰好出现这些可能结果中的一个,但事先不能确定出现哪一个结果。

例如,抛掷一枚骰子,观察它落地时朝上面的点数。

(2)有限样本空间。

随机试验 E 的每个可能基本结果称为样本点,全体样本点的集合称为试验 E 的样本空间(sample space)。一般地,用 Ω 来表示样本空间,用 ω 表示样本点。

如果一个随机试验有 n 个可能结果 $\omega_1,\omega_2,\cdots,\omega_n$,则称样本空间 $\Omega = \{\omega_1,\omega_2,\cdots,\omega_n\}$ 为有限样本空间。

(3)随机事件。

一般地,随机试验中的每个随机事件都可以用这个试验的样本空间的子集来表示,为了方便表示,将样本空间 Ω 的子集称为随机事件(random event),简称事件,并把只包含一个样本点的事件称为基本事件(elementary event)。随机事件一般用大写字母 $A,B,C,\cdots$ 表示,在每次试验中,当且仅当 A 中某个样本点出现时,称为事件 A 发生。

Ω 作为自身的子集,包含了所有的样本点,在每次试验中总有一个样本点发生,所以 Ω 总会发生,称 Ω 为必然事件。而空集∅不包含任何一个样本点,在每次试验中都不会发生,称∅为不可能事件。必然事件与不可能事件不具有随机性,为了方便统一处理,将必然事件和不可能事件作为随机事件的两个极端情形。这样,每个事件都是样本空间 Ω 的一个子集。

例如,抛掷一枚质地均匀的骰子,判断掷出的点数是否为奇数,定义事件 $A=$"掷出的点数是奇数",事件 A 是一个可能发生也可能不发生的随机事件,可描述为 $A=\{1,3,5\}$,它是样本空间 $\Omega=\{1,2,3,4,5,6\}$ 的一个子集。

2. 事件的关系和运算

在一个随机试验中可以定义很多随机事件,这些事件有的简单,有的复杂。人们希望从简单事件的概率推算出复杂事件的概率,所以需要研究事件之间的关系和运算。

事实上,利用样本空间的子集表示事件,便可以利用集合的知识研究随机事件。

1)事件的关系

(1)包含关系:一般地,若事件 A 发生,则事件 B 一定发生,就称事件 B 包含事件 A(或事件 A 包含于事件 B),记作 $B \supseteq A$(或 $A \subseteq B$),可以用图 5-23 表示。

(2)相等关系:特别地,如果事件 B 包含事件 A,事件 A 也包含事件 B,即 $B \supseteq A$ 且 $A \supseteq B$,则称事件 A 与事件 B 相等,记作 $A=B$。

2)事件的运算

(1)并事件(和事件):一般地,事件 A 与事件 B 至少有一个发生,这样的一个事件中的样本点或者在事件 A 中,或者在事件 B 中,则称这个事件为事件 A 与事件 B 的并事件(或和事件),记作 $A \bigcup B$(或 $A+B$)。可以用图 5-24 阴影表示。

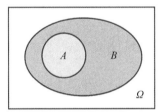

图 5-23　事件的关系

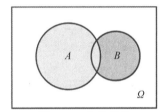

图 5-24　事件的并

(2)交事件(积事件):一般地,事件 A 与事件 B 同时发生,这样的一个事件中的样本点既在事件 A 中,也在事件 B 中,则称这个事件为事件 A 与事件 B 的交事件(或积事件),记作 $A \bigcap B$(或 AB)。可以用图 5-25 中的阴影区域表示这个交事件。

(3)差事件:一般地,事件 A 发生但事件 B 不发生,这样的一个事件中的样本点在 A 中,但是不在 B 中,则称这个事件为事件 A 与事件 B 的差事件,记作 $A-B$。可以用图 5-26 的阴影区域表示这个差事件。

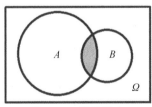

图 5-25　事件的交

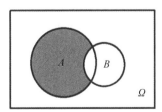

图 5-26　事件的差

(4)互斥事件:一般地,如果事件 A 与事件 B 不能同时发生,也就是说 $A \bigcap B$ 是一个不可能事件,即 $A \bigcap B=\varnothing$,则称 A、B 互斥(或互不相容)。可以用图 5-27 表示这两个事件互斥。

（5）对立事件：一般地，如果事件 A 和事件 B 在任何一次试验中有且仅有一个发生，即 $A \cup B = \Omega$，且 $A \cap B = \varnothing$，则称事件 A 与事件 B 互为对立。事件 A 的对立事件记为 $\overline{A}$，可以用图 5-28 表示。

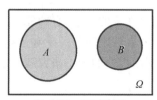

图 5-27　互斥事件

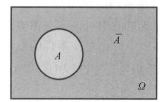

图 5-28　对立事件

类似地，可以定义多个事件的和事件以及积事件。例如，对于三个事件 A、B、C，$A \cup B \cup C$（或 $A + B + C$）发生当且仅当 A、B、C 中至少一个发生，$A \cap B \cap C$（或 ABC）发生当且仅当 A、B、C 同时发生。推广到 n 个事件 $A_1, A_2, \cdots, A_n$，$A_1 \cup A_2 \cup \cdots \cup A_n$（或 $A_1 + A_2 + \cdots + A_n$）发生当且仅当 $A_1, A_2, \cdots, A_n$ 中至少一个发生，$A_1 \cap A_2 \cap \cdots \cap A_n$（或 $A_1 A_2 \cdots A_n$）发生当且仅当 $A_1, A_2, \cdots, A_n$ 同时发生。

3）事件的运算律

（1）$A \cup B = B \cup A, A \cap B = B \cap A$。

（2）$A \cup (B \cup C) = A \cup B \cup C, A \cap (B \cap C) = (A \cap B) \cap C$。

（3）$A \cap (B \cup C) = (AB) \cup (AC), A \cup (B \cap C) = (A \cup B) \cap (A \cup C)$。

（4）$A \cup B = A + \overline{A}B, B = AB + \overline{A}B$。

（5）德摩根公式：$\overline{A \cup B} = \overline{A} \cap \overline{B}, \overline{A \cap B} = \overline{A} \cup \overline{B}$。

3. 频率与概率

1）频率的概念

频率是指在试验中某一事件出现的次数 n 与试验总次数 N 的比值即 $\dfrac{n}{N}$ 称为事件发生的频率。

2）频率的稳定性

一般地，随着试验次数 n 的增大，频率偏离概率的幅度会减小，即事件 A 发生的频率 $f_n(A)$ 会稳定于事件 A 发生的概率 $P(A)$，频率的这个性质称为频率的稳定性。

3）概率的概念

在历史上，为了更好地刻画随机事件的概率，人们提出了多种概率定义，其中著名数学家柯尔莫哥洛夫于 1933 年提出的概率公理化定义最为成熟。这个定义概括了历史上几种概率定义的共有特性，即不管何种随机现象，只要某函数（以事件 A 为自变量）满足定义中的三条公理，就称它为概率。这个定义给予了概率论严格的数学基础，并使得概率论的研究方法和结果能用于其他科学领域。这一公理化体系迅速得到举世公认，是概率论发展史上的一个里程碑。有了这个公理化定义后，概率论得到了跨越性的发展。

（1）概率的定义。

设随机试验的样本空间为 Q，其事件域为 F，对每个事件 $A \subseteq F$，定义一个实数 $P(A)$

与之对应。如果它满足下列三条公理,则称集合函数 $P(A)$ 为事件 A 的概率。

公理 1(非负性):对任意事件 A,$P(A) \geqslant 0$。

公理 2(规范性):对必然事件 Ω,$P(\Omega) = 1$。

公理 3(可数可加性):对任意可数个两两互斥的事件 A_1,A_2,$\cdots$,A_i,$P\left(\bigcup_{i=1}^{\infty} A_i\right) = \sum_{i=1}^{\infty} P(A_i)$。

对随机事件发生可能性大小的度量(数值)称为事件的概率(probability),事件 A 的概率用 $P(A)$ 表示。

(2) 概率的性质。

由概率的上述定义,可以推得概率的一些重要性质。

性质 1:$P(\varnothing) = 0$。

证明:因为 $\varnothing = \varnothing \cup \varnothing \cup \cdots \varnothing \cup \varnothing \cup \cdots$,且不可能事件之间两两互斥,则由公理 3 有

$$P(\varnothing) = P(\varnothing) + \cdots + P(\varnothing) + \cdots$$

又由公理 1 有 $P(\varnothing) \geqslant 0$,因此有 $P(\varnothing) \geqslant 2P(\varnothing)$,$P(\varnothing) \leqslant 0$,故必有 $P(\varnothing) = 0$。

性质 2:若 A_1,A_2,$\cdots$,A_n 两两互斥,则 $P\left(\bigcup_{i=1}^{n} A_i\right) = \sum_{i=1}^{n} P(A_i)$。

证明:因为 $\bigcup_{i=1}^{n} A_i = \bigcup_{i=1}^{n} A_i \cup \varnothing \cup \varnothing \cup \cdots$,利用公理 3 和性质 1 有

$$P\left(\bigcup_{i=1}^{n} A_i\right) = P\left(\bigcup_{i=1}^{n} A_i \cup \varnothing \cup \varnothing \cup \cdots\right) = P(A_1) + \cdots + P(A_n) + P(\varnothing) + \cdots$$
$$= \sum_{i=1}^{n} P(A_i)$$

性质 3:对任意事件 A,有 $P(A) = 1 - P(\overline{A})$。

证明:因为 $A \cup \overline{A} = \Omega$,$A\overline{A} = \varnothing$,所以 $1 = P(\Omega) = P(A \cup \overline{A}) = P(A) + P(\overline{A})$,移项得 $P(A) = 1 - P(\overline{A})$。

有些事件直接计算其概率较为困难,但可能计算其对立事件的概率相对比较容易,对于此类事件就可以利用性质 3 计算其概率。

性质 4:对任意事件 A、B,有 $P(A-B) = P(A) - P(AB)$。特别地,若 $B \subset A$,则 $P(AB) = P(B)$,即有 $P(A-B) = P(A) - P(B)$,又由于 $P(A-B) \geqslant 0$,所以 $P(B) \leqslant P(A)$。

证明:因为 $A = (A-B) \cup AB$ 且 $(A-B) \bigcap AB = \varnothing$,所以由性质 2 有

$$P(A) = P((A-B) \cup AB) = P(A-B) + P(AB)$$

移项即得 $P(A-B) = P(A) - P(AB)$。特别地,若 $B \subset A$,则 $P(AB) = P(B)$,即有 $P(A-B) = P(A) - P(B)$,又由于 $P(A-B) \geqslant 0$,所以 $P(B) \leqslant P(A)$。

性质 5:对任意事件 A,$P(A) \leqslant 1$。

证明:因 $A \subset \Omega$,由性质 4 即得 $P(A) \leqslant P(\Omega) = 1$。

性质 6:对任意事件 A、B,有 $P(A \cup B) = P(A) + P(B) - P(AB)$。

证明:因为 $A \cup B = (A-B) \cup B$,且 $(A-B)B = \varnothing$,由性质 2 和性质 4 有

$$P(A \cup B) = P(A-B) + P(B) = P(A) - P(AB) + P(B)$$

性质 6 称为概率的广义加法公式,该性质可以推广到多个事件。设 $A_1,A_2,\cdots,A_n$ 是任意 n 个事件,则有

$$P(A_1 \bigcup A_2 \bigcup \cdots \bigcup A_n) = \sum_{i=1}^{n} A_i - \sum_{1 \leqslant i < j \leqslant n} P(A_i A_j) + \sum_{1 \leqslant i < j < k \leqslant n} P(A_i A_j A_k) + \cdots + (-1)^{n+1} P(A_1 A_2 \cdots A_n)$$

特别地,对任意事件 A、B、C,有

$$P(A \bigcup B \bigcup C) = P(A) + P(B) + P(C) - P(AB) - P(AC) - P(BC) + P(ABC)。$$

4. 两个简单的概率模型

1) 古典概型

(1) 古典概型的定义。

古典概型具有如下共同特征。

① 有限性:样本空间的样本点只有有限个。

② 等可能性:每个样本点发生的可能性相等。

一般称具有以上两个特征的试验称为古典概型试验,其数学模型称为古典概型模型,简称古典概型。

(2) 求古典概型的公式。

一般地,设试验 E 是古典概型,样本 Ω 包含 n 个样本点,事件 A 包含其中的 k 个样本点,则定义事件 A 的概率为

$$P(A) = \frac{k}{n} = \frac{n(A)}{n(\Omega)}$$

其中,$n(A)$ 和 $n(\Omega)$ 分别表示事件 A 和样本空间 Ω 包含的样本点个数。

(3) 求解古典概型问题的一般思路。

① 明确试验的条件及要观察的结果,用适当的符号(字母、数字、数组等)表示试验的可能结果;

② 根据实际问题情境判断样本点的等可能性;

③ 计算样本点总数及事件 A 包含的样本点个数,求出利用古典概型公式事件 A 的概率。

例 1 抛掷两枚质地均匀的骰子(标记为Ⅰ号和Ⅱ号),观察两枚骰子分别可能出现的基本结果。

(a) 写出这个试验的样本空间,并判断这个试验是否为古典概型;

(b) 求下列事件的概率。

$A = $"两个点数之和是 6";

$B = $"两个点数相等";

$C = $"Ⅰ号骰子的点数大于Ⅱ号骰子的点数"。

解:(a)抛掷一枚骰子有 6 种等可能的结果,Ⅰ号骰子的每一个结果都可与Ⅱ号骰子的任意一个结果配对,组成掷两枚骰子试验的一个结果。用数字 m 表示Ⅰ号骰子出现的点数,数字 n 表示Ⅱ号骰子出现的点数,则数组 (m,n) 表示这个试验的一个样本点。因此该试验的样本空间

$$\Omega = \{(m,n) \mid m,n \in \{1,2,3,4,5,6\}\}$$

其中,共有 36 个样本点。

由于骰子的质地均匀,所以各个样本点出现的可能性相等,因此这个试验是古典概型。

(b) 因为 $A=\{(1,5),(2,4),(3,3),(4,2),(5,1)\}$,所以,$n(A)=5$,从而

$$P(A)=\frac{n(A)}{n(\Omega)}=\frac{5}{36};$$

因为 $B=\{(1,1),(2,2),(3,3),(4,4),(5,5),(6,6)\}$,所以,$n(B)=6$,从而

$$P(B)=\frac{n(B)}{n(\Omega)}=\frac{6}{36}=\frac{1}{6};$$

因为 $C=\{(2,1),(3,1),(3,2),(4,1),(4,2),(4,3),(5,1),(5,2),(5,3),(5,4),(6,1),(6,2),(6,3),(6,4),(6,5)\}$,所以,$n(C)=15$,从而

$$P(C)=\frac{n(C)}{n(\Omega)}=\frac{15}{36}=\frac{5}{12}$$

2) 几何概型

(1) 几何概型的定义。

如果每个事件发生的概率只与构成该事件区域的长度(或者面积、体积、度数)成比例,则称这样的概率模型为几何概率模型,简称为几何概型。

对于一个随机试验,可以将每个基本事件理解为从某个特定的几何区域内随机地取一点,该区域中每一个点被取到的机会都一样;而一个随机事件的发生则可以理解为恰好取到上述区域内的某个指定区域中的点,这里的区域可以是线段、平面图形、立体图形等。用这种方法处理随机试验,称为几何概型。

(2) 几何概型的特点。

① 无限性:试验中所有可能出现的基本事件(结果)有无限多个。

② 等可能性:每个基本事件出现的可能性相等。

例 2　如图 5-29 所示,取一个边长为 $4a$ 的正方形及其内切圆,随机向正方形内丢一粒豆子。求豆子落入圆内的概率。

解:记"豆子落入圆内"为事件 A,因为是随机丢豆子,所以豆子落入正方形内的任一点的机会是均等的,故这是一个几何概型

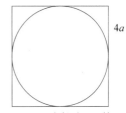

图 5-29　边长为 $4a$ 的正方形及其内切圆

$$P(A)=\frac{内切圆面积}{正方形面积}=\frac{4\pi a^2}{16a^2}=\frac{\pi}{4}$$

所以,豆子落入圆内的概率为 $\frac{\pi}{4}$。

5. 事件独立性

1) 独立性的定义

对任意两个事件 A 与 B,如果

$$P(AB)=P(A)P(B)$$

成立,则称事件 A 与事件 B 相互独立,简称独立。

2) 独立性的理解

事件独立性就是指一个事件的发生不影响另一个事件的发生。例如,在掷两颗骰子的试验中,记事件 A 为"第一颗骰子的点数为 1",记事件 B 为"第二颗骰子的点数为 4",则显

然 A 与 B 的发生是互相不影响的。

从概率的角度看,如果事件 A 与 B 的发生是互相不影响的,则有 $P(A|B)=P(A)$ 和 $P(B|A)=P(B)$,它们都等价于 $P(AB)=P(A)P(B)$。

由两个事件相互独立的定义,容易验证必然事件 Ω、不可能事件 $\varnothing$ 都与任意事件相互独立。这是因为必然事件 Ω 总会发生,不会受任何事件是否发生所影响;同样,不可能事件 $\varnothing$ 总不会发生,也不受任何事情是否发生所影响。当然,它们也不影响其他事件是否发生。

例如,分别抛掷两枚质地均匀的硬币,设事件 $A=$"第 1 枚正面朝上",事件 $B=$"第 2 枚正面朝上",则事件 A、B 相互独立。

5.8.2　条件概率与全概率 应知应会

1. 条件概率的概念

条件概率是概率论中一个既重要又应用广泛的概念。

1) 条件概率的定义

一般地,设 A、B 为两个随机事件,且 $P(A)>0$,则称

$$P(B|A)=\frac{P(AB)}{P(A)}$$

为在事件 A 发生的条件下,事件 B 发生的概率,简称条件概率。

有条件概率的定义,对任意两个事件 A 与 B,若 $P(A)>0$,则

$$P(AB)=P(A)P(B|A)$$

称上式为概率的乘法公式。

2) 条件概率的性质

条件概率只是缩小了样本空间,因此条件概率同样具有概率的性质,满足概率的公理化定义的三条基本性质,即非负性、规范性和可数可加性。设 $P(B)>0$。

(1) 非负性公理:对于任意事件 A,总有 $P(A|B)\geqslant 0$。

(2) 规范性公理:$P(\Omega|B)=1$。

(3) 可数可加性公理:若 $A_1,A_2,\cdots,A_i$ 为两两互不相容的一组事件,则有 $P\left(\bigcup_{i=1}^{\infty} A_i \mid B\right)=\sum_{i=1}^{\infty}P(A_i \mid B)$。

例 3　银行储蓄卡的密码由 6 位数字组成,某人在银行自助取款机上取钱时,忘记了密码的最后 1 位数字。

(a) 任意按最后 1 位数字,不超过 2 次就按对的概率。

(b) 如果记得密码的最后 1 位是奇数,不超过 2 次就按对的概率。

分析:最后 1 位密码"不超过 2 次就按对"等价于"第 1 次按对,或者第 1 次按错但第 2 次按对"。因此,可以先把复杂事件用简单事件表示,再利用概率的性质求解。

解:(a) 设 $A_i=$"第 i 次按对密码"$(i=1,2)$,则事件"不超过 2 次就按对密码"可表示为 $A=A_1\bigcup \overline{A}_1 A_2$,事件 A_1 与事件 $\overline{A}_1 A_2$ 互斥,由概率的加法公式及乘法公式,得

$$P(A)=P(A_1)+P(\overline{A}_1 A_2)=P(A_1)+P(\overline{A}_1)P(A_2|\overline{A}_1)=\frac{1}{10}+\frac{9}{10}\times\frac{1}{9}=\frac{1}{5}$$

因此,任意按最后 1 位数字,不超过 2 次就按对的概率为 $\dfrac{1}{5}$。

(b) 设 $B=$ 最后 1 位密码为奇数,则

$$P(A|B)=P(A_1|B)+P(\overline{A}_1 A_2|B)=\dfrac{1}{5}+\dfrac{4\times 1}{5\times 4}=\dfrac{2}{5}$$

因此,如果记得密码的最后 1 位是奇数,不超过 2 次就按对的概率为 $\dfrac{2}{5}$。

2. 全概率公式

为了计算复杂事件的概率,人们经常把一个复杂事件分解为若干个互斥的简单事件的和,通过分别计算这些简单事件的概率,来求复杂事件的概率,在这种做法中全概率公式起着非常重要的作用。

1) 全概率公式

一般地,设 $A_1,A_2,\cdots,A_n$ 是一组两两互斥的事件,$A_1\bigcup A_2\bigcup\cdots\bigcup A_n=\Omega$,且 $P(A_i)>0,i=1,2,\cdots,n$,则对任意的事件 $B\subseteq\Omega$,有

$$P(B)=\sum_{i=1}^{n}P(A_i)P(B\mid A_i)$$

称上面的公式为全概率公式,全概率公式是概率论中最基本的公式之一。

特别地,当 $n=2$ 时,记 $A_1=A,A_2=\overline{A}$,则有最简单的全概率公式

$$P(B)=P(A)P(B|A)+P(\overline{A})P(B|\overline{A})$$

例 4　某学校有 A、B 两家餐厅,王同学第 1 天午餐时随机地选择一家餐厅用餐。如果第 1 天去 A 餐厅,那么第 2 天去 A 餐厅的概率为 0.7;如果第 1 天去 B 餐厅,那么第 2 天去 A 餐厅的概率为 0.9。计算王同学第 2 天去 A 餐厅用餐的概率。

分析:第 2 天去哪家餐厅用餐的概率受第 1 天在哪家餐厅用餐的影响,可根据第 1 天可能去的餐厅,将样本空间表示为"第 1 天去 A 餐厅"和"第 1 天去 B 餐厅"两个互斥事件的并集,利用全概率公式求解。

解:设 $A_1=$ 第 1 天去 A 餐厅用餐,$B_1=$ 第 1 天去 B 餐厅用餐,$A_2=$ 第 2 天去 A 餐厅用餐,则,且 A_1 与 B_1 互斥。根据题意得:

$$P(A_1)=P(B_1)=0.5,P(A_2|A_1)=0.7,P(A_2|B_1)=0.9$$

由全概率公式,得:

$$P(A_2)=P(A_1)P(A_2|A_1)+P(B_1)P(A_2|B_1)=0.5\times 0.7+0.5\times 0.9=0.8$$

因此,王同学第 2 天去 A 餐厅用餐的概率为 0.8。

2) 贝叶斯(Bayes formula)公式

设 $A_1,A_2,\cdots,A_n$ 是一组两两互斥的事件,$A_1\bigcup A_2\bigcup\cdots\bigcup A_n=\Omega$,且 $P(A_i)>0,i=1,2,\cdots,n$,则对任意的事件 $B\subseteq\Omega$,有

$$P(A_i\mid B)=\dfrac{P(A_i)P(B\mid A_i)}{P(B)}=\dfrac{P(A_i)P(B\mid A_i)}{\sum\limits_{k=1}^{n}P(A_k)P(B\mid A_k)},i=1,2,\cdots,n$$

例 5　有三个箱子,分别编号为 Ⅰ、Ⅱ、Ⅲ,其中 Ⅰ 号箱装有 1 个红球和 4 个白球,Ⅱ 号箱装有 2 个红球和 3 个白球,Ⅲ 号箱装有 3 个红球,这些球除颜色外完全相同。某人先从三箱中任取一箱,再从中任意摸出一球,发现是红球,求该球分别取自 Ⅰ、Ⅱ、Ⅲ 号箱的概率。

分析：全概率问题需要求出每一种情况下的条件概率，然后用全概率公式求出取出的球是红球的概率，再利用条件概率公式即可。

解：设事件 B_i 表示"球取自 i 号箱"（$i=$Ⅰ，Ⅱ，Ⅲ），事件 A 表示"取得红球"。

显然有 $P(A|B_1)=\dfrac{1}{5}$，$P(A|B_2)=\dfrac{2}{5}$，$P(A|B_3)=1$。

由全概率公式，可得，$P(A)=P(B_1)P(A|B_1)+P(B_2)P(A|B_2)+P(B_3)P(A|B_3)=\dfrac{8}{15}$。

再有条件概率及贝叶斯公式知

$$P(B_1 \mid A)=\frac{P(B_1A)}{P(A)}=\frac{P(B_1)P(A \mid B_1)}{P(A)}=\frac{1}{8}$$

$$P(B_2 \mid A)=\frac{P(B_2A)}{P(A)}=\frac{P(B_2)P(A \mid B_2)}{P(A)}=\frac{1}{4}$$

$$P(B_3 \mid A)=\frac{P(B_3A)}{P(A)}=\frac{P(B_3)P(A \mid B_3)}{P(A)}=\frac{5}{8}$$

因此，该球取自Ⅰ、Ⅱ、Ⅲ号箱的概率分别为 $\dfrac{1}{8}$、$\dfrac{1}{4}$、$\dfrac{5}{8}$。

5.8.3　随机变量及其分布

1. 随机变量及分布函数的概念

1）随机变量的概念　　　　　　　　　　　　　　　　　　　　　**应知应会**

（1）随机变量的引入。

有些随机试验的样本点与数值有关系，可以直接与实数建立对应关系。例如，掷一枚骰子，用实数 m（$m=1,2,3,4,5,6$）表示"掷出的点数为 m"；又如，掷两枚骰子，样本空间 $\Omega=\{(x,y)|x,y=1,2,\cdots,6\}$，用 $x+y$ 表示"两枚骰子的点数之和"，样本点 (x,y) 就与实数 $x+y$ 对应。

有些随机试验的样本点和数值没有直接关系，根据问题需要为每个样本点指定一个数值。例如，随机抽取一件产品，有"抽到次品"和"抽到正品"两种可能结果，它们与数值无关。如果"抽到次品"用 1 表示，"抽到正品"用 0 表示，即定义

$$X=\begin{cases}1, & \text{抽到次品} \\ 0, & \text{抽到正品}\end{cases}$$

那么这个试验的样本点与实数就建立了对应关系。

对于任何一个随机试验，总可以把它的每个样本点与一个实数对应，即通过引入一个取值依赖于样本点的变量 X，来刻画样本点和实数的对应关系，实现样本点的数量化。因为随机试验中样本点的出现具有随机性，所以变量 X 的取值也具有随机性。

（2）随机变量定义。

一般地，对于随机试验样本空间 Ω 中每个样本点 ω，都有唯一的实数 $X(\omega)$ 与之对应，称 $X(\omega)$ 为随机变量（R.V.）。

随机变量不同于普通意义下的变量，它是由随机试验的结果所决定的量，试验前无法预知任何值，要随情况而定，但其取值的可能性大小有确定的统计规律性。

例如，投掷一枚硬币，可将试验结果"正面向上"用 1 表示，"反面朝上"用 0 表示；随机调

查学生的体育综合测试成绩,可将等级成绩优、良、中等、及格、不及格分别赋值 5、4、3、2、1,
等等。

2) 分布函数的概念　　　　　　　　　　　　　　　　　　　　　　　**应知应会**

不同随机变量的随机性有不同的规律,如何定量描述随机变量的特性呢?设 X 为随机
变量,对任意实数 $x\in R$,称 $F(x)=P(X\leqslant x)$ 为随机变量 X 的累积分布函数(cumulative
distribution function),简称为分布函数,记为 $X\sim F(x)$。也可以用 $F_X(x)$ 来特指这是随
机变量 X 的分布函数。

(1) 分布函数的定义。

设 X 是一个随机变量,对任意的 $x\in R$,称函数 $F(x)=P(X\leqslant x)$ 为随机变量 X 的分
布函数。

分布函数是一个普通函数,它的定义域是整个数轴,如果将 X 看成数轴上随机点的坐
标,那么 $F(x)$ 在 x 点处的函数值就表示随机点 X 落在区间 $(-\infty,x)$ 上的概率。

(2) 分布函数 $F(x)$ 的基本性质。

单调性:分布函数是单调的,即当 $x_1\leqslant x_2$ 时恒有 $F(x_1)\leqslant F(x_2)$。

有界性:对任意的 x,恒有 $F(x)\in[0,1]$,且 $\lim\limits_{x\to-\infty}F(x)=0$,$\lim\limits_{x\to+\infty}F(x)=1$。

右连续性:对任意的 x_0,恒有 $F(x_{0_+})=\lim\limits_{x\to x_{0_+}}F(x)=F(x_0)$。

2. 离散型随机变量的概率和分布列　　　　　　　　　　　　　　**应知应会**

(1) 离散型随机变量。

若随机变量的所有可能值为有限个或可以一一列举的随机变量,称为离散型随机变量。
通常用大写英文字母表示随机变量,例如 X、Y、Z;用小写英文字母表示随机变量的取值,例
如 x、y、z。

(2) 离散型随机的分布列。

一般地,设离散型随机变量 ξ 的所有可能值 $x_1,x_2,\cdots,x_n$,则称 X 取每一个值 x_i 的
概率

$$P(\xi=x_i)=p_i,i=1,2,\cdots,n$$

为 X 的概率分布列,简称分布列。

与函数的表示法类似,离散型随机变量的分布列可以用表格表示(表 5-10),也可以用
图形来表示。

表 5-10　ξ 的概率分布列

ξ	x_1	x_2	$\cdots$	x_n
P	$p(x_1)$	$p(x_2)$	$\cdots$	$p(x_n)$

(3) 离散型随机变量的分布列性质。

① $p_i\geqslant0,i=1,2,\cdots,n$;

② $p_1+p_2+\cdots+p_n=1$。

例如,掷一枚质地均匀的骰子,X 表示投掷的点数,则事件"掷出 m 点"可以表示为 $\{X=m\}(m=1,2,3,4,5,6)$。X 的分布列为 $P(X=m)=\dfrac{1}{6}$,$m=1,2,3,4,5,6$,可以用表 5-11

表示。

表 5-11　掷骰子出现各点数的分布表

X	1	2	3	4	5	6
P	$\dfrac{1}{6}$	$\dfrac{1}{6}$	$\dfrac{1}{6}$	$\dfrac{1}{6}$	$\dfrac{1}{6}$	$\dfrac{1}{6}$

也可以用图 5-30 表示。

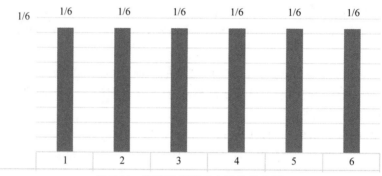

图 5-30　掷骰子出现各点数的分布图

（4）常见的离散型随机变量。

① 两点分布。　　　　　　　　　　　　　　　　　　　　　　　　应知应会

随机变量 X 只能取唯一的值 c，$P(X=c)=1$，分布函数

$$F_c(x)=\begin{cases}0, & x<c \\ 1, & x\geqslant c\end{cases}$$

例 6　一批产品中次品率为 5%，随机抽取 1 件，定义

$$X=\begin{cases}1, & \text{抽到次品} \\ 0, & \text{抽到正品}\end{cases}$$

设事件 $A=$ 抽到次品，则 $X=\begin{cases}1, & A\ \text{发生} \\ 0, & \overline{A}\ \text{发生}\end{cases}$

如果 $P(A)=p$，则 $P(\overline{A})=1-p$，那么 X 的分布如表 5-12 所示。

表 5-12　随机抽取到次品和正品的分布情况

X	0	1
P	0.05	0.95

② 二项分布。　　　　　　　　　　　　　　　　　　　　　　　　应知应会

把只包含两个可能结果的试验叫作伯努利试验。将一个伯努利试验独立地重复进行 n 次，所组成的随机试验称为 n 重伯努利试验。

在成功的概率为 p 的 n 重伯努利试验中，以 μ 记成功的次数，则 μ 的可能取值为 $0,1,\cdots,n$，$P(\mu=k)=\mathrm{C}_n^k p^k(1-p)^{n-k}$，$k=0,1,2,\cdots,n$，记作 $\mu\sim B(n,p)$。

特别地，$n=1$ 的二项分布称为两点分布。例如，将一枚质地均匀的硬币重复抛掷 10 次。

例 7　将一枚质地均匀的硬币重复抛掷 10 次,求解以下问题。

(a) 恰好出现 4 次正面朝上的概率。

(b) 正面朝上出现的频率为 $[0.5,0.6]$ 的概率。

分析:抛掷一枚质地均匀的硬币,会出现"正面朝上"和"反面朝上"两种结果且它们的可能性相等,这是一个 10 重伯努利试验。因此,正面朝上的次数服从二项分布。

解:设 $A=$ "正面朝上",则 $P(A)=0.5$。用 X 表示事件 A 发生的次数,则 $X\sim B(10,0.5)$。

恰好出现 4 次正面朝上,于是

$$P(X=4)=C_{10}^4\times0.5^{10}=\frac{210}{1024}=\frac{105}{512};$$

正面朝上出现的频率为 $[0.5,0.6]$ 等价于出现 5 次和 6 次正面朝上,于是

$$P(5\leqslant X\leqslant6)=C_{10}^5\times0.5^{10}+C_{10}^6\times0.5^{10}=\frac{462}{1024}=\frac{231}{512}$$

③ 超几何分布。　　　　　　　　　　　　　　　　　　　　　　　　**背景知识**

N 件产品中有 $M(M\leqslant N)$ 件次品,从中无放回地抽取 $n(n\leqslant N)$ 件产品,以 v 记录抽到的次品数,则 v 的可能取值为 $0,1,\cdots,\min\{n,M\}$

$$P(v=k)=\frac{C_M^k C_{N-M}^{n-k}}{C_N^n}$$

记作 $v\sim H(n,M,N)$

例如,一批零件有 30 个,其中 3 个不合格。随机抽取 10 个零件进行检测,X 表示 10 个零件中不合格的产品数。

例 8　一批零件共有 30 个,其中有 2 个不合格。随机抽取 10 个零件进行检测,求至少有 1 件不合格的概率。

解:设抽取的 10 个零件中不合格品数为 X,则 X 服从超几何分布,且 $N=30,M=2,$ $n=10$。X 的分布列为

$$P(X=k)=\frac{C_2^k C_{28}^{10-k}}{C_{30}^{10}},k=0,1,2$$

至少有 1 件不合格的概率为

$$P(X\geqslant1)=P(X=1)+P(X=2)=\frac{C_2^1 C_{28}^9}{C_{30}^{10}}+\frac{C_2^2 C_{28}^8}{C_{30}^{10}}\approx0.5632$$

也可以按如下方法求解:

$$P(X\geqslant1)=1-P(X=0)=1-\frac{C_2^0 C_{28}^{10}}{C_{30}^{10}}\approx0.5632$$

④ 泊松分布。　　　　　　　　　　　　　　　　　　　　　　　　**背景知识**

若随机变量的可能取值为一切非负整数,且 $P(\xi=k)=\frac{\lambda^k}{k!}e^{-\lambda},k=0,1,2,\cdots,\lambda>0,$ 则称 ξ 服从泊松分布,记作 $\xi\sim P(\lambda)$。

例如,在实际事例中,当一个随机事件(例如,某电话交换台收到的呼叫、来到某公共汽车站的乘客、某放射性物质发射出的粒子、显微镜下某区域中的白细胞等)以固定的平均瞬时速率 λ(或称密度)随机且独立地出现时,那么这个事件在单位时间(面积或体积)内出现

的次数或个数就近似地服从泊松分布 $P(\lambda)$。

例 9 某工厂有 80 台设备,同时坏了 3 台以上,由于只有 3 名维修工,在此种情况下,设备发生故障就会得不到及时维修。若各台设备发生故障的概率是相互独立的,且每台设备发生故障的概率 $p=0.01$,请计算在 80 台设备中 3 台以上设备同时发生故障的概率。

解: 已知故障发生次数服从泊松分布,即 $\xi \sim P(\lambda)$,先来计算 λ

$$\lambda = n \times p = 80 \times 0.01 = 0.8$$

则 3 台以上设备同时故障的概率为

$$P(x > 3) = 1 - P(\xi = 0) - P(\xi = 1) - P(\xi = 2) - P(\xi = 3) = 1 - \frac{\lambda^0}{0!}e^{-\lambda} \cdots - \frac{\lambda^3}{3!}e^{-\lambda} = 0.0091$$

⑤ 几何分布。   **背景知识**

在成功的概率为 p 的伯努利试验中,以 η 记首次成功时的试验次数,则 η 的可能取值为 $1, 2, \cdots$,则

$$P(\eta = k) = g(k, p) = q^{k-1}p, \text{记作 } \eta \sim G(p)$$

几何分布是唯一具有无记忆性的分布,即对于任意的 $k \geqslant 0, t \geqslant 0$

$$P(\eta \geqslant s+t \mid \eta \geqslant s) = \frac{P(\eta \geqslant s+t)}{P(\eta \geqslant s)} = \frac{q^{s+t-1}}{q^{s-1}} = q^t$$

例如,假设不停地掷骰子,直到得到 1 的投掷次数是随机分布的,取值范围是无穷集合 $\{1, 2, 3, \cdots\}$,并且是一个 $p = \frac{1}{6}$ 的几何分布。

例 10 一位滑雪者,不出意外从坡顶顺利滑至坡底的概率是 0.3,请算出以下情况的概率。

(a) 第一次滑雪失败,第二次滑雪成功的概率为

$$P(\eta = 2) = pq^1 = 0.3 \times 0.7 = 0.21$$

(b) 第 4 次或不足 4 次就滑雪成功的概率为

$$P(\eta \leqslant 4) = 1 - q^4 = 1 - 0.7^4 = 0.7599$$

(c) 需要滑雪 4 次以上才能获得成功的概率为

$$P(\eta > 4) = q^4 = 0.2401$$

⑥ 帕斯卡分布。   **背景知识**

在成功的概率为 p 的伯努利试验中,以 ζ 记第 r 次成功时的试验次数,则 ζ 的可能取值为 $r, r+1, \cdots$,则

$$P(\zeta = k) = C_{k-1}^{r-1}p^r q^{k-r}$$

几何分布是帕斯卡分布中当 $r=1$ 时的特例。

例 11 设某数学家有两盒火柴,每盒都有 n 根火柴,每次用火柴时,他随机地在两盒中任取一盒并从中抽出一根。求该数学家用完一盒时另一盒还有 r 根火柴的概率。

方法一: 不妨设该数学家能够看到火柴盒里的火柴且甲盒为空,则他一共在此盒里取了 n 次火柴,在乙盒里取了 $n-r$ 次火柴,且最后一次取火柴是从甲盒里取出里面最后一根。由于数学家取火柴是随机的,所以从甲盒或乙盒取一次火柴的概率相等,都是 $\frac{1}{2}$。取火柴问题即为 $2n-r$ 次重复,独立的伯努利试验中有 n 次成功、$n-r$ 次失败且最后一次试验

是成功的帕斯卡分布问题。

$$P\left(2n-r,n,\frac{1}{2}\right)=C_{2n-r-1}^{n-1}\left(\frac{1}{2}\right)^{n-1}\left(\frac{1}{2}\right)^{n-r}\left(\frac{1}{2}\right)^{1}=C_{2n-r-1}^{n-1}\left(\frac{1}{2}\right)^{2n-r}$$

由甲、乙两盒的对称性,得

$$P\{用完一盒时另一盒还有\ r\ 根火柴\}=2P\left(2n-r,n,\frac{1}{2}\right)=C_{2n-r-1}^{n-1}\left(\frac{1}{2}\right)^{2n-r-1}$$

方法二:不妨设该数学家不能看到火柴盒里的火柴且甲盒为空,则他一共在此盒里取了 $n+1$ 次火柴,在乙盒里取了 $n-r$ 次火柴,且最后一次取火柴是在已空的甲盒里又取了一次,但发现盒已空,没能取到火柴。此问题转换为 $2n-r+1$ 次重复,独立的伯努利试验中有 $n+1$ 次成功、$n-r$ 次失败且最后一次试验是成功的帕斯卡分布问题。

$$P\left(2n-r+1,n+1,\frac{1}{2}\right)=C_{2n-r}^{n}\left(\frac{1}{2}\right)^{n}\left(\frac{1}{2}\right)^{n-r}\left(\frac{1}{2}\right)^{1}=C_{2n-r}^{n}\left(\frac{1}{2}\right)^{2n-r+1}$$

再由甲、乙两盒的对称性,得

$$P\{用完一盒时另一盒还有\ r\ 根火柴\}=2P\left(2n-r+1,n+1,\frac{1}{2}\right)=C_{2n-r}^{n}\left(\frac{1}{2}\right)^{2n-r}$$

同一个问题,会产生两个答案,原因在于对何时火柴盒为空的不同理解上。不论哪种答案,都是应用了帕斯卡分布,同时还要考虑两个火柴盒的对称性问题。

3. 连续型随机变量及其概率分布列

1) 连续型随机变量定义 应知应会

若随机变量 ξ 可取某个区间或整个实数轴上的所有值,存在可积函数 $p_{\xi}(x)$ 使得,$F_{\xi}(x)=\int_{-\infty}^{x}p_{\xi}(x)\mathrm{d}x$,则 ξ 称为连续型随机变量,$p_{\xi}(x)$ 称为 ξ 的密度函数。

2) 连续型随机变量的分布列性质 应知应会

(1) $p_{\xi}(x)=F_{\xi}{}'(x)$,$\int_{-\infty}^{+\infty}p_{\xi}(x)\mathrm{d}x=1$,$p_{\xi}(x)\geqslant 0$。

(2) 若 R 上的函数 $p_{\xi}(x)$ 满足 $\int_{-\infty}^{+\infty}p_{\xi}(x)\mathrm{d}x=1$ 且 $p_{\xi}(x)\geqslant 0$,则 $F_{\xi}(x)=\int_{-\infty}^{x}P_{\xi}(x)\mathrm{d}x$ 是分布函数。

(3) $\forall x \in R$,$P(\xi=x)=F_{\xi}(x+0)-F_{\xi}(x)=0$

$$P(a\leqslant \xi < b)=F_{\xi}(b)-F_{\xi}(a)=\int_{a}^{b}p_{\xi}(x)\mathrm{d}x$$

3) 常见的连续型随机变量

(1) 均匀分布。 应知应会

密度函数 $p(x)=\begin{cases}\dfrac{1}{b-a} & a<x<b \\ 0 & 其他\end{cases}$ 定义的分布称为 $[a,b]$ 上的均匀分布,记作 $U[a,b]$,

其分布函数是 $F(x)=\begin{cases}0, & x\leqslant a \\ (x-a)(b-a), & a<x<b \\ 1, & x\geqslant b\end{cases}$。

例如,设通过某站的汽车每 10 分钟出现一辆,那么乘客候车时服从 $(0,10)$ 上的均匀分布。

例 12 设电阻值 R 是一个随机变量,均匀分布在 $900\Omega \sim 1100\Omega$。求 R 的概率密度及 R 为 $(950,1000)$ 的概率。

解: 按题意,R 的概率密度为

$$F(R) = \begin{cases} \dfrac{1}{1100-900} = \dfrac{1}{200}, & 900 < R < 1100 \\ 0, & \text{其他} \end{cases}$$

故有

$$P\{950 < R < 1000\} = \int_{950}^{1000} \frac{1}{200}\,\mathrm{d}R = \frac{1}{4}$$

(2) 正态分布。 应知应会

密度函数 $p(x) = \dfrac{1}{\sqrt{2\pi}\,\sigma}\exp\left(\dfrac{-(x-\mu)^2}{2\sigma^2}\right), \sigma > 0$ 定义的分布称为正态分布,记作 $N(\mu,\sigma^2)$,其分布函数 $F(x) = \dfrac{1}{\sqrt{2\pi}\,\sigma}\displaystyle\int_{-\infty}^{x}\exp\left(-\dfrac{(y-\mu)^2}{2\sigma^2}\right)\mathrm{d}y$。

特别地,$N(0,1)$ 称为标准正态分布,其密度函数和分布函数分别记作 $\phi(x)$ 和 $\Phi(x)$,即 $\phi(x) = \dfrac{1}{\sqrt{2\pi}}\exp\left(-\dfrac{x^2}{2}\right)$,$\Phi(x) = \dfrac{1}{\sqrt{2\pi}}\displaystyle\int_{-\infty}^{x}\exp\left(-\dfrac{y^2}{2}\right)\mathrm{d}y$。

通过积分的性质可以验证,$\Phi(-x) = 1 - \Phi(x)$。

可以验证,若 $\xi \sim N(\mu,\sigma^2)$,$\zeta = \dfrac{\xi-\mu}{\sigma} \sim N(0,1)$。

例如,若 $\xi \sim N(50,100)$,$P(\xi < 70) = P\left(\dfrac{\xi-50}{10} < \dfrac{70-50}{10}\right) = \Phi(2) = 0.97725$。

(3)(负)指数分布。 背景知识

密度函数 $p(x) = \begin{cases} \lambda \mathrm{e}^{-\lambda x}, & x \geqslant 0 \\ 0, & x < 0 \end{cases}$ 定义的分布称为指数分布,记作 $\mathrm{Exp}(\lambda)$,其分布函数 $F(x) = \begin{cases} 1-\mathrm{e}^{-\lambda x}, & x \geqslant 0 \\ 0, & x < 0 \end{cases}$。

指数分布也具有无记忆性,即若 $\xi \sim \mathrm{Exp}(\lambda)$,则对于任意的 $s \geqslant 0, t \geqslant 0$

$$P(\xi \geqslant s+t \mid \xi \geqslant s) = \frac{P(\xi \geqslant s+t)}{P(\xi \geqslant s)} = \mathrm{e}^{-\lambda t}$$

指数分布可以用来表示独立随机事件发生的时间间隔,例如,旅客进机场的时间间隔、中文维基百科新条目出现的时间间隔等。

例 13 以 d 表示某商店从早晨开始营业起直到第一个顾客到达的时间(以分钟记),分布函数为

$$F_X(x) = \begin{cases} 1-\mathrm{e}^{-0.5x}, & x > 0 \\ 0, & \text{其他} \end{cases}$$

求下述概率。

(a) 到达时间至多 3 分钟的概率。

(b) 到达时间至少 4 分钟的概率。

(c) 到达时间在 3 分钟到 4 分钟之间的概率。

（d）到达时间至多 3 分钟或者至少 4 分钟的概率。

（e）到达时间恰好为 2.5 分钟的概率。

解：

（a）$P\{X\leqslant3\}=F(3)=1-\mathrm{e}^{-1.5}$

（b）$P\{X\geqslant4\}=1-F(4)=1-1+\mathrm{e}^{-0.5\times4}=\mathrm{e}^{-2}$

（c）$P\{3\leqslant X\leqslant4\}=P\{X\geqslant3\}-P\{X\geqslant4\}$

$$=1-F(3)-1+F(4)=\mathrm{e}^{-1.5}-\mathrm{e}^{-2}$$

（d）$P\{X\leqslant3\}\bigcup P\{X\geqslant4\}=1-\mathrm{e}^{-1.5}+\mathrm{e}^{-2}$

（e）$P\{X=2.5\}=0$（无记忆性）

5.8.4   条件分布

1. 条件分布的概念

对二维随机变量(X,Y)而言，所谓随机变量 X 的条件分布，就是在给定 Y 取某个值的条件下 X 的分布。例如，记 X 为人的体重，Y 为人的身高，则 X 与 Y 之间一般有相应关系。现在如果限定 $Y=1.7(\mathrm{m})$，在这个条件下，体重 X 的分布显然与 X 的无条件分布（无此限制下体重的分布）会有很大的不同。本节将给出条件分布的定义，分为离散型和连续型两种情况分别讨论。

1）离散随机变量的条件分布

设二维随机变量(X,Y)的联合分布列为

$$p_{ij}=P(X=i,Y=j),i=1,2.j=1,2\cdots$$

仿照条件概率，给出离散型随机变量的条件分布，对一切 $P(Y=y_j)=p_j=\sum\limits_{i=1}^{\infty}p_{ij}>0$ 的 y_j，称

$$p_{i|j}=P(X=x_i\,|\,Y=y_j)=\frac{P(X=x_i,Y=y_j)}{P(Y=y_j)}=\frac{p_{ij}}{p_j},i=1,2,$$

为给定 $Y=y_j$ 条件下 X 的条件分布列。

同理，对一切使 $P(Y=x_i)=p_i=\sum\limits_{j=1}^{\infty}p_{ij}>0$，称

$$p_{j|i}=P(Y=y_j\,|\,X=x_i)=\frac{P(X=x_i,Y=y_j)}{P(X=x_i)}=\frac{p_{ij}}{p_i},j=1,2,$$

为给定 $X=x_i$ 条件下 Y 的条件分布列。

有了条件分布列，就可以给出离散随机变量的条件分布函数。给定 $Y=y_j$ 条件下 X 的条件分布函数为

$$F(x\mid y_j)=\sum_{x_i\leqslant x}P(X=x_i\mid Y=y_j)=\sum_{x_i\leqslant x}p_{i|j}$$

给定 $X=x_i$ 条件下 Y 的条件分布函数为

$$F(y\mid x_i)=\sum_{y_j\leqslant y}P(Y=y_j\mid X=x_i)=\sum_{y_j\leqslant y}p_{j|i}$$

2）连续随机变量的条件分布

设二维连续随机变量(X,Y)的联合密度函数为 $p(x,y)$，边际密度函数为 $p_x(x),p_y(y)$。

对一切 $p_y(y) > 0$ 的 y,给定 $Y = y$ 条件下 X 的条件分布函数和条件密度函数分别为

$$F(x \mid y) = \int_{-\infty}^{x} \frac{p(u, y)}{p_y(y)} \mathrm{d}u$$

$$p(x \mid y) = \frac{p(x, y)}{p_y(y)}$$

同理,对一切 $p_x(x) > 0$ 的 x,给定 $X = x$ 条件下 Y 的条件分布函数和条件密度函数分别为

$$F(y \mid x) = \int_{-\infty}^{y} \frac{p(x, v)}{p_x(x)} \mathrm{d}v$$

$$p(y \mid x) = \frac{p(x, y)}{p_x(x)}$$

要注意,无论是条件分布函数 $F(x|y)$,还是条件密度函数 $p(x|y)$,它们都是条件 $Y = y$ 的函数,不同的条件(如 $Y = y_1$ 和 $Y = y_2$)下,其分布函数 $F(x|y_1)$ 和 $F(x|y_2)$ 是不同的,条件密度函数 $p(x|y_1)$ 和 $p(x|y_2)$ 也是不同的。由此可见,条件分布(密度)函数 $F(x|y)$ 和 $p(x|y)$ 表示一簇分布(密度)函数。对 $F(y|x)$ 和 $p(y|x)$ 也可作出类似的认识。

2. 随机变量间的独立性

在多维随机变量中,各分量的取值有时会相互影响,但有时会毫无影响。例如,一个人的身高 X 和体重 Y 就会相互影响,但与收入 Z 一般无影响。当两个随机变量的取值互不影响时,就称它们是相互独立的。

设 n 维随机变量 $(X_1, X_2, \cdots, X_n)$ 的联合分布函数为 $F(x_1, x_2, \cdots, x_n)$,$F_i(x_i)$ 为 X_i 的边际分布函数。如果对任意 n 个实数 $x_1, x_2, \cdots, x_n$,有

$$F(x_1, x_2, \cdots, x_n) = \prod_{i=1}^{n} F_i(x_i)$$

则称 $X_1, X_2, \cdots, X_n$ 相互独立。

在离散随机场合,如果对其任意 n 个取值 $x_1, x_2, \cdots, x_n$,有

$$P(X_1 = x_1, X_2 = x_2, \cdots, X_n = x_n) = \prod_{i=1}^{n} P(X_i = x_i)$$

则称 $X_1, X_2, \cdots, X_n$ 相互独立。

在连续随机场合,如果对其任意 n 个取值 $x_1, x_2, \cdots, x_n$,有

$$p(x_1, x_2, \cdots, x_n) = \prod_{i=1}^{n} p_i(x_i)$$

则称 $X_1, X_2, \cdots, X_n$ 相互独立。

5.8.5　数理统计量的基础知识

本章前面介绍了概率论的基本内容,本节将讲述数理统计的基本知识。统计学是一门关于收集、整理、分析和解释数据的学科。数理统计的目标是通过对数据的分析和推断来揭示数据中的模式、关系和规律。通过统计学,人们可以从大量的数据中提取出有用的信息,做出准确的预测和推断,从而支持决策的制定。

1. 数理统计的基本概念　　应知应会

在数理统计中,需要了解和掌握一些基本概念,包括总体、个体、抽样、样本和样本容量等。

1) 总体、个体、全面调查

在一个统计问题中,一般把研究对象的全体称为总体(population),它可以是人群、物品、事件或其他人们想要了解的事物。个体是总体中的单个成员,它可以是一个人、一个物品或一个事件。个体是人们观察和研究的基本单位。例如,如果要研究某大学学生的身高情况,则该大学的全体学生构成了问题的总体,而每个学生即一个个体。总体参数是描述总体特征的指标,简称参数。如果总体中的个体是有限个,则称个体总数 N 为总体容量。总体均值用于描述总体数据的平均水平,通常用 μ 表示。如果知道总体的全部个体(例如,已知某大学所有大学生的身高)$y_1, y_2, \cdots, y_N$,则

$$\mu = \frac{1}{N} \sum_{i=1}^{N} y_i$$

总体方差描述总体数据分散程度,常记为 σ^2,总体标准差表示为 σ。如果知道总体的全部个体 $y_1, y_2, \cdots, y_N$,则

$$\sigma^2 = \frac{1}{N} \sum_{i=1}^{N} (y_i - \mu)^2$$

对每一对象都进行调查的方法称为全面调查,又称普查。

2) 样本、样本容量、抽样调查

(1) 样本及样本容量。

为了了解总体的分布,从总体中随机抽取 n 个个体,记其指标值为 $x_1, x_2, \cdots, x_n$,则 $x_1, x_2, \cdots, x_n$ 称为总体的一个样本(sample),n 称为样本容量(sample size),样本中的个体称为样品。样本具有所谓的二重性:一方面,由于样本是从总体中随机抽取的,抽取前无法预知它们的数值,因此,样本是随机变量,用大写字母 $X_1, X_2, \cdots, X_n$ 表示;另一方面,样本在抽取以后经观测就有确定的观测值,因此,样本又是一组数组,此时样本用小写字母 $x_1, x_2, \cdots, x_n$ 表示。

(2) 抽样调查。

抽样调查是从总体中选择一部分个体进行观察和研究的过程,抽样之后,可以通过研究样本来推断总体的特征。

2. 常用的抽样方法　　应知应会

1) 简单随机抽样

一般地,设一个总体含有 N(N 为正整数)个个体,从中逐个抽取 n($1 \leqslant n < N$)个个体作为样本,如果抽取之后是放回的,且每次抽取时总体内的各个个体被抽到的概率都相等,这样的抽样方法被叫作放回简单随机抽样;如果抽取之后是不放回的,且每次抽取时总体内未进入样本的各个个体被抽到的概率都相等,这种抽样方法被叫作不放回简单随机抽样。放回简单随机抽样和不放回简单随机抽样统称为简单随机抽样(simple random sampling),通过简单随机抽样获得的样本称为简单随机样本。

简单随机抽样的方法有很多,抽签法和随机数法是常用的两种方法。

2) 系统抽样

按照一定的规律从总体中选择个体,例如每隔一定间隔选取一个个体。

3) 分层随机抽样

一般地,按一个或多个变量把总体划分成若干子总体,每个个体属于且仅属于一个子总体,在每个子总体中独立地进行简单随机抽样,再把所有子总体中抽取的样本合在一起作为总样本,这样的抽样方法称为分层随机抽样(stratified random sampling),每一个子总体称为层,在分层随机抽样中,如果每层样本量都与层的大小成比例,那么称这种样本量的分配方式为比例分配。

在分层随机抽样中,如果层数分为 2 层,第 1 层和第 2 层包含的个体数分别为 M 和 N,抽取的样本量分别为 m 和 n。用 $X_1, X_2, \cdots, X_M$ 表示第 1 层各个个体的变量值,用 $x_1, x_2, \cdots, x_m$ 表示第 1 层样本的各个个体的变量值;用 $Y_1, Y_2, \cdots, Y_N$ 表示第 2 层各个个体的变量值,用 $y_1, y_2, \cdots, y_n$ 表示第 2 层样本的各个个体的变量值,则第 1 层的总体平均数和样本平均数分别为

$$\overline{X} = \frac{X_1 + X_2 + \cdots + X_M}{M} = \frac{1}{M}\sum_{i=1}^{M} X_i, \quad \overline{x} = \frac{x_1 + x_2 + \cdots + x_m}{m} = \frac{1}{m}\sum_{i=1}^{m} x_i$$

第 2 层的总体平均数和样本平均数分别为

$$\overline{Y} = \frac{Y_1 + Y_2 + \cdots + Y_N}{N} = \frac{1}{N}\sum_{i=1}^{N} Y_i, \quad \overline{y} = \frac{y_1 + y_2 + \cdots + y_n}{n} = \frac{1}{n}\sum_{i=1}^{n} y_i$$

总体平均数和样本平均数分别为

$$\overline{W} = \frac{\sum\limits_{i=1}^{M} X_i + \sum\limits_{i=1}^{N} Y_i}{M + N}, \quad \overline{w} = \frac{\sum\limits_{i=1}^{m} x_i + \sum\limits_{i=1}^{n} y_i}{m + n}$$

由于用第 1 层的样本平均数 $\overline{x}$ 可以估计第 1 层的总体平均数 $\overline{X}$,用第 2 层的样本平均数 $\overline{y}$ 可以估计第 2 层的总体平均数 $\overline{Y}$,因此可以用

$$\frac{M \times \overline{x} + N \times \overline{y}}{M + N} = \frac{M}{M + N}\overline{x} + \frac{N}{M + N}\overline{y}$$

估计总体平均数 $\overline{W}$。

在比例分配的分层随机抽样中,

$$\frac{m}{M} = \frac{n}{N} = \frac{m + n}{M + N}$$

可得

$$\frac{M}{M + N}\overline{x} + \frac{N}{M + N}\overline{y} = \frac{m}{m + n}\overline{x} + \frac{n}{m + n}\overline{y}$$

因此,在比例分配的分层随机抽样中,可以直接用样本平均数 $\overline{w}$ 估计总体平均数 $\overline{W}$。

4) 整群抽样

将总体划分为若干互不重叠的群体,然后从中选择若干个群体进行抽样。

3. 用样本估计总体 应知应会

1) 总体取值规律的估计(频率分布表、频率分布直方图)

收集数据是为了寻找数据中蕴含的信息。因为实际问题中往往数据多而且杂乱,往往无法直接从原始数据中发现规律,所以需要根据问题的背景特点,选择合适的统计图表对数据进行整理和直观描述。请看下面的问题。

某市 2023 年 11 月 1 日至 11 月 30 日对空气质量指数的监测数据为(主要污染物为可吸入颗粒物):61,76,70,56,81,91,92,91,75,81,88,67,101,103,95,91,77,86,81,83,82,

82，64，79，86，85，75，71，49，45。

根据国家标准，空气质量指数为 0～50 时，空气质量为优；空气质量指数为 51～100 时，空气质量为良；空气质量指数为 101～150 时，空气质量为轻度污染；空气质量指数为 151～200 时，空气质量为中度污染。请依据所给数据和上述标准，对该市的空气质量做出一个简短评价。

问题分析：从这组数据能发现什么信息呢？ 如果将这组数据从小到大排序，可以发现，这组数据的最小值是 45，最大值是 103，其他值在 45 至 103 之间。为了更深入挖掘数据信息，需要对数据进行更深入的整理和分析。

在这个实际问题中，需要了解不同范围内空气质量天数占 11 月份总天数的比例，所以选择频率分布表和频率分布直方图来整理和表示数据。可以按以下步骤制作频率分布表、画频率分布直方图。

（1）求极差。

极差为一组数据中最大值与最小值的差。上述数据的最小值是 45，最大值是 103，极差为 103－45＝58，这说明这组数据的变化范围是 58。

（2）决定组距与组数。

合适的组距与组数对发现数据分布规律有重要意义，组数太多或太少，都会影响数据分布的真实情况。组距与组数的确定没有固定标准，常常需要一个尝试和选择的过程。数据分组的组数与数据的个数有关，一般数据的个数越多，所分组数也越多。当样本容量不超过 100 时，常分成 5～12 组。为方便起见，一般取等长组距，并且组距应力求"取整"。

分组时可以先确定组距，也可以先确定组数，如果取所有组距为 10，则

$$\frac{\text{极差}}{\text{组距}}=\frac{58}{10}=5.8$$

即可以将数据分为 6 组，这说明这个组距是比较合理的。

（3）将数据分组。

由于组距为 10，6 个组距的长度超过极差，可以让第一组的左端点取值略小于数值中的最小值，最后一组的右端点略大于数据中的最大值，例如，可以取区间 [44,104)，按如下方式把样本数据以组距 10 分成 6 组：[44,54)，[54,64)，[64,74)，[74,84)，[84,94)，[94,104)。

（4）列频率分布表，如表 5-13 所示。

表 5-13　频率分布表

分　　组	频　　数	频　　率
[44,54)	2	$\frac{1}{15}$
[54,64)	2	$\frac{1}{15}$
[64,74)	4	$\frac{2}{15}$
[74,84)	11	$\frac{11}{30}$
[84,94)	8	$\frac{4}{15}$
[94,104)	3	$\frac{1}{10}$
合计	30	1

（5）画频率分布直方图。

根据频率分布表可以得到频率分布直方图，如图 5-31 所示。

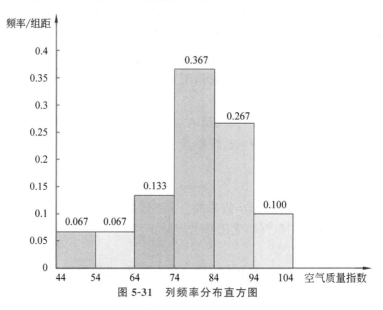

图 5-31 列频率分布直方图

在频率分布直方图中，横轴表示空气质量指数，纵轴表示频率/组距。

频率/组距实际上就是频率分布直方图中各小长方形的高度，它反映了各组样本数据的疏密程度，因为

$$小长方形的面积 = 组距 \times \frac{频率}{组距} = 频率$$

所以，各小长方形的面积表示各组的频率，频率分布直方图就以面积的形式反映了数据落在各个小组的频率的大小。在频率分布直方图中，各小长方形的面积和等于 1，即样本数据落在整个区间的频率为 1。

例 14　从某小区抽取 100 户居民用户进行月用电量调查，发现他们的用电量都为 50～350kW·h，进行适当分组后（每组为左闭右开的区间），频率分布直方图如图 5-32 所示。

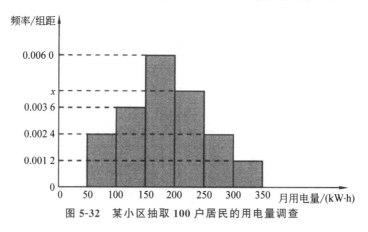

图 5-32 某小区抽取 100 户居民的用电量调查

（a）直方图中 x 的值为多少？

(b) 在被调查的用户中,有多少户用电量落在区间 $[150,250)$ 内?

解:

(a) $(0.0012+0.0024\times2+0.0036+x+0.006)\times50=1$,

解得 $x=0.0044$。

(b) $(0.006+0.0044)\times50\times100=52$(户)

故有 52 户用电量落在区间 $[150,250)$ 内。

2) 总体百分位数的估计

(1) 第 p 百分位数。

一般地,一组数据的第 p 百分位数是这样一个值,它使得这组数据中至少有 $p\%$ 的数据小于或等于这个值,且至少有 $(100-p)\%$ 的数据大于或等于这个值。

(2) 计算一组 n 个数据的第 p 百分位数步骤。

第 1 步,按从小到大排列原始数据;

第 2 步,计算 $i=n\times p\%$;

第 3 步,若 i 不是整数,而大于 i 的比邻整数为 j,则第 p 百分位数为第 j 项数据;若 i 是整数,则第 p 百分位数为第 i 项与第 $(i+1)$ 项数据的平均数。

例 15　树人中学高一年级有女生 386 名,对女生进行简单随机抽样抽取了一个容量为 27 的样本,观测数据(单位:cm)如下所示。

163.0	164.0	157.0	162.0	1650	158.0	155.0	164.0	162.5
154.0	154.0	164.0	149.0	159.0	161.0	170.0	171.0	155.0
148.0	172.0	162.5	158.0	161.0	155.5	157.0	163.0	172.0

根据以上样本数据,估计树人中学高一年级女生的第 25、50、70 百分位数。

解:把 27 名女生的样本数据按从小到大排序,可得

148.0	149.0	154.0	154.0	155.0	155.0	155.5	157.0	157.0
158.0	158.0	159.0	161.0	161.0	162.0	162.5	162.5	163.0
163.0	164.0	164.0	164.0	165.0	170.0	171.0	172.0	172.0

$25\%\times27=6.75,50\%\times27=13.5,70\%\times27=18.9$

可知样本数据的第 25、50、70 百分位数为第 7、14、19 项数据,分别为 155.5、161、163。据此可以估计树人中学高一年级女生的第 25、50、70 百分位数分别约为 155.5、161 和 163。

3) 总体集中趋势的估计　　　　应知应会

(1) 平均数。

平均数是统计中的一个重要概念。数学里所讲的平均数一般是指算术平均数,也就是一组数据的和除以这组数据的个数所得的商。在统计学中,算术平均数常用于表示统计对象的一般水平,它是描述数据集中位置的一个统计量。

(2) 中位数。

中位数又称中值,统计学中的专有名词,是按顺序排列的一组数据中居于中间位置的数,代表一个样本、种群或概率分布中的一个数值,其可将数值集合划分为相等的上下两部分。

(3) 众数。

众数是指在统计分布上具有明显集中趋势点的数值,代表数据的一般水平,也是一组数据中出现次数最多的数值,有时众数在一组数中有好几个,它只利用了出现次数最多的那个

值的信息。众数只能说明它比其他值出现的次数多,但无法说明它比别的数值多的程度。因此,众数只能传递数据中信息的很少一部分,对极端值也不敏感。

一般地,对数值型数据(如用水量、身高、收入、产量等)集中趋势的描述,可以用平均数、中位数;而对分类型数据(如校服规格、性别、产品质量等级等)集中趋势的描述,可以用众数。

4) 总体离散程度的估计 **应知应会**

① 极差。

极差又称范围误差或全距(range),以 R 表示,是用来表示统计资料中变异量数(measures of variation)的最大值与最小值之间的差距,即最大值减最小值所得的数据。

② 方差。

方差是在概率论和统计方差中衡量随机变量或一组数据的离散程度的度量,概率论中方差用来度量随机变量和其数学期望(即均值)之间的偏离程度。统计学中的方差(样本方差)是每个样本值与全体样本值的平均数之差的平方值的平均数。在许多实际问题中,研究方差即偏离程度有着重要意义。

方差的计算公式为

$$\frac{1}{n}\sum_{i=1}^{n}(x_i - \bar{x})^2 = \frac{1}{n}\sum_{i=1}^{n}x_i^2 - \bar{x}^2$$

③ 标准差。

由于方差的单位是原始数据的单位的平方,与原始数据不一致。为了使二者单位一致,对方差开平方,取它的算术平方根,即

$$\sqrt{\frac{1}{n}\sum_{i=1}^{n}(x_i - \bar{x})^2} = \sqrt{\frac{1}{n}\sum_{i=1}^{n}x_i^2 - \bar{x}^2}$$

称其为这组数据的标准差。

例 16 在对立德学校学生身高的调查中,采用样本量比例分配的分层随机抽样,如果不知道样本数据,只知道抽取了男生 23 人,其平均数和方差分别为 170.6 和 12.59,抽取了女生 27 人,其平均数和方差分别为 160.6 和 38.62。能由这些数据计算出总样本的方差,并对高一年级全体学生的身高方差作出估计吗?

解: 把男生样本记为 x_i,其平均数记为 $\bar{x}$,方差记为 s_x^2;把女生样本记为 y_j,其平均数记为 $\bar{y}$,方差记为 s_y^2;把总样本数据的平均数记为 $\bar{z}$,方差记为 s^2。

根据方差的定义,总样本方差为

$$s^2 = \frac{1}{50}\left[\sum_{i=1}^{23}(x_i - \bar{z})^2 + \sum_{j=1}^{27}(y_j - \bar{z})^2\right]$$

$$= \frac{1}{50}\left[\sum_{i=1}^{23}(x_i - \bar{x} + \bar{x} - \bar{z})^2 + \sum_{j=1}^{27}(y_j - \bar{y} + \bar{y} - \bar{z})^2\right]$$

可得,

$$\sum_{i=1}^{23}2(x_i - \bar{x})(\bar{x} - \bar{z}) = 2(\bar{x} - \bar{z})\sum_{i=1}^{23}(x_i - \bar{x}) = 0$$

同理可得,

$$\sum_{j=1}^{27}2(y_j - \bar{y})(\bar{y} - \bar{z}) = 0$$

因此，

$$s^2 = \frac{1}{50}\left[\sum_{i=1}^{23}(x_i-\bar{x})^2 + \sum_{i=1}^{23}(\bar{x}-\bar{z})^2 + \sum_{j=1}^{27}(y_j-\bar{y})^2 + \sum_{j=1}^{27}(\bar{y}-\bar{z})^2\right]$$

$$= \frac{1}{50}\{23[s_x^2+(\bar{x}-\bar{z})^2] + 27[s_y^2+(\bar{y}-\bar{z})^2]\}$$

根据按比例分配分层随机抽样总样本平均数与各层样本平均数的关系，可得总样本平均数为

$$\bar{z} = \frac{23}{23+27}\bar{x} + \frac{27}{23+27}\bar{y}$$

$$= \frac{23 \times 170.6 + 27 \times 160.6}{50}$$

$$= 165.2$$

把已知的男生、女生样本平均数和方差的取值代入，可得

$$s^2 = \frac{1}{50}\{23 \times [12.59+(170.6-165.2)^2] + 27 \times [38.62+(160.6-165.2)^2]\} = 51.4862$$

因此，可以计算出总样本的方差为 51.4862，并据此估计学生身高的总体方差为 51.4862。

5.8.6　成对数据的统计分析

1. 变量的相关关系　　　　　　　　　　　　　　　　　　　　　**应知应会**

1）相关关系

两个变量有关系，但又没有确切到可由其中的一个去精确地决定另一个的程度，这种关系称为相关关系（correlation）。两个变量具有相关关系的事例在现实中大量存在，包括如下案例。

① 子女身高 y 与父亲身高 x 之间的关系。一般来说，父亲的个子高，其子女的个子也会比较高；父亲个子矮，其子女的个子也会比较矮。但影响子女身高的因素，除父亲身高外还有其他因素，例如母亲身高、饮食结构、体育锻炼等，因此父亲身高不能完全决定子女身高。

② 商品销售收入 y 与广告支出 x 之间的关系。一般来说，广告支出越多，商品销售收入越高。但广告支出并不是决定商品销售收入的唯一因素，商品销售收入还与商品质量、居民收入等因素有关。

③ 空气污染指数 y 与汽车保有量 x 之间的关系。一般来说，汽车保有量增加，空气污染指数会上升。但汽车保有量并不是造成空气污染的唯一因素，气象条件、工业生产排放、居民生活和取暖、垃圾焚烧等都是影响空气污染指数的因素。

④ 粮食亩产量 y 与施肥量 x 之间的关系。在一定范围内，施肥量越大，粮食亩产量就越高。但施肥量并不是决定粮食亩产量的唯一因素，粮食亩产量还要受到土壤质量、降水量、田间管理水平等因素的影响。

如果从整体上看，当一个变量的值增加时，另一个变量的相应值也呈现增加的趋势，就称这两个变量正相关；当一个变量的值增加时，另一个变量的相应值呈现减少的趋势，则称这两个变量负相关。

散点图是描述成对数据之间关系的一种直观方法。一般地,如果两个变量的取值呈现正相关或负相关,而且散点落在一条直线附近,就称这两个变量线性相关。

一般地,如果两个变量具有相关性,但不是线性相关,那么就称这两个变量非线性相关或曲线相关。

2）样本相关系数 应知应会

通过观察散点图中成对样本数据的分布规律,可以大致判断两个变量是否存在相关关系、是正相关还是负相关、是线性相关还是非线性相关等。散点图虽然直观,但无法确切地反映成对样本数据的相关程度,也就无法量化两个变量之间相关程度的大小。

用成对样本数据构造了样本相关系数 r。

$$r = \frac{\sum\limits_{i=1}^{n}(x_i - \bar{x})(y_i - \bar{y})}{\sqrt{\sum\limits_{i=1}^{n}(x_i - \bar{x})^2}\sqrt{\sum\limits_{i=1}^{n}(y_i - \bar{y})^2}}$$

样本相关系数 r 是一个描述成对样本数据的数字特征,它的正负性和绝对值的大小可以反映成对数据的变化特征。

当 $r > 0$ 时,称成对数据正相关。这时,当其中一个数据的值变小时,另一个数据的值通常也变小;当其中一个数据的值变大时,另一个数据的值通常也变大。

当 $r < 0$ 时,称成对数据负相关。这时,当其中一个数据的值变小时,另一个数据的值通常会变大;当其中一个数据的值变大时,另一个数据的值通常会变小。

相关系数 r 的取值范围为 $[-1, 1]$。样本相关系数 r 的绝对值大小可以反映成对数据之间线性相关的程度:$|r|$ 越接近 1,成对数据的线性相关程度越强;$|r|$ 越接近 0,成对数据的线性相关程度越弱。

3）样本相关指数 背景知识

样本相关指数是根据样本数据计算的两个变量之间,以某一回归曲线为准,某一变量对另一变量相关程度的系数。其计算的原理也与相关系数相同,是判定系数的平方根。样本相关指数是与相关指数对应的样本特征,可以用 R^2 来表示,R^2 计算公式为

$$R^2 = 1 - \frac{\sum\limits_{i=1}^{n}(y_i - \hat{y}_i)^2}{\sum\limits_{i=1}^{n}(y_i - \bar{y}_i)^2}$$

在 R^2 表达式中,$\sum\limits_{i=1}^{n}(y_i - \bar{y}_i)^2$ 与经验回归方程无关,残差平方和 $\sum\limits_{i=1}^{n}(y_i - \hat{y}_i)^2$ 与经验回归方程有关。因此,R^2 越大,意味着残差平方和 $\sum\limits_{i=1}^{n}(y_i - \hat{y}_i)^2$ 越小,即模型的拟合效果越好;R^2 越小,残差平方和越大,即模型的拟合效果越差。

2. 一元线性回归模型及其应用 应知应会

1）一元线性回归模型

设 x、Y 为两个相关变量,e 表示随机误差。假定随机误差 e 的均值为 0,方差为与父亲身高无关的定值 σ^2,则它们之间的关系可以表示为

$$\begin{cases} Y = bx + a + e \\ E(e) = 0, D(e) = \sigma^2 \end{cases}$$

称上式为 Y 关于 x 的一元线性回归模型(simple linear regression model),其中,Y 称为因变量或响应变量,X 称为自变量或解释变量;a 和 b 为模型的未知参数,a 称为截距参数,b 称为斜率参数;e 是 Y 与 $bx+a$ 之间的随机误差。模型中的 Y 也是随机变量,其值虽然不能由变量 x 的值确定,但是却能表示为 $bx+a$ 与 e 的和(叠加),前一部分由 x 所确定,后一部分是随机的。如果 $e=0$,那么 Y 与 x 之间的关系就可用一元线性函数模型来描述。

例 17　在研究儿子身高与父亲身高的关系时,请具体解释一元线性回归模型中随机误差项的原因。

解: 在研究儿子身高与父亲身高的关系时,产生随机误差 e 的原因有以下 3 部分。

(1) 除父亲身高外,有其他可能影响儿子身高的因素,例如母亲身高、生活环境、饮食习惯和锻炼时间等;

(2) 在测量儿子身高时,有由于测量工具、测量精度所产生的测量误差;

(3) 实际问题中,不知道儿子身高和父亲身高的相关关系是什么,可以利用一元线性回归模型来近似这种关系,这种近似也是产生随机误差 e 的原因。

2) 最小二乘法

在一元线性回归模型中,表达式 $Y=bx+a+e$ 刻画的是变量 Y 与变量 x 之间的线性相关关系,其中,参数 a 和 b 未知,需要根据成对样本数据进行估计。由模型的建立过程可知,参数 a 和 b 刻画了变量 Y 与变量 x 的线性关系,因此可以通过成对样本数据估计这两个参数,相当于寻找一条适当的直线,使表示成对样本数据的这些散点在整体上与这条直线最接近。

通常,会想到利用点到直线 $y=bx+a$ 的"距离"来描述散点与该直线的接近程度,然后用所有"距离"之和描述所有样本的观测数据与该直线的接近程度。设满足一元线性回归模型的两个变量的 n 对样本数据为 $|e_i|$,由 $y_i=bx_i+a+e(i=1,2,\cdots,n)$,得

$$|y_i - bx_i - a| = |e_i|$$

显然 $|e_i|$ 越小,表示点 (x_i, y_i) 与点 (x_i, bx_i+a) 的距离越小,即样本数据点离直线 $y=bx+a$ 的竖直距离越小。特别地,当 $e_i=0$ 时,表示点 (x_i, y_i) 在这条直线上。

因此,可以用这 n 个距离之和

$$\sum_{i=1}^{n} |y_i - bx_i - a|$$

来描述各样本观测数据与直线 $y=bx+a$ 的"整体接近程度"。

在实际应用中,因为绝对值使得计算不方便,所以人们通常用各散点到直线的竖直距离的平方之和来描述"整体接近程度",公式如下所示。

$$Q = \sum_{i=1}^{n} (y_i - bx_i - a)^2$$

通过计算可得,当 a, b 的取值为

$$\begin{cases} \hat{b} = \dfrac{\sum\limits_{i=1}^{n} (x_i - \bar{x})(y_i - \bar{y})}{\sum\limits_{i=1}^{n} (x_i - \bar{x})^2} \\ a = \bar{y} - \hat{b}\bar{x} \end{cases}$$

时,Q 达到最小值。

将 $y = bx + a$ 称为 Y 关于 x 的线性回归方程,也称经验回归函数或经验回归公式,其图形称为经验回归直线。这种求经验回归方程的方法叫作最小二乘法,求得的 $\hat{b}$、a 叫作 b、a 的最小二乘估计。

3. 列联表与独立性检验　　　　　　　　　　　　　　　　　　　　　　应知应会

1) 分类变量与列联表

(1) 分类变量。

在现实生活中,人们经常需要回答一定范围内的两种现象或性质之间是否存在关联性或相互影响的问题。例如,就读不同学校是否对学生的成绩有影响,不同班级学生用于体育锻炼的时间是否有差别,吸烟是否会增加患肺癌的风险,等等。

在讨论上述问题时,为了表述方便,经常会使用一种特殊的随机变量,以区别不同的现象或性质,这类随机变量称为分类变量,分类变量的取值可以用实数表示,例如,学生所在的班级可以用1、2、3等表示,男性、女性可以用1、0表示,等等。在很多时候,这些数值只作为编号使用,并没有通常的大小和运算意义。

(2) 列联表。

列联表(contingency table)是观测数据按两个或更多属性(定性变量)分类时所列出的频数表。它是由两个以上的变量进行交叉分类的频数分布表。

2) 独立性检验

独立性检验是统计学的一种检验方式,与适合性检验同属于 χ^2 检验,即卡方检验,它是根据次数资料判断两类因子彼此相关或相互独立的假设检验。

由联表中的数据算出随机变量 χ^2 的值,χ^2 的值越大,说明"X 与 Y 有关系"成立的可能性越大。

假设有两个分类变量 X 和 Y,它们的值域分别为 $\{x_1, x_2\}$ 和 $\{y_1, y_2\}$,其样本频数列联表如表 5-14 所示。

表 5-14　X、Y 样本频数列联表

	y_1	y_2	总　计
x_1	a	b	$a+b$
x_2	c	d	$c+d$
总计	$a+c$	$b+d$	$n = a+b+c+d$

若要推断的论述为 H_0:"X 与 Y 有关系",可以利用独立性检验来考察两个变量是否有关系,并且能较精确地给出这种判断的可靠程度。

具体的做法是,由表中的数据算出随机变量 χ^2 的值。

$$\chi^2 = \frac{n(ad-bc)^2}{(a+b)(c+d)(a+c)(b+d)}$$

其中,$n = a+b+c+d$ 为样本容量。

χ^2 的值越大,说明"X 与 Y 有关系"成立的可能性越大。

例 18　某儿童医院用甲、乙两种疗法治疗小儿消化不良。采用有放回简单随机抽样的

方法对治疗情况进行检查,得到了如下数据:接受甲种疗法的患儿 67 名,其中未治愈 14 名,治愈 53 名;接受乙种疗法的患儿 69 名,其中未治愈 7 名,治愈 62 名。试根据小概率值 $\alpha=0.005$ 的独立性检验,分析乙种疗法的效果是否比甲种疗法好。

解:零假设为 H_0:疗法与疗效独立,即两种疗法效果没有差异。

将所给数据进行整理,得到两种疗法治疗数据的列联表,如表 5-15 所示。

表 5-15　两种疗法治疗数据的列联表　　　　　　　　　　　单位:人

疗　　法	疗　　效		
	未治愈	治愈	合计
甲	14	53	67
乙	7	62	69
合计	21	115	136

根据列联表中的数据,经计算得到

$$\chi^2=\frac{136\times(14\times62-53\times7)^2}{67\times69\times21\times115}\approx3.009<7.879=x_{0.005}$$

根据小概率值 $\alpha=0.005$ 的独立性检验,没有充分证据推断 H_0 不成立,因此可以认为 H_0 成立,即认为两种疗法效果没有差异。

◇ 5.9　增强现实、虚拟现实和元宇宙

5.9.1　增强现实　　　　　　　　　　　　　　　　　　　应知应会

增强现实(Augmented Reality,AR)是一种技术,通过将虚拟信息与真实世界进行融合,使用户能够在真实环境中看到虚拟对象,并与其进行交互。AR 技术通过计算机视觉、传感器和显示技术等手段,将虚拟信息叠加到真实世界中,创造出一种增强的感知体验。

AR 的概念最早可以追溯到 20 世纪 60 年代,但直到近年来才得到广泛关注和应用。随着移动设备的普及和计算能力的提升,AR 技术得到了快速发展。目前,AR 技术已经在多个领域得到应用,包括游戏、教育、医疗、工业等。AR 市场在不断扩大,预计未来将持续增长。

1. AR 的实现涉及多个关键技术

(1)计算机视觉:通过摄像头和图像处理算法,实时识别和跟踪真实世界中的物体和场景。为保证实时,图形的刷新频率不得低于 15 帧/秒,最好高于 30 帧/秒。

(2)传感器技术:包括陀螺仪、加速度计、磁力计等,用于感知设备的位置、方向和运动。

(3)增强现实显示技术:包括头戴式显示器、智能手机、平板电脑等,用于将虚拟信息叠加到真实世界中。

(4)交互技术:包括手势识别、语音识别、触摸屏等,用于用户与虚拟对象的交互。

2. AR 技术的特性及应用

AR 技术的特性包括沉浸性、交互性、多感知性、构想性、自主性。

（1）沉浸性是虚拟现实技术最主要的特征，即让用户感受到自己是计算机系统所创造环境中的一部分。虚拟现实技术的沉浸性取决于用户的感知系统，当使用者感知到虚拟世界的刺激时，包括触觉、味觉、嗅觉、运动感知等，便会产生思维共鸣，造成心理沉浸，感觉如同进入真实世界。

（2）交互性是指用户对模拟环境内物体的可操作程度和从环境得到反馈的自然程度，使用者进入虚拟空间，相应的技术让使用者跟环境产生相互作用，当使用者进行某种操作时，周围的环境也会做出某种反应。例如，使用者接触到虚拟空间中的物体时，那么他手上应该能够感受到；若使用者对物体有所动作，物体的位置和状态也应改变。

（3）多感知性表示计算机技术应该拥有很多感知方式，例如听觉、触觉、嗅觉等。理想的虚拟现实技术应该具有人类具有的所有感知功能。由于相关技术，特别是传感技术的限制，目前大多数虚拟现实技术所具有的感知功能仅限于视觉、听觉、触觉、运动等几种。

（4）构想性也称想象性，使用者在虚拟空间中，应该可以与周围物体进行互动，拓宽认知范围，创造客观世界不存在的场景或不可能发生的环境。构想可以理解为使用者进入虚拟空间，根据自己的感觉与认知能力吸收知识，发散拓宽思维，创立新的概念和环境（图 5-33）。

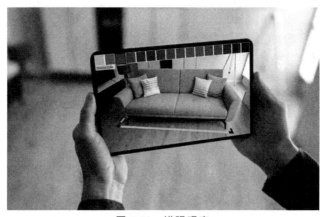

图 5-33　增强现实

（5）自主性是指虚拟环境中物体依据物理定律动作的程度。例如，当受到力的推动时，物体会向力的方向移动或翻倒，或从桌面落到地面等。

随着 AR 技术的成熟，AR 技术目前在各个领域都有广泛的应用，以下作简要介绍。

（1）游戏和娱乐领域：AR 游戏，如 Pokémon Go 等已经成为热门，通过将虚拟角色和场景与真实环境结合，提供了全新的游戏体验。

（2）教育和培训领域：AR 技术可以为学生提供沉浸式的学习体验，通过虚拟模型和交互式内容，增强学习效果。对于低龄儿童来说，文字描述过于抽象，文字结合动态立体影像会让孩子快速掌握新的知识，丰富的交互方式更符合孩子们活泼好动的特性，可以提高孩子们的学习积极性。在学龄教育中 AR 也发挥着越来越多的作用，例如，一些危险的化学实验，以及深奥难懂的数学、物理原理都可以通过 AR 使学生快速掌握。

（3）医疗和健康领域：AR 可以用于医学培训、手术辅助、病人教育等方面，提供更精确和直观的信息展示。微创手术越来越多地借助 AR 及 VR 技术来减轻病人的痛苦，降低手术成本及风险。此外在医疗教学中，AR 与 VR 的技术应用使深奥难懂的医学理论变得形象立体、浅显易懂,大大提高了教学效率和质量。

（4）工业和制造领域:AR 可以用于实时监测和指导生产过程,提高工作效率和质量控制。

（5）建筑和设计领域:AR 可以帮助建筑师和设计师可视化地设计方案,提供更直观的空间感知和交互体验;也可以通过部分控制实现虚拟仿真,模仿装配情况或日常维护、拆装等工作,在虚拟中学习,减少了制造浪费以及对人才培训的成本,大大改善了设计的体制,缩短了设计时间提高效率。

5.9.2　虚拟现实　　应知应会

虚拟现实（Virtual Reality,VR）是一种通过计算机技术创造出的模拟环境,使用户能够沉浸在一个虚拟的三维世界中。通过戴上 VR 设备,用户可以与虚拟环境进行互动,获得身临其境的感觉。

今天的虚拟现实技术起源于 19 世纪的创意想法上,几乎可以追溯到实用摄影的开始。1838 年,英国著名物理学家查尔斯·惠斯通爵士发现并确定立体图原理,研发出第一台立体镜,使用双镜投射出一幅图像。立体镜原理的提出为后来 VR 技术的发展打下了基础。

虚拟现实一词最早出现在 20 世纪 80 年代中期,当时 VPL 研究公司的创始人贾伦·拉尼尔（Jaron Lanier）开始研发体验“虚拟现实”的设备,例如护目镜和手套。

在此之前,技术人员也已在开发类似的模拟环境。美国发明家 Morton Heilig 于 1956 年创建了设备 Sensorama,目的是提供一种更加沉浸式的娱乐体验,它包括一个类似于头戴式显示器的装置,观众可以通过这个装置体验三维立体影像和声音等。Sensorama 被认为是虚拟现实技术的鼻祖之一,尽管在当时并没有引起广泛关注。Sensorama 的体验模拟了一个真实的城市环境（图 5-34）,用户“骑”在摩托车上,它通过设计中的“世界”和多感官刺激让用户看到道路、听到引擎、感觉到振动,并闻到发动机的排气味,身临其境。

图 5-34　Sensorama 原型机

VR 技术在各个领域广泛地应用,包括但不限于以下 5 方面。

（1）游戏和娱乐:VR 游戏和虚拟体验已经成为热门,通过沉浸式的环境和交互,提供了更真实和身临其境的游戏体验。

（2）教育和培训：VR 可以为学生提供沉浸式的学习体验，如虚拟实验室、历史重现等，提高学习效果和参与度。

（3）医疗和健康：VR 技术可以用于病人治疗、手术模拟、心理疗法等方面，提供更精确和个性化的医疗服务。著名的圣迭戈虚拟现实医疗中心一直在开发利用虚拟现实的新方法，结合生物反馈和认知行为疗法，治疗恐惧症、焦虑、疼痛、创伤后应激障碍等。

（4）建筑和设计：VR 可以帮助建筑师和设计师可视化地设计方案，提供更直观的空间感知和交互体验。

（5）旅游和文化遗产：VR 可以提供虚拟旅游体验，如参观名胜古迹、探索自然风光等，为用户带来全新的旅游体验。一些博物馆的画廊提供虚拟访问或身临其境的经验，以帮助理解与每一项工作相关的历史和文化。

VR 技术的应用领域还在不断扩展和创新，未来有望在更多领域发挥重要作用，为用户带来更丰富、沉浸式的体验。

5.9.3　元宇宙　　　　　　　　　　　　　　　　　　　　　　　　　背景知识

元宇宙（metaverse）是一个虚拟的、可交互的数字世界，综合采用了虚拟现实、增强现实、物联网（IoT）和人工智能（AI）等技术。它是一个与现实世界平行存在的数字空间，用户可以在其中创建、交互和体验各种虚拟内容。

元宇宙的概念最早由尼尔·斯蒂芬森（Neal Stephenson）在他的科幻小说《雪崩》中提出。元宇宙的目标是创造一个无边界、无限可能的虚拟世界，让用户能够自由地探索、创造和互动。

需要注意的是，元宇宙本身并不是新技术，而是集成了现有技术，如 5G、云计算、人工智能、虚拟现实、区块链、数字货币、物联网、人机交互等。它的核心技术主要有以下 3 个部分。

（1）扩展现实技术：包括 VR 和 AR。扩展现实技术可以提供沉浸式的体验，可以解决手机解决不了的问题。

（2）数字孪生：能够把现实世界镜像到虚拟世界里面去。这也意味着在元宇宙里面，用户可以看到很多自己的虚拟分身。

（3）区块链搭建经济体系：随着元宇宙进一步发展，对整个现实社会的模拟程度加强，用户在元宇宙当中可能不仅只花钱，也有可能赚钱，这样在虚拟世界里同样可以形成一套经济体系。

在元宇宙时代，实现眼、耳、鼻、舌、身体、大脑六类需求（视觉、听觉、嗅觉、味觉、触觉、意识）需要由不同的技术支撑，例如显示器和耳机支持了视觉和听觉需求，但这种连接还处在初级阶段。随着互联网的进一步发展，连接不仅可以满足需求，而且可以通过供给刺激需求、创造需求。例如通过大数据精准的"猜你喜欢"，直接把产品推给用户，实现"概率购买"的赌注。

作为一种多项数字技术的综合集成应用，元宇宙的场景从概念到真正落地需要实现两个技术突破：第一个是 XR（AR、VR 等的统称）、数字孪生、区块链、人工智能等单项技术的突破，从不同维度实现立体视觉、深度沉浸、虚拟分身等元宇宙应用的基础功能；第二个突破是多项数字技术的综合应用突破，通过多技术的叠加兼容、交互融合，凝聚形成技术合力推动元宇宙稳定有序发展。

元宇宙的应用非常广泛。制造业领域中,可在生产制造中,通过虚拟空间来进行工厂生产过程的模拟,公司经理可以识别和分析如何更高效、更安全地完成工作,而无须对更改进行物理测试。有了工业元宇宙,工程师可以非常方便地进入工业虚拟元件的内部进行观察,工业机器人也可以在设计阶段计入更多的特性。例如,在逼真的真实环境中的"宇宙"虚拟元场景中试车等。日产和丰田已开始利用基于 VR 技术的元宇宙:日产在虚拟空间里再现了东京银座的实体展厅,用于企业宣传和商品营销;丰田设置了虚拟办公室,用于召开车辆开发会议和员工日常交流。

教育领域中,国内外部分高校已经逐渐让元宇宙走入校园。2020 年,受疫情影响,加州大学伯克利分校在游戏"我的世界"中举办了线上毕业典礼,其中不仅打造出虚拟还原的伯克利校园,教师、学生也有着各自的虚拟形象。2021 年,中国传媒大学动画与数字艺术学院也同样选择在"我的世界"举办线上毕业典礼,依托元宇宙平台,让毕业生在游戏中穿学士服走红毯。

娱乐社交领域中,著名的网络社交应用公司 Facebook 将公司名称改为 Meta 时,计划将重心从社交媒体扩展到更广泛的元宇宙和虚拟现实领域。Meta 希望成为构建和连接元宇宙的关键平台,并推动元宇宙的发展和普及。

◈ 本 章 小 结

本章主要介绍与社会生产、生活息息相关的多项数字技术通识知识。

大数据通常由规模庞大的数据集合而成,通常用"3V"特性来描述大数据的特征:数据规模大(big volume)、数据种类多(big variety)、数据处理速度快(big velocity)。云计算实现了通过互联网提供可伸缩的、廉价的分布式计算能力,它具有高可伸缩性、按需部署、高灵活性、高可靠性、高性价比等特性,主要包括三种典型的服务模式:基础设施即服务(infrastructure as a service,IaaS)、平台即服务(Platform as a Service,PaaS)和软件即服务(software as a service,SaaS)。

物联网(internet of things,IoT)是物物相连的"互联网",它利用局部网络或互联网等通信技术把传感器、控制器、计算机、操作员通过新的方式连在一起,形成了人与物、物与物的相连,目的是实现信息化和远程控制。从技术架构上看,物联网可以分为感知层、网络层、运算层、应用层四层。大数据、云计算和物联网相互融合,推动了智能城市、智能工厂等领域的发展,通过数据采集、存储和分析,实现了智能化的决策、资源优化和服务提升,推动着数字化转型的进程。

2016 年以来,人工智能技术引起了人们的广泛关注。人工智能是计算机科学的一个分支,其研究内容包括机器人、语言识别、图像识别、自然语言处理和专家系统等,是一门极富挑战性的交叉科学,其内容涉及计算机知识、数学、心理学和哲学。人工智能可以对人的意识、思维的信息过程进行模拟。机器学习是人工智能的核心技术之一,通过训练模型使计算机从数据中学习并提高性能,广泛应用于预测、分类、识别等任务,为自动化决策和智能化应用提供支持。深度学习是机器学习的一种特定类型,它使用多层神经网络模型来学习和理解复杂的数据表征。人工智能技术经历了从计算智能、感知智能到认知智能的三个阶段。

计算智能指的是能存会算;感知智能指的是能听会说,能看会认;认知智能指的是能理解会思考。从智能程度看,认知智能是更高级的智能。

区块链是一种去中心化的分布式数据库技术,通过链式链接的区块记录交易数据,确保数据的安全性、透明性和不可篡改性,无须信任中心化的机构,可应用于加密货币、智能合约、供应链追溯等领域。区块链技术主要应用于金融领域、物流领域及公共服务领域、数字版权领域等。

数字孪生是现实世界中的产品、系统或变化过程在信息化平台中的数字化表示。数字孪生技术与物联网的概念关系密切,它借助各种传感器,采集产品受到的压力、角度、速度等实时信息,再经过以人工智能、机器学习为基础的软件分析,最后在信息化平台上创造出对现实实体对象的数字化模拟。其典型应用领域主要有建筑行业、制造业、能源行业、汽车行业及医疗保健行业等。

机器人流程自动化(Robotic Process Automation,RPA)是以软件机器人及人工智能为基础的业务过程自动化技术,也被称为软件机器人。RPA主要应用场景有银行贷款审批流程的自动化处理等。

法国数学家、天文学家皮埃尔·西蒙·拉普拉斯认为生活中的许多重要问题实际上只是概率论的问题。了解概率论与数理统计的基础知识能够让人们更好地理解和处理生活工作中遇到的不确定性,从而在决策和推断中做出更明智的决策。

增强现实(Augmented Reality,AR)是一种技术,通过将虚拟信息与真实世界进行融合,使用户能够在真实环境中看到并与虚拟对象进行交互。它涉及计算机视觉、传感器、AR显示技术及交互技术等,目前广泛应用于教育、医疗健康、游戏娱乐、建筑设计等领域。虚拟现实(Virtual Reality,VR)是一种通过计算机技术创造出的模拟环境,使用户能够沉浸在一个虚拟的三维世界中。元宇宙(metaverse)是一个虚拟的、可交互的数字世界,综合采用了虚拟现实(VR)、增强现实(AR)、物联网(IoT)和人工智能(AI)等技术。

◇ 本章习题

一、单选题

1. 具有固定的结构、类型和属性划分的数据被称为(　　)。
   A. 结构化数据　　B. 非机构化数据　　C. 半结构化数据　　D. 全结构化数据
2. 大数据的"3V"特性指的是(　　)。
   A. Velocity, Volume, Vitality　　　　B. Volume, Variety, Velocity
   C. Value, Volume, Velocity　　　　　D. Volume, Variability, Visibility
3. (　　)是云计算的主要服务模型之一,指用户可以租用虚拟机来运行应用程序。
   A. 软件即服务(SaaS)　　　　　　　B. 基础设施即服务(IaaS)
   C. 平台即服务(PaaS)　　　　　　　D. 功能服务(FaaS)
4. 物联网(IoT)指的是(　　)。
   A. 互联网上的物品和服务　　　　　B. 物体之间的互联网通信
   C. 电子设备的互联网接入　　　　　D. 网络中的虚拟现实
5. 下面属于典型的大数据处理框架的是(　　)。

    A. Photoshop   B. Microsoft Excel

    C. Adobe Acrobat   D. Hadoop

6. ( )是人工智能领域的重要应用,用于模拟人类解决具体问题。

    A. 社交媒体管理   B. 虚拟现实游戏   C. 机器翻译   D. 无人驾驶汽车

7. 弹性(elasticity)云计算的优点之一,它体现在( )。

    A. 云计算服务可以在任何时间使用

    B. 云计算资源可以根据需求进行扩展或缩减

    C. 云计算资源只能在特定地理地区使用

    D. 云计算资源具有高可用性

8. 物联网中的传感器通常用于( )。

    A. 加快计算机的运行速度   B. 测量物体的温度,湿度等信息

    C. 增强网络安全性   D. 生成虚拟现实实验

9. 与大数据分析相关的数据处理语言是( )。

    A. HTML   B. Java   C. SQL   D. Python

10. 数字孪生是( )。

    A. 一个虚拟的游戏世界

    B. 一个虚拟的身份认证系统

    C. 一个数字模拟,用于模拟物理世界实体或过程

    D. 一种虚拟的社交媒体平台

11. 英文缩写 VR 通常代表的含义是( )。

    A. 虚拟现实   B. 视觉领域   C. 虚拟领域   D. 视觉现实

12. 英文缩写 AR 通常代表的含义是( )。

    A. 增强现实   B. 先进机器人   C. 人工现实   D. 增强领域

13. 以下属于元宇宙特征的是( )。

    A. 完全隔离的虚拟环境   B. 完全基于文字的交互

    C. 数字化的多用户虚拟世界   D. 仅限于特定硬件设备的虚拟空间

14. 机器人流程自动化通常用于( )。

    A. 为机器人提供电力供应   B. 自动执行重复的任务和流程

    C. 操纵物理机器人的运动   D. 创造具有感知和思维能力的机器

15. 用户通常可以采用( )设备来体验虚拟环境。

    A. 手机   B. 电视   C. VR 头盔   D. 游戏控制器

16. ( )技术可以在 AR 应用中将虚拟对象叠加到现实世界中。

    A. 3D 打印   B. 激光雷达   C. 感应器   D. 投影技术

17. 元宇宙的概念主要与( )领域有关。

    A. 航空航天   B. 虚拟现实   C. 医疗保健   D. 农业

18. RPA 所包含的自动化指的是( )。

    A. 机器人操作   B. 数据分析   C. 制造过程   D. 测试

19. 正态分布(或称高斯分布)的形状是( )。

    A. U 形   B. 倒 U 形   C. 对称的钟形   D. 斜着向上的直线

20. 中位数代表着（　　　　）。

  A. 一组数据的平均值　　　　　　　　B. 一组数据的众数

  C. 一组数据排序后的中间值　　　　　D. 一组数据的标准差

21. 正态分布（或高斯分布）是一个常见的概率分布,它的形状是（　　　　）。

  A. U 型　　　　　B. 倒 U 型　　　　　C. 对称的钟形曲线　　D. 斜向上的直线

22. 在统计学中,中位数是（　　　　）。

  A. 一组数据的平均值

  B. 一组数据的中间值,将数据排序后位于中间的值

  C. 一组数据的众数,出现次数最多的值

  D. 一组数据的标准差

23. 从高二某班级中抽出三名学生,设事件甲为"三名学生全不是男生",事件乙为"三名学生全是男生",事件丙为"三名学生至少有一名是男生",则（　　　　）。

  A. 甲与丙互斥　　　　　　　　　　　B. 任何两个均互斥

  C. 乙与丙互斥　　　　　　　　　　　D. 任何两个均不互斥

24. 在一个掷骰子的试验中,事件 $A=$"向上的面小于 5 的偶数点数出现",事件 $B=$"向上的面小于 4 的点数出现",则在一次试验中,事件 $A\cup\bar{B}$ 发生的概率为（　　　　）。

  A. $\dfrac{1}{2}$ B. $\dfrac{2}{3}$ C. $\dfrac{1}{3}$ D. $\dfrac{5}{6}$

25. 从分别写有 1、2、3、4、5 的 5 张卡片中随机抽取 1 张,放回后再随机抽取 1 张,则抽得的第一张卡片上的数大于第二张卡片上的数的概率为（　　　　）。

  A. $\dfrac{1}{10}$ B. $\dfrac{1}{5}$ C. $\dfrac{3}{10}$ D. $\dfrac{2}{5}$

26. 甲、乙两人约定某日上午在 M 地见面,若甲是 7 点到 8 点之间随机到达,乙是 7 点 30 分到 8 点 30 分随机到达,约定先到者没有见到对方时等候 10 分钟,之后离开,则甲、乙两人能见面的概率为（　　　　）。

  A. $\dfrac{1}{3}$ B. $\dfrac{1}{6}$ C. $\dfrac{5}{9}$ D. $\dfrac{3}{8}$

27. 先后投掷骰子（骰子的六个面分别标有 1、2、3、4、5、6 个点）两次落在水平桌面后,记正面朝上的点数分别为 x、y,设事件 A 为 "$x+y$ 为偶数",事件 B 为 "x、y 中有偶数,且 $x\neq y$",则概率 $P(B|A)$ 为（　　　　）。

  A. $\dfrac{1}{3}$ B. $\dfrac{1}{2}$ C. $\dfrac{1}{4}$ D. $\dfrac{2}{5}$

28. 若随机变量 $X\sim B\left(5,\dfrac{1}{3}\right)$,则 $P(X=3)$ 等于（　　　　）。

  A. $\dfrac{40}{243}$ B. $\dfrac{1}{3}$ C. $\dfrac{10}{27}$ D. $\dfrac{3}{5}$

29. 在 10 个排球中有 6 个正品,4 个次品。从中抽取 4 个,则正品数比次品数少的概率为（　　　　）。

  A. $\dfrac{5}{42}$ B. $\dfrac{4}{35}$ C. $\dfrac{19}{42}$ D. $\dfrac{8}{21}$

30. 已知随机变量 $X \sim B\left(20, \dfrac{1}{3}\right)$，若使 $P(X=k)$ 的值最大，则 k 等于（　　）。

　　A. 5　　　　　　　B. 6　　　　　　　C. 7　　　　　　　D. 8

31. 已知随机变量 X 服从正态分布 $N(1, \sigma^2)$，若 $P(X>2)=0.15$，则 $P(0 \leqslant X \leqslant 1)=$（　　）。

　　A. 0.85　　　　　B. 0.70　　　　　C. 0.35　　　　　D. 0.15

32. 给定一组数据：$2.1, 3.0, 3.2, 3.4, 3.8, 4.0, 4.2, 4.4, 5.3, 5.6$，则这组数据的第 25 百分位数是（　　）。

　　A. 3.0　　　　　B. 3.2　　　　　C. 4.4　　　　　D. 5.3

33. 已知某样本的容量为 50，平均数为 70，方差为 75。现发现在收集这些数据时，其中的两个数据记录有误，一个错将 80 记录为 60，另一个错将 70 记录为 90。在对错误的数据进行更正后，重新求得样本的平均数为 $\bar{x}$，方差为 s^2，则（　　）。

　　A. $\bar{x}=70, s^2<75$ 　　　　　　　B. $\bar{x}=70, s^2>75$

　　C. $\bar{x}>70, s^2<75$ 　　　　　　　D. $\bar{x}<70, s^2>75$

34. 在一组样本数据 $(x_1, y_1), (x_2, y_2), \cdots, (x_n, y_n)(n \geqslant 2)$ 的散点图中，若所有样本点 $(x_i, y_i)(i=1, 2, \cdots, n)$ 都在直线 $y=\dfrac{1}{2}x+1$ 上，则这组样本数据的样本相关系数为（　　）。

　　A. -1 　　　　　B. 0　　　　　C. $\dfrac{1}{2}$ 　　　　　D. 1

35. 设 $(x_1, y_1), (x_2, y_2), \cdots, (x_n, y_n)$ 是变量 x 和 y 的 n 个样本点，直线 l 是由这些样本点通过最小二乘法得到的线性回归直线（如图 5-35 所示），以下结论正确的是（　　）。

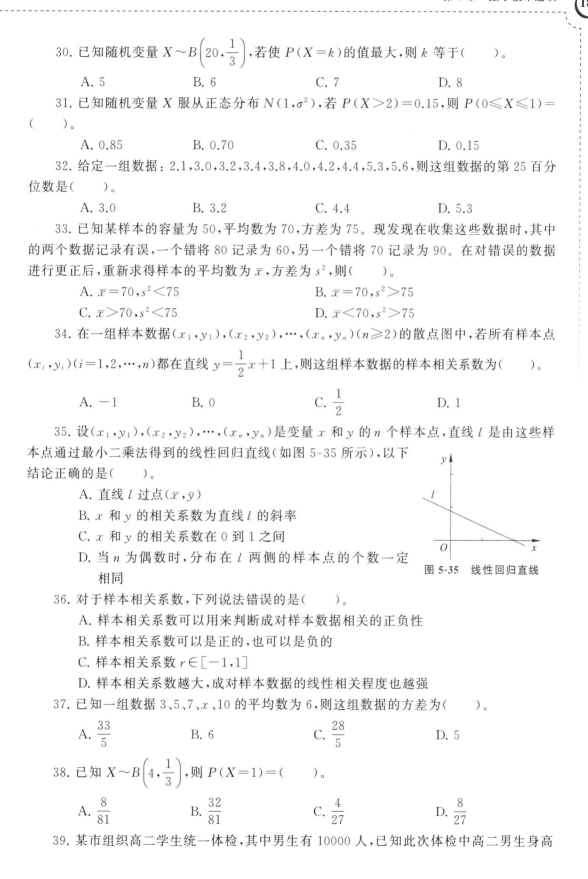

　　A. 直线 l 过点 $(\bar{x}, \bar{y})$

　　B. x 和 y 的相关系数为直线 l 的斜率

　　C. x 和 y 的相关系数在 0 到 1 之间

　　D. 当 n 为偶数时，分布在 l 两侧的样本点的个数一定相同

图 5-35　线性回归直线

36. 对于样本相关系数，下列说法错误的是（　　）。

　　A. 样本相关系数可以用来判断成对样本数据相关的正负性

　　B. 样本相关系数可以是正的，也可以是负的

　　C. 样本相关系数 $r \in [-1, 1]$

　　D. 样本相关系数越大，成对样本数据的线性相关程度也越强

37. 已知一组数据 3、5、7、x、10 的平均数为 6，则这组数据的方差为（　　）。

　　A. $\dfrac{33}{5}$ 　　　　　B. 6　　　　　C. $\dfrac{28}{5}$ 　　　　　D. 5

38. 已知 $X \sim B\left(4, \dfrac{1}{3}\right)$，则 $P(X=1)=$（　　）。

　　A. $\dfrac{8}{81}$ 　　　　　B. $\dfrac{32}{81}$ 　　　　　C. $\dfrac{4}{27}$ 　　　　　D. $\dfrac{8}{27}$

39. 某市组织高二学生统一体检，其中男生有 10000 人，已知此次体检中高二男生身高

(cm)近似服从正态分布 $N(175,\sigma^2)$,统计结果显示高二男生中身高高于 180cm 的概率为 0.32,则此次体检中,高二男生身高不低于 170cm 的人数约为(　　　)。

    A. 3200　　　　　　B. 6800　　　　　　C. 3400　　　　　　D. 6400

40. 某射手每次射击击中目标的概率固定,他准备进行 $n(n\in\mathbf{N}^*)$ 次射击,设击中目标的次数记为 X,已知 $P(X=1)=P(X=n-1)$ 且 $E(X)=4$,则 $D(X)=($　　　$)$。

    A. $\dfrac{1}{4}$　　　　　　B. $\dfrac{1}{2}$　　　　　　C. 1　　　　　　D. 2

二、多选题

1. 以下属于人工智能的主要领域有(　　　)。

    A. 机器学习　　　　B. 计算机视觉　　　C. 自然语言处理　　D. 云计算

2. 云计算提供的服务模型有(　　　)。

    A. 基础设施即服务　　　　　　　　B. 平台即服务

    C. 软件即服务　　　　　　　　　　D. 功能即服务

3. 物联网的组成部分通常包括(　　　)。

    A. 机器学习算法　　B. 增强现实技术　　C. 传感器　　　　　D. 云计算

4. 大数据处理相关的常用框架有(　　　)。

    A. Hadoop　　　　　　　　　　　　B. Spark

    C. UniverseFlowOutput　　　　　　D. Photoshop

5. 人工智能已经应用于(　　　)领域。

    A. 医疗保健　　　　B. 石油开采　　　　C. 航空航天　　　　D. 金融

6. 云计算的服务模型包含(　　　)特点。

    A. 高可用性　　　　B. 按需扩展　　　　C. 完全本地化　　　D. 多租户支持

7. 物联网可以适用于(　　　)场景。

    A. 智能家居　　　　B. 自动驾驶汽车　　C. 太空探索　　　　D. 社交媒体管理

8. 机器人流程自动化的相关功能包括(　　　)。

    A. 自动化的重复任务　　　　　　　B. 数据分析和预测

    C. 人工智能和机器学习　　　　　　D. 跨平台集成

9. (　　　)技术可以用于构建元宇宙。

    A. 虚拟现实　　　　B. 区块链技术　　　C. 人工智能　　　　D. 天文望远镜

10. 数字孪生当中的关键技术有(　　　)。

    A. 人工智能　　　　B. 机器学习　　　　C. 物联网　　　　　D. 实时性处理

11. 已知甲罐中有 4 个相同的小球,标号为 1、2、3、4;乙罐中有 5 个相同的小球,标号为 1、2、3、5、6。现从甲罐、乙罐中分别随机抽取 1 个小球,记事件 A＝"抽取的两个小球标号之和大于 5",事件 B＝"抽取的两个小球标号之积大于 8",则(　　　)。

    A. 事件 A 发生的概率为 $\dfrac{1}{2}$

    B. 事件 $A\cup B$ 发生的概率为 $\dfrac{11}{20}$

    C. 事件 $A\cap B$ 发生的概率为 $\dfrac{2}{5}$

D. 至少抽到一个标号为 3 的小球的概率为 $\dfrac{2}{5}$

12. 甲罐中有 5 个红球、2 个白球和 3 个黑球,乙罐中有 4 个红球、3 个白球和 3 个黑球。先从甲罐中随机取出一球放入乙罐,分别以 A_1、A_2 和 A_3 表示由甲罐取出的球是红球、白球和黑球的事件;再从乙罐中随机取出一球,以 B 表示由乙罐取出的球是红球的事件,则下列结论中正确的是(　　)。

A. $P(B)=\dfrac{2}{5}$

B. $P(B|A_1)=\dfrac{5}{11}$

C. 事件 B 与事件 A_1 相互独立

D. A_1、A_2、A_3 是两两互斥的事件

13. 下列说法不正确的是(　　)。

A. 随机变量 $X\sim B(3,0.2)$,则 $P(X=2)=0.032$

B. 某人在 10 次射击中,击中目标的次数为 X,$X\sim B(10,0.8)$,则当 $X=8$ 时概率最大

C. 从装有 2 个红球和 2 个黑球的口袋内任取 2 个球,至少有一个黑球与至少有一个红球是两个互斥而不对立的事件

D. 从 10 个红球和 20 个白球中,一次性摸出 5 个球,则摸到红球的个数服从超几何分布

14. 甲、乙两类水果的质量(单位:kg)分别服从正态分布 $N(\mu_1,\sigma_1^2)$,$N(\mu_2,\sigma_2^2)$,则下列说法正确的是(　　)。

A. 乙类水果的平均质量 $\mu_2=0.8\text{kg}$

B. 甲类水果的质量比乙类水果的质量更集中于平均值左右

C. 甲类水果的平均质量比乙类水果的平均质量小 0.8kg

D. 乙类水果的质量服从的正态分布的参数 $\sigma_2=1.99$

15. 已知某班 10 名男生引体向上的测试成绩统计如表 5-16 所示。

表 5-16　测试成绩

成　绩	10	9	8	7
人　数	1	4	3	2

则下列说法正确的有(　　)。

A. 这 10 名男生引体向上测试成绩的平均数为 7.4

B. 这 10 名男生引体向上的测试成绩没有众数

C. 这 10 名男生引体向上测试成绩的中位数为 8.5

D. 这 10 名男生引体向上测试成绩的 20 百分位数为 7.5

16. 某工厂研究某种产品的产量 x(单位:吨)与所需某种材料 y(单位:吨)之间的相关关系,在生产过程中收集 4 组数据如表 5-17 所示。根据表中数据可得经验回归方程为 $y=0.7x+a$,则下列 4 个说法中正确的是(　　)。

表 5-17　生产过程收集数据

x	3	4	6	7
y	2.5	3	4	5.9

A. 变量 x 与 y 正相关

B. x 与 y 的样本相关系数 $r<0$

C. $a=0.35$

D. 当产量为 8 吨时, 预测所需材料约为 5.95 吨

17. 已知正态分布的密度函数 $\varphi_{\mu,\sigma}(x)=\dfrac{1}{\sqrt{2\pi}\sigma}e^{-\frac{(x-\mu)^2}{2\sigma^2}}$, $x\in(-\infty,+\infty)$, 以下关于正态曲线的说法正确的是( )。

A. 曲线与 x 轴之间的面积为 1

B. 曲线在 $x=\mu$ 处达到峰值 $\dfrac{1}{\sqrt{2\pi}\sigma}$

C. 当 σ 一定时, 曲线的位置由 μ 确定, 曲线随着 μ 的变化而沿 x 轴平移

D. 当 μ 一定时, 曲线的形状由 σ 确定, σ 越小, 曲线越"矮胖"

18. 一个人连续射击 2 次, 则下列各事件关系中, 说法正确的是( )。

A. 事件"两次均击中"与事件"至少一次击中"互为对立事件

B. 事件"第一次击中"与事件"第二次击中"互为互斥事件

C. 事件"恰有一次击中"与事件"两次均击中"互为互斥事件

D. 事件"两次均未击中"与事件"至少一次击中"互为对立事件

19. 有 3 台车床加工同一型号的零件。第 1 台加工的次品率为 6%, 第 2、3 台加工的次品率均为 5%, 加工出来的零件混放在一起。已知第 1、2、3 台车床的零件数分别占总数的 25%、30%、45%, 则下列选项正确的有( )。

A. 任取一个零件是第 1 台生产出来的次品概率为 0.06

B. 任取一个零件是次品的概率为 0.0525

C. 如果取到的零件是次品, 且是第 2 台车床加工的概率为 $\dfrac{2}{7}$

D. 如果取到的零件是次品, 且是第 3 台车床加工的概率为 $\dfrac{2}{7}$

20. 若随机变量 $\xi\sim N(0,1)$, $\phi(x)=P(\xi\leqslant x)$, 其中 $x>0$, 下列等式成立有( )。

A. $\phi(-X)=1-\phi(x)$ B. $\phi(2x)=2\phi(x)$

C. $P(|\xi|<X)=2\phi(x)-1$ D. $P(|\xi|>X)=2-\phi(x)$

三、简述题

1. 大数据是一种规模大到在获取、存储、管理、分析方面大大超出了传统数据库软件工具能力范围的数据集合, 它具有哪些主要的特性?

2. 大数据必然无法用单台的计算机进行处理, 必须采用哪种架构? 它的特色在于对海量数据进行什么操作?

3. 数据根据结构的不同可划分为哪三类?

4. 简述云计算的关键技术。

5. 面向所有用户提供服务, 只要是注册并付费的用户都可以使用, 被称为哪一类云计算? 请回答并做简要介绍。

6. 物联网和互联网的关系和区别有哪些?

7. 思考物联网在家庭、生活或工作中存在哪些潜在应用环境？

8. 简述区块链的工作原理，分析说明其在金融领域的应用及优势。

9. 数字孪生和物联网之间的关系和区别有哪些？

10. 什么是机器流程自动化？有哪些步骤？

四、计算题

1. 李先生计划搭乘公交车去上班，经网上公交实时平台查询得到，1 路与 2 路公交车预计到达公交 A 站的时间均为 8:30，已知公交车实际到达的时间与网络报时的误差不超过 10 分钟。

（1）若李先生赶往公交 A 站搭乘 1 路车，预计他到达 A 站的时间在 8:25 到 8:40 之间，求他比车早到的概率；

（2）求这两路车到达 A 站的时间之差不超过 4 分钟的概率。

2. 某不透明纸箱中共有 4 个小球，分别是 1 个白球、3 个红球，它们除了颜色外均相同。

（1）一次性从纸箱中摸出两个小球，求恰好摸出 2 个红球的概率；

（2）每次从纸箱中摸取一个小球，记录颜色后放回纸箱，这样摸取 20 次，取得几次红球的概率最大？（只需写出结论）

3. 为了了解某市参加 2021 年高中数学学考的考试结果情况，从中选取 60 名同学将其成绩（百分制，均为正数）分成 $[40,50)$、$[50,60)$、$[60,70)$、$[70,80)$、$[80,90)$、$[90,100]$ 六组后，得到部分频率分布直方图（如图 5-36 所示），观察图形，回答下列问题。

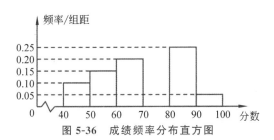

图 5-36　成绩频率分布直方图

（1）求分数在 $[70,80)$ 内的频率；

（2）根据频率分布直方图，估计本次考试成绩的平均值、中位数和 75% 分位数。

第 6 章

数字安全与防护

◆ 6.1 网 络 安 全

互联网的快速发展正在深刻地改变着社会结构、社会关系,数字化生存、网络化生活将成为常态,人类文明在互联网的推动下正迈向一个新的台阶。但互联网是一种工具,工具的好坏取决于用途。对于求知的人,网络是学习的利器,为你发掘无尽的知识宝藏;对于消极的人,网络是诱使人沉迷的精神鸦片。使用互联网的危险就像开汽车可能出车祸的危险一样,我们并没有因为出车祸而不使用汽车所带来的方便或不发展汽车工业。毋庸讳言,互联网上的一些非法行径和破坏行为,给人类带来了不同层面的安全风险。

6.1.1 常见的网络安全威胁 背景知识

网络安全威胁是指网络系统面临的由已经发生的或潜在的安全事件对某一

图 6-1 网络安全威胁

资源的保密性、完整性、可用性或合法使用所造成的威胁。能够在不同程度、不同范围内解决或者缓解网络安全威胁的手段和措施就是网络安全技术(图 6-1)。网络安全威胁一般分为四方面:信息泄露、数据完整性破坏、合法业务的拒绝、资源非法使用等。

1. 计算机病毒

对于日常互联网用户而言,计算机病毒是网络安全中最常见的网络威胁。统计数据显示,大约 33% 的家用计算机会受到某种类型的恶意软件的影响,其中一半以上是病毒。计算机病毒是从一台计算机传播到另一台计算机的软件片段,它们通常作为电子邮件附件发送或从特定网站下载,目的是通过使用网络上的系统来感染用户的计算机以及联系人列表中的其他计算机。众所周知,病毒会发送垃圾邮件、禁用用户的安全设置、破坏和窃取用户计算机中的数据(包括密码等个人信息),甚至删除用户硬盘上的所有内容。

2. 流氓安全软件

利用对计算机病毒的恐惧,诈骗者找到了一种新的网络诈骗方式——流氓安全软件。

流氓安全软件是误导用户相信他们存在网络安全问题的恶意软件,最常见的是在用户的计算机上安装了计算机病毒或者提示安全措施不是最新的,然后提供安装或更新安全设置,同时要求用户下载他们的程序以删除所谓的病毒或者为工具付费。这两种情况都会导致用户的计算机上被安装实际的恶意软件。

3. 特洛伊木马

特洛伊木马是基于 C/S(客户/服务器)结构的远程控制程序,是一类隐藏在合法程序中的恶意代码,这些代码或者执行恶意行为,或者为非授权访问系统的特权功能提供后门。通常,使用木马的过程大致分两步:首先把木马的服务器端程序通过网络远程植入受控机器,然后通过安装程序或者启动机制使木马程序在受控的机器内运行。一旦木马成功植入,就形成了基于 C/S 结构的控制架构体系,服务端程序位于受控机器端,客户端程序位于控制机器端。

4. 广告软件和间谍软件

广告软件是指跟踪用户的浏览习惯推荐展示相关弹窗广告的软件。广告软件会在用户允许的情况下收集数据。广告软件条款通常隐藏在相关的用户协议文档中,但可以通过在安装软件时仔细阅读来检查。安装广告软件后有时可能会降低计算机的处理器性能和互联网连接速度。如果未经用户同意下载广告软件,则视其为恶意软件。

间谍软件的工作原理与广告软件类似,但它会在用户不知情的情况下进行安装,它常常包含记录个人信息(包括电子邮件地址、密码甚至信用卡号码)的键盘记录器,由于身份盗用的风险很高,因此很危险。

5. 计算机蠕虫

计算机蠕虫是一种独立的恶意软件计算机程序,它复制自身以便传播到其他计算机。通常,它使用计算机网络来传播自己,依靠目标计算机上的安全故障来访问它。与计算机病毒不同,它不需要附加到现有的程序。蠕虫几乎总是会对网络造成一些伤害,即使只是消耗带宽,而病毒几乎总是损坏或修改目标计算机上的文件。

6. DoS 和 DDoS 攻击

DoS 攻击由一台机器及其互联网连接执行,通过用数据包淹没网站并使合法用户无法访问被淹没网站的内容。

DDoS 攻击(分布式拒绝服务攻击)与 DoS 类似,但更强大,克服 DDoS 攻击更难。DDoS 攻击是从多台计算机启动的,涉及的计算机数量从几台到几千台甚至更多。由于很可能并非所有这些机器都属于攻击者,因此它们会受到威胁并被恶意软件添加到攻击者的网络中。这些计算机可以分布在全球各地,由受感染的计算机组成的网络称为僵尸网络。因为同时来自许多不同的 IP 地址,因此 DDoS 攻击对于受害者来说更难定位和防御。

7. 网络钓鱼

网络钓鱼攻击者利用欺骗性的电子邮件和伪造的 Web 站点来进行网络诈骗活动,受骗者往往会泄露自己的个人资料,如信用卡号、银行卡账户、身份证号等内容。诈骗者通常会将自己伪装成网络银行、在线零售商和信用卡公司等可信的品牌,从而骗取用户的私人信息。

8. 中间人攻击

中间人(MITM)攻击也称为窃听攻击,是一种由来已久的网络入侵手段,并且当今仍然有蔓延趋势,如 SMB 会话劫持、DNS 欺骗等攻击都是典型的 MITM 攻击。简而言之,所谓的 MITM 攻击就是通过拦截正常的网络通信数据,并进行数据篡改和嗅探,而通信的双方却毫不知情。

9. SQL 注入攻击

SQL 注入攻击是指 Web 应用程序对用户输入数据的合法性没有判断或过滤不严,攻击者可以在 Web 应用程序中事先定义好的查询语句的结尾上添加额外的 SQL 语句,在管理员不知情的情况下实现非法操作,以此来实现欺骗数据库服务器执行非授权的任意查询操作,从而进一步得到相应的数据信息。

10. 基于 5G 的群体攻击

随着新的 5G 技术和网络的兴起,人们可以比以往更快地检索和进行更高速的传输,基于高带宽的攻击也比以往任何时候都更加常见,特别是在物联网和移动设备上。据 TechTarget 称,群体攻击在过去几年中增加了 80% 以上,并将继续增长。

群体攻击的本质涉及同时感染多个设备,这些设备稍后将根据它们在机器人协同攻击中的角色发挥不同的攻击功能。此类攻击还使用 AI 来发现新的受害者、切换攻击策略以及与原始攻击者关联和共享数据。

11. 云计算相关威胁

1)缺乏云安全架构和策略

放眼全球,各组织均在逐步把他们的部分 IT 基础设施迁移到公有云之上。在迁移过渡期中,最大的挑战是实现能够承受网络攻击的安全架构。不幸的是,这个过程对于很多组织而言仍然是模糊不清的。当组织把上云迁移判定为简单地将现有的 IT 栈和安全控制"直接迁移(搬家式)"到云环境的过程时,数据就被暴露在各种威胁面前。缺乏对于共享安全责任模型的理解是另外一个诱因。

2)身份、凭证、访问和密钥管理不足

云计算对传统内部系统的身份和访问管理(IAM)方面引入了多种变化。相反,在云计算中,这些是更重要的问题,因为云计算会深刻影响身份、凭据和访问管理。在公有云和私有云设置中,都需要云服务提供商(CSPs)和云服务使用者在不损害安全性的情况下管理 IAM。

6.1.2 网络安全技术 应知应会

网络安全技术是指用于保护网络系统、网络设备、网络通信和网络数据安全的各种技术手段和方法。这些技术涵盖多个领域,包括加密、防火墙、入侵检测与防御、安全认证、安全策略与管理等。以下是一些常见的网络安全技术。

1. 病毒防护技术

(1)阻止病毒的传播。

在防火墙、代理服务器、SMTP 服务器、网络服务器、群件服务器上安装病毒过滤软件。在桌面 PC 和移动终端上安装杀毒软件。

(2)检查和清除病毒。

定期使用杀毒软件检查和清除病毒。

(3)病毒数据库的升级。

病毒数据库应不断更新,并下发到桌面系统。

（4）在防火墙、代理服务器及 PC 和移动终端上安装控制扫描软件,禁止未经许可的控件下载和安装。

2. 防火墙技术

1）防火墙概念

防火墙是一个由计算机硬件和软件组成的系统,部署于网络边界,是连接内部网络和外部网络的桥梁,同时对进出网络边界的数据进行保护,防止恶意入侵、恶意代码的传播等,以保障内部网络数据的安全。防火墙技术是建立在网络技术和信息安全技术基础上的应用性安全技术。我们可以把它想象成站在门口的保安,检查尝试进入或退出设备或软件系统的所有内容的 ID。对于大多数普通计算机或家庭网络,防火墙应很少允许入站流量（如果有）。其他设备很少能够未经请求地连接到设备或家庭网络。此外,几乎所有的企业内部网络与外部网络（如因特网）相连接的边界设都会放置防火墙,防火墙能够安全过滤和安全隔离外网攻击、入侵等有害的网络行为。

2）防火墙的类型

防火墙可以是软件或硬件。通常我们使用的路由器（也称为调制解调器）将 Internet 从 Internet 提供商连接到家庭或办公室,通常是指硬件防火墙。个人计算机,无论是 Windows 还是 macOS 系统,都可以运行软件防火墙。防火墙可以根据其工作方式和位置来分类。下面是一些常见的防火墙类型。

- 包过滤防火墙：这是最基础的防火墙类型,它根据数据包的信息（如源 IP 地址、目标 IP 地址、端口号等）来决定是否允许数据包通过。
- 状态检查防火墙：这种防火墙不仅检查每个数据包的信息,还会跟踪连接的状态。例如,如果一个数据包是响应之前的请求,那么防火墙就会允许它通过。
- 应用层防火墙：这种防火墙可以检查数据包的内容,例如 HTTP 请求的 URL 或邮件的主题等,这使得应用层防火墙可以对数据包进行更深入地检查和过滤。
- 下一代防火墙：这是一种新型的防火墙,它结合了以上几种防火墙的特性,并且还添加了一些新的功能,例如入侵检测和预防、SSL 和 SSH 检查、深度包检查等。其中,安全套接字层（SSL）是一种加密安全协议,它最初由 Netscape 于 1995 年开发,旨在确保 Internet 通信中的隐私、身份验证和数据完整性;它的保护方法是对在网站和浏览器（或两个服务器之间）之间发送的数据进行加密;它能防止黑客查看或窃取传输的任何信息,包括个人或财务数据。SSL 是如今使用的加密技术 TLS 技术的前身。SSH（Secure Shell 协议）是一种用于远程登录到计算机并在网络上安全传输数据的协议,它提供了加密的通信会话,使得用户可以通过不安全的网络安全地远程管理计算机。SSH 检查通常会涉及身份验证方式、密钥管理、访问控制等方面。

3）防火墙的配置

防火墙的配置主要涉及定义安全规则,一个安全规则通常包含以下几部分。

- 方向：规则应用于入站流量（进入用户的网络）还是出站流量（离开用户的网络）。
- 协议：规则应用于哪种协议,例如 TCP、UDP、ICMP 等。
- 端口：规则应用于哪个端口或哪个端口范围。
- IP 地址：规则应用于哪个 IP 地址或哪个 IP 地址范围。
- 动作：如果规则匹配,防火墙应该执行什么动作,例如允许、拒绝或日志记录。

4）Linux 中的 iptables 防火墙配置示例

```
# 允许所有来自本地网络的入站流量
iptables -A INPUT -s 192.168.1.0/24 -j ACCEPT
# 拒绝所有来自特定 IP 的入站流量
iptables -A INPUT -s 203.0.113.0 -j DROP
# 允许 SSH(端口 22)的出站流量
iptables -A OUTPUT -p tcp --dport 22 -j ACCEPT
```

5）Microsoft Defender 防火墙设置举例

以 Windows 11 系统为例，即使已开启其他防火墙，开启 Microsoft Defender 防火墙也很重要，它可以保护用户计算机免遭未经授权的访问。打开或关闭 Microsoft Defender 防火墙的基本操作如下。

① 选择"开始"，然后打开"设置"。在"隐私和安全"下面选择"Windows 安全"→"防火墙和网络保护"。打开 Windows 安全中心设置（图 6-2）。

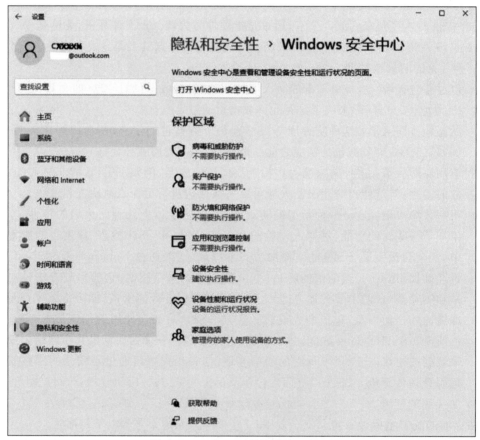

图 6-2　Windows 系统安全中心界面

② 选择网络配置文件：域网络、专用网络或公用网络。

③ 在"Microsoft Defender 防火墙"下将设置切换到"开"。

④ 若要将其关闭，请将设置切换为"关闭"。关闭 Microsoft Defender 防火墙可能会使

设备(以及网络,如果有)更容易受到未经授权的访问。如果有某个需要使用的应用被阻止,则可允许它通过防火墙,而不要关闭防火墙。

3. 入侵检测技术

利用防火墙技术,经过仔细的配置,通常能够在内外网之间提供安全的网络保护,降低网络安全风险。入侵检测系统是新型网络安全技术,目的是提供实时的入侵检测及采取相应的防护手段,如记录证据用于跟踪和恢复、断开网络连接等。

4. 安全扫描技术

网络安全技术中,另一类重要技术是安全扫描技术。安全扫描技术与防火墙、安全监控系统互相配合能够提供高安全性的网络。安全扫描工具源于黑客在入侵网络系统时采用的工具。商品化的安全扫描工具为发现网络安全漏洞提供了强大的支持。安全扫描工具通常分为基于服务器和基于网络的扫描器。

5. 认证签名技术

认证技术主要解决网络通信过程中通信双方的身份认可,数字签名作为身份认证技术中的一种具体技术,同时数字签名还可用于通信过程中的不可抵赖要求的实现。该种认证方式是最常用的一种认证方式,用于操作系统登录、Telnet、rlogin 等,但由于此种认证方式过程不加密,因此密码容易被监听和解密。

6. 加密技术

加密技术是网络信息安全主动、开放的网络防护手段,对敏感数据应采用加密处理,并在数据传输时采用加密传输。加密技术主要有:对称密钥的加密算法、非对称密钥的加密算法。加密技术具有成本低、灵活、硬件加密效果高等优点。

7. 流氓软件的防范

流氓软件因为存在着巨大的利益关系,大多数都比较低调,会极力地隐藏自己,因此相对而言,杀毒软件及时清除流氓软件的可能性就大大降低了,这就要求用户要有一定的流氓软件防护能力,才能使上网更加安全。

预防流氓软件可分为三步。

1) 预防

防范流氓软件的第一步就是要有安全的上网意识,不要轻易登录不了解的网站,因为这样很有可能会感染网页脚本病毒,从而使系统感染流氓软件。不要随便下载不熟悉的软件,如果用户不了解这些软件,当这些软件中捆绑一些流氓软件时,用户也无法察觉。安装软件时应仔细阅读软件附带的用户协议及使用说明,有些软件在安装过程中会以不引起用户注意的方式提示用户安装流氓软件,这时如果用户不认真看提示的话,就会安装流氓软件,由于这是用户自己选择的,因此用户不会受到保护。

在安装操作系统后,应该先上网给系统打补丁,补住一些已知漏洞,这样能够避免利用已知漏洞的流氓软件的驻留。如果用户使用 IE 浏览器上网,则应该将浏览器的安全级别调到中高级别,或者在自定义里将 ActiveX 控件、脚本程序都禁止执行,这样能够防止一些隐藏在网页中的流氓软件的入侵。

2) 判断

第二步是判断自己是否已经感染了流氓软件,这要根据流氓软件的症状判断。一般地,浏览器首页被无故修改、总是弹出广告窗口、CPU 的资源被大量占用、系统变得很慢、浏览器经常崩溃或出现找不到某个 DLL 文件的提示框,这些是流氓软件最常见的现象,如果发现计算机中出现了这些现象,则很有可能是感染了流氓软件,就要采取相应的措施,而如果出现 CPU 的资源被大量占用、系统变得很慢的情况,则很有可能是感染了多种流氓软件,更应该尽快进行相应处理。

流氓软件无论多么复杂,它们的传播流程几乎是一样的,都是通过软件捆绑或网页下载先进入计算机的一个临时目录,一般是系统的根目录或者系统默认的临时目录,然后将自己激活,这时流氓软件进入内存中正常运行。当流氓软件正常运行时,为了下一次能够自动运行,它们往往会修改注册表的自动启动项,从而达到自动启动的目的,然后流氓软件会将自己复制到系统目录隐藏起来,再将临时的安装文件删除,最后监听系统端口,进行各种各样的不法行为。

如果用户喜欢安装一些小的工具软件,或者去一些小的网站上浏览网页,虽然计算机没有出现上述现象,但是也有可能感染流氓软件,这时也应该关注一下计算机,看是否真正感染,这时就可以按照流氓软件的传播链一一排查。首先利用一些第三方内存查看工具确认内存中是否有一些可疑的进程或线程,这需要用户对系统中的进程或一些常用软件的进程有所了解,这样才有可能看出问题;其次,用户在查看进程的过程中应该看看这些进程的路径,如果有一些进程的路径不是正常的安装目录,而是系统的临时目录,那么很大概率是流氓软件。

另外,用户还可查看注册表里(“开始”菜单的“运行框”里输入 REGEDIT)的自启动项(HKEY_LOCAL_MACHINE\SOFTWARE\Microsoft\Windows\CurrentVersion\Run)里是否有一些用户不认识的程序键值,这些很可能就是流氓软件建立的。

3）行动

如果用户确诊自己感染了流氓软件,清除就相对比较简单了。对于已知的流氓软件,建议用户用专门的清除工具进行清除,目前这些工具都是免费的,用户很轻松就能够在网站上下载到它们。

这里不建议用户自己手工清除流氓软件,因为流氓软件越来越复杂,已经不再是简单的删除几个文件就能清除的了,很多流氓软件在进入系统之前就对系统进行了修改和关联,当用户擅自删除流氓软件文件时,系统无法回复到最初的状态,会导致流氓软件虽然清除了,但系统也会出现各种错误。而专业的清除工具已经考虑到这一点,能够帮助用户完全恢复系统。

如果在一些特殊场合需要用户手动清除流氓软件,则按照流氓软件的传播链条先删除内存的进程,再删除注册表中的键值,最后删除流氓软件,将系统配置修改为默认属性即可。

6.1.3 计算机病毒与防护 　　　　　　　　　　　　　　　　　应知应会

1. 计算机病毒

1）基本概念

计算机病毒(computer virus)俗称电脑病毒,指编制者在计算机程序中插入的破坏计算机功能或者数据,影响计算机正常使用并且能够自我复制的一组计算机指令或程序代码(图 6-3)。

计算机病毒具有传染性、隐蔽性、感染性、潜伏性、可激发性、表现性或破坏性。计算机病

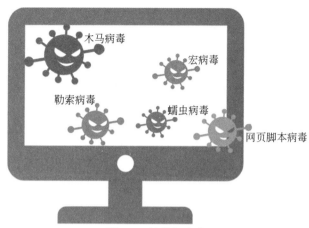

图 6-3　计算机病毒

毒的生命周期主要包括：开发期→传染期→潜伏期→发作期→发现期→消化期→消亡期。

2）计算机病毒的分类

计算机病毒的形式多种多样，因此有不同的分类方式。

（1）根据其传播媒介的不同分为网络病毒、文件型病毒、引导型病毒和混合型病毒。不同类型的病毒在攻击方式上有所差异，并且会造成不同程度的破坏。

（2）按计算机病毒的破坏情况，可分为良性病毒、恶性病毒。

（3）按传播媒介可分为单机病毒、网络病毒。

（4）按照入侵的操作系统分类可分为：

① DOS 病毒：引导性病毒、文件型病毒、混合型病毒。

② Windows 病毒：脚本病毒、宏病毒、PE 病毒、网页病毒。

③ 其他平台：手机病毒。

④ 寄生方式和传染途径：引导性、文件型、混合型。

2. 传统计算机病毒

1）DOS 病毒

在计算机病毒的发展初期，操作系统大多为 DOS 系统，DOS 病毒是指针对 DOS 操作系统开发的病毒。几乎没有新制作的 DOS 病毒，由于 Windows 9X 病毒的出现，DOS 病毒几乎绝迹。但 DOS 病毒在 Windows 9X 环境中仍可以发生感染，因此若执行感染病毒文件，Windows 9X 用户也会被感染。

2）宏病毒

（1）宏病毒简介。

宏病毒是一种寄存在文档或模板的宏中的计算机病毒。一旦打开这样的文档，其中的宏就会被执行，于是宏病毒就会被激活，转移到计算机上，并驻留在 Normal 模板上。从此以后，所有自动保存的文档都会"感染"这种宏病毒，而且如果其他用户打开了感染病毒的文档，宏病毒又会转移到其计算机上。

（2）宏病毒的防范。

一旦发现计算机 Office 软件打开后弹出系统警告框，并且无法"另存为"，就表示该文件已感染宏病毒，此时不能再打开其他文件，否则文件也会感染，应马上关闭删除该文件。

若文件重要不能删除,则需用杀毒软件全盘扫描,处理感染文件。

可以开启禁用宏防止再次感染病毒,如图 6-4 所示。在"受信任位置"中,删除"可靠来源"列表框中的不安全来源,根据实际情况设置是否信任所有安装的加载项和模板,设置宏的安全性。安装杀毒软件、打全系统补丁是预防计算机病毒的基本措施,当然也适用于宏病毒,除这些常规手段之外,宏病毒还有专门的防治措施。

图 6-4   Office 软件中宏安全性配置

可以用沙箱检测文档是否有宏病毒,宏病毒常常用在 APT 攻击中,一些鱼叉邮件中经常会写入宏病毒,甚至有一些还能进行沙箱绕过,有一些可以通过聊天软件发送消息,获取对方计算机的存储路径。所以千万要记住,不要点击不明链接。

3)文件型病毒简介

文件型病毒是计算机病毒的一种,主要感染计算机中的可执行文件(exe)和命令文件(com)。文件型病毒会对计算机的源文件进行修改,使其成为新的带毒文件。一旦计算机运行该文件,就会被感染,从而达到传播的目的。

4)引导型病毒

引导型病毒指寄生在磁盘引导区或主引导区的计算机病毒。此种病毒利用系统引导时不对主引导区的内容正确与否进行判别的缺点,在引导系统的过程中侵入系统,驻留在内存,监视系统运行,随机传染和破坏。按照引导型病毒在硬盘上的寄生位置,又可细分为主引导记录病毒和分区引导记录病毒。主引导记录病毒感染硬盘的主引导区,如大麻病毒、2708 病毒、火炬病毒等;分区引导记录病毒感染硬盘的活动分区引导记录,如小球病毒、Girl病毒等。

3. 互联网时代的瘟疫——蠕虫病毒

1）蠕虫病毒简介

蠕虫病毒是一种常见的计算机病毒,它是无须计算机使用者干预即可运行的独立程序,它通过不停地获得网络中存在漏洞的计算机上的部分或全部控制权来进行传播。蠕虫病毒是一种可以自我复制的代码,并且通过网络传播,通常无须人为干预就能传播。蠕虫病毒入侵并完全控制一台计算机之后,就会把这台机器作为宿主,进而扫描并感染其他计算机。当这些新的被蠕虫入侵的计算机被控制之后,蠕虫会以这些计算机为宿主继续扫描并感染其他计算机,这种行为会一直延续下去。蠕虫病毒使用这种递归的方法进行传播,按照指数增长的规律传播自己,进而及时控制越来越多的计算机。感染蠕虫病毒的计算机会出现系统运行缓慢、文件丢失、文件被破坏或出现新文件等情况。由于蠕虫病毒可以通过系统漏洞、网络文件、电子邮件等各种途径进行传播,且攻击不受宿主程序牵制,所以它的传播速度比传统病毒快得多。

2）蠕虫病毒的特点

（1）较强的独立性。

计算机病毒一般都需要宿主程序,病毒将自己的代码写到宿主程序中,当该程序运行时先执行写入的病毒程序,从而造成感染和破坏。而蠕虫病毒不需要宿主程序,它是一段独立的程序或代码,因此也就避免了受宿主程序的牵制,可以不依赖于宿主程序而独立运行,从而主动地实施攻击。

（2）利用漏洞主动攻击。

由于不受宿主程序的限制,蠕虫病毒可以利用操作系统的各种漏洞进行主动攻击。例如,"尼姆达"病毒利用了 IE 浏览器的漏洞,使感染病毒的邮件附件在不被打开的情况下就能激活;"红色代码"利用了微软 IISI 服务器软件的漏洞(idq.dll 远程缓存区溢出)进行传播;而蠕虫王病毒则是利用了微软数据库系统的一个漏洞进行攻击。

（3）传播更快更广。

蠕虫病毒比传统病毒具有更大的传染性,它不仅仅感染本地计算机,而且会以本地计算机为基础,感染网络中所有的服务器和客户端。蠕虫病毒可以通过网络中的共享文件夹、电子邮件、恶意网页以及存在着大量漏洞的服务器等途径肆意传播,几乎所有的传播手段都被蠕虫病毒运用得"淋漓尽致"。因此,蠕虫病毒的传播速度可以是传统病毒的几百倍,甚至可以在几小时内蔓延全球。

（4）更好的伪装和隐藏方式。

为了使蠕虫病毒在更大范围内传播,病毒的编制者非常注重病毒的隐藏方式。在通常情况下,我们在接收、查看电子邮件时,都采取双击邮件主题的方式来浏览邮件内容,如果邮件中带有病毒,用户的计算机就会立刻被病毒感染。

（5）技术更加先进。

一些蠕虫病毒与网页的脚本相结合,利用 VBScript、Java、ActiveX 等技术隐藏在 HTML 页面里。当用户上网浏览含有病毒代码的网页时,病毒会自动驻留内存并伺机触发。还有一些蠕虫病毒与后门程序或木马程序相结合,比较典型的是"红色代码病毒",该病毒的传播者可以通过这个程序远程控制该计算机。这类与黑客技术相结合的蠕虫病毒具有更大的潜在威胁。

（6）使追踪变得更困难。

当蠕虫病毒感染了大部分系统之后，攻击者便能发动多种攻击以对付一个目标站点，并通过蠕虫网络隐藏攻击者的位置，想要抓住攻击者会非常困难。

3）蠕虫病毒原理

根据蠕虫病毒的程序工作流程，可以分为漏洞扫描、攻击、传染、现场处理四个阶段。首先蠕虫程序随机（或在某种倾向性策略下）选取某一段 IP 地址，接着对这一地址段的主机进行扫描，当扫描到有漏洞的计算机系统后，便将蠕虫主体迁移到目标主机，然后，蠕虫程序进入被感染的系统，对目标主机进行现场处理。同时，蠕虫程序会生成多个副本，重复上述流程。各个步骤的繁简程度也不同，有的十分复杂，有的则非常简单。

4）蠕虫病毒的分类

根据蠕虫病毒在计算机及网络中传播方式的不同，人们大致将其分为 5 种。

（1）电子邮件蠕虫病毒。

通过电子邮件传播的蠕虫病毒以附件的形式出现，或者是在信件中包含有被蠕虫所感染的网站链接地址，当用户点击阅读附件时，蠕虫病毒被激活，或在用户点击那个被蠕虫所感染网站链接时激活感染蠕虫病毒。

（2）即时通信软件蠕虫病毒。

即时通信软件蠕虫病毒是指利用即时通信软件，如 QQ、MSN 等通过对话窗口向在线好友发送欺骗性的信息，该信息一般会包含一个超链接。因为在接收窗口中可以直接点击链接并启动 IE 浏览器，IE 浏览器就会和这个服务器连接，下载有病毒的页面。这个页面中含有恶意代码，会把蠕虫下载到本机并运行，这样就完成了一次传播，然后以该机器为基点，向本机所能发现的好友发送同样的欺骗性消息，继续传播蠕虫病毒。

（3）P2P 蠕虫病毒。

P2P 蠕虫病毒是利用 P2P 应用协议和程序的特点、有漏洞的应用程序在 P2P 网络中进行传播的病毒。人们根据它发现目标和激活的方式，将 P2P 蠕虫分为伪装型、沉默型和主动型三种。

（4）漏洞传播的蠕虫病毒。

漏洞传播的蠕虫病毒就是基于漏洞来进行传播的病毒，一般分为两类：基于 Windows 共享网络和 UNIX 网络文件系统（NFS）的蠕虫病毒；利用操作系统或者网络服务的漏洞来进行传播的蠕虫病毒。

（5）搜索引擎传播的蠕虫病毒。

基于搜索引擎传播的蠕虫病毒通常自身携带一个与漏洞相关的关键字列表，通过利用此列表在搜索引擎上搜索，当在搜索结果中找到了存在漏洞的主机后便进行攻击。其特点是流量小、目标准确、隐蔽性强、传播速度快，在整个传播过程中，它和正常的搜索请求一样，所以能够轻易地混入正常的流量，很难被发现。

5）蠕虫病毒的防范措施

病毒并不是非常可怕的，网络蠕虫病毒对个人用户的攻击主要还是通过社会工程学，而不是利用系统漏洞，防范此类病毒需要注意以下几点。

（1）选购合适的杀毒软件。网络蠕虫病毒的发展已经使传统的杀毒软件的"文件级实时监控系统"落伍，杀毒软件必须向内存实时监控和邮件实时监控发展。另外，面对防不胜防的网页病毒,也使得用户对杀毒软件的要求越来越高。

(2) 经常升级病毒库。杀毒软件对病毒的查杀是以病毒的特征码为依据的,而病毒每天都层出不穷,尤其是在网络时代,蠕虫病毒的传播速度快、变种多,所以必须随时更新病毒库,以便能够查杀最新的病毒。

(3) 增强防毒意识。不要轻易去点击陌生的站点,里面有可能就含有恶意代码。当运行 IE 浏览器时,选择"工具→Internet 选项→安全→Internet 区域的安全级别",把安全级别由"中"改为"高"(图 6-5)。因为这一类网页主要是含有恶意代码的 ActiveX 或 Applet、JavaScript 的网页文件,所以在设置中将 ActiveX 插件和控件、Java 脚本等全部禁止,就可以大大减少被网页恶意代码感染的概率。具体方案是选择"工具"→"Internet 选项",在弹出的对话框中选择"安全"标签,再单击"自定义级别"按钮,就会弹出"安全设置"对话框,把其中所有的 ActiveX 插件和控件以及与 Java 相关的全部选项设置为"禁用"。但是,这样做以后,在网页浏览过程中有可能会无法浏览一些正常应用 ActiveX 的网站。

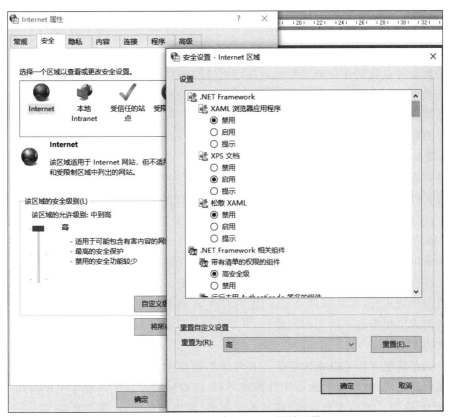

图 6-5　Windows 中 Internet 属性配置

(4) 不随意查看陌生邮件,尤其是带有附件的邮件。由于有的病毒邮件能够利用 IE 浏览器和 Outlook 的漏洞自动执行,所以用户需要升级 IE 和 Outlook 程序,以及常用的其他应用程序。最新的蠕虫病毒"蒙面客"已被发现,它会泄漏用户的隐私。

4. 隐藏的危机——木马病毒

1) 木马病毒的简介

木马病毒是计算机黑客用于远程控制计算机的程序,它会将控制程序寄生于被控制的计算机系统中,里应外合,对被感染木马病毒的计算机实施操作。一般的木马病毒程序主要是寻找计算机后门,伺机窃取被控计算机中的密码和重要文件等。可以对被控计算机实施监控、资料修改等非法操作。木马病毒具有很强的隐蔽性,可以根据黑客意图突然发起攻击。

计算机木马病毒是指隐藏在正常程序中的一段具有特殊功能的恶意代码,是具备破坏和删除文件、发送密码、记录键盘等特殊功能的后门程序。

木马程序表面上是无害的,甚至对没有警戒的用户还颇有吸引力,它们经常隐藏在游戏或图形软件中,但它们却隐藏着恶意。这些表面上看似友善的程序在运行后就会进行一些非法的行动,如删除文件或对硬盘进行格式化。

完整的木马程序一般由两部分组成:一个是服务器端,另一个是控制器端。"中了木马"就是指安装了木马的服务器端程序,若计算机被安装了服务器端程序,则拥有相应客户端的人就可以通过网络控制计算机为所欲为。这时计算机上的各种文件、程序,以及使用的账号、密码均无安全可言。

2)木马病毒的特点

(1)隐蔽性。

木马病毒可以长期存在的主要因素是它可以隐藏自己,将自己伪装成合法的应用程序,使得用户难以识别,这是木马病毒的首要也是重要的特征。与其他病毒一样,这种隐蔽的期限往往是比较长的,经常采用的方法是寄生在合法程序之中、修改为合法程序名或图标、不产生任何图标、不在进程中显示出来或伪装成系统进程和与其他合法文件关联起来等。

(2)欺骗性。

木马病毒隐蔽自身的主要手段是欺骗,它经常使用伪装的手段将自己合法化。例如,使用合法的文件类型后缀名"dll、sys、ini"等;使用已有的合法系统文件名,然后保存在其他文件目录中;使用容易混淆的字符进行命名,例如字母"o"与数字"0",数字"1"与字母"l"。

(3)顽固性。

木马病毒为了保障自己可以不断蔓延,往往像毒瘤一样驻留在被感染的计算机中,有多份备份文件存在,一旦主文件被删除,便可以马上恢复。尤其是采用文件的关联技术,只要被关联的程序被执行,木马病毒便被执行,并产生新的木马程序,甚至变种。顽固的木马病毒给木马清除工作带来了巨大的困难。

(4)危害性。

木马病毒的危害性是毋庸置疑的。只要计算机被木马病毒感染,别有用心的黑客便可以任意操作计算机,就像在本地使用计算机一样,这对被控计算机的破坏可想而知。黑客可以恣意妄为,盗取系统的重要资源,例如系统密码、股票交易信息、重要数据等。

3)木马病毒的分类

(1)网游木马。

随着网络在线游戏的普及和升温,中国拥有规模庞大的网游玩家。网络游戏中的金钱、装备等虚拟财富与现实财富之间的界限越来越模糊。与此同时,以盗取网游账号和密码为目的的木马病毒也随之泛滥起来。

网络游戏木马通常采用记录用户键盘输入、Hook 游戏进程、API 函数等方法获取用户的密码和账号,窃取到的信息一般通过发送电子邮件或向远程脚本程序提交的方式发送给木马作者。网络游戏木马的种类和数量在国产木马病毒中都首屈一指。流行的网络游戏无一不受网游木马的威胁。一款新游戏正式发布后,往往在一到两周内就会有相应的木马程序被制作出来。大量的木马生成器和黑客网站的公开销售也是网游木马泛滥的原因之一。

（2）网银木马。

网银木马是针对网上交易系统编写的木马病毒,其目的是盗取用户的卡号、密码甚至安全证书。此类木马的种类和数量虽然比不上网游木马,但它的危害更加直接,受害用户的损失更加惨重。

网银木马通常针对性较强,木马作者可能首先对某银行的网上交易系统进行仔细分析,然后针对安全薄弱环节编写病毒程序。例如,2013 年,安全软件电脑管家截获网银木马最新变种"弼马温",该病毒能够毫无痕迹地修改支付界面,使用户根本无法察觉,它通过不良网站提供假 Qvod 播放器下载地址进行广泛传播,当用户下载这一木马播放器文件并安装后就会感染木马,该病毒运行后即开始监视用户的网络交易,屏蔽余额支付和快捷支付,强制用户使用网银,并借机篡改订单,盗取财产。随着中国网上交易的普及,受到外来网银木马威胁的用户也在不断增加。

（3）下载类。

这种木马程序的体积一般很小,其功能是从网络上下载其他病毒程序或安装广告软件。由于体积很小,下载类木马更容易传播,传播速度也更快。通常,功能强大、体积也很大的后门类病毒,如"灰鸽子""黑洞"等,在传播时都会单独编写一个小巧的下载类木马,用户感染后会把后门主程序下载到本机运行。

（4）代理类。

用户感染代理类木马后,会在本机开启 HTTP、SOCKS 等代理服务功能。黑客把受感染计算机作为跳板,以被感染用户的身份进行黑客活动,达到隐藏自己的目的。

（5）FTP 木马。

FTP 木马打开被控制计算机的 21 号端口（FTP 使用的默认端口）,使每一个人都可以通过一个 FTP 客户端程序不用密码连接到受控制端计算机,并且可以进行最高权限的上传和下载,窃取受害者的机密文件。新 FTP 木马还加上了密码功能,这样,只有攻击者本人才知道正确的密码,从而侵入对方计算机。

（6）通信软件类。

通信软件类木马通过即时通信软件自动发送含有恶意网址的消息,目的在于让收到消息的用户点击网址感染,用户感染后又会向更多的好友发送病毒消息。例如 2023 年亚信安全捕获了一起"银狐"木马团伙利用微信群传播木马病毒的事件,该黑产团伙经常通过微信、QQ 等即时通信工具,或邮件、钓鱼网站等途径传播木马病毒,专门针对金融、教育等企事业单位的管理、财务、销售等从业人员进行攻击,达到窃取隐私的目的。

（7）网页点击类。

网页点击类木马会恶意模拟用户点击广告等动作,在短时间内可以产生数以万计的点击量。病毒作者的编写目的一般是赚取高额的广告推广费用。此类病毒的技术简单,一般只是向服务器发送 HTTP GET 请求。

4）木马病毒的原理

木马病毒通常在计算机网络中传播,基于客户端和服务端的通信、监控程序。客户端的程序用于黑客远程控制,可以发出控制命令,接收服务端传来的信息。服务端的程序运行在被控计算机上,一般隐藏在被控计算机中,可以接收客户端发来的命令并执行,将客户端需要的信息发回,也就是常说的木马程序。

木马病毒发作的必要条件是客户端和服务端建立网络通信,这种通信是基于 IP 地址和端口号的。藏匿在服务端的木马程序一旦被触发执行,就会不断将通信的 IP 地址和端口号发给客户端。客户端利用服务端木马程序通信的 IP 地址和端口号,在客户端和服务端建立一个通信链路。客户端的黑客便可以利用这条通信链路来控制服务端的计算机。

运行在服务器端的木马程序首先隐匿自己的行踪,伪装成合法的通信程序,然后采用修改系统注册表的方法设置触发条件,保证自己可以被执行,并且可以不断监视注册表中的相关内容。一旦发现自己的注册表被删除或被修改,可以自动修复。

5)木马病毒的传播方式与伪装方式

(1)传播方式。

木马病毒的传播方式比较多,主要有以下几种。

① 利用下载进行传播,在下载的过程中进入程序,当下载完毕并打开文件后,就将病毒植入计算机。

② 利用系统漏洞进行传播,当计算机存在漏洞时,就成为木马病毒攻击的对象。

③ 利用邮件进行传播,很多陌生邮件里面就掺杂了病毒种子,一旦邮件被打开,病毒就会被激活。

④ 利用远程连接进行传播。

⑤ 利用网页进行传播,在浏览网页时经常会出现很多弹出的页面,这种页面就是病毒驻扎的地方。

⑥ 利用蠕虫病毒进行传播。

(2)伪装方式。

鉴于木马病毒的危害性,很多人对木马病毒的相关知识还是有一定了解的,这对木马病毒的传播起到了一定的抑制作用,这是木马病毒设计者所不愿见到的,因此他们开发了多种功能来伪装木马病毒,以达到降低用户警觉、欺骗用户的目的。

① 修改图标。

已经有木马病毒可以将木马服务端程序的图标改成 HTML、TXT、ZIP 等各种文件的图标,这有相当大的迷惑性,但是提供这种功能的木马病毒还不多见,并且这种伪装也不是无懈可击的,所以不必整天提心吊胆、疑神疑鬼。

② 捆绑文件。

这种伪装手段是将木马病毒捆绑到一个安装程序上,当安装程序运行时,木马病毒会在用户毫无察觉的情况下偷偷地进入了系统,被捆绑的文件一般是可执行文件(EXE、COM一类的文件)。

③ 出错显示。

有一定木马病毒知识的人都知道,如果打开一个文件后没有任何反应,这很可能就是一个木马程序,木马病毒的设计者也意识到了这个缺陷,所以已经有木马病毒提供了一个叫作出错显示的功能。当服务端用户打开木马程序时,会弹出一个错误提示框(这当然是假的),错误内容可自由定义,大多会订制成一些诸如"文件已破坏,无法打开"之类的信息,当服务器端的用户信以为真时,木马病毒就悄悄侵入了系统。

④ 订制端口。

很多老式的木马端口都是固定的,这给判断是否感染了木马病毒带来了方便,只要检查一下特定的端口就知道感染了什么木马病毒,所以很多新式的木马病毒都加入了订制端口的功能,控制端用户可以在 1024～65535 任选一个端口作为木马端口(一般不选 1024 以下的端口),这样就给判断所感染木马病毒的类型带来了麻烦。

⑤ 自我销毁。

这项功能是为了弥补木马病毒的一个缺陷。我们知道,当服务器端用户打开含有木马病毒的文件后,木马病毒会将自己复制到 Windows 的系统文件夹中(C:Windows 或 C:Windows/System 目录下),一般来说,原木马文件和系统文件夹中的木马文件的大小是一样的(捆绑文件的木马除外),那么中了木马病毒的朋友只要在收到的信件和下载的软件中找到原木马文件,然后根据原木马文件的大小去系统文件夹找相同大小的文件,判断一下哪个是木马病毒就行了。而木马病毒的自我销毁功能是指安装完木马程序后,原木马文件将自动销毁,这样服务器端用户就很难找到木马病毒的来源,在没有查杀木马病毒的工具的帮助下,就很难删除木马病毒了。

⑥ 木马病毒更名。

安装到系统文件夹中的木马病毒的文件名一般是固定的,那么只要根据一些查杀木马病毒的文章,按图索骥地在系统文件夹中查找特定的文件,就可以断定中了什么木马病毒。所以有很多木马病毒都允许控制端用户自由订制安装后的木马文件名,这样就很难判断所感染的木马病毒类型了。

(3) 手机中的木马病毒。

手机中的木马病毒(图 6-6)主要通过以下途径感染。

图 6-6　手机中的木马病毒(自:网络)

① 通过手机短信等即时通信工具消息植入。

② 通过山寨 App 应用捆绑木马植入。

③ 通过浏览网站、下载 App 等方式进行传播。

6) 木马病毒的危害与防范方式

(1) 危害。

木马病毒对计算机的直接破坏方式是改写磁盘,对计算机数据库进行破坏,给用户带来不便。当木马病毒破坏程序后,使得程序无法运行,给计算机的整体运行带来严重的影响。

另外一些木马病毒可以通过磁盘的引导区进行破坏,病毒具有强烈的复制功能,把用户程序传递给外部链接者。还可以更改磁盘引导区,造成数据通道破坏。病毒也通过大量复制抢占系统资源,对系统运行环境进行干扰,影响计算机系统的运行速度。

随着互联网事业的发展,木马病毒看中了电子商务,在一些网络购物网站上挂一些木马程序,当用户点击时,很容易进入用户系统,当用户使用网络银行时,通过窃取银行密码盗取用户财产,给计算机用户造成巨大的经济损失。在一些特殊的领域,木马病毒被用作攻击的手段,如政治、军事、金融、交通等众多领域,成为一个没有硝烟的战场,利用木马病毒可以获取相关信息或者进行破坏。

(2) 防范方式。

① 检测和寻找木马隐藏的位置。

木马病毒侵入系统后,需要找一个安全的地方选择适当的时机进行攻击,了解和掌握木马病毒藏匿的位置才能最终清除木马。木马病毒经常会集成到程序中、藏匿在系统中、伪装成普通文件或者添加到计算机操作系统的注册表中,还有的会嵌入启动文件中,一旦计算机启动,这些木马程序也将运行。

② 防范端口。

检查计算机用到了什么样的端口,正常运用的是哪些端口,而哪些端口不是正常开启的;了解计算机端口状态,哪些端口目前是连接的,特别注意这种开放是否正常;查看当前的数据交换情况,重点注意哪些数据交换比较频繁,是否属于正常数据交换;关闭一些不必要的端口。

③ 删除可疑程序。

对于非系统的程序,如果不是必要的,完全可以删除,如果不能确定,可以利用一些查杀工具进行检测。

④ 安装防火墙。

防火墙在计算机系统中起着不可替代的作用,它保障了计算机的数据流通,保护着计算机的安全通道,对数据进行的管控可以根据用户需要自定义,防止不必要的数据流通。安装防火墙有助于对计算机病毒木马程序的防范与拦截。

⑤ 相关部门加强整治木马病毒产业链,完善相应的法律法规。

现阶段,我国存在着一些专业的服务集团,这些集团的存在组成了一条比较完善的木马病毒产业链。相对于社会安全法律,针对计算机安全的企管科也应该受到有关部门和主体的重视与管理,需要建立健全的法律措施。2017 年,我国计算机受到恶意感染的数量减少了 26%,移动互联网恶意程序的数量也逐渐呈现下降趋势。正是由于《中华人民共和国网络安全法》的实施在一定程度上抑制了恶意程序的扰民问题,该法的颁布,从网络的角度来看,强化了一些基础性网络设施的建设。因此,互联网环境下,必须依靠全产业链的合作,强化每一条生产线上的管理工作,让《中华人民共和国网络安全法》能够发挥出它应有的价值。

⑥ 健全网站和网络游戏的管理。

网站和网络游戏开发商要加大对于网站和网络游戏的管理与监督,争取从源头阻止木马病毒,让它没有扩散的机会,这是防范网页病毒和网游病毒的主要方式之一。另外,网络环境设备的日常维护、维修、管理工作都要加强,内容包括网站服务器的每日检查,服务器内的数据和资料的更新,操作、行为日志的核查等工作,还需要对服务器的网络配置、安全配置等情况进行严格的检查。

⑦ 增强网民的防范意识。

我国计算机用户正在快速增长,部分用户对于自身信息的保护意识不强,大部分用户的计算机上都没有安装杀毒软件或者设置防火墙,他们应该深刻地意识到反病毒是一项长期且系统性的工作,主动了解这方面的相关知识,提高对于木马病毒的防范意识。针对网站中携带病毒的问题,用户还可以利用防火墙在木马病毒盗取用户账号、隐私之前,就将其拦截并歼灭。

5. 网页冲浪的暗流——网页脚本病毒

1) 网页脚本病毒的简介

这种病毒主要采用脚本语言设计,现在流行的脚本病毒大多是利用 JavaScript 和 VBScript 脚本语言编写的。实际上,在早期的系统中,病毒就已经开始利用脚本进行传播和破坏了,不过专门的脚本型病毒并不常见。但是在脚本应用无所不在的今天,脚本病毒却成为危害最大、最为广泛的病毒,特别是当它们和一些传统的进行恶性破坏的病毒(如 CIH)相结合时,其危害就更为严重了。随着计算机系统软件技术的发展,新的病毒技术也应运而生,特别是结合脚本技术的病毒更让人防不胜防,由于脚本语言的易用性,并且脚本在现在的应用系统中,特别是在 Internet 应用中占据了重要地位,因此脚本病毒也成为互联网病毒中最为流行的网络病毒。

2) 原理分析防范

脚本病毒的共有特性:脚本病毒的前缀是 Script。脚本病毒的共有特性是使用脚本语言编写,通过网页进行传播,如红色代码(Script.Redlof)。脚本病毒通常有如下前缀:VBS、JS(表明是脚本文件格式),如欢乐时光(VBS.Happytime)、十四日(Js.Fortnight.c.s)等。常见脚本文件后缀有:VBS、VBE、JS、BAT、CMD。

防止恶意脚本的一些通用的方法如下。

(1) 在 IE 设置中将 ActiveX 插件和控件以及 Java 相关选项全部禁止可以避免一些恶意代码的攻击。方法是:打开 IE 浏览器,选择"工具"→"Internet 选项"→"安全"→"自定义级别",在"安全设置"对话框中,将其中所有的 ActiveX 插件和控件以及与 Java 相关的组件全部禁止即可。不过这样做以后,一些制作精美的网页也无法欣赏了。

(2) 及时升级系统和 IE 浏览器并打补丁。选择一款好的防病毒软件并做好及时升级,不要轻易地浏览一些来历不明的网站。这样大部分的恶意代码都会被我们拒之"机"外。

3) 使用 Microsoft Edge 增强 Web 安全性

禁用实时(JIT)JavaScript 编译并为浏览器启用其他操作系统保护,Microsoft Edge 增强的安全性有助于防范与内存相关的漏洞。这些保护包括硬件强制的 Stack Protection 和任意代码防护(ACG)。有了这些保护,Microsoft Edge 会自动在不熟悉的网站上应用更严格的安全设置,同时适应一段时间内的浏览习惯,从而帮助降低攻击风险。

(1) 选择"添加安全性"以查看站点信息。

(2) 选择"增强此网站的安全性",然后打开或关闭"对此网站使用增强的安全性"开关(图 6-7)。

(3) 在 Microsoft Edge 中,转到"设置"和"更多"(图 6-8)。

(4) 选择"设置"→⚙️→"隐私、搜索和服务"。

（5）在"安全性"部分下，确认"增强 Web 安全性"为"打开"。

（6）选择适合你的浏览模式。

图 6-7　Microsoft Edge 增强 Web 安全性设置

图 6-8　Microsoft Edge 工具栏

◇ 6.2　数 据 安 全

6.2.1　数据安全的基本概念

背景知识

1. 数据安全的含义

《中华人民共和国数据安全法》第三条给出了数据安全的定义，即通过采取必要措施，确保数据处于有效保护和合法利用的状态，以及具备保障持续安全状态的能力。

要保证数据处理的全过程安全，数据处理过程通常包括数据的收集、存储、使用、加工、传输、提供、公开等。

数据安全或信息安全有对立的两方面的含义：一是数据本身的安全，主要是指采用现代密码算法对数据进行主动保护，如数据保密、数据完整性、双向强身份认证等；二是数据防护的安全，主要是采用现代信息存储手段对数据进行主动防护，如通过磁盘阵列、数据备份、异地容灾等手段保证数据的安全。数据安全是一种主动的保护措施，数据本身的安全必须基于可靠的加密算法与安全体系，主要有对称算法与公开密钥密码体系两种。

数据处理的安全是指如何有效地防止数据在录入、处理、统计或打印中由于硬件故障、断电、宕机、人为的误操作、程序缺陷、病毒或黑客等造成数据库损坏或数据丢失，某些敏感或保密的数据可能被不具备资格的人员或操作员阅读，从而造成数据泄密等后果。

而数据存储的安全则是指数据库在系统运行之外的可读性。一旦数据库被盗，即使没有原来的系统程序，照样可以另外编写程序对盗取的数据库进行查看或修改。从这个角度说，不加密的数据库是不安全的，容易造成商业泄密，所以便衍生出"数据防泄密"这一概念，这就涉及了计算机网络通信的保密、安全及软件保护等问题。

2. 数据安全的特点

1）机密性

机密性（confidentiality）又称保密性（secrecy），是指个人或团体的信息不被其他不应获得者获得。在计算机中，许多软件，如邮件软件、网络浏览器等，都有保密性相关的设定，用来维护用户数据的保密性。

2）完整性

完整性（integrity）是指在传输、存储信息或数据的过程中，确保信息或数据不被未授权地篡改或在篡改后能够被迅速发现。完整性在信息安全领域中常常和保密性混淆。以普通RSA（1977 年由 3 位数学家 Rivest、Shamir、Adleman 提出的非对称加密算法）对数值信息进行加密为例，黑客或恶意用户在没有获得密钥破解密文的情况下，可以通过对密文进行线性运算，相应地改变数值信息的值。例如交易金额为 X 元，通过对密文乘 2，可以使交易金额成为 2X，也称为可延展性（malleable）。为解决以上问题，通常使用数字签名或散列函数对密文进行保护。

3）可用性

可用性（availability）是一种以使用者为中心的设计概念，是指确保数据在需要时能够可靠地访问和使用的程度。以互联网网站的设计为例，希望让使用者在浏览的过程中不会产生压力或感到挫折，并能让使用者在使用网站功能时，用最少的努力发挥最大的效能。基于这个原因，任何有违信息"可用性"的规定都是违反信息安全的。

3. 数据安全技术

1）加密

加密即使用加密算法保护数据，确保即使数据被访问，也无法被未经授权的人理解，例如使用算法将普通文本字符转换为不可读的格式，用加密密钥对数据进行加密，只有授权的用户才能阅读。文件和数据库加密解决方案是敏感数据的最后一道防线，通常通过加密或令牌化隐藏敏感数据内容。

2）数据擦除

数据擦除是指在设备或存储介质上完全删除存储的数据，以确保该数据无法被恢复或访问。通常用于处理敏感信息或设备的情况。数据擦除的目的是防止未经授权的访问者或利用废弃设备的人员从已删除的数据中恢复敏感信息。

3）数据屏蔽

通过屏蔽数据，组织可以允许团队使用真实数据开发应用程序或培训人员，它在必要时会屏蔽个人识别信息（Personal Protected Information，PII），如全名、地址、电话、出生日期等，以便在合规的环境中进行开发。

4）数据安全永续性

安全永续性取决于组织承受任何类型故障或从任何类型故障中恢复的能力。例如从硬件问题到电力短缺和其他影响数据可用性的事件中恢复的能力，其中，恢复的速度对于最大限度地减少影响至关重要。

6.2.2　防护技术　　应知应会

计算机存储的信息越来越多，而且越来越重要，为防止计算机中的数据意外丢失，一般都采用许多重要的安全防护技术来确保数据的安全。常用的数据安全防护技术主要有以下几种。

1. 磁盘阵列

磁盘阵列（Redundant Arrays of Independent Disks，RAID）是一种将多个磁盘组合起

来作为单个逻辑单元的技术,通常是指把类型、容量、接口甚至品牌一致的专用磁盘或普通硬盘连成一个阵列。RAID 的主要目的是提高数据存储的性能、可靠性或者两者兼顾。通常人们通过使 RAID 以更快的速度、准确、安全的方式读写磁盘数据,从而提高数据读取速度和安全性。

2. 数据备份

有时,组织可能会遇到自然灾害、人为错误、安全事故或系统故障等意外事件。因此,数据备份是一项重要的数据保护工作。数据备份是系统、配置或应用程序数据的副本,它与原始数据分开存储。备份通常用于保护重要数据免受硬件故障、恶意软件、意外删除或其他意外事件的影响。备份管理包括备份的可计划性、自动化操作、历史记录的保存或日志记录。备份可以在本地设备,如外部硬盘、USB 闪存驱动器或磁带上进行,也可以通过云存储服务进行。对于一个组织来说,定期备份是数据管理中至关重要的一部分,有助于确保业务连续性和数据安全。

3. 双机容错

双机容错(fault tolerance)是为了保障服务器工作不间断运行而出现的。在双机容错系统中,通常有两个(或多个)相同的计算机系统,称为节点,节点彼此互为备份。这两个节点同时运行相同的任务,并实时地相互监测。如果其中一个节点发生故障,另一个节点可以接管其任务,以保持系统的连续性。这是一种计算机系统设计的方法,旨在确保系统在面对硬件或软件故障时仍能够继续运行,而不会导致系统的完全崩溃。这种设计能应对可能发生的各种故障或异常情况。

4. NAS

NAS(Network Attached Storage)解决方案是一种用于存储和共享数据的网络存储系统。NAS 是一种专门用于提供文件级存储服务的设备,通过网络连接使多个用户和设备共享文件和数据。在数据安全方面,NAS 解决方案支持权限设置、加密、远程访问、备份和恢复、防病毒和恶意软件防护等功能。

5. 数据迁移

数据迁移是指将数据从一个系统或存储位置转移到另一个系统或存储位置的过程,通常涉及从旧的数据库、文件系统或应用程序向新的环境中转移数据。数据迁移的主要原因是系统升级、平台更换、数据中心迁移、云迁移等。数据迁移过程中,由在线存储设备和离线存储设备共同构成一个协调工作的存储系统,该系统在在线存储和离线存储设备间动态地管理数据,使得访问频率高的数据存放于性能较高的在线存储设备中,而访问频率低的数据则存放于较为廉价的离线存储设备中。

6. 异地容灾

以异地实时备份为基础的高效、可靠的远程数据存储,在各单位的 IT 系统中,必然有核心部分,通常称之为"生产中心",往往给"生产中心"配备一个备份中心,该备份中心通常是远程的,同时,在"生产中心"的内部实施各种数据保护。当火灾、地震等灾难发生时,一旦"生产中心"处于瘫痪,备份中心会接替"生产中心"继续提供服务。

7. SAN

SAN(Storage Area Network,存储区域网络)是一种专门用于连接存储设备和服务器的高速网络架构,其主要目的是提供可靠、高性能的存储解决方案。SAN 允许服务器在共享存储装置的同时高速传送数据。这一方案具有带宽高、可用性高、容错能力强的优点,而且可轻松升级,容易管理,有助于改善整个系统的成本状况。

8. 数据库加密

对数据库中的数据进行加密是为了增强普通关系数据库管理系统的安全性,提供一个安全适用的数据库加密平台,对数据库存储的内容实施有效保护。它通过数据库存储加密等安全方法实现了数据库数据存储保密和完整性要求,使得数据库以密文方式存储并在密态方式下工作,确保了数据安全。

9. 硬盘安全加密

硬盘安全加密是一种用于保护存储在计算机硬盘上的数据的安全性的技术。通过对硬盘上的数据进行加密,即使硬盘被物理访问或被盗取,也能确保数据不易被未经授权的人访问。经过安全加密的故障硬盘,即使是硬盘维修商,也根本无法查看数据内容,因此保证了内部数据的安全性。当硬盘发生故障更换新硬盘时,可全自动智能恢复损坏的数据,有效防止敏感数据因硬盘损坏、操作错误而造成的数据丢失。

6.2.3　大数据时代下基于全生命周期的数据安全防护　　　应知应会

对数据生命周期的采集、存储、传输、使用、共享、销毁等环节进行防护,对涉密、重要、个人隐私、业务机密、传播违禁等敏感数据执行靶向监控,实现针对数据的分类分级型安全防护。

1. 数据采集环节

数据采集环节主要关注采集的数据是否符合国家法律法规以及相关行业的规定,是否合规,是否存在各种涉密信息、用户信息和业务敏感信息。从繁杂庞大的数据中发现敏感数据并进行安全保护,就很有必要对数据进行梳理,应通过数据分类分级和数据标识,快速准时地识别出敏感数据并开展数据跟踪溯源。

因此,数据采集环节需要进行针对敏感数据的分类分级及其来源属性的标记、数据来源验证等操作,以便后期对数据的泄露进行溯源。

2. 数据存储和传输环节

数据存储和传输环节主要关注:①数据的传输是否合规,是否存在高安全域终端向低安全域终端非法传输、复制机密信息等行为,同时也可能存在非法用户获取合法权限向数据中心调用和查看高密级信息的风险;②存储在数据库和服务器的数据是否存在数据泄露的风险。

数据传输存储环节中的数据安全防护技术措施主要如下。

1) 敏感数据自动识别技术

使用自然语言处理、数据挖掘和机器学习技术的聚类/分类器,配合机器学习自动生成规则库,以提高对敏感内容识别的准确率和可靠性。

2) 敏感数据发现、定位能力

对敏感数据定位的策略手段,包括结构化数据和非结构化数据的定位,可以对敏感信息进行定位,如源代码、技术文档、运营资料、证券信息等,从而实现有效的防护控制。

3) 权限管控

根据文件的重要程度,按照组织架构(部门、用户、项目组等)对文件进行敏感分级授权管理。例如可以对文档进行分级授权,设置只读、打印、修改、再次授权、阅读次数及生命周期等权限,授权用户只能按规定权限使用数据,无法通过属性修改、内容复制、副本另存等方式越权使用。

4)透明加解密

透明加密意味着加密不需要太多的额外管理,主要体现在两方面:首先是应用程序透明,用户或者开发商不需要对应用程序做任何改造;其次是加解密透明,对于具备密文访问权限的用户自动进行加解密,对于缺乏密文访问权限的用户拒绝访问。

5)风险审计

记录所有外发数据的行为日志,依据安全规则及时发现异常行为并告警,提高安全人员的响应速度,并为事后的审计追溯提供依据。

6)数据缓慢泄露防护

统计敏感数据在指定时间段内的持续累计泄露行为,并进行响应。

3. 数据使用环节

数据使用环节主要关注如何防控内部人员窃密、滥用和疏忽而导致的数据泄露风险;如何防止开发、测试、分析和运维人员等获取敏感数据。

数据使用环节安全防护的目标是保障数据在授权范围内被访问、处理,防止数据遭窃取、泄露、损毁。为实现这一目标,在下一代防火墙、防 DDoS、漏洞检测等网络安全防护技术措施外,还需要针对数据库访问、数据库操作、数据第三方共享使用等环节和过程进行安全防护。

敏感数据脱敏技术从保护敏感数据机密性的角度出发,对敏感数据进行模糊化处理,特别是对姓名、手机号码、身份证号码等用户个人敏感信息,当需要查询原始敏感信息时,需要应用进行二次鉴权。在准生产区进行系统的开发、测试、培训或数据挖掘算法验证时,需要对生产数据进行批量脱敏,导入准生产区环境。

4. 数据共享环节

数据共享环节主要关注如何管控高密级数据流向低密级业务口;如何将人、设备的身份权限对应到应用、服务及数据的安全级别上。

在大数据平台的安全防护体系中,"零信任"身份权限控制是必要措施。在数据安全性分类分级的基础上建立完整数据鉴权机制是当今信息安全防御的前沿首选。在信息共享传输过程中,需要保证数据完整性及可追溯性,可采用电子签名及时间戳等相关技术来实现。另外,数据分享系统需要具备数据脱敏功能,以实现部分敏感信息的脱敏。并且,脱敏技术需要能在分享的大量数据中自动扫描以发现敏感信息,从而实现高效、方便、准确的信息脱敏。

5. 数据销毁环节

数据销毁环节主要关注如何监控数据销毁的合规性;如何确保剩余敏感信息没有继续存留在数据库、服务器和终端上;如何防护隐私性数据片段被挖掘泄露。

数据销毁环节应采用数据销毁技术,能够完全删除数据库、服务器和终端上的剩余信息,并且在销毁后需要进行敏感数据检查,以验证销毁结果,防止出现部分删除、逻辑删除等现象。

◆ 6.3　个人信息安全

6.3.1　个人信息安全的基本概念　　　　　背景知识

个人信息安全是指公民身份、财产等个人信息的安全状况。随着互联网应用的普及和人们对互联网的依赖,个人信息安全受到极大威胁。恶意程序、各类钓鱼和欺诈行为多发,同时黑客攻击和大规模的个人信息泄露事件频发,与各种网络攻击大幅增长相伴的是大量网民个人信息的泄露与财产损失的不断增加。公开信息表明,2011 年至 2015 年,有 11.27 亿用户隐私信息被泄露、个人财产受到损失,被泄露的个人信息包括基本信息、设备信息、账户信息、隐私信息、社会关系信息和网络行为信息等。人为倒卖信息、手机泄露、计算机感染、网站漏洞是个人信息泄露的四大途径。个人信息泄露危害巨大,除了要增强信息保护的意识以外,国家也正在积极推进保护个人信息安全的立法进程。

6.3.2　个人信息的主要类别　　　　　　　应知应会

1. 基本信息

为了完成大部分网络行为,消费者会根据服务商的要求提交姓名、性别、年龄、身份证号码、电话号码、E-mail 地址及家庭住址等个人基本信息,有时甚至会提交婚姻、信仰、职业、工作单位、收入等相对隐私的个人基本信息。

2. 设备信息

主要是指消费者所使用的各种计算机终端设备(包括移动和固定终端)的基本信息,如位置信息、WiFi 列表信息、MAC 地址、CPU 信息、内存信息、SD 卡信息、操作系统版本等。

3. 账户信息

主要包括网银账号、第三方支付账号、社交账号和重要邮箱账号等。

4. 隐私信息

主要包括通讯录信息、通话记录、短信记录、IM 应用软件聊天记录、个人视频、照片等。

5. 社会关系信息

主要包括好友关系、家庭成员信息、工作单位信息等。

6. 网络行为信息

主要是指上网行为记录,消费者在网络上的各种活动行为,包括上网时间、上网地点、输入记录、聊天交友、网站访问行为、网络游戏行为等个人信息。

7. 衍生个人信息

主要是指对原始信息进行处理、分析所形成的反映个人某些特定情况的信息,例如个人消费习惯、投资意愿等;以及设备信息、社会关系信息、网络行为信息等。

6.3.3　个人信息泄露的危害　　　　　　　应知应会

1. 垃圾短信、骚扰电话、垃圾邮件源源不断

这已经是非常普遍的事,个人信息被泄露后,电子邮箱每天都会收到十几封垃圾邮件,也是以推销为主,而且还是乱七八糟且没有创意的广告,还可能会经常被陌生人打电话,有推销保险的,有推销装修的,还有推销婴儿用品的。

2. 冒名办卡透支欠款

有人通过购买个人信息,复制他人的身份证,在网上骗取银行的信用,在银行办理各种各样的信用卡,恶意透支消费,然后银行可能会直接将欠费的催款单寄给身份证的主人。

3. 案件事故从天而降

不法分子可能利用他人的个人信息进行违法犯罪活动,其可能不明不白地被警察传唤或被法院传票通知出庭。

4. 账户钱款不翼而飞

有些不法分子办理一张他人的身份证,然后挂失其银行账户或信用卡账户,重新补办该卡,再设置新的密码,如果其长时间不使用银行卡,里面的钱款说不定已经不翼而飞了。

5. 个人名誉无端受毁

个人信息被泄露后,出的任何事都与你有关。他人冒用你的名义所干的一切坏事都归到你的名下了,哪怕最后费尽周折得到清白,个人名誉还是受到了破坏。

6.3.4　个人信息泄露的途径　　　　　　　　　　　　　应知应会

总结起来,容易泄露个人信息的途径包括以下方面。

1. 快递单、火车票、银行对账单

这些单证上有姓名、银行卡号、消费记录等信息,随意丢弃容易造成私人信息泄露。

2. 各类网购、虚拟社区、社交网络账户

不论是网络购物还是注册一些论坛、社区、网站,或者在微博、QQ空间发布信息,或多或少都会留下个人信息。

3. 商家各种促销活动、办理会员卡等

如商家"调查问卷表"、购物抽奖活动或者申请免费邮寄资料、会员卡活动都会要求填写详细联系方式和家庭住址等。

4. 招聘网站泄露个人信息

简历中的个人信息一应俱全,这些内容可能会被非法分子以极低的价格转手。

5. 报名、复印资料后信息被利用

各类考试报名、参加网校学习班等经常要登记个人信息。一些复印店利用便利,将客户信息资料存档留底。

6. 身份证复印件滥用

银行开户、手机入网甚至办理会员卡、超市兑换积分都需要用到身份证。

6.3.5　个人信息保护案例　　　　　　　　　　　　　应知应会

案例一:扫二维码免费领奖品?没那么好的事!

吴先生接孩子放学的路上看到一个"扫描二维码免费领取玩具大鹅"的摊贩(图6-9),孩子被吸引,闹着要这个玩具,吴先生想想就只是扫描一个二维码应该没什么大事,就扫描了这个二维码,并领取了大鹅。

没承想扫描二维码就加入了骗子所开设的聊天群,后来吴先生就不断接到各类推销和诈骗电话。吴先生很疑惑,他们都是从哪里知道我的电话号码的?

网络时代,我们仿佛置身于一个透明的玻璃罩中,个人信息极易泄露,对此,我们需要时刻警惕,避免因个人信息泄露而遭受损失。根据案例中的描述,诈骗分子通过二维码渠道获得我们的身份信息,如姓名、手机号、收货地址等,不断进行骚扰甚至骗取钱财。

案例二：短信验证码很重要,莫要轻易泄露!

不管是登录、绑卡还是支付,都提供了手机短信验证码的功能。短信验证码由数字或字母组成,对上述流程有着安全防护的作用。

图 6-9　二维码信息泄露

犯罪嫌疑人刘某通过技术手段入侵居民手机窃取短信验证码,结合在其他途径获得的居民的姓名、身份证号、银行卡号等,转走了居民手机银行内的资金。

我们每个人都应该加强个人信息保护意识,一旦发生个人信息泄露,要第一时间更换账号和密码。若在信息泄露后发现资金受损,应立即冻结银行卡,保留短信内容,并及时报警。

案例三：快递信息泄露导致个人被诈骗 16 万元!

2021 年 9 月 21 日,一名音乐博主发布了一个七分半钟的视频,自述了其在 30 分钟内被诈骗 16 万元。当天,该博主接到了一个自称申通快递员的电话,对方表示“快递丢件要给予双倍赔偿”,并且在电话中准确地报出了她在快递单上留下的化名和快递单号(图 6-10),使她放松了警惕。核实信息无误后,她相信了对方,开始在“客服”的诱导下在支付宝“备用金”申请 180 元快递理赔,但对方称因她的操作失误,与支付宝产生了借贷关系,需要在三年之间每个月向支付宝自动转入一笔钱,总额为 72000 元。为解除借贷关系,该快递“客服”要求她下载一款名为“亿联会议”的 App 加入会议,与一个自称是支付宝官方客服的工作人员联系。这名“官方客服”称,她的支付宝芝麻信用分不足,需要向指定账户转账 18 万元进行信用担保,为让她继续相信,该“客服”让她在支付宝购买了一个“保险”。于是她在该客服引导下从名下多张银行卡陆续向指定账户转账共计 16 万元。当她继续向朋友借钱时,朋友才发觉她被骗,随后前往公安局报案。

图 6-10　快递面单信息泄露

◇ 6.4 数字健康安全

数字化已经使人们的生活方式发生巨大改变,不仅改变着人们的衣食住行,还在不断拓展和满足着人们更高层次的需要。这一系列的变化在赋能数字产业、释放科技创新红利的同时,也带来了诸多不容忽视的挑战,要解决好数字鸿沟、信息安全、数字上瘾等问题,创造更好的数字化生活,才能真正享受到数字技术的红利,而不是沦为后者的仆从。

6.4.1 数字技术上瘾机制　　　　　　　　　　　　　　　　　　　背景知识

移动互联网的井喷式发展为数字消费企业和数字消费者创造了极好的发展环境,但也为数字产品过度使用提供了温床。数字产品以一种人畜无害的姿态悄悄渗入了人们的生活,并凭借算法技术实现了对消费者的数字操控。

1. 斯金纳箱与上瘾机制

斯金纳箱(Skinner box,图 6-11)是由行为主义者斯金纳于 1938 年发明的心理学试验装置,用于动物操作条件作用试验,其基本结构为:在箱壁的一边有一个可供按压的响应杆(大多是一块金属板),在响应杆旁边有一个装有食物的小盒紧靠着箱壁上的小孔,小孔外是食物释放器,其中贮有颗粒形食物。动物在箱内按一下响应杆,即有一粒食物从小孔口落入食物槽内,动物可取食。一只白鼠禁食 24 小时后被放入箱内,它开始在箱内探索,偶尔按压了响应杆,获得食物。白鼠一开始可能并没有注意到食物落下,但若干次重复后,就形成了压杆取食的条件反射。

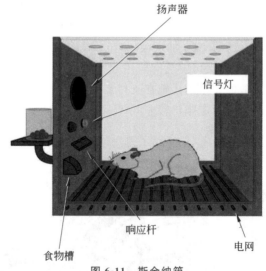

图 6-11　斯金纳箱

斯金纳经过不断的试验,总结出了一套强化理论。人或动物为了达到某种目的,会采取一定的行为作用于环境。当这种行为的后果对他有利时,这种行为就会在以后重复出现;不利时,这种行为就会减弱或消失。人们可以用这种正强化或负强化的方法来影响行为的后果,从而修正其行为——这就是强化理论,也叫作行为修正理论。

斯金纳箱的理论在心理学、教育学以及游戏等领域都有着许多演变及应用。在游戏设计中最为直观的体现即为如何一步步地吸引玩家,让玩家从对游戏一无所知到逐渐上瘾。在数字产品的设计上,也有许多应用。例如,当我们选择用"饿了么"进行午餐的购买时,下单成功后,"饿了么"会立即弹出红包分享窗口,告诉你"您和您的朋友都有红包可以领取",红包领取的金额(强化物)可以在下次订餐时使用,这就是一次形成条件反射的固定正强化(下单肯定有红包)。经过这一连串的强化,以后你只要肚子一饿,就会想打开"饿了么"订餐,这就是强化的意义。用好强化理论,可以非常有效地让用户"上瘾"地使用某产品。

2. 上瘾诊断

多巴胺是一种神经传导物质,这种脑内分泌物可以传递兴奋及开心的信息。多巴胺与各种上瘾行为有关。

基于算法逻辑的游戏、社交媒体、短视频等平台正是通过数据分析用户行为,制造和推送迎合不同个体喜好的内容,不断刺激用户大脑中的多巴胺,牢牢锁住用户注意力,"让人根本停不下来"。据统计,大多数人每天使用手机 1～4 小时,清醒时间的四分之一都用在了手机上,比睡觉以外的其他任何日常活动都多。每个月几乎有 100 小时在检查电子邮件、发短信、玩游戏、看网页、读文章等,一辈子加起来,用手机的时间相当于整整 11 年。平均而言,人们每个小时要把手机拿起来 3 次。至于怎样才算上瘾,先要看上瘾的定义以及它和痴迷、强迫的区别:上瘾是对难以戒除的有害体验的深度依恋。让人上瘾的行为短期内能够解决人的深刻心理需求,但长期来看却会造成严重伤害。上瘾带来即刻的奖励或正向强化,痴迷和强迫带来的是缓解,也叫作负强化。

3. 网瘾对健康的危害(人体工学、使用时间、设备等)

根据《中国青少年健康教育核心信息及释义(2018 版)》,网络成瘾指在无成瘾物质作用下对互联网使用冲动的失控行为,表现为过度使用互联网后导致明显的学业、职业和社会功能损伤。其中,持续时间是诊断网络成瘾障碍的重要标准。有研究表明,我国有 5%～10% 的互联网使用者存在网络成瘾症倾向,青少年学生中患网络成瘾症的人为 3.5%～7%,他们上网的大部分时间用于游戏或与网友聊天,其次是影视、音乐等娱乐。从研究中可知,网络成瘾者平均每周使用网络 38.5 小时(而非成瘾者仅为 4.9 小时);83% 的网络成瘾者是在开始使用网络的一年内出现症状的;网络成瘾者中,78% 是使用聊天室、网络游戏和新闻组这类偏重双向沟通的功能,而非成瘾者上网多数出于工作或学习的需要,将网络视为工具。网络成瘾会给生活带来消极的影响,例如,网络成瘾者普遍认为使用网络对他们的学业、人际关系、经济状况和职业造成中等或严重影响,他们还可能出现孤独不安、情绪低落、思维迟钝、自我评价降低等症状,严重的甚至有自杀意念和行为,而且还会带来一系列生理变化,发展为身体上的依赖,出现食欲不振、焦躁不安等状况,甚至会引发心血管疾病等疾患,需要接受深度的心理辅导。

案例:

"95 后"干部张雨杰在 2016—2019 年短短的 3 年内,陆续侵吞高达 6900 万元的公款,和一些传统的腐败案件将所贪获的赃款用于购买豪车、房产不同。张雨杰之所以产生侵吞公款的念头,和玩网游有关。

2016 年的一天,一名买房人带着几万元现金来办理资金托管,由于按规定只能刷卡付款,张雨杰就先为他办理了手续,将现金存到自己卡里,打算第二天帮他刷卡支付。谁知当晚打游戏时,由于充值买装备,他控制不住自己把这几万元全花光了。

"充着充着,卡里显示余额不足了。刚开始是最害怕的一个时间,那我就慢慢攒一下,我先还,当时是这样想的。"让张雨杰欲罢不能的,是充值后完全不一样的游戏体验。在网游世界里,只要肯花钱,就能成为攻无不克、战无不胜的强者。结果一直就没人发现,"这个时候就开始觉得,我再弄一点儿,应该也没事儿,后面就是真的跟雪崩一样,根本停不下来。"靠不断充值买顶级装备,张雨杰登上了一款网游某赛区的排行榜榜首。

张雨杰沉醉于在虚拟世界里用金钱买到的成就感,继而发展到在现实世界里也用金钱来满足各种欲望。调查发现,张雨杰贪污的近 7000 万元在到案发时几乎挥霍一空。

6.4.2 其他数字危害 应知应会

1. 信息茧房

"信息茧房"是指人们关注的信息领域会习惯性地被自己的兴趣所引导,从而在不知不觉中将自身放进"封闭的房间"中,之后浏览到的便只是意见相近的信息,而减少对其他信息的接触,久而久之,便会像蚕一样逐渐禁锢于自我编织的"茧房"之中。

信息茧房的危害主要包括以下几点。

① 加重群体极化。由于"信息茧房"中全部是同类同质群体,信息传播及认同度极高,一旦打破"茧房",用户接触到外部的不同声音,就会产生极强的不适应性,情绪反弹强烈,进而滋生群体极化现象,例如集中开展网络暴力行为。

② 局限个人视野。在"信息茧房"效应下,用户只关注自己熟悉的领域,并持续、反复加深巩固,势必会导致视野局限,降低独立思考的能力。

③ 社会黏性下降。任何用户都无法始终处于"舒适圈",总要接触外部信息和事务。但如果用户受"信息茧房"效应影响严重,就会变得孤立、狭隘,无法与其他群体和谐相处,不利于社会团结。

2. 社交虚拟化

社交虚拟化是指人们之间相互利用网络平台,借助社交软件进行沟通交流(图 6-12),它具有降低交往门槛、扩大交往领域、开放性更大的优点,但同时也伴随着很多消极作用。因为对交往行为呈现更高的包容性,社交虚拟化会淡化外显的推脱耻感,使自制力不强的人更容易出现非诚信交往、伤害性交往、随意性交往。虚拟本身也为网络行为主体修饰、美化自己提供了条件和可能性,使人沉浸其中,产生自我认知混淆,限制了现实生活中人与人的互动。

图 6-12 社交虚拟化

在现实生活中,每个人都要扮演不同的社会角色,按照角色规范去演绎自己的人生历程。理想与现实矛盾的影响使人们喜欢幻想。在网络世界里,人们可以隐藏自己的表情、语言、身份、年龄、性别等,可以随心所欲地扮演自己理想的"自我",常常把自己想象成具有超强本领的非凡人物,从而获得心理成就感;也有的人感到学业压力太大,对学习产生了厌烦心理,对许多成人的要求感到无奈,他们就在网上"游荡";还有的中学生过早地接受了社会的不良影响,他们仿佛看穿了人间百态,表现出一副玩世不恭的态度,整天只想玩乐而不想干别的事情,于是网上游戏就成了他们的最佳选择。染上网瘾的人常常过度地沉溺于网络中虚拟的角色,这样容易迷失真实的自我,把虚拟的角色当成现实的角色,造成角色混乱、行为失调,这无疑会损害人的心理健康。

3. 大自然缺失症

2010 年,美国作家理查德·洛夫在其著作《林间最后的小孩》中提出了一个词——大自然缺失症(nature-deficit disorder),指的是现代城市儿童与大自然割裂相处,从而出现一系列成长问题的现象。

对于患有大自然缺失症的孩子来说,由于在室内过多地接触电子设备、书籍、绘本、玩具等,其听觉、嗅觉等感官发展较弱,可能小小年纪就会近视;和其他小朋友相处不多,不愿意一起参加户外集体活动,不懂分享,强势霸道,没有合作和礼让意识;随着长期和家人在一起,其语言表达仅限于日常常用词汇,影响交往能力和语言使用能力,出现胆小、害羞、木讷等社交短板;走出户外的频次少,户外活动时间短,对陌生环境的适应力、观察力不够,甚至出现忧郁、焦虑等心理问题;最终会对自然界的生物表现出冷漠或恐惧,缺少对外界新鲜事物的兴趣,不能感受到大自然中的美好事物,情商低,缺少同情心,例如虐待小动物、破坏绿树花草、破坏环境……

6.4.3　健康数字生活　　　　　　　　　　　　　　**背景知识**

1. "自律即自由"

消费根源于人的需求和欲望,数字消费亦是如此。在数字时代,人们对数字产品的消费自由也一定是自主的、自觉的。但是在实际生活中,人们通过新闻类 App 获取资讯,通过社交 App 进行沟通,通过短视频 App 休闲娱乐等各个渠道无一不会被算法俘获,被大数据分析得体无完肤。在这样被动的填鸭式的消费下,人们丧失了自律,也就丧失了自由。

目前已经有不少人开展了数字自律的实践,通过各种手段主动减少使用手机等智能设备和短视频等数字娱乐的时间,其中有一款叫作 Forest 的时间管理 App,用户可以设置时长限制手机功能的使用,很受当下年轻人的青睐。在社会中,类似"正念"等活动的兴起也从侧面说明了人们摆脱数字控制的愿望和对数字时代的反思。

2. 商业约束和政府监管

谷歌、苹果、Meta 等国外科技巨头自 2018 年起已经大规模开发防数字沉迷的功能,并取得了一定成效。从无商不瘾到逐渐自我约束,允许用户放下手机和平板电脑,这是从企业层面走向数字健康的重要一步。

我国《互联网信息服务算法推荐管理规定》自 2022 年 3 月 1 日起施行。《规定》明确了对于算法推荐服务提供者的用户权益保护要求:一是算法知情权,要求告知用户其提供算法推荐服务的情况,并公示服务的基本原理、目的意图和主要运行机制等;二是算法选择权,要求向用户提供不针对其个人特征的选项，或者便捷地关闭算法推荐服务的选项；三是针对向未成年人、老年人、劳动者、消费者等主体提供服务的算法推荐服务提供者作出具体规范。

数字时代为人们带来了许多便利，也潜藏着风险和挑战。面向未来，只有进一步增强"反成瘾"的自觉，共同维护"数字健康"，人们才能更好地拥抱数字生活，追求美好生活。

◇ 本 章 小 结

随着数字化时代的发展，数字安全已经成为个人、企业和政府等各个领域不可忽视的重要议题。数字环境中，常见的网络安全威胁主要有：非法授权访问、信息泄露丢失、拒绝服务攻击、利用网络传播病毒及流氓软件等。"流氓软件"是介于病毒和正规软件之间的软件。根据功能分类，流氓软件可以分为广告软件、间谍软件、浏览器劫持、行为记录软件、恶意共享软件等，会对用户的信息安全造成恶劣影响。防火墙技术是目前维护网络安全重要的手段之一。根据网络信息保密程度，可以进行不同安全策略的多级保护模式。合理地使用防火墙可以经济、有效地保证网络安全。此外，加密技术、用户识别技术、访问权限管理、数字签名可以有效预防网络中可能存在的安全风险。在预防流氓软件的过程中，首先是要有安全的上网意识，不轻易登录不了解的网站；其次要判断自己是否已经感染了流氓软件；最后，对于已知的流氓软件，建议用户用专门的清除工具进行清除。

计算机病毒是计算机程序中被嵌入的一组破坏计算机功能或毁坏数据的计算机指令或程序代码。除传统的 DOS 病毒、宏病毒、文件型病毒等以外，网络环境中蠕虫病毒盛行，蠕虫病毒是一种可以自我复制的代码，并且通过网络传播，通常无须人为干预就能传播；按照传播方式的不同，蠕虫病毒可分为电子邮件蠕虫病毒、即时通信软件蠕虫病毒、P2P 蠕虫病毒、漏洞传播的蠕虫病毒、搜索引擎传播的蠕虫病毒等。木马病毒是一种恶意软件，其通过伪装成合法程序的方式潜入计算机系统，一旦激活，就会在用户不知情的情况下执行各种恶意操作，例如窃取个人信息、监控用户活动或损坏系统。

数据在数字时代成为重要资源，数据安全逐渐引起人们的重视。数据安全是指通过采取必要措施，确保数据处于有效保护和合法利用的状态，以及具备保障持续安全状态的能力。为防止计算机中的数据意外丢失，一般都采用许多重要的安全防护技术来确保数据的安全。常用和流行的数据安全防护技术主要有：磁盘阵列、数据备份、NAS、数据迁移、异地容灾、SAN、数据库加密、硬盘安全加密等。网络中，个人信息安全也非常重要，其与个人财产、社会关系等息息相关。因此，了解个人信息泄露的主要途径、危害，并掌握个人信息保护的基本技能非常必要。

当今每个人都在利用数字技术工作、生活，人们应充分意识到数字技术的利用应以不伤害个人健康为基础，提倡健康数字生活。

◇ 本 章 习 题

一、单选题

1. ( )网络安全威胁会不断干扰网络服务，使系统响应减慢甚至崩溃，影响正常用户的访问。

　　　　A. 非法授权访问　　　　　　　　　B. 信息泄露丢失

　　　　C. 拒绝服务攻击　　　　　　　　　D. 利用网络传播病毒

　2. (　　)网络威胁属于流氓软件的特点之一。

　　　　A. 强行修改用户软件设置　　　　　B. 侵害用户信息和财产安全

　　　　C. 停用杀毒软件　　　　　　　　　D. 恶意篡改注册表信息

　3. 当计算机出现如下情况：用户使用计算机上网时,会有窗口不断跳出;计算机浏览器被莫名修改增加了许多工作条;当用户打开网页时,网页会变成不相干的奇怪画面,甚至是黄色广告,则说明计算机中有(　　)病毒。

　　　　A. 杀毒软件　　　　B. 管理软件　　　　C. 流氓软件　　　　D. 盗版软件

　4. (　　)行为可能会导致计算机被安装木马程序。

　　　　A. 上安全网站浏览资讯

　　　　B. 发现邮箱中有一封陌生邮件,杀毒后下载邮件中的附件

　　　　C. 下载资源时,优先考虑安全性较高的绿色网站

　　　　D. 搜索下载可免费观看全部集数的《长安十二时辰》的播放器

　5. 防止浏览行为被追踪,以下做法中正确的是(　　)。

　　　　A. 不使用浏览器

　　　　B. 可以通过清除浏览器 Cookie 或者拒绝 Cookie 等方式

　　　　C. 在不连接网络的情况下使用浏览器

　　　　D. 以上做法都可以

　6. 以下生活习惯中属于容易造成个人信息泄露的是(　　)。

　　　　A. 废旧名片当垃圾丢弃　　　　　　B. 淘汰手机卡直接卖给二手货市场

　　　　C. 使用即时通讯软件传输身份证复印件　D. 以上都有可能

　7. 以下关于个人信息保护的做法中不正确的是(　　)。

　　　　A. 在社交网站类软件上发布火车票、飞机票、护照、照片、日程、行踪等

　　　　B. 在图书馆、打印店等公共场合,或是使用他人手机登录账号,不要选择自动保存密码,离开时记得退出账号

　　　　C. 从常用应用商店下载 App,不从陌生、不知名应用商店、网站页面下载 App

　　　　D. 填写调查问卷、扫二维码注册尽可能不使用真实个人信息

　8. 计算机病毒发作时会(　　)。

　　　　A. 影响计算机操作者的身体健康　　B. 损坏计算机键盘

　　　　C. 大大加快计算机的运行速度　　　D. 影响计算机的正常运行

　9. 通过邮件要求用户提供银行账户及密码属于(　　)攻击手段。

　　　　A. 缓存溢出攻击　　　　　　　　　B. 钓鱼攻击

　　　　C. 暗门攻击　　　　　　　　　　　D. DDoS 攻击

　10. 为了防御网络监听,最常用的方法是(　　)。

　　　　A. 使用物理传输(非网络)　　　　　B. 使用信息加密

　　　　C. 使用无线网　　　　　　　　　　D. 使用专线传输

　11. 向有限的空间输入超长的字符串是(　　)攻击手段。

　　　　A. 缓冲区溢出　　B. 网络监听　　　C. 拒绝服务　　　D. IP 欺骗

12. 下列不属于系统安全的技术是（　　）。

    A. 防火墙　　　　　B. 加密狗　　　　　C. 认证　　　　　D. 防病毒

13. SQL 杀手蠕虫病毒发作的特征是（　　）。

    A. 大量消耗网络带宽　　　　　　　　B. 攻击 PC 终端

    C. 破坏 PC 游戏程序　　　　　　　　D. 攻击手机网络

14. 下列属于侵犯个人隐私的攻击的是（　　）。

    A. 破坏性攻击　　　B. 身份盗窃　　　C. 手机资料　　　D. 诈骗

15. 骗子常利用学生网上购买机票求便宜的心理进行诈骗,他们不能实施的诈骗手法是（　　）。

    A. 假冒航空公司官方网站,发布低价机票信息

    B. 假冒 400 开头的订票电话,学生可在网上搜索到,引诱学生

    C. 以低价为诱饵向学生索要银行卡账户,并以支付不成功为由让学生多次支付

    D. 通过第三方支付平台支付机票款项

16. 王某在淘宝网上购物以后很久都未收到东西,和网店客服联系后,对方称因为淘宝升级未收到订单,需要重新打款才能发货,王某应该（　　）。

    A. 打电话给网店负责人争吵理论,要求其还钱

    B. 去其他网店购物

    C. 按对方提示重新打款

    D. 联系淘宝客服,进行相关查询后进行退款操作

17. 许多黑客攻击都是利用软件中缓冲区溢出的漏洞进行的,对此最可靠的解决方案是（　　）。

    A. 安装防火墙　　　　　　　　　　　B. 安装入侵检测系统

    C. 给系统安装最新的补丁　　　　　　D. 安装防病毒软件

18. 防火墙技术是一种（　　）安全模型。

    A. 被动式　　　　　B. 主动式　　　　　C. 混合式　　　　　D. 以上都不是

19. 下列防火墙的配置方式中安全性最高的是（　　）。

    A. 屏蔽路由器　　　　　　　　　　　B. 双宿主主机

    C. 屏蔽子网　　　　　　　　　　　　D. 屏蔽网关

二、多选题

1. （　　）软件属于"流氓软件"。

    A. 间谍软件　　　　　　　　　　　　B. 广告软件

    C. 行为记录软件　　　　　　　　　　D. 浏览器劫持程序

2. 以下说法中正确的是（　　）。

    A. 不需要共享热点时及时关闭共享热点功能

    B. 在安装和使用手机 App 时,不用阅读隐私政策或用户协议,直接略过即可

    C. 定期清除后台运行的 App 进程

    D. 及时将 App 更新到最新版

3. 微信里收到"微信团队"的安全提示:"您的微信账号在 16:46 尝试在另一个设备登录。登录设备:XX 品牌 XX 型号"。这时不正确的做法有（　　）。

A. 有可能是误报,不用理睬

B. 确认是否是自己的设备登录,如果不是,则尽快修改密码

C. 自己的密码足够复杂,不可能被破解,坚决不修改密码

D. 拨打 110 报警,让警察来解决

4. 如果在 QQ、微信、邮箱中浏览到不良信息或不良言论时,错误的做法是(　　　)。

A. 不损害自己的利益,不关心

B. 介绍给其他同学浏览和阅读

C. 阅读该信息并参与言论

D. 马上删除、关闭并告知家长或老师

5. 下列对密码安全的描述中正确的是(　　　)。

A. 容易被他人记住的密码不安全

B. 密码越长就越安全

C. 密码要定期更换

D. 密码中用的字符种类越多,越不容易被破解

6. 属于计算机病毒防治策略的是(　　　)。

A. 手头常备一张真正"干净"的引导盘

B. 及时升级可靠的反病毒产品

C. 新购置的计算机软件也要进行病毒检测

D. 整理磁盘碎片

7. 网络安全是指通过采取必要措施,防范对网络的攻击、侵入、干扰、破坏和非法使用以及意外事故,使网络处于稳定可靠的运行状态,以及保障网络数据的(　　　)能力。

A. 真实性　　　　　B. 完整性　　　　　C. 保密性　　　　　D. 可用性

8. 网络运营者应当制定网络安全事件应急预案,及时处置(　　　)安全风险,在发生危害网络安全的事件时,应立即启动应急预案,采取相应的补救措施,并按照规定向有关主管部门报告。

A. 网络攻击　　　　B. 系统漏洞　　　　C. 网络侵入　　　　D. 计算机病毒

9. 在使用计算机的过程中,网络安全的防范措施包括(　　　)。

A. 安装防火墙和防病毒软件,并经常升级

B. 经常给系统打补丁,弥补软件漏洞

C. 不上不太了解的网站,不打开 QQ 上传送过来的不明文件

D. 经常清理不常用的软件和文件

10. 下列做法中可以有效保护上传到云平台的数据的安全的有(　　　)。

A. 为上传到云平台中的数据设置密码

B. 定期整理和清除上传到云平台的数据

C. 在网吧等不确定网络连接安全性的地点使用云平台

D. 使用免费或者公共场合的 WiFi 上传数据到云平台

三、判断题

1. 在图书馆、打印店等公共场合,或是使用他人手机登录账号,不要选择自动保存密码,离开时记得退出账号。　　　　　　　　　　　　　　　　　　　　　　　(　　　)

2. 注册时使用个人信息(名字、出生年月等)作为电子邮箱地址或用户名。　　　(　　)

3. 信息安全永远是相对的,并且需要不断持续关注和改进,没有一劳永逸的安全防护措施。　　　　　　　　　　　　　　　　　　　　　　　　　　　　　(　　)

4. 计算机病毒是计算机系统中自动产生的。　　　　　　　　　　　　　　　(　　)

5. 默认情况下,防火墙的工作模式为路由模式,切换工作模式后可直接进行进一步的配置。　　　　　　　　　　　　　　　　　　　　　　　　　　　　　　(　　)

6. 入侵检测系统不能弥补由于系统提供信息的质量差或不完整而带来的问题。

(　　)

7. 透明代理服务器在应用层工作,它完全阻断了网络报文的传输通道,因此具有很高的安全性,它可以根据协议、地址等属性进行访问控制,隐藏内部网络结构,因为最终请求是由防火墙发出的,所以外面的主机不知道防火墙内部的网络结构;可以解决 IP 地址紧缺的问题;使用代理服务器只需要给防火墙设置一个公网的 IP 地址。　　　　(　　)

8. 垃圾邮件一般包括商业广告、病毒邮件、恶意欺诈邮件(网络钓鱼)等。　(　　)

9. VPN 的主要特点是通过加密使信息安全地通过 Internet 进行传递。　　(　　)

10. SQL Server 如果设置了不恰当的数据库文件权限,可能导致敏感文件被非法删除或读取,从而威胁系统安全。　　　　　　　　　　　　　　　　　　　　　　(　　)

第 7 章

数 字 伦 理

随着科技的不断进步,数字化已经深入我们生活的各方面。数字技术的发展为我们带来了巨大的便利和机遇,但同时也带来了一系列的伦理问题和挑战。数字伦理涉及数字技术与道德价值观的领域,旨在探讨如何在数字化时代中保护个人隐私、维护公平正义、促进社会和谐发展等一系列伦理问题。

数字伦理不仅关乎个人隐私和数据安全,还涉及人工智能、大数据、互联网、物联网等领域的伦理问题。人工智能技术的发展为人们带来了智能助手、自动驾驶等创新应用,同时也引发了人工智能对人类就业和隐私的影响等问题。大数据的应用使企业和政府可以更好地了解和服务人民,也引发了个人隐私泄露和数据滥用的担忧。互联网的普及使信息传播更加迅速和广泛,也带来了网络暴力、虚假信息等问题。物联网的发展使人们的生活更加智能和便利,也引发了对个人信息安全和网络攻击的担忧。

数字伦理需要考虑技术发展,同时也需要思考人类社会的未来发展方向和道德价值观。数字技术的应用必须遵循人类的基本伦理原则,尊重个人隐私权,保护公民权益,维护社会公正。数字伦理还需要跨学科的合作,包括哲学、伦理学、法律、计算机科学等领域的专家和学者的共同努力。只有通过深入研究和广泛讨论,人们才能够建立起一个更加公正、透明、可信赖的数字化社会。

数字技术的不断拓展和满足人们更高层次的需求,同时也挑战了人们原有的伦理认知,带来福祉的同时也带来挑战。理解数字伦理、构建清晰的数字伦理框架对于社会和个体都至关重要。只有遵循数字伦理,守住道德底线,加强自律,才能真正享受数字技术带来的红利,而不是成为其仆从。

◆ 7.1 数字伦理概述

随着数字技术深入融入国家治理和社会管理,传统伦理界限被打破,迫切需要建立符合数字时代需求的数字伦理。在数字时代,重新塑造伦理关系至关重要,伦理关系承载着各个主体的价值观和目标选择,与权力和法律关系相比更为重要。数字技术的发展使各种信息,包括身份和行为信息,变得更加透明和完整。在数字生活中,必须关注数据采集、使用和取舍所涉及的伦理问题。数字伦理是一项复杂的治理工程,体现着"人人为我,我为人人"的自然法则,要求政府、社会、公众之间建立相互信任和相互负责的伦理关系。新的数字伦理责任体系应包括原则责任、特殊责任、评价责任和相关责任等多方面责任。

数字技术发展到今天,给个人、社会和国家带来了诸多好处、便利和效率,未来还将持续推动经济发展和社会进步。数字伦理观有助于增进人类对技术发展应用的信任,使数字技术的进步持续造福人类和社会发展,塑造更加健康、包容和可持续的智慧社会。

7.1.1　数字伦理概念与内涵

1. 数字伦理概念　　　　　　　　　　　　　　　　　　　　　　　应知应会

数字伦理是数字化时代的基本要求和规范,强调以人为本,涉及个人与个人、个人与社会之间的行为准则和约束。它思考和讨论数字技术和数字化生活方式的伦理问题,关注数字技术对人类社会、个体和价值观念的影响,并通过伦理原则和价值观指导和规范数字化行为。数字伦理规范人与人相处的道德准则,追求人与人之间的道德共识。

数字伦理涉及社会层面、企业层面和个人层面。通过价值观、伦理规范等柔性调节,促使多元主体更加重视数字伦理,提升数字素养,实现数字化时代的协同治理。对明显不正当行为和严重的侵权行为,监管部门应加强管理。在社会层面,数字伦理关注如何弥补"数字鸿沟",使数字技术的发展更加公平可持续;在企业层面,数字伦理涉及避免技术滥用、不当采集用户数据,为社会价值创造目标;在个人层面,数字伦理应帮助区分现实与虚拟,化解网络成瘾、短视频沉迷等问题,解决注意力缺失、知识碎片化等挑战。

2. 数字伦理内涵　　　　　　　　　　　　　　　　　　　　　　　应知应会

数字伦理涵盖了诸多方面,包括隐私和数据保护、算法和人工智能的道德问题、数字鸿沟和社会公平、数字欺诈和网络道德、技术责任以及数字权利等,旨在引导数字技术的发展和应用符合道德原则,促进数字化社会的可持续发展。

1）隐私和数据保护

隐私和数据保护方面,数字伦理关注个人隐私权与社会利益之间的平衡,以确保个人数据的安全和保护。数字化社会中,数据成为重要的生产要素和决策依据,其收集、存储和使用涉及个人隐私和数据安全,数字伦理要求在数据处理过程中遵循道德原则,避免数据歧视和误导。

2）算法和人工智能的道德问题

人工智能和算法在决策、推荐和预测等方面发挥着越来越重要的作用。关于算法和人工智能的道德问题,数字伦理关注人工智能和算法的公正性、透明性和可解释性,及其对社会公平性和人类价值观念可能造成的负面影响。

3）数字鸿沟和社会公平

数字化时代的发展不平衡导致数字鸿沟和社会不平等的问题。数字鸿沟和社会公平方面,数字伦理强调解决数字鸿沟问题,确保数字技术的普及性和包容性,避免数字技术加剧社会不平等,促进社会公平和包容。

4）数字欺诈和网络道德

数字化时代的网络环境中存在着各种欺诈和不当行为。在数字欺诈和网络道德方面,数字伦理关注规范网络行为,防止网络欺诈和不当行为,维护网络空间的公正和道德。

5）技术责任和数字权利

在技术责任和数字权利方面,数字伦理强调技术开发者和使用者的责任,要求他们意识到技术的潜在风险和不确定性,采取措施减少负面影响,保护公众利益。数字伦理还关注个人和社会在数字化时代中的权利,包括自由表达、信息获取、数字参与和数字知识产权等权利的保护和促进。

根据数字伦理内涵的要求,发展数字技术应遵循以下 4 个基本准则。

(1) 可用性:数字技术的发展旨在促进人类进步,造福人类和社会,实现包容、普惠和可持续发展。必须确保尽可能多的人能够以低成本获取和使用技术,共享数字化带来的益处,避免数字鸿沟的出现。

(2) 可靠性:数字技术必须安全可靠,能够抵御网络攻击等恶意干扰和其他意外后果,实现安全、稳定和可靠。数字技术应经过严格测试和验证,确保性能符合预期;同时要保障网络、个人财产和社会安全。

(3) 可知性:数字技术应透明、可解释,易于理解,避免成为技术"黑盒",从而影响人们对其的信任。研发人员应努力解决技术"黑盒"问题,确保模型可理解、可解释。

(4) 可控性:数字技术发展须受国家有效控制,避免危害国家、社会和个人或整体利益。在短期内,发展和应用数字技术须确保其带来的社会利益显著超过可能的风险和负面影响,保证这些风险可控,并在发生风险时采取积极措施缓解、消除影响。长期来看,人们尚无法预测数字技术使用可能带来的各种风险。

3. 数字伦理目标　　`应知应会`

数字伦理的宗旨在于促进数字技术的健康发展,最大限度地实现数字化对人类社会和个体利益与价值的促进。强调人类尊严与自主性价值,通过技术与政治、经济、文化的融合实现人类文明的进步。

1) 保障个人的数字福祉

每个人都有追求数字福祉的权利,应确保每个人的数字福祉。需要消除技术和数字鸿沟,全球近一半人口尚未接入互联网,老年人、残障人士等弱势群体未能充分享受数字技术带来的便利。同时,减少和预防互联网技术对个人的负面影响,如网络过度使用、信息茧房、算法偏见、假新闻等。数字伦理旨在使互联网经济从吸引用户注意力转向维护和增进用户数字福祉,要求科技公司将用户数字福祉融入互联网服务设计中。

2) 保障个人工作和自由发展

每个人都有追求幸福工作的权利,确保每个人的工作和自由发展。数字经济的普及和推广还需要一定时间。数字技术采纳和渗透往往需要数年甚至数十年,需要对生产流程、组织设计、商业模式、供应链、法律制度、文化等各方面做出调整和改变。

长期来看,数字技术对人类社会、经济和工作的影响将是深远的,未来工作将更需要数字技能。为此,提供适当的数字技能教育、再培训机会,支持早期教育和终身学习至关重要。

3) 践行科技向善

秉持"科技向善"理念,善用数字技术塑造健康、包容、可持续的社会。技术创新是推动人类社会发展的主要因素,这一轮数字技术革命具有巨大的"向善"潜力,能为人类生活与社会进步带来重大提升。在二十一世纪的今天,人类拥有的技术能力,以及这些技术所具有的"向善"潜力,是历史上任何时候都无法比拟的。换言之,这些技术本身是"向善"的工具,可以成为一股"向善"的力量,用于解决人类发展面临着的各种挑战,助力可持续发展目标。

将数字技术应用于医疗、教育、金融、政务、交通、城市治理、农业、能源、环保等领域,有助于改善人类生活,构建智慧社会。

企业应当承担社会责任,服务社会目的与福祉,为社会做出积极贡献,实现利益与价值的统一。应有意识地设计、研发、应用技术解决社会挑战,将数字技术造福人类作为发展趋势。

7.1.2 数字命运共同体概念与内涵

1. 数字命运共同体概念　　　　　　　　　　　　　　　　　应知应会

数字命运共同体是指在数字化时代,各个国家、组织和个人之间运用数字技术和互联网建立起的紧密联系和合作关系。这一概念强调了数字技术对全球社会、经济和文化发展的重要性,以及应对数字化带来的挑战和机遇的必要性。实现数字命运共同体需要政府、企业、学术界和个人等各方共同努力,加强合作,共享资源,推动数字技术的创新和应用,实现数字化的可持续发展。

数字命运共同体理念拓展了人类命运共同体构建路径。世界市场与国际分工的扩展和深入,地域历史走向世界历史,人类进入普遍交往的时代。数字空间具有无边界性、共通性、超链接性的特性,促使个体在情感和精神上认识到个体与整体、时代与个人的统一,消除了因相互隔离而产生的偏见、恐惧和误解。

面对现实国际社会的复杂情况,人类命运共同体的传播和认同可以转向数字空间,以数字空间的共同体意识为支点,弱化二元对立思潮对数字空间的影响。利用数字变革机遇,建设人类命运共同体国际传播平台,与互联网相结合,促进不同群体、个体之间的沟通与交流,推动人类命运共同体话题的形成与传播。

2. 数字命运共同体内涵　　　　　　　　　　　　　　　　　应知应会

数字命运共同体的内涵体现了数字化时代人们的新型关系和合作方式,强调了共同价值观、共同利益、共同行动、共同责任、共同发展和共同治理的重要性。数字命运共同体的形成和发展,对于推动数字化社会的进步和繁荣具有重要意义。

数字命运共同体的内涵主要包括以下几方面。

(1)共同价值观:各国和组织应共同推动数字技术的发展和应用,促进数字经济的繁荣和创新。数字命运共同体的成员共同认同和追求开放、合作、共享、创新等价值观,数字技术和互联网的发展能够带来更多的机遇和福祉,致力于推动数字化社会的发展。

(2)共同利益:数字命运共同体的成员之间存在共同的利益关系。成员之间存在共同利益关系,通过合作实现资源共享、提高工作效率、改善生活质量,同时须共同面对挑战和风险。

(3)共同行动:通过数字技术和互联网合作,共同创新、研发、营销,实现共同目标和利益。

(4)共同责任:承担共同的责任和义务,积极参与数字化社会建设,推动数字技术的可持续发展和应用,维护数字世界的安全和稳定。

(5)共同发展:相互依存和促进,共同发展。通过知识共享和学习提高能力和竞争力,促进数字技术的普惠性和包容性,缩小数字鸿沟,实现数字包容。

(6)共同治理:加强国际合作,共同制定和遵守数字领域规则和标准,确保数字技术的安全、可信和可持续发展,共同对抗数字风险,保障数字世界的安全和稳定。

◇ 7.2 数字伦理应用

7.2.1 数字隐私

数字隐私是指在数字环境中保护个人信息和行为的权利,包括在互联网、移动应用、社交媒体和电子邮件等数字平台上的数据隐私和个人隐私。在数字化时代,个人的数字足迹不断增加,记录和分析个人身份、偏好和行为等信息。数字隐私保护的重要性在于防止个人信息被滥用、泄露或不当使用。数字隐私伦理涉及在数字化时代维护个人隐私权和数据安全的道德原则和准则。随着科技的进步和数字化的普及,人们生成的大量数据被收集、存储、分析和利用。数字隐私伦理问题关注确保这些数据的合法、透明和负责任使用。

在数字化时代,个人信息的收集和使用变得普遍和便捷,但也伴随潜在的滥用风险。个人信息泄露可能导致身份盗窃、不法活动使用个人信息、个人数据用于定向广告等问题。因此,数字隐私保护是确保个人信息安全和维护个人权利的重要措施。尽管数字隐私保护可能会对个人隐私权造成限制,但有助于保护个人免受数据滥用和侵犯。在制定数字隐私保护政策时,需要权衡个人隐私和社会利益之间的关系。

数字隐私保护涉及以下方面。

(1) 透明度:在数字时代,大量的个人数据被收集和使用,但往往缺乏透明度。个人可能不清楚自己的数据被如何收集、使用和共享。这引发了对于数据使用目的和方法的担忧,以及对于数据所有权和控制权的争议。

(2) 数据收集和使用的过程应该透明:个人应该清楚知道自己的数据被谁收集、为什么收集以及被如何使用。数字隐私保护要求组织和机构提供明确的隐私政策和通知,告知个人数据的使用目的和范围。个人信息的收集和使用应该遵循透明原则。个人应该有权知道自己的数据被收集和使用的目的,并且有权决定是否同意被收集和使用。

(3) 安全性:个人信息应该受到适当的安全措施保护,以防止未经授权的访问、泄露或滥用。这包括使用加密技术、访问控制和安全审计等措施。数字隐私保护的一个重要目标是防止数据滥用和侵犯。仍然存在一些机构或个人可能会滥用数据或侵犯他人的隐私。这需要建立有效的监管机制和框架来保护个人隐私。

(4) 数据共享和转移:个人应该有权决定自己的数据是否共享给第三方,并且有权要求将自己的数据转移到其他平台或服务提供商。个人应该有权访问、更正、删除自己的个人数据,并有权对不当使用个人数据的行为提起诉讼。

(5) 数据最小化:个人数据的收集和使用应该遵循数据最小化原则,即只收集和使用必要的数据,不得收集超出必要范围的个人数据。

(6) 数据匿名化的困境:为了保护个人隐私,数据通常会被匿名化处理,以防止个人身份被识别。然而,随着技术的发展,匿名化的数据可能被重新识别,从而导致个人隐私暴露的风险。

(7) 公共安全和个人隐私的冲突:在一些情况下,为了维护公共安全,可能需要侵犯一些个人的隐私权。例如,执法部门可能需要获取个人通信数据来调查犯罪活动。在这种情况下,需要平衡公共安全和个人隐私之间的冲突。

　　数字隐私保护是维护个人权利和自由的重要组成部分,需要个人、企业和政府共同努力来确保数字环境中个人信息的安全和隐私保护。数字隐私保护的核心在于个人对自己的数据和个人信息拥有控制权。个人有权决定哪些数据可以被收集、使用和共享,以及如何保护这些数据的安全性。此外,数字隐私保护还包括个人对其个人信息的访问和更正权利,以及对不希望个人信息被滥用或泄露的保护。数字隐私的重要性在于保护个人的隐私权和自由。为了维护数字隐私,个人可采取一些措施,如设置强密码、定期更新软件、谨慎共享个人信息、仔细阅读和理解隐私政策等。

7.2.2　数字版权　　　　　　　　　　　　　　　　　　　　应知应会

　　数字版权是指对数字内容的所有权和控制权,涉及使用、复制、分发和修改等方面的权利。数字版权的出现是由于数字技术的发展和互联网的普及,使数字内容可以轻松地被复制、传播和修改,给版权保护带来了新的挑战。然而,数字版权的保护也面临一些挑战,如盗版和侵权行为层出不穷,以及跨国数字版权保护的困难。

　　为了更好地保护数字版权,各方面采取了一系列措施,包括数字水印和数字版权管理系统用于追踪和保护数字内容的版权,对侵权行为的惩罚和赔偿,以及建立合作机制,如国际版权保护组织和跨国合作。数字版权的保护对于创作者和内容提供商至关重要,可以保护他们的创作成果,鼓励创新和创作,促进数字内容产业的发展,同时也能够保护用户的权益,确保他们能够合法地使用和享受数字内容。

　　随着数字技术的发展,数字内容的复制、传播和使用变得更加容易和普遍,给版权保护带来了新的挑战和问题。数字版权的伦理问题是指在数字化时代,对数字内容的版权保护和使用所涉及的道德和伦理问题。

1. 数字版权涉及的伦理问题

数字版权涉及以下几方面伦理问题。

　　(1)数字内容的复制和传播:数字技术使数字内容的复制和传播变得非常容易,这给版权保护带来了挑战。在数字版权中,人们需要考虑如何平衡版权保护和信息的自由流动,以及如何防止盗版和侵权行为。

　　(2)数字内容的使用和共享:数字技术使得人们可以更方便地使用和共享数字内容,但同时也带来了一些伦理问题。例如,人们如何在使用数字内容时尊重原创作者的权益,如何避免滥用他人的作品等。

　　(3)数字内容的隐私和安全:在数字化时代,人们的个人信息和隐私面临着更大的风险。数字版权需要考虑如何保护个人信息的安全和隐私,以及如何防止数字内容被滥用和侵犯。

　　(4)数字内容的可信度和真实性:数字化时代充斥着大量的信息和内容,其中包括大量的虚假和不准确的信息。数字版权伦理需要考虑如何保护数字内容的真实性和可信度,以及如何防止虚假信息的传播和滥用。

2. 数字版权保护

　　数字版权伦理涉及保护数字版权、合法使用、公平使用以及尊重他人数字内容的原则。人们应该尊重他人创作的数字内容,不得未经授权擅自复制、传播或修改他人作品。遵守法律法规,合法获取和使用数字内容,包括购买正版作品和使用授权的在线服务。在使用数字内容时应遵守公平使用原则,如评论、教育、研究、新闻报道等非商业目的。尊重他人隐私权,不得非法获取、使用或泄露个人信息。

遵守数字版权伦理有助于维护数字内容创作者权益,促进创新传播,保护个人隐私。数字版权伦理的普及需要社会共同努力。数字版权问题既复杂也重要,需要各方合作寻找解决方案。政府、版权持有者、数字平台提供商、用户等应共同合作,制定准则平衡版权保护和数字内容使用传播。

数字版权保护的目标是保护数字内容的创作者和权利人的权益,确保他们能够获得合理的经济回报,并鼓励创作和创新。具体目标如下。

(1) 防止盗版和非法复制:数字版权保护的主要目标是防止未经授权地复制和传播数字内容,以保护创作者和权利人的利益。

(2) 促进合法消费和付费:通过保护数字版权,鼓励用户合法购买和使用数字内容,确保创作者和权利人能够获得合理的经济回报。

(3) 保护创新和创作:数字版权保护可以鼓励创作者和权利人继续进行创新和创作,因为他们知道自己的作品会受到保护,并能够获得经济回报。

(4) 维护良好的竞争环境:数字版权保护可以帮助维护一个公平的竞争环境,防止盗版和非法复制对合法内容提供商造成不公平竞争。

(5) 保护用户权益:数字版权保护不仅关注创作者和权利人的权益,也要保护用户的权益,确保他们能够合法使用和享受数字内容。

7.2.3　网络言论　　应知应会

网络言论是指在互联网上进行的言论活动。随着互联网的普及和发展,人们可以通过各种网络平台进行言论交流和意见表达。言论自由是一个基本的人权,每个人都有表达自己观点的权利。网络言论的产生应当尊重这一权利,允许不同观点的交流和辩论。然而,言论自由并不意味着可以随意侮辱、诽谤他人,或者传播仇恨、暴力、虚假的言论。网络言论应当遵守法律法规,不得侵犯他人的隐私权、名誉权等。

网络言论的特点包括广泛性、即时性、匿名性和互动性。网络言论的广泛性指的是网络言论可以覆盖全球范围,不受地域限制,人们可以随时随地通过互联网发表自己的观点和意见。即时性是指网络言论可以实时发布和获取,不需要等待传统媒体的报道和编辑。匿名性是指网络言论可以匿名发表,不需要透露个人身份,这使得人们可以更加自由地表达自己的观点。互动性是指网络言论可以实现双向交流和互动,人们可以通过评论、回复等方式与他人进行讨论和争论。

然而,网络言论也存在一些问题和挑战。由于网络言论的广泛性和匿名性,一些人可能会滥用言论自由权利,发布虚假信息、恶意攻击他人等不当言论。这种言论可能会对社会秩序和个人权益造成负面影响。因此,网络言论也需要受到伦理道德规范,保护公共利益和个人权益。网络言论是一种重要的社会交流方式,可以促进信息传播和意见交流。但同时也需要注意言论的质量和影响,确保网络言论的健康发展。

以下是网络言论涉及的道德伦理问题。

(1) 尊重他人:在网络上发表言论时,应尊重他人的权利和尊严,不进行人身攻击、侮辱或恶意中伤他人。发表网络言论应当尊重他人,遵循基本的道德规范。人们在网络上表达观点时,应当尊重他人的权利和感受,避免使用恶意言辞、攻击性语言等。网络言论应当注重互相理解和尊重,而不是仅仅追求个人利益或情绪宣泄。

(2)真实性和诚信:网络言论应当传播真实、准确的信息,而不是散布谣言、虚假信息。在网络言论中应保持真实性和诚信,不散布虚假信息、谣言或误导性言论。应提供准确的信息来源和引用,避免故意歪曲事实。虚假信息的传播可能导致社会混乱、误导公众,甚至对个人和社会造成严重的伤害。网络言论发布者应当对自己发布的信息负责,确保其真实性和可靠性。

(3)公共利益:在网络言论中应考虑公共利益,不传播违法、有害或具有煽动性的言论。应积极参与社会讨论,为社会进步和发展做出贡献。

(4)尊重隐私:在网络上发表言论时,应尊重他人的隐私权,不公开他人的个人信息,不侵犯他人隐私。

(5)文明交流:在网络上发布言论时应保持文明交流,不使用粗俗、恶意或攻击性的言辞。应尊重他人的意见和观点,进行理性、友善的讨论和辩论。

(6)自我约束:在网络言论中应自我约束,不滥用言论自由权利。应遵守法律法规和网络平台的规定,不发布违法、违规或违背社会道德的言论。

(7)责任意识:在网络言论中应有责任意识,对自己的言论负责。应及时修正或删除错误的言论,避免对他人造成不良影响。

网络言论的道德伦理要求我们在网络上发布言论时要尊重他人,保持真实性和诚信,考虑公共利益,尊重隐私,保持文明交流,要自我约束,有责任意识,以促进良好的网络环境和社会秩序。网络言论产生的道德问题需要平衡言论自由和他人权利之间的关系,遵循基本的道德规范和法律法规。网络言论发布者应当自觉遵守这些原则,以建设性、负责任的态度参与网络言论的发布。

7.2.4　算法道德   应知应会

在数字化时代,算法在各个领域中起着越来越重要的作用。算法是一系列指令或规则,用于解决特定问题或完成特定任务。算法道德是指在设计、开发和使用算法时应遵循的一系列道德原则和准则。然而,算法的错误或不当使用可能会对个人、社会和环境造成严重影响。因此,需要考虑算法道德。在算法的设计和使用过程中,需要考虑可能出现的道德问题,如隐私保护、公平性、歧视性等。算法道德关注的是在算法的开发和应用中如何确保遵守道德原则和价值观。

算法道德的核心原则包括以下5方面。

(1)公正性:算法应该公正地对待所有用户,不歧视任何个体或群体。算法不应基于个人特征,如种族、性别、年龄等做出不公正的决策。

(2)透明度:算法的设计和运行应该是透明的,用户应该能够理解算法的工作原理和决策过程。这样可以增加用户对算法的信任,并且能够检测和纠正潜在的偏见或错误。

(3)隐私保护:算法应该尊重用户的隐私权,不滥用用户的个人数据。算法在收集和使用个人数据时应遵循相关法律和道德准则,并且应该为用户提供选择是否分享个人数据的权利。

(4)责任追究:算法的设计者和使用者应该对算法的结果承担责任,并且应该能够追究算法的责任。如果算法导致了不公正、有害或违法的结果,责任人应该为其行为负责。

（5）社会影响评估：在设计和使用算法之前,应该对其潜在的社会影响进行评估。这包括评估算法可能带来的风险、不平等和不公正,并采取措施来减轻这些影响。

算法道德是为了确保算法在设计、开发和使用过程中能够遵循公正、透明、隐私保护、责任追究和社会影响评估等原则,从而最大限度地减少算法可能带来的负面影响,保障个人和社会的利益。

算法道德的目的是确保算法的设计和应用符合道德和伦理标准,最大限度地增进社会的福祉和公正性。它强调技术发展应与人类价值观和伦理原则相一致,以确保数字时代算法的发展能够为人类带来积极的影响。

算法道德专注于算法的开发和应用过程中的道德问题,而人工智能道德则更加广泛地涵盖了与人工智能相关的各种道德问题。

7.2.5　人工智能伦理　　　　　　　　　　　　　　应知应会

人工智能伦理更广泛地涵盖了与人工智能相关的伦理道德问题。人工智能是指通过模拟人类智能的方式,使机器能够执行类似于人类的认知和决策过程。人工智能伦理关注的是在人工智能的发展和应用过程中可能出现的伦理道德问题,如人工智能的权力和责任、人工智能对人类社会的影响、人工智能的道德规范等。

人工智能伦理是指关于人工智能系统在道德和伦理方面的问题和考虑。随着人工智能技术的快速发展,人们越来越关注人工智能系统如何影响和塑造人类社会、道德和价值观。

人工智能伦理涉及多方面,包括但不限于以下几方面。

（1）隐私和数据保护：人工智能系统需要处理大量的个人数据,因此如何保护用户的隐私成为一个重要的伦理问题。人工智能系统应该遵守隐私法规,并采取适当的安全措施来保护用户数据。

（2）公平和歧视：人工智能系统的设计和训练数据可能存在偏见和歧视,例如在招聘、贷款或法律判决等方面。因此,人工智能系统的开发者需要考虑如何避免这些偏见,并确保系统的决策是公平的。

（3）透明度和解释性：人工智能系统通常是黑盒子,即其决策过程难以解释和理解。这引发了对于人工智能系统如何做出决策以及为什么做出决策的疑问。因此,人工智能系统的开发者需要努力提高系统的透明度和解释性,以便用户和监管机构能够理解其决策过程。

（4）责任和法律责任：人工智能系统的决策可能对人类产生重大影响,因此需要明确人工智能系统的责任,特别是法律责任。如果人工智能系统造成了损害,应该明确谁应该负责以及如何追究责任。

（5）社会影响：人工智能系统的广泛应用可能对社会产生深远影响,例如自动化导致的失业问题、人际关系的改变等。因此,人工智能伦理需要考虑如何最大限度地减少负面影响,并促进人工智能技术的社会受益。

人工智能伦理旨在确保人工智能系统的设计、开发和应用符合道德和伦理标准,以保护用户权益、维护社会公平和增进人类福祉。

7.2.6 健康使用数字技术 应知应会

数字技术健康、合理使用是指在使用数字技术时要注意保持身心健康,并合理利用数字技术资源。数字技术健康使用涉及伦理是指在使用数字技术的过程中,遵循一定的道德原则和准则,保持健康和合理的使用行为。数字技术包括计算机、互联网、移动设备和各种应用程序等。当今社会,数字技术已经成为人们生活和工作中不可或缺的一部分。然而,不正确或过度使用数字技术可能会对个人和社会造成负面影响,因此有必要遵循相关的伦理原则。

首先,数字技术健康使用强调保护个人身心健康。数字技术健康使用强调使用者应该保持良好的身体和心理健康。这意味着要避免过度依赖数字技术,合理安排使用时间,避免长时间的连续使用,以免对眼睛和身体其他部位造成损害。此外,还应该注意保护个人隐私和信息安全,避免在网络上泄露个人敏感信息。在使用数字技术时,人们应该注意控制使用时间,避免过度依赖和沉迷于数字设备。长时间使用数字设备可能导致眼睛疲劳、颈椎病等健康问题。因此,人们应该适当休息,做眼保健操,活动身体,保持身体健康。

其次,数字技术合理使用强调合理利用数字技术资源。数字技术在生活中的应用越来越广泛,但过度依赖数字技术也可能带来一些问题。合理使用数字技术资源包括遵守网络安全规范,保护个人隐私,不参与网络欺凌等不良行为。此外,人们应该学会理性使用数字技术,避免过度消费和浪费资源。

再次,数字技术合理使用强调使用者应该遵循道德准则,以保持公正、诚实和负责任的行为。这包括不侵犯他人的权益,不进行网络欺诈、网络暴力或网络诽谤等恶意行为。此外,还应该尊重知识产权,不盗用他人的作品或违反版权法。

数字技术健康、合理使用是指在使用数字技术时要注意保护个人身心健康,并合理利用数字技术资源,以获得更好的使用体验和生活质量。数字技术健康、合理使用有助于保护个人和社会的利益,维护良好的数字技术环境。只有每个使用者都遵循这些原则,才能实现数字技术的良性发展和社会的可持续发展。

7.3　数字伦理案例分析

7.3.1 隐私保护案例 背景知识

案例一:侵犯数字隐私案例——Facebook 和剑桥分析公司的数据泄露事件

2018 年,Facebook 公司与剑桥分析公司的数据泄露事件引起了全球范围的关注。剑桥分析公司通过一款名为"这是你的数字生活"的应用程序,收集了超过 8700 万 Facebook用户的个人数据,用于营销。这一事件暴露了个人隐私保护的重要性,引发了对于社交媒体平台数据使用和保护的广泛讨论。

Facebook 在 2018 年遭遇集体诉讼,被指控未能妥善保护用户的个人敏感信息并侵犯用户隐私,使用户面临风险。同时,美国联邦贸易委员会(FTC)也对 Facebook 展开调查。而 CEO 扎克伯格也曾出席美国参议院联合委员会举行的听证会,就该丑闻发生后 Facebook如何处理用户数据提供证据。

案例二：Uber 隐私泄露案例

2016 年,Uber 被曝光在一次数据泄露事件中泄露了超过 5700 万用户和司机的个人信息。Uber 没有及时向用户和监管机构披露此事件,引发了对其个人隐私保护措施的质疑和批评。该事件导致 Uber 被多个国家的监管机构罚款,并促使该公司改进其隐私保护措施。

案例三：滴滴出行的乘客信息泄露事件

2018 年,中国出行平台滴滴出行曝出了一起乘客个人信息泄露事件。滴滴出行内部存在安全漏洞,导致黑客获取了超过 4 亿名用户的个人信息,包括手机号码、姓名和乘车记录等。这一事件引发了公众对于个人信息保护的担忧,促使滴滴出行采取了一系列措施来加强数据安全和隐私保护。

7.3.2　他人数字隐私保护案例　　　　　　　　　　　**背景知识**

案例一：社交媒体发布图片

案例背景：某大学的学生李四在社交媒体上发布了一张自己的毕业照片,并标注了自己的姓名和学号。然而,他不知道这样做可能会导致他的个人信息被他人滥用或侵犯隐私。

隐私保护措施：李四可以在社交媒体上删除包含个人信息的帖子,例如自己的姓名和学号。这样可以避免他人通过这些信息来识别他的身份或进行其他潜在的滥用。

设置隐私设置：李四可以调整社交媒体账户的隐私设置,限制谁可以看到他的个人信息和帖子。他可以选择只允许朋友或特定人群访问他的个人信息,从而减少他的信息被不相关的人看到的风险。

警惕信息共享：李四以后在社交媒体上发布内容时,应该注意不要包含过多的个人信息。他可以更加谨慎地选择发布的照片和文字,以保护他人的隐私。

教育他人：如果李四发现其他人在社交媒体上公开了他的个人信息,他可以与这些人进行沟通,并提醒他们个人信息保护的重要性。他可以分享自己的经历和教训,帮助他人意识到隐私保护的重要性。

保护他人数字隐私的关键在于教育和提高警惕。个人应该意识到自己的个人信息的价值和潜在的风险,并采取适当的措施来保护他人的隐私。

案例二：医院匿名收集数据

匿名收集数据可以是医院在进行科研或数据分析时,通过匿名方式收集患者的相关数据,以提高医疗服务的质量和效率。例如,一家医院想要研究某种疾病的发病率和治疗效果,他们可以通过匿名收集患者的病历数据和治疗方案,对数据进行分析和比较。在这个过程中,医院会确保患者的个人信息得到保护,不会被泄露或滥用。

医院匿名收集数据的好处包括：提供了大量的病例数据,有助于科学研究和医学进步；保护了患者的隐私权,避免了个人信息泄露的风险；匿名收集数据促进了医院与患者之间的信任关系,患者更愿意参与医学研究和数据收集；收集数据为医院提供了更准确、全面的数据支持,有助于医院改进医疗服务和制定更科学的治疗方案。

医院在进行匿名数据收集时也须注意一些问题,如确保数据的安全性和合法性,遵守相关法律法规,以及尊重患者的知情权和选择权。医院应该建立完善的数据管理和保护机制,确保患者数据的安全和隐私。

案例三：谨慎处理他人的敏感信息

如果需要处理他人的敏感信息，如社保号码、银行账户等，务必采取安全措施，如加密、使用安全的网络等，以防止信息泄露。如果负责管理他人的文件和数据，如客户的个人信息或公司的机密文件，应确保它们存储在安全的地方，只有授权人员可以访问。不要未经授权地访问他人的电子设备、电子邮件或社交媒体账户。尊重他人的隐私权，避免侵犯他人的数字隐私。

某公司的员工 A 因为不满公司的工作待遇，决定辞职并转投竞争对手公司。在离职前，他通过非法手段获取了公司内部的一些客户信息，并计划将这些信息带到竞争对手公司。然而，在离职前，他不小心将这些信息泄露给了同事 B。同事 B 发现了这些信息的价值，并打算将其利用起来。

在这种情况下，从数字伦理角度来看，谨慎处理他人的隐私信息意味着同事 B 应该立即向公司上级报告此事，同时不得将这些信息利用起来。他可以选择匿名举报，以保护自己的隐私。公司可以采取相应的措施，例如调查此事并采取手段阻止员工 A 将信息带离公司，并保护客户的隐私。

7.3.3　数字版权保护案例　　　　　　　　　　　　　　　背景知识

案例一：未经授权使用音乐作品

Spotify 是一家流媒体音乐服务提供商，用户可以通过其平台上的应用程序在线流式播放音乐。然而，Spotify 被指控未经许可使用了一些音乐出版商的作品，侵犯了其版权。一些音乐出版商和版权管理公司联合起诉 Spotify，要求赔偿数十亿美元的版权侵权损失。他们指控 Spotify 未经授权地使用了他们的音乐作品，并未按照合理的方式支付版权费用。

Spotify 辩称，他们已经与许多音乐出版商和版权管理公司签订了许可协议，并支付了相应的版权费用。然而，他们也承认在一些情况下可能出现了错误，未能获得合法的许可或支付足够的版权费用。

这个案件引发了对数字音乐平台如何处理版权保护的广泛讨论。一方面，一些人认为 Spotify 等平台应该更加谨慎地确保使用的音乐作品符合版权法规定，并支付合理的版权费用。另一方面，也有人认为音乐出版商和版权管理公司应该更加灵活，提高适应性，以便与数字音乐平台合作，共同推动音乐产业的发展。

最终，Spotify 与音乐出版商和版权管理公司达成了和解协议，并同意支付一定的版权费用。这个案例提醒了数字音乐平台和版权持有者之间须建立更加明确和公平的合作模式，以保护数字版权并促进音乐产业的可持续发展。

案例二：向他人提供数字产品是否构成侵权？

未经授权将他人教材、讲义、PPT、视频等通过电商平台、App、网站、短视频平台、网盘、通信工具等在线传播的行为，属于典型的在线传播他人数字教育产品行为，构成对他人著作权的侵害。

培训机构官方店铺售卖的线上课程往往价格昂贵，很多人会选择价格较低的网店购买课程，购买后通过点击店主分享的网盘链接，就可以低价观看正版价格很高的线上课程了。

这种未经许可销售他人线上课程的行为侵犯何种权利？

线上课程视频和音频中，授课老师的讲述有自己独立思考和即兴授课的内容，通过口头语言的形式进行表达,可以按照口述作品予以保护。此外,视频和音频符合录音录像制品的特征,可以作为录音录像制品予以保护。未经许可向公众提供涉案课程,侵犯了权利人的信息网络传播权,应承担赔偿损失的民事责任。

7.3.4　网络言论案例 背景知识

网络不是法外之地,在网络上散布不当言论有悖于伦理道德和法律。对于在互联网上发布不当言论,扰乱社会秩序,造成恶劣影响,情节严重的,将被追究法律责任。公民都要对自己的网络言行负责,自觉抵制包含不当言论或恶意攻击他人的不良信息,不轻信、不转发。

案例一:散布网络谣言被批评教育

2023 年 4 月吉安网警在日常网络巡查工作中发现,辖区一市民在抖音平台发布一则关于"江西吉安七八名城管,一人一个网兜,进村抓流浪鸡"的图文帖,并配文"现在的农村不好过了、睁眼说瞎话自己信吗"等文字。在网上引起多人浏览,造成不良影响。发现情况后,网安民警立即展开调查。经核查、多方求证,证实该信息为不实言论,民警依法传唤了发布该言论的李某。经询问,李某如实供述其在抖音平台发布不实言论的事实。吉安网警对李某散布谣言的行为进行批评教育。在民警的批评教育下,李某深刻认识到自己的错误,主动删除了不实言论并写下保证书,保证不再有类似情况发生。

案例二:在网上发布不实不当言论被批评教育

2023 年 4 月 26 日,天津东乡网安民警工作发现,有人在抖音发布视频,作品背景是交警和学生,配文"罚起款来连学生都不放过"。经与交警和当事人核实,交警并未对骑电动车未戴头盔的学生开具罚单,而是为其上了一堂简短的安全教育宣讲课。民警遂联合辖区派出所对此事进行核查。

经调查,视频发布者艾某经过东乡三中红绿灯时,正值上学高峰期,交警在该路口查处违反"一盔一带"规定的违章行为。他看到交警手里拿着本子,以为是对学生开具罚单。艾某在未核实真实性的情况下为博眼球,遂在网上发布"罚起款来连学生都不放过"的视频。民警对艾某发布不实言论的行为进行批评教育,艾某认识到自身错误,当场删除相关视频,并表示今后将规范自己的言行,不再发表不实言论。

案例三:主播造谣诋毁城管被训诫

2023 年 2 月 10 日娄底市某主播在公园活动时音量过大影响周边群众,娄底市城管执法支队、市娄星公园服务中心工作人员对其进行劝导,该主播对工作人员进行辱骂和人身攻击,并在网络上发布不当言论,严重影响城管工作形象。城管工作人员报案后,2023 年 2 月 23 日,4 名公安干警对一名正在公园直播的网络主播进行训诫和批评教育。当事人认识到错误并承诺今后将自觉遵守公园管理规定。

7.3.5　算法道德案例 背景知识

案例一:偏见算法案例

媒体平台使用算法为用户推荐内容。然而,这些算法可能存在偏见,导致信息过滤和推荐偏向某些特定的观点或立场。这种偏见可能加剧分裂,造成信息泡沫和影响公众舆论等问题。

偏见算法典型案例之一是面部识别算法的性别偏见。由于训练数据中存在性别不平衡,即男性的样本比女性的样本多,导致面部识别算法在识别女性面部时表现较差。这种偏见可能会导致女性在使用面部识别技术时遇到不公平的待遇,例如无法解锁手机、无法通过人脸识别进入建筑物等。一些招聘算法在筛选简历时会倾向于选择男性候选人,因为训练数据中男性候选人的数量更多。这种偏见可能会导致女性在招聘过程中受到歧视,无法获得公平的机会。

这些偏见算法案例的出现主要是由于训练数据的偏见所导致的。如果训练数据中存在性别、种族、年龄等方面的不平衡,那么算法在应用时可能会延续这些偏见,从而导致不公平的结果。为了解决这个问题,需要更加公正和多样化的训练数据,以及对算法进行审查和调整,以减少偏见的影响。

案例二：算法自主决策问题

自动驾驶汽车是一个使用自动决策算法的典型案例。这种汽车能够通过感知环境、分析数据并做出决策,如加速、减速、转弯等。在某些情况下,自动驾驶汽车可能面临道德决策,例如避免碰撞时应该保护乘客还是行人。当自动驾驶汽车遇到避免碰撞的情况时,它需要决定应该采取哪种行动来最大限度地减少伤害。这种决策可能涉及保护乘客的生命和财产,但也可能会牺牲行人的生命。这种决策需要考虑的因素包括行人和乘客的数量、速度、位置、年龄、健康状况等。

自动决策算法在自动驾驶汽车等领域的应用中,可能面临道德决策。在设计和使用这些算法时,需要考虑道德问题,如保护乘客还是行人。这个问题涉及一个道德困境,即选择保护乘客还是行人。如果自动驾驶汽车决定保护乘客,那么行人可能会受到伤害甚至丧生。相反,如果汽车决定保护行人,那么乘客可能会受到伤害。这个决策涉及生命的价值和伦理原则,如权衡个体利益和集体利益、最大化幸福等。

为了解决这个道德问题,可以制定一些道德准则,以指导自动驾驶汽车的决策。这些准则可以基于社会共识和伦理原则,如最小化伤害、遵守交通规则、平等对待等。此外,还可以采用多种决策策略,如随机选择、遵循先来后到原则等。这样可以确保算法的决策是公正、合理和可接受的。

7.3.6　人工智能伦理案例　　　　　　　　　　　　　　　　　　　背景知识

随着自动化和机器人技术的不断发展,人工智能系统有可能替代许多人的工作,这可能导致许多人失去工作机会,出现失业率上升、社会稳定性下降等其他问题。人工智能可能会在某些方面超越人类智能水平,这将引发很多与伦理相关的问题,如机器人是否可以取代人类医生、军队、警察等工作,是否需要为机器人赋予人类属性等问题。

案例一：重复性和危险的任务

人工智能可以执行重复性和危险的任务,以下是典型案例。

- 工业生产线：人工智能可以在工业生产线上执行重复性的任务,如装配、检测和包装。它们可以通过视觉识别系统来检测产品的缺陷,提高生产效率和质量。
- 清洁机器人：人工智能可以控制清洁机器人执行清洁任务,如扫地、擦地和清洁窗户。这些机器人可以自动规划清洁路径,避免障碍物,并根据环境条件进行适应性调整。
- 矿山勘探：人工智能可以控制无人机或机器人进行矿山勘探任务,如地质勘探和矿石采集。机器人在危险的矿山环境中执行任务,减少人员伤害风险。

- 紧急救援:人工智能可以控制无人机或机器人进行紧急救援任务,如搜索和救援被困人员。它们可以在危险的环境中执行任务,提供实时信息,并减少救援人员的风险。
- 医疗手术:人工智能协助医生进行手术,如机器人辅助手术。它们可以执行高精度的操作,减少手术风险和恢复时间。
- 安防监控:人工智能可以分析监控摄像头的视频流,识别异常行为和潜在威胁。它们可以自动报警并采取相应措施,减少人员参与的风险。

这些案例展示了人工智能在执行重复性和危险任务方面的潜力,可以提高工作效率、减少人员伤害风险,并在危险环境中发挥重要作用。

案例二:数据分析和预测

人工智能可以数据分析和预测,以下是典型案例。

- 金融领域的信用评分:人工智能可以通过分析大量的个人和企业数据,如收入、负债、历史信用记录等,预测借款人的信用风险,并给出相应的信用评分。
- 零售业的销售预测:通过分析历史销售数据、天气数据、促销活动等因素,人工智能能预测未来的销售趋势,帮助零售商优化库存管理和制定更准确的销售策略。
- 医疗领域的疾病预测:人工智能通过分析患者的病历、基因数据、生活习惯等信息,预测患者患某种疾病的风险,并提供个性化的预防和治疗方案。
- 物流行业的路线优化:人工智能可以通过分析交通数据、货物信息等,预测最佳的物流路线和配送方案,以提高物流效率并降低成本。
- 农业领域的农作物产量预测:人工智能可以通过分析土壤质量、气象数据、农作物生长周期等因素,预测农作物的产量,并帮助农民作出相应的农业管理决策。
- 城市规划的人口增长预测:人工智能通过分析人口普查数据、经济发展情况、城市规划等因素,预测未来的人口增长趋势,帮助政府和城市规划部门作出相应的城市规划和基础设施建设决策。

是否需要为机器人赋予人类属性,这是一个有争议的问题。有些人认为赋予机器人人类属性和情感是有益的,使机器人更加智能,适应人类社会,并且能够更好地与人类进行交流和合作。他们认为,机器人应该能够理解和回应人类的情感和需求,以提供更好的服务和支持。

然而,也有人担心给机器人赋予人类属性可能会引发一些问题。他们认为,机器人只是一种工具,赋予它们人类属性可能会导致人们对机器人过度依赖,甚至产生对机器人的过度情感投入。此外,赋予机器人人类属性也可能引发一些伦理和道德问题,例如机器人是否能够拥有权利和责任。

因此,是否需要为机器人赋予人类属性是一个复杂的问题,需要综合考虑技术、伦理和社会等多个因素。在决策时,应该权衡机器人的功能需求、人类的期望和机器人的潜在风险,并制定相应的规范和监管措施。

7.3.7　健康使用数字技术案例　　背景知识

数字技术在管理时间和目标方面发挥了重要的作用,帮助人们更好地组织和管理他们的时间,设定和追踪目标,提高效率和协作能力,并利用数据做出更好的决策。

案例一：管理时间和目标

数字技术可以帮助人们更好地管理时间和实现目标。例如,使用时间管理应用程序或日历应用程序,可以轻松地跟踪和计划我们的日常任务和活动。通过设定优先级,提醒和定期回顾,可以更好地安排时间,保持高效和有序。

数字技术可以提供各种时间管理工具,如日历应用程序、任务管理工具和提醒功能。

人们可以使用手机上的日历应用程序来记录和管理他们的日程安排,设置提醒来为自己提醒重要事件和任务,并使用任务管理工具来跟踪它们的进度和完成情况。数字技术可以帮助人们设定和追踪他们的目标。

人们可以使用自动化工具来自动备份他们的文件和数据,自动发送定期的报告或提醒,并自动化完成一些常见的数据分析和处理任务。数字技术可以帮助团队成员在时间和目标管理方面更好地协作和沟通。

团队成员可以使用项目管理工具来共享任务和进度,使用在线会议工具来召开远程会议并进行讨论,以及使用即时通信工具来快速沟通和解决问题。

案例二：促进身体健康

数字技术可以帮助人们保持身体健康。健康追踪应用程序和智能手表可以跟踪个人的运动量、睡眠质量和心率等生理指标。通过获取和分析这些程序和设备反馈的数据,人们可以了解自己的健康状况,并制订适当的健身计划和饮食习惯。健身应用程序和在线教练平台提供指导和训练计划,帮助人们进行定制化的锻炼。使用目标跟踪应用程序来设定和追踪他们的健身目标,记录他们的运动和饮食情况,并获得反馈和建议来帮助他们实现目标。数字技术可以自动化完成一些重复性的任务,从而节省时间和提高效率。

数字技术在促进身体健康方面发挥着重要的作用。以下是数字技术如何帮助促进身体健康的几方面。

- 健康监测：数字技术可以帮助人们监测和管理自己的健康状况。例如,智能手环、智能手表等可穿戴设备可以监测心率、步数、睡眠质量等健康和运动指标,并提供个性化的健康建议。此外,手机应用程序还可以帮助人们记录饮食、运动和药物使用等信息,以便更好地管理自己的健康。
- 运动和健身：数字技术为人们提供了更多的运动和健身选择。例如,人们可以通过在线健身课程、健身应用程序和社交媒体平台获取健身指导和灵感。
- 营养和饮食：数字技术帮助人们更好地管理自己的饮食习惯和营养摄入。手机应用程序和在线平台提供饮食建议、食谱推荐和营养信息等。还可以使用智能厨房设备来监测食材的营养价值和烹饪过程的健康程度。
- 心理健康：数字技术帮助人们管理自己的心理健康。例如,手机应用程序和在线平台可以提供心理健康指导、冥想和放松练习等。虚拟现实技术还可以提供沉浸式的心理疗法体验,帮助人们减轻压力和焦虑。

数字技术为人们提供了更多的健康管理工具和资源,帮助人们更好地监测和改善自己的身体健康。然而,人们在使用数字技术时也应注意合理使用,避免过度依赖和沉迷。

案例三：促进学习和知识获取

数字技术为人们提供了丰富的学习资源和机会。通过互联网和在线学习平台,人们可以轻松获取各种知识和技能。人们通过在线课程学习新的编程语言、专业知识或学术课程。数字图书馆和电子书籍使人们随时随地获取各种书籍和参考资料。许多应用程序和工具提供了个性化的学习支持,例如闪卡应用程序、语言学习应用程序和在线导师。通过合理利用这些数字资源,人们可以扩展知识、增长技能,实现持续学习的目标。

- 在线教育平台

数字技术促进了学习和知识获取的最典型案例之一是在线教育平台。通过数字技术,学生可以随时随地通过互联网接入在线教育平台,获取各种学习资源和课程。

以中国的在线教育平台"学堂在线"为例,该平台提供了大量的在线课程,包括高等教育课程、职业培训课程、兴趣爱好课程等。学生通过计算机、手机等设备访问平台,并选择自己感兴趣的课程进行学习。平台上的课程内容包括文字、图像、音频和视频等多种形式,使学习更加生动有趣。

通过在线教育平台,学生可以根据自己的学习需求和时间安排进行学习,不再受到时间和地点的限制。平台上还提供了学习辅助工具,如在线测试、作业提交和讨论区等,帮助学生巩固知识、提高学习效果。

数字技术的应用使得学习和知识获取更加便捷和灵活,不仅提供了更多的学习资源,还促进了学生之间的交流和互动。在线教育平台的出现,为广大学生提供了更多的学习机会和选择,推动了学习和知识获取的发展。

- 虚拟实验室

数字技术促进学习和知识获取的另一个重要案例是虚拟实验室。传统实验室的建设和运营成本高昂,而且受到时间和空间的限制,学生的实验机会有限。虚拟实验室通过数字技术模拟实验过程,使学生能够在虚拟环境中进行实验操作和观察。

以化学实验为例,虚拟实验室可以通过计算机模拟化学反应的过程和结果,学生在虚拟实验室中进行实验设计、操作和观察,获得与真实实验相似的学习体验。虚拟实验室还可以提供实验数据的记录和分析工具,帮助学生进行实验结果的分析和总结。

虚拟实验室的应用使得学生能够在没有真实实验条件的情况下进行实验学习,提高学生的实验技能和科学素养。虚拟实验室还可以通过多媒体技术提供更多的实验示范和解释,使学生更好地理解和掌握实验原理和方法。

数字技术的应用促进了学习和知识获取的发展,提供了更多的学习资源和机会,使学习更加便捷和灵活。在线教育平台和虚拟实验室等案例的出现,为学生提供了更多的学习选择和机会,推动了学习和知识获取的进步。

◈ 本 章 小 结

数字技术已渗透到我们生活的方方面面,正在建立与人们更为亲密的技术网络,平台成为一种新型的权力,提供了各种新的可能性,但也挑战了传统的伦理道德观念。现有的各类伦理和社会规范都是针对现实世界确定时空中的人和在特定的社会网络中的人。数字伦理是立足以人为本,在数字技术的开发、利用和管理等方面应该遵循的要求和准则,涉及数字化时代人与人之间、个人和社会之间的行为规范。

数字伦理是指在数字化时代中,人们应当遵循的道德准则和价值观。数字伦理的出现旨在引导人们在数字化时代正确使用和处理数字技术,保护个人隐私和数据安全,维护社会秩序和公共利益。

数字伦理要求人们尊重个人隐私和数据安全。在数字化时代,个人信息和数据的泄露已经成为一个普遍存在的问题。个人隐私和数据安全是每个人的基本权利,数字伦理要求人们在使用数字技术时,要注意保护个人隐私和数据安全,不得非法获取、使用和传播他人的个人信息和数据。

数字伦理要求人们对数字技术的使用负责任。数字技术的应用给人们带来了很多便利,但同时也带来了一些问题。例如,虚假信息的传播、网络暴力的发生等。数字伦理要求人们在使用数字技术时,要遵守法律法规,不得散布虚假信息,不得实施网络暴力行为,不得利用数字技术从事违法犯罪活动。

数字伦理也要求人们在数字化时代保持人与人之间的互动和沟通。虽然数字技术的发展使得人们可以通过网络进行远程交流和互动,但是人与人之间的面对面的交流和沟通仍然是非常重要的。数字伦理要求人们在使用数字技术时,要注意保持良好的人际关系,不得违背社会道德和伦理,不得利用数字技术破坏人与人之间的互动和沟通。

数字伦理还要求人们在数字化时代关注社会公共利益。数字技术的应用对社会的发展和进步起到了积极的推动作用,但同时也带来了一些负面影响,例如,数字鸿沟的加剧等。数字伦理要求人们在使用数字技术时,要关注社会公共利益,不得利用数字技术加剧社会不平等,不得排斥和边缘化那些无法接触和使用数字技术的人群。

数字伦理是数字化时代人们应当普遍遵循的道德准则和价值观,要求人们尊重个人隐私和数据安全,负责任地使用数字技术,保持人与人之间的互动和沟通,关注社会公共利益。只有遵循数字伦理,我们才能够更好地应对数字化时代带来的挑战,实现数字化与人类社会的和谐发展。

数字伦理建设应是政府、平台企业和公民共同的责任。数字伦理应该通过制度安排、产品设计和服务规范等,嵌入数字技术研究与应用的各个环节。公民应该理解数字伦理,增强自律意识,在正确的价值观引领下,享受科技红利的同时,理解数字技术应用边界,搭建健康的数字生活框架。

◆ 本 章 习 题

一、单选题

1. 在数字时代,以下哪个行为是不道德的?(　　)

    A. 在社交媒体上发布他人的私人照片

    B. 在网上购物时使用他人的信用卡信息

    C. 在游戏中使用外挂程序来获得优势

    D. 在个人博客上分享自己的旅行经历

2. 数字伦理的目标之一是(　　)。

    A. 限制人们对数字技术的使用　　　　B. 保护个人隐私和数据安全

    C. 促进数字技术的快速发展　　　　　D. 限制数字技术的普及和使用

3. 在数字伦理中,以下哪个原则强调个人对自己数字身份的控制和自主权?(　　)

　　A. 隐私保护　　　　　　　　　　　B. 信息准确性

　　C. 公平使用　　　　　　　　　　　D. 知识产权保护

4. 以下哪个原则强调对数字信息的正确、完整和可信的处理？（　　　）

　　A. 隐私保护　　　　B. 信息准确性　　　　C. 公平使用　　　　D. 知识产权保护

5. 以下哪个原则强调公正和平等的数字资源分配？（　　　）

　　A. 隐私保护　　　　B. 信息准确性　　　C. 公平使用　　　　D. 知识产权保护

6. 以下哪个原则强调保护知识产权和创新的激励？（　　　）

　　A. 隐私保护　　　　B. 信息准确性　　　C. 公平使用　　　　D. 知识产权保护

7. 在社交媒体上发布他人隐私信息的行为属于以下哪种道德问题？（　　　）

　　A. 网络欺诈　　　B. 网络侵犯　　　　C. 网络盗窃　　　　D. 网络谣言

8. 下列哪种行为是违反网络道德的？（　　　）

　　A. 分享一篇有价值的新闻文章　　　　B. 发布恶意软件以攻击他人计算机

　　C. 在论坛上参与有意义的讨论　　　　D. 在社交媒体上发布自己的照片

9. 下列哪种情况可能导致算法偏见？（　　　）

　　A. 数据集包含多样性的样本　　　　B. 算法基于客观的指标进行决策

　　C. 数据集中存在不平衡的样本分布　　D. 算法的设计符合道德准则

10. 算法透明度是指以下哪方面？（　　　）

　　A. 算法的效率和速度　　　　　　　B. 算法的可解释性和可理解性

　　C. 算法的准确性和精确度　　　　　D. 算法的功能和功能扩展性

11. 下列哪种情况可能引发人工智能伦理问题？（　　　）

　　A. 人工智能系统的超越人类智能表现　B. 人工智能系统的应用范围有限

　　C. 人工智能系统的处理速度过慢　　　D. 人工智能系统的数据收集透明度高

12. 以下哪种行为是违反人工智能道德的？（　　　）

　　A. 使用人工智能系统提高医疗诊断准确性

　　B. 使用人工智能系统进行个人隐私侵犯

　　C. 使用人工智能系统进行自动化生产

　　D. 使用人工智能系统进行数据分析

二、多选题

1. 在数字世界中，个人隐私的保护是一项重要的道德责任。以下哪些行为违反了有关个人隐私的道德原则？（　　　）

　　A. 未经允许公开他人的私人通信内容　B. 偷窥他人的电子设备

　　C. 分享他人的个人身份信息　　　　　D. 不经他人同意收集他人的个人数据

2. 网络欺诈是一种常见违法道德行为。以下哪些行为属于网络欺诈？（　　　）

　　A. 发布虚假广告来欺骗消费者　　　　B. 通过欺骗手段获取他人的个人信息

　　C. 利用网络漏洞进行非法入侵　　　　D. 未经授权使用他人的电子账户

3. 数字版权保护是一项重要的道德原则。以下哪些行为违反了数字版权保护的道德原则？（　　　）

　　A. 经过授权转载他人的作品

　　B. 以他人的作品为基础创作新作品并公开发表

C. 未经授权下载和分享受版权保护的数字内容

D. 未经授权销售他人的数字作品

4. 网络暴力是一种令人担忧的道德问题。以下哪些行为属于网络暴力？（　　）

    A. 在社交媒体上恶意攻击他人　　　　　B. 分享他人的尴尬照片或视频

    C. 利用网络平台传播仇恨言论　　　　　D. 通过网络威胁他人的安全

5. 安全是一项重要的道德责任。以下哪些行为违反信息安全的道德原则？（　　）

    A. 未经授权访问他人的电子邮箱　　　　B. 故意传播计算机病毒

    C. 未经授权使用他人的无线网络　　　　D. 通过网络窃取他人的财务信息

6. 以下哪些行为属于网络诈骗？（　　）

    A. 发送虚假电子邮件来获取他人的银行账户信息

    B. 利用虚假身份进行网络交易欺诈

    C. 通过网络平台销售品牌商品

    D. 利用网络平台发布真实招聘信息

7. 以下哪些行为违反了数据安全的道德原则？（　　）

    A. 未经授权访问他人的云存储账户

    B. 未经授权分享他人的敏感个人数据

    C. 通过网络窃取他人的商业机密

    D. 利用网络平台发布他人的私人照片

8. 以下哪些行为属于网络侵权？（　　）

    A. 未经授权使用他人的商标或标志　　　B. 通过网络传播他人的未经授权作品

    C. 未经授权使用他人的软件或应用程序　D. 利用网络平台销售盗版商品

9. 网络骚扰是一种令人困扰的道德问题。以下哪些行为属于网络骚扰？（　　）

    A. 发送威胁性的电子邮件或消息　　　　B. 在社交媒体上散布他人的谣言

    C. 利用网络平台恶意攻击他人的声誉　　D. 通过网络发布他人的私人信息

10. 网络监控是一种备受争议的道德问题。以下行为属于网络监控？（　　）

    A. 未经授权监视他人的网络活动　　　　B. 通过网络追踪他人的地理位置

    C. 利用网络平台收集大量个人数据　　　D. 通过网络监控他人的通信内容

三、简述题

1. 简述数字伦理内涵。

2. 简述数字伦理目标。

四、案例分析题

一家全球知名的互联网公司在收集用户数据时发现，公司的新产品设计团队利用用户数据进行了个性化推荐，提高了用户体验和增加产品销售额。然而，公司发现这种个性化推荐可能导致用户信息泄露和隐私问题。

请分析这个案例中涉及的数字伦理问题，并提出解决方案。

第8章

法律法规与政策解读

　　我国公民在掌握数字技术知识、提升数字技能的同时,需了解我国近年出台的有关公民数字素养与技能及数字技术应用的重要政策、文件及法律法规,能够做到依据法律法规使用数字内容、数字技术;能够做到依法保护个人和他人在使用数字技术过程中的合法权益。由于数字素养与技能所涉及的法律法规与政策内容较多,本章无法一一穷尽,仅对重点内容进行介绍。

8.1　数字素养与技能政策

8.1.1　提升全民数字素养与技能的内涵与意义　　应知应会

　　2021年11月,中央网络安全和信息化委员会印发《提升全民数字素养与技能行动纲要》(以下简称《行动纲要》),对提升全民数字素养与技能作出安排部署,提出顺应数字时代的要求,并对提升全民数字素养与技能进行顶层设计,统筹推进。

　　1. 数字素养与技能的定义

　　目前,国际上还没有关于数字素养与数字技能的统一定义。综合国际组织和世界主要国家发布的数字素养、数字技能的研究报告和行动计划,数字技能聚焦人们掌握数字技术和运用数据信息的能力,关注实操性的专业知识、实践经验和操作技能,包括使用数字工具和技术获取、使用、生产、加工、分享数据信息等能力。数字素养在涵盖专业技能外,强调人们创造性地理解、分析、评估、管理和处理数据信息的综合水平和素质底蕴。因此,"数字技能"侧重职业者的专业能力,"数字素养"侧重终身学习与修养。从人的全生命周期角度考虑,"数字素养与技能"更符合我国提升国民素质与促进人的全面发展的规律和要求。

　　我国《行动纲要》中给出了数字素养与技能的定义,即"数字社会公民学习工作生活应具备的数字获取、制作、使用、评价、交互、分享、创新、安全保障、伦理道德等一系列素质与能力的集合。"

　　2. 发展形势及意义

　　提升全民数字素养与技能,是顺应数字时代要求,提升国民素质、促进人的全面发展的战略任务,也是弥合数字鸿沟、促进共同富裕的关键举措,具有重要意义。一是实现从网络大国迈向网络强国的必由之路。第53次《中国互联网络发展状况统计报告》显示,截至2023年12月,我国网民规模达10.92亿,是世界网络大国,但在公民数字素养与技能方面与世界领先国家还存在一定差距,需要普遍提升劳动者数字技能,提升各级领导干部和公务员懂网用网能力,提升广大人民群众数字化适应力、胜任力、创造力,培育高端数字人才。二是将人口数量红利转换为人口质量红利的有效途径。迎接数字时代,需要把提升国民数字素养放在更加突出位置,通过加强全民数字素养与技能培训,不断提升人力资本水平和人的全面发展能力,充分发挥人才红利的乘数效应,进一步激发创新活力,推动经济高质量发展。三是弥合数字鸿沟、让人民群众共享数字红利的关键举措。截至 2023 年 12 月,我国城镇地区互联网普及率为 83.3%,农村地区互联网普及率为 66.5%,农村地区比城镇地区低 16.8 个百分点,数字鸿沟问题仍然突出。要贯彻以人民为中心的发展思想,整体提升全民数字素养与技能,提供用得上、用得起、用得好的数字技术和服务,不断增强人民群众的获得感、幸福感、安全感。

当前,全球经济数字化转型不断加速,数字技术深刻改变着人类的思维、生活、生产、学习方式,推动世界政治格局、经济格局、科技格局、文化格局、安全格局深度变革,全民数字素养与技能日益成为国际竞争力和软实力的关键指标。全球主要国家和地区把提升国民数字素养与技能作为谋求竞争新优势的战略方向,纷纷出台战略规划,开展面向国民的数字技能培训,提升人力资本水平。党的十八大以来,以习近平同志为核心的党中央作出建设网络强国、数字中国战略决策,加快建设完善数字基础设施,不断提高数字经济、数字社会、数字政府发展水平,持续增强人民群众获得感。同时,也存在顶层设计缺失、数字鸿沟较大、资源供给不足、培养体系尚未形成、数字道德规范意识有待增强等问题,亟须加大工作力度,完善政策措施,整体提升全民数字素养与技能水平。

立足新时代世情国情民情,要把提升全民数字素养与技能作为建设网络强国、数字中国的一项基础性、战略性、先导性工作,切实加强顶层设计、统筹协调和系统推进,注重构建知识更新、创新驱动的数字素养与技能培育体系,注重建设普惠共享、公平可及的数字基础设施体系,注重培养具有数字意识、计算思维、终身学习能力和社会责任感的数字公民,促进全民共建共享数字化发展成果,推动经济高质量发展、社会高效能治理、人民高品质生活、对外高水平开放,为我国开启全面建设社会主义现代化国家新征程和向第二个百年奋斗目标进军注入强大动力。

3. 数字公民应具备的基本能力

我国《行动纲要》中指出数字公民应具备数字获取、制作、使用、评价、交互、分享、创新、安全保障、伦理道德等一系列素质与能力。

8.1.2　提升我国公民数字工作能力的五种方式　　应知应会

1. 提高产业工人数字技能

完善企业员工职业技能培训体系,建立和共享职工培训中心、网络学习平台等培训载体,丰富数字素养与技能培训内容,提高员工职业胜任力。健全企业职工培训制度,针对产业工人系统开展面向生产全环节的数字技能培训,持续壮大现代产业工人队伍,培养数字领域高水平大国工匠,提升数字化生产能力。提升企业管理人员数字素养,建立数字化思维,提高数字化经营管理能力。

2. 提升农民数字技能

构建现代农业科教信息服务体系,优化完善全国农业科教云平台,汇集整合新技术推广、电商销售、新媒体应用等优质培训资源,持续推进农民手机应用技能培训工作,提高农民对数字化"新农具"的使用能力。引导企业、公益组织等参与农民数字技能提升工作,推动数字服务和培训向农村地区延伸。

3. 提升新兴职业群体数字技能

面向"互联网＋教育"、互联网医疗、电子商务、供应链管理服务、线上办公、"虚拟"产业园、"无人经济"等新业态新模式,制定数字领域新职业的职业标准,丰富职业培训课程,开展从业人员培训,壮大新兴职业群体人才队伍。引导支持新兴职业群体,积极利用 5G、人工智能、虚拟现实、大数据、区块链等数字技术创新创业。

4. 开展妇女数字素养教育与技能培训

依托各类网络平台,推出一批面向妇女设计制作的数字素养公开课,增强妇女安全上网、科学用网、网上创业等的数字意识和能力。加强妇女通过网络参与经济生活的能力,加大直播带货、电商运营等培训力度,引导西部地区、偏远山区妇女网上就业创业。

5. 提升领导干部和公务员数字治理能力

加大领导干部和公务员信息化培训力度,丰富数字经济、数字社会、数字政府等领域线上培训资源,把提高党员领导干部数字治理能力作为各级党校(行政学院)的重要教学培训内容。引导领导干部和公务员运用网络了解民意、开展工作,提升学网、懂网、用网的能力。在公务员选拔任用中,加强数字能力方面的考察。

8.1.3　数字化应用场景　　　　　　　　　　　　　　　　　　　背景知识

《行动纲要》突出场景驱动和应用牵引,聚焦与人民群众密切相关的数字生活、数字工作、数字学习和数字创新等四大应用场景,以场景应用带动整体提升。

一是数字生活方面。家庭、社区、出行、购物等是人民群众高频生活场景,也是数字技术和服务的高频应用场景。针对智能家居、智慧社区、电子商务、移动支付、智慧出行等新业态,《行动纲要》聚焦提高数字设备易用性、便捷性和兼容性,提升居民使用数字资源、数字工具的意愿和能力,促进人民畅享美好数字生活。

二是数字工作方面。产业工人、农民、新兴职业群体、领导干部和公务员等是不同工作场景中的行为主体,《行动纲要》推动培育数字领域高水平大国工匠,壮大新兴职业群体人才队伍,促进数字化服务和培训向农村地区延伸,提升领导干部和公务员学网、懂网、用网的能力。

三是数字学习方面。针对不同年龄阶段、不同学历体系的数字教育培训场景,《行动纲要》通过打造优质精品数字教材、加强学科专业建设、完善职业等级标准等,推动数字能力培育在学历教育和职业教育中双向发力,积极构建终身数字学习体系。

四是数字创新方面。《行动纲要》推动打造企业数字化竞争力,注重发挥行业龙头企业在新一轮科技革命和产业变革中的引领和示范作用,培养造就高素质数字人才队伍。积极探索数据驱动科研新范式,加快数据资源开放和利用,构建大数据驱动的科研创新模式,推动开放创新、协同创新。

8.1.4　主要任务及重点工程　　　　　　　　　　　　　　　　　背景知识

1. 主要任务

《行动纲要》围绕发展目标,从供给侧、需求侧和环境侧协同发力,共部署了 7 方面主要任务。

- 丰富优质数字资源供给：优化完善数字资源获取渠道、丰富数字教育培训资源内容、推动数字资源开放共享、促进数字公共服务普适普惠。
- 提升高品质数字生活水平：培育智慧家庭生活新方式、提高智慧社区建设应用水平、丰富新型数字生活场景、开展数字助老助残行动。
- 提升高效率数字工作能力：提高产业工人数字技能、提升农民数字技能、提升新兴职业群体数字技能、开展妇女数字素养教育与技能培训、提升领导干部和公务员数字治理能力。
- 构建终身数字学习体系：提升学校数字教育水平、完善数字技能职业教育培训体系、建设数字技能认证体系与终身教育服务平台。
- 激发数字创新活力：打造企业数字化竞争力、探索数据驱动科研新范式。
- 提高数字安全保护能力：提高全民网络安全防护能力、强化个人信息和隐私保护。
- 强化数字社会法治道德规范：引导全民依法规范上网用网、提高全民网络文明素养、强化全民数字道德伦理规范。

2. 重点工程

《行动纲要》聚焦重点方向和薄弱环节,设立了公民数字参与提升工程、数字社会无障碍和适老化改造提升工程、数字技能产教融合工程、领导干部和公务员数字素养提升工程、退役军人数字素养与技能提升工程、高端数字人才培育工程6个重点工程。

专栏1：公民数字参与提升工程

数字化赋能城市治理。充分依托政府门户网站,为市民参与政策制定、产业发展、城市管理等提供建言献策渠道。创新"随手拍"等市民数字化参与城市治理的途径和方式,不断提升市民获得感。

数字化赋能社区治理。充分依托数字化平台,丰富居民数字参与场景,以数字技术促进民意汇聚、民主协商,引导居民密切日常交往、参与公共事务、开展协商活动、组织邻里互助。加强社区工作者队伍建设,提升运用数字化方式开展社区治理的能力。探索网格化社区治理和服务新模式。

数字化赋能乡村治理。推动"互联网＋乡村治理",拓展村民参与村级公共事务和公益事业的渠道,提升网上村务监督水平。

专栏2：数字社会无障碍和适老化改造提升工程

探索线上线下融合的老年人、残疾人数字技能培训模式,引导数字产品和服务提供商开发适合老年人、残疾人使用的硬件产品和软件应用,制作老年人、残疾人易懂会用的产品使用手册和教程。建设适老化全媒体课程资源,组织推介优秀培训项目和优秀工作案例。推动互联网网站与互联网应用(APP)适老化及无障碍改造,组织改造水平测评提升互联网应用适老化水平及无障碍普及率。

实施银龄科普行动,积极开发老龄人力资源,大力发展老年协会、老科协等组织,充分发挥老专家在数字科普方面的作用。发展壮大老年志愿者、助老志愿者队伍,帮助老年人学习使用数字产品与服务。

专栏3：数字技能产教融合工程

搭建产教融合平台。围绕集成电路、人工智能、工业互联网、电子商务等数字技术重点应用领域,深入实施产学合作协同育人项目,集中产教融合型城市、行业、企业优质资源,布局建设数字化、高水平、专业化、开放型产教融合创新平台和人才联合培养基地。

创新产教融合教育资源。充分发挥企业主体作用,支持企业与普通高校和职业院校共建联合学院、实验室、实习基地等,推动职业院校人才培养与企业联盟、与行业联合、同园区联结,探索中国特色学徒制,加快构建规范化数字技能教学和实习实训体系。

专栏 4:领导干部和公务员数字素养提升工程

建立领导干部数字素养全员培训体系,分层次、分类别、分阶段推进领导干部全员培训。建立公务员数字技能分级分类培训体系,全覆盖、差异化开展公务员数字技能培训。

专栏 5:退役军人数字素养与技能提升工程

建立退役军人数字信息档案。依托退役军人建档立卡工作,进一步丰富完善退役军人和其他优抚对象的综合信息数据库,系统分析研判广大退役军人和优抚对象的数字技能提升需求,形成电子档案。

引导退役军人逐步提高数字技能。引导学校、社会机构等开发面向退役军人的线上线下学习资源,积极发展退役军人移动服务平台,推出电子优待证,为退役军人提供线上就业创业服务,帮助退役军人和其他优抚对象共享互联网发展成果。

专栏 6:高端数字人才培育工程

培育创新型数字人才。支持发展高水平信息科技专业资源,强化信息科技基础教育,鼓励学术领域、行业领域优秀数字人才开展专题讲座,大力支持基础创新、应用创新。

培育复合型数字人才。积极推动人工智能、大数据、云计算、量子信息等数字科技与计算机、控制、数学、金融等学科交叉融合,推动跨学科复合型数字人才队伍建设。

培育数字技术工程师。依托专业技术人才知识更新工程,围绕智能制造、物联网、区块链、虚拟现实、集成电路工业互联网等数字技术领域,组织开发国家职业标准和培训课程,开展规范化培训、社会化评价,培育壮大高水平数字技术工程师队伍。

8.1.5　特定群体数字素养与技能提升举措　　　　　　背景知识

老年人、残疾人、农民等群体的数字社会融入问题受到公众广泛关注,其面临的数字技能鸿沟问题亟待解决,《行动纲要》坚持问题导向和需求导向,推动补齐短板、打通堵点、消除痛点。

老年人方面,《行动纲要》提出要保障老年人在数字社会中的正常权益,在出行、就医、就餐、购物等高频服务场景中保留人工服务渠道,防止出现强制性数字应用、诱导性线上付款等违规行为。《行动纲要》部署开展数字助老行动,推动数字产品和服务适老化改造,鼓励开发适合老年人使用特点的硬件产品和软件应用,依托老年大学、养老服务机构等丰富老年人数字技能培训形式和内容,推动提升老年人数字素养与技能。

残疾人方面,《行动纲要》提出要加快推动信息无障碍建设,扩大信息无障碍产品供给,设计开发更多残疾人友好型数字设施和应用,加快互联网网站与互联网应用无障碍改造,组织改造水平测评,不断完善信息无障碍规范与标准体系。依托残疾人服务机构、社区教育机构等,提高残疾人运用数字技术的能力,让数字应用和服务为残疾人生活、就业、学习等增加便利。

农民方面,《行动纲要》提出构建现代农业科教信息服务体系、优化完善全国农业科教云平台,汇集整合新技术推广、电商销售、新媒体应用等优质培训资源,持续推进农民手机应用技能培训工作,提高农民对数字化"新农具"的使用能力。引导企业、公益组织等参与农民数字技能提升工作,推动数字服务和培训向农村地区延伸。

◇ 8.2 数字素养与技能法律法规

8.2.1 网络安全相关法律法规

网络安全相关法律法规主要包括《中华人民共和国网络安全法》《网络信息内容生态治理规定》《中华人民共和国数据安全法》《中华人民共和国个人信息保护法》。

1.《中华人民共和国网络安全法》介绍

2016 年 11 月 7 日,十二届全国人大常委会经表决高票通过了《中华人民共和国网络安全法》(以下简称《网络安全法》)。作为我国的网络安全基本法,《网络安全法》是网络安全领域"依法治国"的重要体现,对保障我国网络安全有着重大意义。

《中华人民共和国网络安全法》于 2017 年 6 月 1 日正式实施。

《网络安全法》第五章将监测预警与应急处置工作制度化、法制化,明确国家建立网络安全监测预警和信息通报制度,建立网络安全风险评估和应急工作机制,制定网络安全事件应急预案并定期演练。这为建立统一高效的网络安全风险报告机制、情报共享机制、研判处置机制提供了法律依据,为深化网络安全防护体系,实现全天候全方位感知网络安全态势提供了法律保障。

1)网络运行基本安全要求　　　　　　　　　　　　　**应知应会**

《网络安全法》第二十一条规定:

国家实行网络安全等级保护制度。网络运营者应当按照网络安全等级保护制度的要求,履行下列安全保护义务,保障网络免受干扰、破坏或者未经授权的访问,防止网络数据泄露或者被窃取、篡改:

(一)制定内部安全管理制度和操作规程,确定网络安全负责人,落实网络安全保护责任;

(二)采取防范计算机病毒和网络攻击、网络侵入等危害网络安全行为的技术措施;

(三)采取监测、记录网络运行状态、网络安全事件的技术措施,并按照规定留存相关的网络日志不少于六个月;

(四)采取数据分类、重要数据备份和加密等措施;

(五)法律、行政法规规定的其他义务。

第二十一条提到的网络安全等级保护制度是公安部运营多年的信息系统安全等级保护制度,网络安全法的出台也加强了对等保执行力度的要求,不做等保就属于违法行为了。

- 安全管理:网络运营者需在企业内部明确网络安全的责任,并通过完善的规章制度、操作流程为网络安全提供制度保障。
- 技术层面:网络运营者应采取各种事前预防、事中响应、事后跟进的技术手段,应对网络攻击,降低网络安全的风险。值得注意的是,网络日志的保存期限已明确要求不低于 6 个月。

- 数据安全方面：网络运营者需对重要数据进行备份、加密，以此来保障数据的可用性、保密性。

2）监测预警与应急处置　　　　　　　　　　　　　　　　　　　**背景知识**

《网络安全法》第二十五条规定：网络运营者应当制定网络安全事件应急预案，及时处置系统漏洞、计算机病毒、网络攻击、网络侵入等安全风险；在发生危害网络安全的事件时，立即启动应急预案，采取相应的补救措施，并按照规定向有关主管部门报告。

本条款的提出是完善安全技术体系非常重要的一环，而响应能力的建设是当前网络运营者普遍存在的弱点。

整体缺乏事件危害评估、应急预案、处置措施、上报流程等一系列的规范，或者说有规范但在出现网络安全事件的时候，发现应急预案根本没办法起到作用。

在公共云或者可运营的政务云上，有着完整的安全运营体系，当发生大规模网络安全事件时，安全运营团队会第一时间处理相关问题。或者使用云盾管家服务，针对网络运营者的业务制定应急预案和定期演练。

3）个人信息保护　　　　　　　　　　　　　　　　　　　　　　**背景知识**

《网络安全法》第四十一、四十二、四十三条规定：

第四十一条：网络运营者收集、使用个人信息，应当遵循合法、正当、必要的原则，公开收集、使用规则，明示收集、使用信息的目的、方式和范围，并经被收集者同意。网络运营者不得收集与其提供的服务无关的个人信息，不得违反法律、行政法规的规定和双方的约定收集、使用个人信息，并应当依照法律、行政法规的规定和与用户的约定，处理其保存的个人信息。

第四十二条：网络运营者不得泄露、篡改、毁损其收集的个人信息；未经被收集者同意，不得向他人提供个人信息。但是，经过处理无法识别特定个人且不能复原的除外。网络运营者应当采取技术措施和其他必要措施，确保其收集的个人信息安全，防止信息泄露、毁损、丢失。在发生或者可能发生个人信息泄露、毁损、丢失的情况时，应当立即采取补救措施，按照规定及时告知用户并向有关主管部门报告。

第四十三条：个人发现网络运营者违反法律、行政法规的规定或者双方的约定收集、使用其个人信息的，有权要求网络运营者删除其个人信息；发现网络运营者收集、存储的其个人信息有错误的，有权要求网络运营者予以更正。网络运营者应当采取措施予以删除或者更正。

从这三条条款中可以看出，《网络安全法》聚焦个人信息泄露，明确网络产品服务提供者、运营者的责任。严厉打击出售贩卖个人信息的行为，对保护公众个人信息安全将起到积极作用。

除严防个人信息泄露，《网络安全法》针对层出不穷的新型网络诈骗犯罪还规定：任何个人和组织不得设立用于实施诈骗，传授犯罪方法，制作或者销售违禁物品、管制物品等违法犯罪活动的网站、通信群组，不得利用网络发布与实施诈骗，制作或者销售违禁物品、管制物品以及其他违法犯罪活动的信息。

4）相关概念的解释　　　　　　　　　　　　　　　　　　　　　**应知应会**

（1）网络。

网络是指由计算机或者其他信息终端及相关设备组成的按照一定的规则和程序对信息

进行收集、存储、传输、交换、处理的系统。

（2）网络安全。

网络安全是指通过采取必要措施，防范对网络的攻击、侵入、干扰、破坏和非法使用以及意外事故，使网络处于稳定可靠运行的状态，以及保障网络数据的完整性、保密性、可用性的能力。

从这个概念来讲，网络安全包括传统的网络安全、数据安全，是范围更大的网络安全，更加侧重网络运行安全、信息安全。

（3）网络运营者。

网络运营者是指网络的所有者、管理者和网络服务提供者。

（4）网络数据。

网络数据是指通过网络收集、存储、传输、处理和产生的各种电子数据。

（5）个人信息。

个人信息是指以电子或者其他方式记录的能够单独或者与其他信息结合识别自然人个人身份的各种信息，包括但不限于自然人的姓名、出生日期、身份证件号码、个人生物识别信息、住址、电话号码等。

从定义中可以看出，网络安全法中个人信息多侧重自然人的信息，对虚拟人的信息，如用户名、密码、IP、MAC 地址、上网时间、Cookies 等信息还没有明确定义。个人信息不同于个人数据、个人隐私，自然人的健康、犯罪、私人等活动信息，网络安全法中并没有提到。

（6）关键信息基础设施。

国家需要对公共通信和信息服务、能源、交通、水利、金融、公共服务、电子政务等重要行业和领域，以及其他一旦遭到破坏、丧失功能或者数据泄露，可能严重危害国家安全、国计民生、公共利益的关键信息基础设施进行保护。

《网络空间安全战略》中进一步明确，公共通信、广播电视传输等服务的基础信息网络，能源、金融、交通、教育、科研、水利、工业制造、医疗卫生、社会保障、公用事业等领域和国家机关的重要信息系统，重要互联网应用系统（如阿里巴巴、腾讯、百度）等 14 个大行业领域属于国家关键信息基础设施。

《关键信息基础设施安全保护条例》中对关键信息基础设施范围进行了更具体的界定。下列单位运行、管理的网络设施和信息系统，一旦遭到破坏、丧失功能或者数据泄露，可能严重危害国家安全、国计民生、公共利益的，应当纳入关键信息基础设施保护范围。

（1）政府机关和能源、金融、交通、水利、卫生医疗、教育、社保、环境保护、公用事业等行业领域的单位。

（2）电信网、广播电视网、互联网等信息网络，以及提供云计算、大数据和其他大型公共信息网络服务的单位。

（3）国防科工、大型装备、化工、食品药品等行业领域科研生产单位。

（4）广播电台、电视台、通讯社等新闻单位。

（5）其他重点单位。

2.《网络信息内容生态治理规定》介绍

为了营造良好网络生态，保障公民、法人和其他组织的合法权益，维护国家安全和公共利益，构建天清气朗的网络空间，国家互联网信息办公室于 2019 年 12 月 15 日发布《网络信息内容生态治理规定》(以下简称《治理规定》),自 2020 年 3 月 1 日起正式施行。

1)网络信息内容生产者的有关规定　　　　　　　　　　　　　　　背景知识

《网络信息内容生态治理规定》的第四条~第七条及第四十一条对网络信息内容生产者做出规定。

第四条　网络信息内容生产者应当遵守法律法规,遵循公序良俗,不得损害国家利益、公共利益和他人合法权益。

第五条　鼓励网络信息内容生产者制作、复制、发布含有下列内容的信息:

(一)宣传习近平新时代中国特色社会主义思想,全面准确生动解读中国特色社会主义道路、理论、制度、文化;

(二)宣传党的理论、路线方针政策和中央重大决策部署的;

(三)展示经济社会发展亮点,反映人民群众伟大奋斗和火热生活的;

(四)弘扬社会主义核心价值观,宣传优秀道德文化和时代精神,充分展现中华民族昂扬向上精神风貌;

(五)有效回应社会关切,解疑释惑,析事明理,有助于引导群众形成共识的;

(六)有助于提高中华文化国际影响力,向世界展现真实立体全面的中国的;

(七)其他讲品位、讲格调、讲责任、讴歌真善美、促进团结稳定等的内容。

第六条　网络信息内容生产者不得制作、复制、发布含有下列内容的违法信息:

(一)反对宪法所确定的基本原则的;

(二)危害国家安全,泄露国家秘密,颠覆国家政权,破坏国家统一的;

(三)损害国家荣誉和利益的;

(四)歪曲、丑化、亵渎、否定英雄烈士事迹和精神,以侮辱、诽谤或者其他方式侵害英雄烈士的姓名、肖像、名誉、荣誉的;

(五)宣扬恐怖主义、极端主义或者煽动实施恐怖活动、极端主义活动的;

(六)煽动民族仇恨、民族歧视,破坏民族团结的;

(七)破坏国家宗教政策,宣扬邪教和封建迷信的;

(八)散布谣言,扰乱经济秩序和社会秩序的;

(九)散布淫秽、色情、赌博、暴力、凶杀、恐怖或者教唆犯罪的;

(十)侮辱或者诽谤他人,侵害他人名誉、隐私和其他合法权益的;

(十一)法律、行政法规禁止的其他内容。

第七条　网络信息内容生产者应当采取措施,防范和抵制制作、复制、发布含有下列内容的不良信息:

(一)使用夸张标题,内容与标题严重不符的;

(二)炒作绯闻、丑闻、劣迹等的;

(三)不当评述自然灾害、重大事故等灾难的;

(四)带有性暗示、性挑逗等易使人产生性联想的;

(五)展现血腥、惊悚、残忍等致人身心不适的;

(六)煽动人群歧视、地域歧视等的;

(七)宣扬低俗、庸俗、媚俗内容的;

(八)可能引发未成年人模仿不安全行为和违反社会公德行为、诱导未成年人不良嗜好等的；

（九）其他对网络生态造成不良影响的内容。

第四十一条　本规定所称网络信息内容生产者，是指制作、复制、发布网络信息内容的组织或者个人。

2）网络信息服务使用者的有关规定　　　　　　　　　　　　　　**背景知识**

《网络信息内容生态治理规定》的第十八条～第二十五条以及第四十一条第二款、第三款对网络信息服务使用者做出规定。

第十八条　网络信息内容服务使用者应当文明健康使用网络，按照法律法规的要求和用户协议约定，切实履行相应义务，在以发帖、回复、留言、弹幕等形式参与网络活动时，文明互动，理性表达，不得发布本规定第六条规定的信息，防范和抵制本规定第七条规定的信息。

第十九条　网络群组、论坛社区版块建立者和管理者应当履行群组、版块管理责任，依据法律法规、用户协议和平台公约等，规范群组、版块内信息发布等行为。

第二十条　鼓励网络信息内容服务使用者积极参与网络信息内容生态治理，通过投诉、举报等方式对网上违法和不良信息进行监督，共同维护良好网络生态。

第二十一条　网络信息内容服务使用者和网络信息内容生产者、网络信息内容服务平台不得利用网络和相关信息技术实施侮辱、诽谤、威胁、散布谣言以及侵犯他人隐私等违法行为，损害他人合法权益。

第二十二条　网络信息内容服务使用者和网络信息内容生产者、网络信息内容服务平台不得通过发布、删除信息以及其他干预信息呈现的手段侵害他人合法权益或者谋取非法利益。

第二十三条　网络信息内容服务使用者和网络信息内容生产者、网络信息内容服务平台不得利用深度学习、虚拟现实等新技术新应用从事法律、行政法规禁止的活动。

第二十四条　网络信息内容服务使用者和网络信息内容生产者、网络信息内容服务平台不得通过人工方式或者技术手段实施流量造假、流量劫持以及虚假注册账号、非法交易账号、操纵用户账号等行为，破坏网络生态秩序。

第二十五条　网络信息内容服务使用者和网络信息内容生产者、网络信息内容服务平台不得利用党旗、党徽、国旗、国徽、国歌等代表党和国家形象的标识及内容，或者借国家重大活动、重大纪念日和国家机关及其工作人员名义等，违法违规开展网络商业营销活动。

第四十一条第二款　本规定所称网络信息内容服务平台，是指提供网络信息内容传播服务的网络信息服务提供者。

第四十一条第三款　本规定所称网络信息内容服务使用者，是指使用网络信息内容服务的组织或者个人。

3.《中华人民共和国数据安全法》介绍

1）立法背景　　　　　　　　　　　　　　　　　　　　　　　　**背景知识**

随着信息技术和人类生产生活交汇融合，各类数据迅猛增长、海量聚集，对经济发展、人民生活都产生了重大而深刻的影响。数据安全已成为事关国家安全与经济社会发展的重大问题。党中央对此高度重视，就加强数据安全工作和促进数字化发展作出一系列部署。按照党中央决策部署和贯彻总体国家安全观的要求，全国人大常委会积极推动数据安全立法工作。经过三次审议，2021 年 6 月 10 日，十三届全国人大常委会第二十九次会议通过了数据安全法。这部法律是数据领域的基础性法律,也是国家安全领域的一部重要法律,于 2021 年 9 月 1 日起施行。

制定数据安全法是维护国家安全的必然要求。数据是国家基础性战略资源,没有数据安全就没有国家安全。数据安全法贯彻落实总体国家安全观,聚焦数据安全领域的风险隐患,加强国家数据安全工作的统筹协调,确立了数据分类分级管理、数据安全审查、数据安全风险评估、监测预警和应急处置等基本制度。通过建立健全各项制度措施,提升国家数据安全保障能力,有效应对数据这一非传统领域的国家安全风险与挑战,切实维护国家主权、安全和发展利益。

制定数据安全法是维护人民群众合法权益的客观需要。数字经济为人民群众生产生活提供了很多便利,同时各类数据的拥有主体更加多样,处理活动更加复杂,一些企业、机构忽视数据安全保护、利用数据侵害人民群众合法权益的问题十分突出,社会反映强烈。数据安全法明确了相关主体依法依规开展数据活动,建立健全数据安全管理制度,加强风险监测和及时处置数据安全事件等义务和责任,通过严格规范数据处理活动,切实加强数据安全保护,让广大人民群众在数字化发展中获得更多幸福感、安全感。

制定数据安全法是促进数字经济健康发展的重要举措。近年来,我国不断推进网络强国、数字中国、智慧社会建设,以数据为新生产要素的数字经济蓬勃发展,数据的竞争已成为国际竞争的重要领域。数据安全法坚持安全与发展并重,在规范数据活动的同时,对支持促进数据安全与发展的措施、推进政务数据开放利用等作出相应规定,通过促进数据依法合理有效利用,充分发挥数据的基础资源作用和创新引擎作用,加快形成以创新为主要引领和支撑的数字经济,更好地服务我国经济社会发展。

2)总则　　　　　　　　　　　　　　　　　　　　　　　　**应知应会**

(1)目的:为了规范数据处理活动,保障数据安全,促进数据开发利用,保护个人、组织的合法权益,维护国家主权、安全和发展利益。

(2)范围:在中华人民共和国境内开展数据处理活动及其安全监管;在中华人民共和国境外开展数据处理活动,损害中华人民共和国国家安全、公共利益或者公民、组织合法权益的,依法追究法律责任。

(3)定义:

• 数据,是指任何以电子或者其他方式对信息的记录。

• 数据处理,包括数据的收集、存储、使用、加工、传输、提供、公开等。

• 数据安全,是指通过采取必要措施,确保数据处于有效保护和合法利用的状态,以及具备保障持续安全状态的能力。

3)行业数据监管机制　　　　　　　　　　　　　　　　　　　**背景知识**

我国《数据安全法》第五条明确:"中央国家安全领导机构负责国家数据安全工作的决策和议事协调,研究制定、指导实施国家数据安全战略和有关重大方针政策,统筹协调国家数据安全的重大事项和重要工作,建立国家数据安全工作协调机制。"

《数据安全法》实行"中央国安委"统筹协调下的行业监管机制。首先,中央国家安全领导机构负责国家数据安全工作的决策和议事协调,研究制定、指导实施国家数据安全战略和有关重大方针政策,统筹协调国家数据安全的重大事项和重要工作;其次,各地区、各部门对本地区、本部门工作中收集和产生的数据及数据安全负责;再次,工业、电信、交通、金融、自然资源、卫生健康、教育、科技等主管部门承担本行业、本领域数据安全监管职责;第四,公安机关、国家安全机关等依照本法和有关法律、行政法规的规定,在各自职责范围内承担数据安全监管职责;第五,国家网信部门依照《数据安全法》和有关法律、行政法规的规定,负责统筹协调网络数据安全和相关监管工作。

4)国家数据分类分级保护制度　　　　　　　　　　　　　　　　　　　　**背景知识**

《数据安全法》第二十一条规定:"国家建立数据分类分级保护制度,根据数据在经济社会发展中的重要程度,以及一旦遭到篡改、破坏、泄露或者非法获取、非法利用,对国家安全、公共利益或者个人、组织合法权益造成的危害程度,对数据实行分类分级保护。国家数据安全工作协调机制统筹协调有关部门制定重要数据目录,加强对重要数据的保护。"

《数据安全法》中的"数据分类",采用了数据的"重要程度"+"危害程度"的立法手段,对数据实行分类分级保护,特别是将"关系国家安全、国民经济命脉、重要民生、重大公共利益等数据"列为国家核心数据,实行更加严格的管理制度。《数据安全法》从国家层面提出了数据分类分级,是确定数据保护和利用之间平衡点的一个重要依据,为政务数据、企业数据、工业数据和个人数据的保护奠定了法律基础。

5)主要内容　　　　　　　　　　　　　　　　　　　　　　　　　　　　**背景知识**

《中华人民共和国数据安全法》共 7 章 55 条,确立、完善了数据分级分类、重要数据保护、数据安全审查、数据安全风险评估、监测预警和应急处置、跨境数据流动和数据交易管理等多项重要制度,形成了我国数据安全的顶层设计。从将个人、企业和公共机构的数据安全纳入保障体系,到规范行业组织等主体的数据安全保护义务,数据安全法确立了对数据领域的全方位监管、治理和保护。

(1)完善了数据安全的内涵与外延。强调"数据安全"内涵在于"确保"数据处于有效保护和合法利用的"状态"以及"保障持续安全"的能力。

(2)规定了必要的域外适用效力。除适用于在我国境内开展的数据处理活动外,也适用于我国境外开展的损害我国国家安全、公共利益或者公民、组织合法权益的数据处理活动。

(3)确立了安全与发展并重的原则。以数据安全与发展并重为导向,坚持以数据开发利用和产业发展促进数据安全,以数据安全保障数据开发利用和产业发展。支持数据开发利用和数据安全技术研究,倡导推进数据开发利用技术和数据安全标准体系建设,促进数据安全检测评估、认证等服务的发展。

(4)明确了数据安全治理的基本制度。一是建立数据分类分级保护制度,确定本地区、本部门以及相关行业、领域的重要数据具体目录,对列入目录的数据进行重点保护。二是建立集中统一、高效权威的数据安全风险评估、报告、信息共享、监测预警机制。三是确立数据安全审查制度。四是与相关法律衔接,确立属于管制物项的数据出口管制、重要数据出境、向外国司法或执法机构提供存储在境内的数据等数据出境管理制度。五是明确数据安全保护义务。任何组织、个人收集数据,应当采取合法、正当的方式,不得窃取或者以其他非法方式获取数据。六是明确数据交易制度,规定数据交易中介服务机构的相关义务。七是明确政务数据安全和共享制度。为履行法定职责的需要收集、使用数据,应当在其履行法定职责的范围内依照法律、行政法规规定的条件和程序进行;对在履行职责中知悉的个人隐私、个人信息、商业秘密、保密商务信息等数据应当依法予以保密,不得泄露或者非法向他人提供;

落实数据安全保护责任,保障政务数据安全。

（5）明确了法律责任。开展数据处理活动的组织、个人不履行本法第二十七条、第二十九条、第三十条规定的数据安全保护义务的,由有关主管部门责令改正,给予警告,可以并处五万元以上五十万元以下罚款,对直接负责的主管人员和其他直接责任人员可以处一万元以上十万元以下罚款;拒不改正或者造成大量数据泄露等严重后果的,处五十万元以上二百万元以下罚款,并可以责令暂停相关业务、停业整顿、吊销相关业务许可证或者吊销营业执照,对直接负责的主管人员和其他直接责任人员处五万元以上二十万元以下罚款。违反国家核心数据管理制度,危害国家主权、安全和发展利益的,由有关主管部门处二百万元以上一千万元以下罚款,并根据情况责令暂停相关业务、停业整顿、吊销相关业务许可证或者吊销营业执照;构成犯罪的,依法追究刑事责任。

4.《中华人民共和国个人信息保护法》介绍

《中华人民共和国个人信息保护法》是为了保护个人信息权益,规范个人信息处理活动,促进个人信息合理利用,根据宪法制定的法规。2021 年 8 月 20 日,十三届全国人大常委会第三十次会议表决通过《中华人民共和国个人信息保护法》（以下简称《个人信息保护法》）,自 2021 年 11 月 1 日起施行。

1）对敏感个人信息处理规则的规定　　　　　　　　　　　　　**背景知识**

《个人信息保护法》的第二十八条～第三十二条规定了对敏感个人信息处理的规则。

第二十八条　敏感个人信息是一旦泄露或者非法使用,容易导致自然人的人格尊严受到侵害或者人身、财产安全受到危害的个人信息,包括生物识别、宗教信仰、特定身份、医疗健康、金融账户、行踪轨迹等信息,以及不满十四周岁未成年人的个人信息。

只有在具有特定的目的和充分的必要性,并采取严格保护措施的情形下,个人信息处理者方可处理敏感个人信息。

第二十九条　处理敏感个人信息应当取得个人的单独同意;法律、行政法规规定处理敏感个人信息应当取得书面同意的,从其规定。

第三十条　个人信息处理者处理敏感个人信息的,除本法第十七条第一款规定的事项外,还应当向个人告知处理敏感个人信息的必要性以及对个人权益的影响;依照本法规定可以不向个人告知的除外。

第三十一条　个人信息处理者处理不满十四周岁未成年人个人信息的,应当取得未成年人的父母或者其他监护人的同意。

个人信息处理者处理不满十四周岁未成年人个人信息的,应当制定专门的个人信息处理规则。

第三十二条　法律、行政法规对处理敏感个人信息规定应当取得相关行政许可或者作出其他限制的,从其规定。

2）个人信息处理者的权利　　　　　　　　　　　　　　　　　**应知应会**

《个人信息保护法》的第四十四条～第五十条规定了个人信息处理者的权利。

第四十四条　个人对其个人信息的处理享有知情权、决定权,有权限制或者拒绝他人对其个人信息进行处理;法律、行政法规另有规定的除外。

第四十五条　个人有权向个人信息处理者查阅、复制其个人信息;有本法第十八条第一款、第三十五条规定情形的除外。

个人请求查阅、复制其个人信息的,个人信息处理者应当及时提供。

个人请求将个人信息转移至其指定的个人信息处理者,符合国家网信部门规定条件的,个人信息处理者应当提供转移的途径。

第四十六条　个人发现其个人信息不准确或者不完整的,有权请求个人信息处理者更正、补充。

个人请求更正、补充其个人信息的,个人信息处理者应当对其个人信息予以核实,并及时更正、补充。

第四十七条　有下列情形之一的,个人信息处理者应当主动删除个人信息;个人信息处理者未删除的,个人有权请求删除:

(一) 处理目的已实现、无法实现或者为实现处理目的不再必要;

(二) 个人信息处理者停止提供产品或者服务,或者保存期限已届满;

(三) 个人撤回同意;

(四) 个人信息处理者违反法律、行政法规或者违反约定处理个人信息;

(五) 法律、行政法规规定的其他情形。

法律、行政法规规定的保存期限未届满,或者删除个人信息从技术上难以实现的,个人信息处理者应当停止除存储和采取必要的安全保护措施之外的处理。

第四十八条　个人有权要求个人信息处理者对其个人信息处理规则进行解释说明。

第四十九条　自然人死亡的,其近亲属为了自身的合法、正当利益,可以对死者的相关个人信息行使本章规定的查阅、复制、更正、删除等权利;死者生前另有安排的除外。

第五十条　个人信息处理者应当建立便捷的个人行使权利的申请受理和处理机制。拒绝个人行使权利的请求的,应当说明理由。

个人信息处理者拒绝个人行使权利的请求的,个人可以依法向人民法院提起诉讼。

3) 个人信息处理者的义务　　　　　　　　　　　　　　　　　　**应知应会**

《个人信息保护法》的第五十一条~第五十九条规定了个人信息处理者的义务。

第五十一条　个人信息处理者应当根据个人信息的处理目的、处理方式、个人信息的种类以及对个人权益的影响、可能存在的安全风险等,采取下列措施确保个人信息处理活动符合法律、行政法规的规定,并防止未经授权的访问以及个人信息泄露、篡改、丢失:

(一) 制定内部管理制度和操作规程;

(二) 对个人信息实行分类管理;

(三) 采取相应的加密、去标识化等安全技术措施;

(四) 合理确定个人信息处理的操作权限,并定期对从业人员进行安全教育和培训;

(五) 制定并组织实施个人信息安全事件应急预案;

(六) 法律、行政法规规定的其他措施。

第五十二条　处理个人信息达到国家网信部门规定数量的个人信息处理者应当指定个人信息保护负责人,负责对个人信息处理活动以及采取的保护措施等进行监督。

个人信息处理者应当公开个人信息保护负责人的联系方式,并将个人信息保护负责人的姓名、联系方式等报送履行个人信息保护职责的部门。

第五十三条　本法第三条第二款规定的中华人民共和国境外的个人信息处理者,应当在中华人民共和国境内设立专门机构或者指定代表,负责处理个人信息保护相关事务,并将有关机构的名称或者代表的姓名、联系方式等报送履行个人信息保护职责的部门。

第五十四条　个人信息处理者应当定期对其处理个人信息遵守法律、行政法规的情况进行合规审计。

第五十五条　有下列情形之一的,个人信息处理者应当事前进行个人信息保护影响评估,并对处理情况进行记录:

（一）处理敏感个人信息;

（二）利用个人信息进行自动化决策;

（三）委托处理个人信息、向其他个人信息处理者提供个人信息、公开个人信息;

（四）向境外提供个人信息;

（五）其他对个人权益有重大影响的个人信息处理活动。

第五十六条　个人信息保护影响评估应当包括下列内容:

（一）个人信息的处理目的、处理方式等是否合法、正当、必要;

（二）对个人权益的影响及安全风险;

（三）所采取的保护措施是否合法、有效并与风险程度相适应。

个人信息保护影响评估报告和处理情况记录应当至少保存三年。

第五十七条　发生或者可能发生个人信息泄露、篡改、丢失的,个人信息处理者应当立即采取补救措施,并通知履行个人信息保护职责的部门和个人。通知应当包括下列事项:

（一）发生或者可能发生个人信息泄露、篡改、丢失的信息种类、原因和可能造成的危害;

（二）个人信息处理者采取的补救措施和个人可以采取的减轻危害的措施;

（三）个人信息处理者的联系方式。

个人信息处理者采取措施能够有效避免信息泄露、篡改、丢失造成危害的,个人信息处理者可以不通知个人;履行个人信息保护职责的部门认为可能造成危害的,有权要求个人信息处理者通知个人。

第五十八条　提供重要互联网平台服务、用户数量巨大、业务类型复杂的个人信息处理者,应当履行下列义务:

（一）按照国家规定建立健全个人信息保护合规制度体系,成立主要由外部成员组成的独立机构对个人信息保护情况进行监督;

（二）遵循公开、公平、公正的原则,制定平台规则,明确平台内产品或者服务提供者处理个人信息的规范和保护个人信息的义务;

（三）对严重违反法律、行政法规处理个人信息的平台内的产品或者服务提供者,停止提供服务;

（四）定期发布个人信息保护社会责任报告,接受社会监督。

第五十九条　接受委托处理个人信息的受托人,应当依照本法和有关法律、行政法规的规定,采取必要措施保障所处理的个人信息的安全,并协助个人信息处理者履行本法规定的义务。

4）个人信息保护部门的职责　　　　　　　　　　　　　　　　　**应知应会**

《个人信息保护法》的第六十条～第六十五条规定了个人信息保护部门的职责。

第六十条　国家网信部门负责统筹协调个人信息保护工作和相关监督管理工作。国务院有关部门依照本法和有关法律、行政法规的规定,在各自职责范围内负责个人信息保护和监督管理工作。

县级以上地方人民政府有关部门的个人信息保护和监督管理职责,按照国家有关规定确定。

前两款规定的部门统称为履行个人信息保护职责的部门。

第六十一条　履行个人信息保护职责的部门履行下列个人信息保护职责:

(一) 开展个人信息保护宣传教育,指导、监督个人信息处理者开展个人信息保护工作;

(二) 接受、处理与个人信息保护有关的投诉、举报;

(三) 组织对应用程序等个人信息保护情况进行测评,并公布测评结果;

(四) 调查、处理违法个人信息处理活动;

(五) 法律、行政法规规定的其他职责。

第六十二条　国家网信部门统筹协调有关部门依据本法推进下列个人信息保护工作:

(一) 制定个人信息保护具体规则、标准;

(二) 针对小型个人信息处理者、处理敏感个人信息以及人脸识别、人工智能等新技术、新应用,制定专门的个人信息保护规则、标准;

(三) 支持研究开发和推广应用安全、方便的电子身份认证技术,推进网络身份认证公共服务建设;

(四) 推进个人信息保护社会化服务体系建设,支持有关机构开展个人信息保护评估、认证服务;

(五) 完善个人信息保护投诉、举报工作机制。

第六十三条　履行个人信息保护职责的部门履行个人信息保护职责,可以采取下列措施:

(一) 询问有关当事人,调查与个人信息处理活动有关的情况;

(二) 查阅、复制当事人与个人信息处理活动有关的合同、记录、账簿以及其他有关资料;

(三) 实施现场检查,对涉嫌违法的个人信息处理活动进行调查;

(四) 检查与个人信息处理活动有关的设备、物品;对有证据证明是用于违法个人信息处理活动的设备、物品,向本部门主要负责人书面报告并经批准,可以查封或者扣押。

履行个人信息保护职责的部门依法履行职责,当事人应当予以协助、配合,不得拒绝、阻挠。

第六十四条　履行个人信息保护职责的部门在履行职责中,发现个人信息处理活动存在较大风险或者发生个人信息安全事件的,可以按照规定的权限和程序对该个人信息处理者的法定代表人或者主要负责人进行约谈,或者要求个人信息处理者委托专业机构对其个人信息处理活动进行合规审计。个人信息处理者应当按照要求采取措施,进行整改,消除隐患。

履行个人信息保护职责的部门在履行职责中,发现违法处理个人信息涉嫌犯罪的,应当及时移送公安机关依法处理。

第六十五条　任何组织、个人有权对违法个人信息处理活动向履行个人信息保护职责的部门进行投诉、举报。收到投诉、举报的部门应当依法及时处理,并将处理结果告知投诉、举报人。

履行个人信息保护职责的部门应当公布接受投诉、举报的联系方式。

5）用语含义　　　　　　　　　　　　　　　　　　　　　　　　　**背景知识**

个人信息处理者，是指在个人信息处理活动中自主决定处理目的、处理方式的组织、个人。

自动化决策，是指通过计算机程序自动分析、评估个人的行为习惯、兴趣爱好或者经济、健康、信用状况等，并进行决策的活动。

去标识化，是指个人信息经过处理，使其在不借助额外信息的情况下无法识别特定自然人的过程。

匿名化，是指个人信息经过处理无法识别特定自然人且不能复原的过程。

8.2.2　数字版权法律法规

数字版权相关法律法规主要包括《中华人民共和国著作权法》《信息网络传播权保护条例》《互联网著作权行政保护办法》。

1.《中华人民共和国著作权法》

《中华人民共和国著作权法》（以下简称《著作权法》）是为了保护文学、艺术和科学作品作者的著作权，以及与著作权有关的权益，鼓励有益于社会主义精神文明、物质文明建设的作品的创作和传播，促进社会主义文化和科学事业的发展与繁荣，根据宪法制定本法。1990年 9 月 7 日第七届全国人民代表大会常务委员会第十五次会议通过。历经 2001 年、2010年、2020 三次修正，最新修正为根据 2020 年 11 月 11 日第十三届全国人民代表大会常务委员会第二十三次会议《关于修改〈中华人民共和国著作权法〉的决定》第三次修正，自 2021 年6 月 1 日起施行。

1）版权概念　　　　　　　　　　　　　　　　　　　　　　　　　**应知应会**

版权又称著作权，是指作者依法对其创作的科学、文学、艺术作品所享有的人身权和财产权的总称，是与创作有关的专有权。版权对作者个人来讲一种民事权利，对从事核心版权产业的出版社来讲，则是一种重要的无形资产。版权与版权的物质载体是不同的，也就是说，图书的购买者购买了图书，并不等于他拥有了作品的版权，他拥有的只是对作品物质载体的处置权。

2）版权的特征　　　　　　　　　　　　　　　　　　　　　　　　**应知应会**

（1）专有性。

专有性又称独占性和排他性，是指这些权利是被版权人独自拥有的，在国家法律的保护之下禁止他人侵犯与干涉。除经过版权人授权和法律规定的不受版权法保护的作品之外，其他任何人不得享有和使用这些权利。

（2）时间性。

各国法律对于版权的保护都规定了一定的有效期限。一旦期限届满，任何人都可无偿地使用这种智力成果而不会侵权，版权作品因国别、版权主体、种类不同，保护期有所不同。

（3）地域性。

地域性是指版权人获得的版权保护只能在取得该版权的国家内有效。这是因为，从一般角度来说，版权法是国内法。在一国取得保护的作品，到别国则不受他国国内法的约束，别国对该作品也不承担保护的义务。克服地域性特点最好的手段是加入国际公约。通过加入国际公约,可使本国作品在公约成员国国内同时受到保护,得以扩大版权的保护范围。

（4）版权内容构成的多样性。

版权保护对象的多样性和复杂性决定了版权在内容构成上的多样性。版权的内容构成主要包括人身权和财产权两方面,而每一方面又包括多种保护权利。根据我国《著作权法》的规定,著作权的具体内容总计达 16 项之多。

（5）可交易性与可继承性。

因为作者的精神权利是不能成为交易对象的,作为一个整体,作品的人身权是不能够继承和转让的,我国著作权法实施细则规定,创作人去世后由继承人或受遗赠人行使或保护。对于作品的财产权,创作者可以自己使用其创作的作品以获取经济利益,也可以通过签订许可合同的方式,允许他人使用,或转让给他人,以从中获取经济利益,甚至可以将其作品的使用权赠予他人。

3）版权许可及许可使用著作权的特征　　　　　　　　　　　　　　**背景知识**

版权许可是一项重要的法律行为。通过版权许可,许可方和被许可方之间可以产生一定的权利和义务关系。

（1）版权许可的概念。

版权许可是指版权所有人授权他人在一定期限和地区内以一定方式商业使用其作品并获得报酬的行为。版权许可是一项重要的法律行为。通过版权许可,许可方和被许可方之间可以产生一定的权利和义务关系。著作权人使用许可合同,可以将著作权的一项或者多项内容许可给他人,并向被许可人收取一定的著作权许可费。版权许可合同,又称版权许可交易,是最常见的版权交易。

版权的许可使用是指版权所有人在保留其版权所有人身份的前提下,允许他人在一定条件下行使其版权。所谓"使用费"不仅指一定的条件和时间范围,还指一定的使用范围。一般来说,许可使用的对象是版权财产权,但在少数情况下,它还包括个人权利。

以下是一个版权许可案例,是一个音乐版权许可。

假设 A 是一名音乐制作人,他创作了一首原创歌曲,并在录音室进行了专业的录制和制作。A 希望将这首歌曲授权给 B 公司,以便该公司可以在其广播电台播放和销售这首歌曲。完成该版权许可的步骤如下。

① 协商：A 与 B 公司进行了协商,双方商讨了版权许可的条款和条件。他们讨论了歌曲的使用范围、期限和费用等相关事项。

② 合同签订：经过协商后,A 和 B 公司签署了一份音乐版权许可合同。合同明确规定了以下内容：

- 歌曲的使用范围：合同规定了 B 公司可以在其广播电台播放和销售这首歌曲。合同可能还规定了歌曲在特定地区或时间段内的播放次数限制。
- 期限：合同规定了歌曲的许可期限,例如一年或无限期等。
- 费用：合同规定了 B 公司向 A 支付的版权使用费,可能是按照每次播放收费或一定期限内的总费用。

③ 知识产权登记：A 可以选择将歌曲的版权注册并保护在相关机构（如国家版权局）中,以确保其权益得到法律保护。

④ 授权证明：一旦合同签署并费用支付完成，A 向 B 公司提供了音乐版权许可证明或授权证书。这份文件明确说明了 B 公司获得了合法使用该歌曲的权利。

⑤ 合作展开：B 公司可以根据许可合同的规定，在其广播电台播放这首歌曲，并将其收录到唱片或数字音乐平台上销售。

通过版权许可，A 保留了他的音乐作品的所有权，但同时也赋予了 B 公司合法使用和经营的权利。这种合作关系有助于保护创作者的权益并促进音乐作品的传播与推广。

《著作权法》第十条第一款第三项规定，作者可以授权他人行使修改权。由于许可不仅可以维持著作权主体不变，还可以借助社会力量开发和使用自己的作品，因此，在现实中是一种非常重要的著作权行使方式。

著作权许可与著作权转让之间存在着明显的区别。首先，版权的转移导致了版权主体的变化。转让后，受让人成为新的版权所有人。他享有该作品相应的财产所有权。他不仅可以使用它，而且可以处分它，并获得相应的收入；版权许可证不具有这种效力。被许可人从许可合同中获得的只是在特定条件下使用作品的权利。因此，他通常被称为作品的使用者，而不是版权所有者。他的处分权受到约定条件的严格限制。第二，版权转让没有时间限制，即指在整个版权保护期内将版权或其部分转让给他人。著作权的转让，除因合同违法、明显不公平或者重大误解等民法上的民事行为绝对无效或者相对无效的原因外，一经转让即不可逆；版权的许可使用通常有一定的时间限制。许可期限届满，著作权保护期届满时，许可权归著作权人。

（2）许可使用著作权的特征。

许可使用著作权不改变著作权的所有权。通过著作权许可合同，被许可人仅在一定期限内、约定范围内、以一定方式获得作品的使用权。版权仍然属于版权所有人，不会导致任何权利缺陷。

被许可人的权利受合同规定的约束。被许可人未经授权不得行使本协议以外的权利，只能在约定的地域和期限内以约定的方式行使著作权。同时，被许可人不得擅自将其享有的权利许可给他人，也不得禁止著作权人许可他人以完全相同的方式、在相同的地域和期限内使用相同的权利，除非被许可人一般享有具有从属许可权的排他许可权，被许可人不得因第三方以其名义侵犯其权益而对侵权人提起诉讼，因为被许可人不是版权的主体，除非版权所有人许可专有使用权。

（3）版权保护的客体。

版权保护的客体是指受到版权法保护的作品。根据国际上通行的标准，受版权保护的客体主要包括以下几方面。

① 文学作品：包括小说、诗歌、戏剧、散文等文学创作作品。

② 音乐作品：包括歌曲、乐曲、交响乐等音乐形式的创作作品。

③ 艺术作品：包括绘画、雕塑、摄影、建筑设计等艺术创作作品。

④ 戏剧作品：包括舞台剧本、编舞、舞台设备和布景设计等戏剧创作作品。

⑤ 影视作品：包括电影、电视剧、纪录片、动画片等视觉媒体创作作品。

⑥ 计算机软件：包括计算机程序、数据库、网页设计等计算机创作作品。

⑦ 美术摄影作品：包括照片、图像、插图、漫画等美术摄影类创作作品。

⑧ 地图和技术绘图：包括地理地图、工程图纸、城市规划设计等专业绘图作品。

⑨ 法律、行政法规规定的其他作品。

这些作品在创作者将其表达的观点、思想和情感具体呈现出来时,即形成了版权保护的客体。版权法为创作者提供了对这些作品的独占性权利,包括复制、发行、展示、表演、传播以及对衍生作品的控制权等。版权的目的是保护创作者的权益,鼓励创造力和创新,并促进知识和文化的传播与发展。

(4) 不受我国著作权保护的作品。

不受我国著作权保护的作品包括:

- 法律法规,国家机关的决议、决定、命令和其他具有立法、行政、司法性质的文件,及其官方正式译文。其目的在于使这些作品尽可能广泛地、不受阻碍地传播,以利于公众使用,规范公民的社会行为,维护正常的社会秩序。
- 时事新闻。是指通过报纸、期刊、电台、电视台等传播媒介报道的单纯事实消息,由于缺乏独创性,并且需要迅速在全世界传播,也不适用著作权法保护。
- 历法、通用数表、通用表格和公式。

2.《信息网络传播权保护条例》

《信息网络传播权保护条例》于 2006 年 5 月 18 日以中华人民共和国国务院令第 468 号公布;根据 2013 年 1 月 30 日中华人民共和国国务院令第 634 号《国务院关于修改〈信息网络传播权保护条例〉的决定》修订,自 2013 年 3 月 1 日起施行。

1) 什么是信息网络传播权　　　　　　　　　　　　　　　　　　**应知应会**

根据《信息网络传播权保护条例》,信息网络传播权是指以有线或者无线方式向公众提供作品、表演或者录音录像制品,使公众可以在其个人选定的时间和地点获得作品、表演或者录音录像制品的权利。

2) 信息网络传播权的权利主体　　　　　　　　　　　　　　　　**应知应会**

信息网络传播权的权利主体有两大类:一是创作作品的著作权人;二是传播作品的邻接权人。虽然同为邻接权人,但是按照《著作权法》和《信息网络传播权保护条例》的规定,只有表演者和录音录像制作者才享有信息网络传播权;图书报刊出版者和广播电视组织作为邻接权人,并不享有该项权利。

3) 享有信息网络传播权的权利人的权利

享有信息网络传播权的权利人有以下一些权利:

- 许可权;
- 获酬权;
- 采取技术措施的权利;
- 使用权力管理电子信息的权利;
- 向网络服务提供者发出书面"通知"的权利。

4) 享有信息网络传播权的权利人义务　　　　　　　　　　　　　**应知应会**

《信息网络传播权保护条例》通过对权利人的信息网络传播权设置"合理使用"和"法定许可",来限制权利人行使某些权利,促使权利人履行社会责任,在帮助公众合理接触作品和权利方面尽到应有的义务。

(1) 合理使用。《信息网络传播权保护条例》第六条和第七条列举了适用"合理使用"的情形。如向公众提供在公众集会上发表的讲话和图书馆、档案馆、纪念馆、博物馆、美术馆等依法为陈列或者保存版本的需要以数字化形式复制作品等。

（2）法定许可。《信息网络传播权保护条例》第八条和第九条列举了适用"法定许可"的情形。如通过信息网络实施九年制义务教育或者国家教育规划；为扶助贫困，通过信息网络向农村地区的公众免费提供与扶助贫困有关的作品等。

（3）赔偿服务对象的义务。参见《信息网络传播权保护条例》第二十四条。

5）网络服务提供者的定义　　　　　　　　　　　　　　　　　　　　应知应会

《信息网络传播权保护条例》没有直接对"网络服务提供者"进行具体的定义，但根据被广泛接受的理解，"网络服务提供者"指为通过信息网络向公众提供信息或者获取网络信息等目的提供服务的机构，包括为公众提供接入互联网服务、传输服务对象的信息，为单位或者个人出租网页，提供搜索、链接服务，或者通过网络提供自己制作、搜集的信息等。

6）网络服务提供者的权利　　　　　　　　　　　　　　　　　　　　应知应会

（1）适用《信息网络传播权保护条例》有关"合理使用"和"法定许可"原则的权利。

（2）在某些特殊情况下，避开技术措施的权利。

（3）享受免责规定的权利（享受"避风港"的权利）。如单纯提供接入服务或者传输服务，提供系统缓存服务，提供信息存储空间服务，提供搜索或者链接服务等。

7）网络服务提供者的义务　　　　　　　　　　　　　　　　　　　　应知应会

（1）保护技术措施的义务。

（2）保护权利管理电子信息的义务。

（3）适用"合理使用"和"法定许可"时应履行的义务。

（4）提供涉嫌侵权的服务对象的姓名、联系方式、网址等信息的义务。

（5）按权利人通知要求删除、断开链接或按服务对象反通知要求恢复链接的义务。

8）侵犯信息网络传播权的法律责任　　　　　　　　　　　　　　　　应知应会

侵犯信息网络传播权，侵权者可能须承担侵权的民事责任、行政责任，甚至刑事责任。

《信息网络传播权保护条例》第十八条、第十九条和第二十五条规定了侵权的行政责任。第十八条涉及侵犯信息网络传播权应承担的法律责任；第十九条涉及破坏信息网络传播权保护秩序应承担的法律责任；第二十五条涉及对拒不提供服务对象资料给予行政处罚的规定。

3.《互联网著作权行政保护办法》

国家版权局、信息产业部联合制定的《互联网行政保护办法》于 2005 年 5 月 30 日正式实施

1）全面保护信息网络传播权　　　　　　　　　　　　　　　　　　　背景知识

《互联网行政保护办法》共 19 条，规定了如何通过行政手段对著作权人的信息网络传播权进行保护。《互联网行政保护办法》规定了适用范围，划分了著作权行政管理部门（版权局）与信息产业主管部门在互联网著作权保护方面的权责，界定了著作权人、互联网内容提供者、互联网接入服务提供者、互联网信息服务提供者在保护网上著作权方面的权利义务，并规定了相应的处罚措施。

互联网的作品可分为两种：一种是将传统的作品数字化，这种作品在进入网络前已经存在于纸、磁带等传统载体上，只是通过计算机组织、加工、存储并以网络形式表现出来；另一种称为数字式作品，是从其被创作之时起就直接以数字形式在网络上传播。而《互联网行

政保护办法》主要规范的是在互联网信息服务活动中,根据互联网内容提供者的指令,通过互联网自动提供作品、录音录像制品等内容的上载、存储、链接或搜索等功能,且对存储或传输的内容不进行任何编辑、修改或选择的行为,即第二种行为,而对于第一种直接提供互联网内容的行为,直接适用著作权法的规定。

《互联网行政保护办法》规定了互联网著作权行政保护中的通知和反通知。规定著作权人发现互联网传播的内容侵犯其著作权,向互联网信息服务提供者发出通知后,互联网信息服务提供者应当立即采取措施移除相关内容。在互联网信息服务提供者采取措施移除后,互联网内容提供者可以向互联网信息服务提供者和著作权人一并发出说明被移除内容不侵犯著作权的反通知。反通知发出后,互联网信息服务提供者即可恢复被移除的内容,且对该恢复行为不承担行政法律责任。

《互联网行政保护办法》规定了互联网信息服务提供者(ICP)、互联网接入服务提供者(ISP)在著作权行政保护方面的责任和义务。规定互联网信息服务提供者在收到著作权人的通知后,应当立即采取移除相关内容、保留著作权人的通知 6 个月等措施;还规定了互联网接入服务提供者记录互联网内容提供者的接入时间、用户账号、互联网地址或者域名、主叫电话号码等信息的义务,以及配合行政执法的义务。

2) 促进信息服务产业链和谐发展 **背景知识**

《互联网行政保护办法》用行政手段切实保护了著作权人的信息网络传播权,限制了互联网内容提供者的随意侵犯知识产权的行为,对规范互联网著作权的保护有积极的意义。同时规定了互联网信息服务产业链中接入服务提供者、信息服务提供者等环节的权责划分,促使其形成协调、有序发展的良好局面。

对接入服务提供者来说,义务包括记录互联网内容提供者的接入时间、用户账号、互联网地址或者域名、主叫电话号码等信息。主要是配合执法的义务,即在行政授权的情况下,采取停止提供接入服务等手段保护著作权人的利益。从以上内容看,不会对信息服务提供者带来太大的影响。

对于信息服务提供者来说,《互联网行政保护办法》规定了较多的义务,包括删除相关内容、保留著作权人的通知、记录等,同时规定了应该承担的行政责任。因此,《互联网行政保护办法》增加了信息服务提供者在网上著作权的保护方面的责任,限制了随意侵犯著作权的行为。对于一些非法引用他人作品营利的网站,将会产生重大的影响。

3) 名词解释 **应知应会**

因特网接入服务:是指利用接入服务器和相应的软硬件资源建立业务节点,并利用公用电信基础设施将业务节点与因特网骨干网相连接,为各类用户提供接入因特网的服务。用户可以利用公用电话网或其他接入手段连接到其业务节点,并通过该节点接入因特网。因特网接入服务业务主要有两种应用,一是为因特网信息服务业务(ICP)经营者等利用因特网从事信息内容提供、网上交易、在线应用等提供接入因特网的服务;二是为普通上网用户等需要上网获得相关服务的用户提供接入因特网的服务。

信息服务:通过信息采集、开发、处理和信息平台的建设,通过固定网、移动网或因特网等公众通信网络直接向终端用户提供语音信息服务(声讯服务)或在线信息和数据检索等信息服务的业务。信息服务的类型主要包括内容服务、娱乐/游戏、商业信息和定位信息等服务。

互联网内容提供者：指在互联网上发布相关内容的上网用户。

8.2.3　其他相关法律法规与政策　　　　　　　　　　　　　背景知识

（1）《网络著作权保护条例》于 2006 年 7 月颁布实施，是我国第一部专门规定网络著作权保护的法规。该条例规定了网络著作权的保护范围、权利人的权利和义务、网络服务提供者的责任等内容。

（2）2019 年 10 月，全国人大常委会通过《中华人民共和国密码法》，规范密码应用和管理，促进密码事业发展，保障网络与信息安全。该法于 2020 年 1 月 1 日施行。

（3）2021 年 7 月，工业与信息化部发布《网络安全产业高质量发展三年行动计划（2021—2023 年）（征求意见稿）》，提出到 2023 年，我国网络安全产业规模超过 2500 亿元，年复合增长率超 15%，电信等重点行业网络安全投入占信息化投入比例不低于 10%。培养一批面向车联网、工业互联网、物联网、智慧城市等新赛道的"专精特新"中小企业。

（4）2021 年 7 月，国务院公布《关键信息基础设施安全保护条例》，对关键信息基础设施的范围进行界定，建立了关键信息基础设施安全监管体系、安全检查检测机制，突出统筹协调、明确部门权责、强化主体责任、规范行为管控、加强生态建设，构建起新型关键信息基础设施网络安全工作体系。该条例于 2021 年 9 月 1 日起施行。

（5）2021 年 7 月，工业与信息化部、国家互联网信息办公室、公安部联合印发通知，公布《网络产品安全漏洞管理规定》，明确网络产品提供者与网络运营者两类主体责任，明确漏洞发布要求、漏洞收集平台相关要求，并制定相关罚则。该规定于 2021 年 9 月 1 日施行。

（6）2021 年 9 月中共中央办公厅、国务院办公厅印发《关于加强网络文明建设的意见》，包括总体要求、加强网络空间思想引领、加强网络空间文化培育、加强网络空间道德建设、加强网络空间行为规范、加强网络空间生态治理、加强网络空间文明创建和组织实施八个部分。

（7）2021 年 11 月 5 日，中央网络安全与信息化委员会发布《提升全民数字素养与技能行动纲要》，对提升全民数字素养和技能作出安排部署。

（8）2021 年 12 月，国家互联网信息办公室等十三部门联合通过《网络安全审查办法》，界定审查对象、明确审查重点、规范审查，明确运营者与审查者的责任与义务。该办法于 2022 年 2 月 15 日起施行。

（9）2021 年 12 月，中央网络安全与信息化委员会印发《"十四五"国家信息化规划》，强调要坚持安全和发展并重，以实现网络空间治理能力和安全保障能力显著增强为目标，深化关口前移、防患于未然的安全理念，加强网络安全信息统筹机制建设，开发网络安全技术及相关产品，提升网络安全自主防御能力。

（10）2022 年 1 月，国务院印发《"十四五"数字经济发展规划》，部署了八项重点任务，在数字经济安全体系方面，提出了三个方向的要求，一是增强网络安全防护能力、二是提升数据安全保障水平、三是切实有效防范各类风险，系统阐述了网络安全对于数字经济的独特作用及重要性。

（11）2022 年 3 月，中央网络安全与信息化委员会办公司、教育部、工业与信息部、人力资源社会保障部四部门联合印发《2022 年提升全民数字素养与技能工作要点》。工作要点明确，到 2022 年底，提升全民数字素养与技能工作取得积极进展，系统推进工作格局基本建立。

(12) 2022 年 7 月,国家互联网信息办公室颁布《数据出境安全评估办法》,明确了适用对象,规定应当申报数据出境安全评估的情形,提出了数据出境安全评估的具体要求。

(13) 2024 年 2 月,中央网络安全与信息化委员会办公司、教育部、工业与信息部、人力资源社会保障部四部门印发《2024 年提升全民数字素养与技能工作要点》,明确了年度工作目标:到 2024 年底,我国全民数字素养与技能发展水平迈上新台阶,数字素养与技能培育体系更加健全,数字无障碍环境建设全面推进,群体间数字鸿沟进一步缩小,智慧便捷的数字生活更有质量,网络空间更加规范有序,助力提高数字时代我国人口整体素质,支撑网络强国、人才强国建设。

◇ 本 章 小 结

我国近年出台了多份有关公民数字素养与技能的重要政策文件及多部数字技术利用过程中的相关法律法规。其中,数字素养与技能相关政策,如 2021 年 11 月中央网信办《提升全民数字素养与技能行动纲要》。数字技术利用过程中相关的法律法规,如 2020 年 3 月 1日实施的《网络信息内容生态治理规定》;2017 年 6 月 1 日实施的《中华人民共和国网络安全法》;2021 年 9 月 1 日实施的《中华人民共和国数据安全法》;2021 年 11 月 1 日实施的《中华人民共和国个人信息保护法》及著作权法中关于网络著作权、许可的有关规定,如根据 2020 年 11 月 11 日第十三届全国人民代表大会常务委员会第二十三次会议《关于修改〈中华人民共和国著作权法〉的决定》第三次修正的《中华人民共和国著作权法》。此外,2017 年6 月 1 日实施的《中华人民共和国网络安全法》;2021 年 11 月 1 日实施的《中华人民共和国个人信息保护法》;2021 年 9 月 1 日实施的《中华人民共和国数据安全法》等都对我国公民在利用数字技术过程中所涉及的权利与义务进行了明确的规定。

在数字技术与现代生活深度融合的今天,法律法规在数字技术利用过程中的重要性主要表现在数据隐私保护,知识产权保护,数据安全与网络犯罪打击,数据治理、合规和监管,数字伦理和社会责任。这些法律法规有助于保护个人权利、鼓励创新、维护网络安全、规范数据使用、降低法律风险,因此,了解并遵守数字技术利用过程中的相关的法律法规是公民数字素养的基础。

◇ 本 章 习 题

一、单选题

1. 2021 年 11 月 5 日,中央网络安全与信息化委员会印发了(　　),对全民数字素养与技能作出了全面部署。

    A.《提升全民数字素养与技能行动纲要》

    B.《"十四五"国家信息化规划》

    C.《2022 年提升全民数字素养与技能工作要点》

    D.《提升全民数字技能工作方案》

2.（　　）是数字社会公民学习工作生活应具备的数字获取、制作、使用、评价、交互、分享、创新、安全保障、伦理道德等一系列素质与能力的集合。

  A. 科技素养   B. 信息素养   C. 计算机素养   D. 数字素养与技能

3.《提升全民数字素养与技能行动纲要》提出，通过提高全民网络安全防护能力、强化个人信息和隐私保护的方式可以提高公民的（　　）保护能力。

  A. 财产安全   B. 数字安全   C. 人身安全   D. 信息安全

4. 提高全民数字获取、制作、使用、交互、分享、创新等过程中的道德伦理意识，引导全民遵守（　　）规则，形成良好行为规范。

  A. 数字社会   B. 数字获取   C. 使用交互   D. 科技创新

5. 国家（　　）负责统筹网络安全工作和相关监督管理工作。

  A. 公安部门   B. 网信部门

  C. 工业和信息化部门   D. 通信管理部门

6. 数字公民应具备（　　）、计算思维、终身学习能力和社会责任感。

  A. 数字意识   B. 创新意识   C. 自我意识   D. 大局意识

7. 建立完善网络文明规范，普及网络文明观念，发展积极健康的网络文化，可以提高全民（　　）。

  A. 网络文明素养 B. 网络素质   C. 网络文明   D. 文明素养

8. 以下哪个是数字素养与技能不要求具备的知识或技能？（　　）

  A. 数字获取、制作 B. 业务能力   C. 数字安全保障   D. 数字伦理道德

9. 2020 年 3 月施行的《网络信息内容生态治理规定》，明令禁止以查找人物或事件真相的"人肉"搜索。这一规定（　　）。

  A. 说明法律要求的必须做   B. 有利于保护公民的隐私权

  C. 营造风清气正的网络空间   D. 保障了公民的名誉权

10. 根据著作权法，以下哪种情况不构成对他人著作权的侵权行为？（　　）

  A. 未经著作权人许可，将其作品用于商业宣传

  B. 未经著作权人许可，在公共场所公开播放其音乐作品

  C. 未经著作权人许可，使用其照片制作个人名片

  D. 未经著作权人许可，将其小说的情节和人物进行抄袭

11. 根据著作权法，以下哪种情况下可以视为对著作权的合理使用？（　　）

  A. 未经著作权人许可，在互联网上公开传播其音乐作品

  B. 未经著作权人许可，用于商业广告的演出

  C. 根据著作权人许可，对其小说进行翻译并出版

  D. 在公共场所公开播放其电影作品

12. 最初的版权是指（　　）权利。

  A. 国家   B. 出版者   C. 作者   D. 政府主管部门

13. 根据著作权法，以下哪种情况下，他人可以合理引用已发表的作品而不需要著作权人的许可？（　　）

  A. 用于商业目的的引用   B. 引用超过原作品三分之一的内容

  C. 未署名的引用   D. 研究、评论或者新闻报道的需要

14. 根据著作权法,以下哪个权利是著作权人的财产权?(　　)

　　A. 署名权　　　　　　B. 修改权　　　　　　C. 营利权　　　　　　D. 公开权

15. 在网络环境中,以下哪种行为属于侵权行为?(　　)

　　A. 转载他人文章并注明出处　　　　　B. 未经许可使用他人摄影作品

　　C. 购买正版软件　　　　　　　　　　D. 合法使用他人商标

二、多选题

1.《网络信息内容生态治理规定》提出,网络信息内容服务使用者和网络信息内容生产者、网络信息内容服务平台不得开展网络暴力、人肉搜索、深度伪造、流量造假、操纵账号等违法活动。这些规定要求网民(　　)。

　　A. 恪守网络道德,依法行使权利　　　B. 加强自我约束,放弃言论自由

　　C. 遵守网络规则,理性参与网络生活　　D. 开展"人肉"搜索,要避开网络空间

2. 2021年8月20日颁布的《中华人民共和国个人信息保护法》对敏感个人信息的定义是一旦泄露或者非法使用,容易导致自然人的人格尊严受到侵害或者人身、财产安全受到危害的个人信息。以下属于敏感个人信息的是(　　)。

　　A. 生物识别　　　　　　　　　　　　B. 宗教信仰

　　C. 行踪轨迹　　　　　　　　　　　　D. 不满十四周岁未成年人的个人信息

3. 网络安全是指保护计算机网络系统、数据、通信和服务不受未经授权的访问、攻击、破坏、窃取、篡改和滥用的技术、流程和措施。以下涉及网络安全的是(　　)。

　　A. 防范非法使用网络的工具

　　B. 企业电子商务中产生的交易流水

　　C. 个人浏览网络时产生的浏览记录

　　D. 保障网络数据的完整性、保密性、可用性的能力

4. 根据《中华人民共和国个人信息保护法》,个人信息处理者应当主动删除个人信息;个人信息处理者未删除的,个人有权请求删除的情况包括(　　)。

　　A. 处理目的已实现、无法实现或者为实现处理目的不再必要

　　B. 个人信息处理者停止提供产品或者服务,或者保存期限已届满

　　C. 个人撤回同意

　　D. 个人信息处理者违反法律、行政法规或者违反约定处理个人信息

5. 网络运营者收集、使用个人信息,应当满足以下哪几个条件?(　　)

　　A. 遵循合法、正当、必要的原则

　　B. 公开收集、使用规则

　　C. 明示收集、使用信息的目的、方式和范围

　　D. 经被收集者同意

6. 根据著作权法,以下哪项属于享有著作权的基本权利?(　　)

　　A. 发表权　　　　　B. 使用权　　　　　C. 署名权　　　　　D. 转让权

7. 根据知识产权法,以下哪些行为属于侵权?(　　)

　　A. 使用公版材料

　　B. 分享有版权的视频教程

　　C. 转载网络文章并标明作者和来源

D. 创作基于现有作品的衍生作品且未获授权

8. 个人信息保护法规定哪些原则？（　　　）

　　A. 合法性原则　　　　B. 最小化原则　　　　C. 透明性原则　　　　D. 目的明确原则

9. 根据《网络信息内容生态治理规定》，网络信息内容生产者应当采取措施，防范和抵制制作、复制、发布含有下列哪些内容的不良信息？（　　　）

　　A. 展现血腥、惊悚、残忍等致人身心不适的

　　B. 煽动人群歧视、地域歧视等的

　　C. 展示经济社会发展亮点，反映人民群众伟大奋斗和火热生活的

　　D. 可能引发未成年人模仿不安全行为和违反社会公德行为、诱导未成年人不良嗜好等的

10. 流量造假是中国影视行业在改革发展中遇到的新问题。有的电影院凌晨竟然是票房最高时段；某网剧点击量高达几百亿，远超全球人口总数；几部同时段播放的电视剧，共同标榜自己收视率第一。这种造假行为对整个文化行业乃至整个社会都产生严重的负面影响。以此为依据，能证明的观点是（　　　）。

　　A. 我国亟须加强对网络生态的治理

　　B. 流量造假是不正当竞争行为，违背了公平原则，属于犯罪

　　C. 打击流量造假有利于推进诚信建设

　　D. 打击流量造假有利于建设文化强国

三、判断题

1. 负责关键信息基础设施安全保护工作的部门应当制定本行业、本领域的网络安全事件应急预案，并定期组织演练。　　　　　　　　　　　　　　　　　　　　　　　　　（　　　）

2. 根据《网络安全法》规定，网络运营者不得泄露、篡改、毁损其收集的个人信息；未经被收集者同意，不得向他人提供个人信息。但是，经过处理无法识别特定个人且不能复原的除外。　　　　　　　　　　　　　　　　　　　　　　　　　　　　　　　　（　　　）

3. 国家实施网络可信身份战略，支持研究开发安全、方便的电子身份认证技术，但不同电子身份之间不允许互认。　　　　　　　　　　　　　　　　　　　　　　　　　（　　　）

4. 关键信息基础设施的运营者在中华人民共和国境内运营中收集和产生的个人信息和重要数据应当在第三方存储。因业务需要，确需向境外提供的，应当按照公安机关会同国务院有关部门制定的办法进行安全评估；法律、行政法规另有规定的，依照其规定。（　　　）

5. 个人信息处理者采取措施能够有效避免信息泄露、篡改、丢失造成危害的，个人信息处理者可以不通知个人；履行个人信息保护职责的部门认为可能造成危害的，有权要求个人信息处理者通知个人。　　　　　　　　　　　　　　　　　　　　　　　　（　　　）

6.《网络安全法》规定，网络运营者收集、使用个人信息，应当遵循合法、正当、必要的原则。　　　　　　　　　　　　　　　　　　　　　　　　　　　　　　　　　　　（　　　）

7. 为保障数据安全，促进数据开发利用，保护公民、组织的合法权益，维护国家主权、安全和发展利益，我国于 2020 年 7 月 2 日公布了《中华人民共和国数据安全法（草案）》，面向社会公众征求意见。　　　　　　　　　　　　　　　　　　　　　　　　　　　　（　　　）

8. 违反《个人信息保护法》，有可能会依法给予治安管理处罚，但不会追究刑事责任。

　　　　　　　　　　　　　　　　　　　　　　　　　　　　　　　　　　　　　（　　　）

9. 网络安全,是指通过采取必要措施,防范对网络的攻击、侵入、干扰、破坏和非法使用以及意外事故,使网络处于稳定可靠运行的状态,以及保障网络数据的完整性、保密性、可用性的能力。　　　　　　　　　　　　　　　　　　　　　　　　　　　　（　）

10. 在公共场所安装图像采集、个人身份识别设备,应当为维护公共安全所必需,遵守国家有关规定,并设置显著的提示标识。所收集的个人图像、身份识别信息只能用于维护公共安全的目的,不得用于其他目的,取得个人单独同意的除外。　　　　　　　　（　）

数字化能力水平认证(DCLC)
人才数字力(DCI)一级数字素养
考试大纲(2022 年版)

一、基本要求

1. 了解并掌握数字素养相关的基础知识。

2. 掌握利用主流浏览器获取数字内容的能力。

3. 掌握利用主流浏览器及播放软件对数字内容进行浏览的能力。

4. 了解利用主流操作系统实现数字内容的管理与评价。

5. 了解不同数字内容来源的性质和用途定位,并能结合使用场景对数字内容的可利用性进行基本评价。

6. 了解如何利用主流文档处理软件开发与创造用于分享、交流的数字内容。

7. 能够利用主流社交媒体和云端协同环境与他人交流与协作,促进合作并进行资源与知识的共同建构和创造。

8. 了解并掌握常见数字技术的基本原理、通识知识,能甄别不同数字工具以用于特定问题求解,并做出相应评价。

9. 了解并掌握概率统计、大数据、云计算、物联网、人工智能、数据库、区块链等技术的基础知识。

10. 了解并掌握网络数据安全的基础知识。

11. 了解并掌握数字内容使用中的安全防护措施。

12. 了解网络伦理道德的基本概念、内涵。

13. 了解中央网信办《提升全民数字素养与技能行动纲要》中关于全民数字素养与技能的主要论述及有关行动规划。

14. 了解我国关于数字技术应用的其他相关法律法规。

说明:

- 主流浏览器:QQ 浏览器、谷歌浏览器(Google Chrome)、微软浏览器(Microsoft Edge)、火狐浏览器(Firefox)、Safari、搜狗浏览器、360 安全浏览器等。

- 主流搜索引擎:百度、Bing、搜狗等。

- 主流文档处理软件:MS Office、WPS Office。

- 主流云端协同环境:腾讯文档、WPS 云文档、钉钉、腾讯会议、网盘等。

- 主流社交媒体:微信、微博、QQ、钉钉等。

二、考试内容

（一）**数字素养基础**

1. 了解数字素养的概念。

2. 了解数字素养全球框架中,数字公民应具备的基本能力。

3. 了解数字时代数字素养的内涵与评测。

（二）**数字内容获取、管理与评价**

1. 掌握主流浏览器、阅读软件、播放软件完成数字资料的阅览、观看、收听等浏览操作。

2. 利用主流搜索引擎、检索工具或信息获取工具中内嵌搜索或检索功能通过简单的参数或选项设置完成数字资料的搜索与过滤。

3. 利用主流操作系统的资源管理功能,对数字资料进行增删改、重命名、复制、加密、存取等操作。

4. 了解常见不同来源数字内容的质量和用途定位、能够进行基本的追溯、能结合使用场景对其可利用性进行基本评价。

（三）**数字内容开发与利用**

1. 利用主流文档处理软件完成包括文字、图像、视频、音频等内容的数字文档的创建、复述、整合、编辑、保存等基本操作。

2. 了解图片文档的主要格式,如 BMP、JPG、PNG、TIF、GIF 等。

3. 了解常见的视频编码格式,如 MP4、AVI、WMV、RMVB、FLV 等。

4. 能够利用主流操作系统自带图片浏览工具、编辑工具进行图片的旋转、裁切、基本参数调整等基本操作。

5. 掌握利用主流操作系统自带视频播放软件进行视频资料的播放。

6. 了解主流操作系统自带视频编辑工具,并能进行视频资料的剪辑、保存、重命名等基本操作。

（四）**数字沟通与协作**

1. 了解并掌握利用社交媒体进行沟通与协作的基本技能。

（1）掌握主流社交媒体的个人账号注册、登录、管理等基本操作方法。

（2）能够利用主流社交媒体,通过文字、图片、声音、视频、文件、小程序等数字载体与他人进行沟通、交互与协作。

2. 了解并掌握利用云端协同环境进行沟通和协作的基本技能。

（1）了解并掌握云端协同的基础知识。

（2）能够利用主流云端协同环境进行文档编辑、协同办公、在线会议等,并与他人进行沟通与协作。

3. 了解并掌握数字沟通与协作的安全、法律、礼仪等基础知识。

（1）了解数字沟通与协作的安全和法律知识,理解个人数字身份并能够安全守法使用。

（2）理解并能遵守数字沟通与协作中的行为规范、文化多样性等基本网络礼仪。

（五）**数字技术通识知识**

1. 大数据基础。

（1）了解大数据的概念、规模性（Volume）、高速性（Velocity）、多样性（Variety）、价值性

(Value)的 4V 特性。

(2) 了解并掌握大数据的构成。

(3) 了解并掌握数据的概念及其按结构化程度的分类(结构化数据、非结构化数据、半结构化数据),并能区分各类型数据的实例。

(4) 了解常见的大数据场景(社交网络、电商)。

2. 人工智能基础。

(1) 了解并掌握人工智能的基本概念、发展历程、主要事件。

(2) 知道机器学习、深度学习的基本概念及其主要应用场景。

3. 物联网基础。

(1) 了解并掌握物联网的基本概念、逻辑体系(应用、网络、感知层)。

(2) 了解并掌握物联网的平台及其分类等。

4. 云计算基础。

(1) 了解并掌握云计算的基本概念及主要分类。

(2) 了解云计算的三大服务模式:IaaS(基础设施即服务)、PaaS(平台即服务)、SaaS(软件即服务)。

(3) 了解云服务器与本地服务器的差异(数据存储、网络地址与通信方式)。

5. 区块链基础。

(1) 了解区块链的发展历程、基本概念、主要应用场景。

(2) 了解区块链的主要类型及工作原理。

(3) 知道区块链中的公钥加密机制。

6. 概率论与数理统计基础。

(1) 了解随机试验、随机事件、事件运算以及事件独立性等概念。

(2) 了解概率、条件概率以及全概率的基本含义。

(3) 了解并掌握随机变量以及分布函数的概念。

(4) 了解条件分布和随机变量的独立性。

(5) 了解并掌握概率统计中总体、个体、抽样、样本、样本容量等基本概念。

7. 数据库基础。

(1) 了解并掌握数据库基本概念:数据库、数据模型、数据库管理系统(DBMS)。

(2) 了解关系型数据库与非关系数据库(NoSQL)的区别。

(3) 了解关系型数据库基本概念:关系模型、关系、元组、属性、字段、域、值、关键字等,并能通过实例识别上述概念。

(六) 安全保障

1. 了解并掌握网络安全的基础知识:网络安全的含义、特征、威胁、关键技术。

2. 了解威胁网络安全的主要因素:电脑病毒——木马病毒、蠕虫病毒、流氓软件、网络钓鱼。

3. 了解网络安全的主要防范措施。

(1) 了解数字生活中,使用数字、大小写字母、符号多种组合设置符合强度的密码,且注意不同账号密码的差异性。

(2) 了解主流操作系统中的安全防护软件。

（3）了解常用的病毒查杀软件：诺顿 360、ESET Smart Security、金山、瑞星、江民等。

（4）了解流氓软件的主要防范方法：官网下载、软件安装谨慎选择可选项等。

4. 能够在特定场景下对网络数字内容的辨别能力：能够对信息源进行基本的评估，并对网络信息进行初步的判断。

5. 了解并掌握数据安全的基本概念。

6. 能够采取基本的方式保护个人信息身份安全，如密码设置注意事项、网络环境的辨别和使用（不在公共 WiFi 上进行个人转账、个人身份信息登录等危险操作）。

（七）伦理道德

1. 了解数字伦理的基本概念与内涵，了解数字命运共同体的概念与内涵。

2. 了解并掌握在利用数字技术获取、创造、交流数字内容的过程中应遵循的基本数字伦理：

（1）注重他人个人资料与隐私数据的保护，在合理合法范围内使用。

（2）尊重数字版权，形成数字版权意识，不使用、下载、传播、转发各类侵犯数字版权的数字资料。

（3）注重网络言论，不传播散布虚假信息，遵守有关法律和管理办法。

（4）注重信息技术过程中的伦理道德问题。

（八）法律法规与政策

了解我国数字素养与数字技术应用相关的法律法规与重大方针政策的主要内容及其适用的主要场景。

1. 2021 年 11 月中央网信办《提升全民数字素养与技能行动纲要》的主要内容及工作要点。

（1）了解并掌握数字素养与技能的定义及提升全民的数字素养与技能的发展形势及意义。

（2）了解并掌握数字公民应该具备的基本能力。

（3）了解并掌握提升高效数字工作能力的五种方式等。

（4）了解提升全民数字素养与技能的主要任务及重点工程。

（5）了解提升全民数字素养与技能的主要保障措施，并能理解"强化考核评估"的具体要求。

2. 其他相关的法律法规的主要内容。

（1）2020 年 3 月 1 日实施的《网络信息内容生态治理规定》中：

网络信息生产者、网络信息服务使用者的有关规定及附则中的用语含义。

（2）2021 年 11 月 1 日实施的《中华人民共和国个人信息保护法》中：

敏感个人信息处理规则；个人信息处理的权力；个人信息处理者的义务及个人信息保护部门的职责；附则中的用语含义。

（3）2017 年 6 月 1 日实施的《中华人民共和国网络安全法》主要构成部分及附则中的用语含义。

三、考试方式

（一）基本情况

互联网考试，考试时长 30～60 分钟，满分 100 分。

（二）考试环境

集中考试（备选）	互联网考试
配备考场管理人员或摄像头	安静独立的环境
设置专门的考场	清晰的摄像头
PC 端：Win8 及以上/macOS	PC 端：Win8 及以上/macOS
手机端：安卓/iOS	手机端：安卓/iOS

数字化能力水平认证(DCLC)人才数字力(DCI)一级数字素养考试样题解析

◈ B.1 笔 试 题

1. 单选题

关于个人信息保护,以下做法不正确的是( )。

A. 在社交网站类软件上发布火车票、飞机票、身份证、房产证、照片、日程、行踪等

B. 在图书馆、打印店等公共场合,或是使用他人手机登录账号时,不选择自动保存密码,离开时退出账号

C. 快递收到后,撕毁快递箱上印有个人信息的面单

D. 从常用应用商店下载 App,不从陌生、不知名应用商店、网站页面下载 App

参考答案:A

答案解析:在社交软件上发布火车票、飞机票、身份证、房产证、照片、日程、行踪可能会造成个人信息泄露,应尽量避免。

2. 判断题

国家网信办指出,数字素养与技能是指数字社会公民学习工作生活应具备的数字获取、制作、使用、评价、交互、分享、创新、安全保障、伦理道德等一系列素质与能力的集合。 ( )

参考答案:正确

答案解析:2021 年 11 月,中央网信办发布《提升全民数字素养与技能行动纲要》,指出数字素养与技能是指数字社会公民学习工作生活应具备的数字获取、制作、使用、评价、交互、分享、创新、安全保障、伦理道德等一系列素质与能力的集合。

◈ B.2 操 作 题

请打开浏览器,检索"数字素养"关键字,并打开第一个检索结果的链接。

要求:

(1) 打开一个搜索引擎网站。

(2) 在搜索框中输入检索内容,单击检索按钮或按回车键,显示检索结果。

（3）单击第一个检索结果的链接。

＊注：屏幕上显示模拟的浏览器，参加测试的人员通过浏览器进入搜索引擎，并进行指定内容的检索。

上机操作的基本流程示例

操作第一步：在浏览器中输入搜索引擎的网址，打开搜索引擎。

操作第二步：在搜索框中输入检索关键字"数字素养"，单击检索按钮或按回车键，显示检索结果。

操作第三步：在检索结果页面中单击第一个链接，打开网页。

法律法规及重要文件汇编

1. 提升全民数字素养与技能行动纲要

2. 中华人民共和国网络安全法

3. 网络信息内容生态治理规定

4. 中华人民共和国个人信息保护法

5. 中华人民共和国数据安全法

◇ 参 考 文 献

［1］ 胡海洋. 基于图灵测试的 SYN Flood 攻击防御研究［D］. 东北大学，2012.

［2］ LINDA N，JULIA L. 计算机组成与体系结构（原书第 4 版）. 张钢，魏继增，李雪威，等译. 北京：机械工业出版社，2019.

［3］ ABRAMSON D. Turing's Responses to Two Objections［J］. Minds and Machines，2008，18（2）：147-167.

［4］ VUORIKARI R，KLUZER S，PUNIE Y. DigComp 2.2：The Digital Competence Framework for Citizens - With new examples of knowledge，skills and attitudes［J］. JRC Research Reports，2022.

［5］ 程慧平，蒋星. 公民数字素养提升路径研究——基于欧盟与联合国教科文组织数字素养框架的比较与分析［J］. 图书馆学研究，2023，528（01）：54-60.

［6］ LOW N，WOO D，WONG G. A Global Framework of Reference on Digital Literacy Skills for Indicator 4.4.2［J］. 2018.

［7］ 任友群，随晓筱，刘新阳. 欧盟数字素养框架研究［J］. 现代远程教育研究，2014（5）：3-12.

［8］ 庞慧萍，罗惠. 信息检索与利用［M］. 北京：北京理工大学出版社，2019.

［9］ 李治江，曹丽琴，赵建君，等. 数字内容管理［M］. 武汉：武汉大学出版社，2021.

［10］ 桑德拉·黑贝尔斯，理查德·威沃尔二世. 有效沟通［M］. 李业昆，何辉，译. 11 版. 北京：电子工业出版社，2016.

［11］ 李正风，丛杭青，王前，等. 工程伦理［M］. 北京：清华大学出版社，2019.

［12］ 黄素珍. 人工智能的责任困境：以自主能动性和道德图灵测试为探讨中心［J］. 山东社会科学，2020，（04），11-18.

图书资源支持

感谢您一直以来对清华版图书的支持和爱护。为了配合本书的使用，本书提供配套的资源，有需求的读者请扫描下方的"书圈"微信公众号二维码，在图书专区下载，也可以拨打电话或发送电子邮件咨询。

如果您在使用本书的过程中遇到了什么问题，或者有相关图书出版计划，也请您发邮件告诉我们，以便我们更好地为您服务。

我们的联系方式：

清华大学出版社计算机与信息分社网站：https://www.shuimushuhui.com/

地　　址：北京市海淀区双清路学研大厦 A 座 714

邮　　编：100084

电　　话：010-83470236　010-83470237

客服邮箱：2301891038@qq.com

QQ：2301891038（请写明您的单位和姓名）

资源下载：关注公众号"书圈"下载配套资源。

资源下载、样书申请
书圈

图书案例
清华计算机学堂

观看课程直播